# 旅游抽样调查资料

# 2012

国家旅游局政策法规司

中国旅游出版社

# 编 者 说 明

本书是反映2011年入境游客在华花费和国内居民国内旅游情况的资料性年刊，分为上下两篇。

上篇为入境游客抽样调查资料，由综合分析报告和调查分类数据两部分组成，分类数据包括：入境游客的主要特征，入境外国人、港澳台同胞的花费水平和花费构成、在境内的停留时间以及入境次数、流向和对住宿单位的选择等。

下篇为国内旅游抽样调查资料，汇集了2011年对城镇居民和农村居民的国内旅游抽样调查结果，共分为四个部分：第一部分为综合分析报告；第二部分为2011年国内旅游基本情况；第三部分为2011年城镇居民国内旅游抽样调查数据；第四部分为2011年农村居民国内旅游抽样调查数据。

本书是根据抽样调查取得的数据和资料，经过汇总、审核、整理，汇编出来的一套全面反映调查过程和调查结果的翔实资料。可供研究旅游业发展的理论工作者和旅游行业的实际工作者参考使用。

2011年入境游客花费抽样调查和国内旅游抽样调查的组织实施，得到了国家统计局、公安部出入境管理局、民用航空局公安局和各省（区、市）旅游局（委）、统计局、有关边检站的大力支持和协助，在此一并表示衷心感谢！

《旅游抽样调查资料2012》
编 辑 委 员 会
二〇一二年九月

# 目　　录

## 上篇　入境游客抽样调查资料

### 第一部分　综合分析



### 第二部分　分类数据

#### 一、入境游客人均天花费及构成

## 二、入境游客停留时间

## 三、入境游客来华（内地）旅游次数

## 四、入境游客的行程

## 下篇　国内旅游抽样调查资料

### 第一部分　综合分析报告



### 第二部分　2011 年国内旅游基本情况



### 第三部分　2011 年城镇居民国内旅游抽样调查数据

#### 一、2011 年城镇居民国内游客人次数调查构成

# 上　篇

## 入境游客抽样调查资料

# 第一部分　综合分析

# 2011 年入境游客抽样调查综合分析报告

为科学准确地反映 2011 年我国入境旅游业发展的总体状况，国家旅游局组织实施了“入境游客花费情况抽样调查”。现将调查的有关情况、数据及结果分析报告如下：

## 一、2011 年入境游客抽样调查情况

“入境游客花费情况抽样调查”是纳入《旅游统计调查制度》的国家调查项目。调查工作于 2011 年 3 月至 7 月在全国 139 个城市的主要边境口岸、旅游住宿单位、长江游船和部分接待入境游客的旅行社进行。在国家统计局、公安部、民航局等有关部门的配合下，经过各地旅游统计人员辛勤工作，按计划圆满地完成了现场调查、问卷审核、数据录入、资料汇总等工作。问卷按 6 种语种（即中、英、法、日、朝、俄）印刷。

本次调查的计划样本量为 43000 人，其中：口岸调查过夜游客 11400 人、一日游游客 3800 人；各省（区、市）饭店调查 27600 人，长江游船调查 200 人。另外，还对全国 100 家旅行社的 1852 个入境团队代收代付旅游费用的构成比例进行调查。

入境游客花费抽样调查的对象是到中国大陆境内旅游的外国人、香港同胞、澳门同胞和台湾同胞，调查内容主要包括：游客的主要特征、在境内的停留时间、在境内的旅游花费和构成、入境旅游的方式、在境内的行程和流向以及对旅游住宿单位的选择等。

## 二、抽样调查的基本结果

### （一）抽样人数的构成

2011 年入境游客抽样调查共回收有效调查问卷 48934 份，超过计划 13.8%，其中口岸调查表 16960 份，占回收问卷的 34.7%（其中：过夜游客 13092 份，占 77.2%；一日游游客 3868 份，占 22.8%）；旅游住宿单位（含游

船）调查表31974份，占65.4%。2011年入境游客抽样调查人数占当年入境旅游人数的0.36‰，其中：外国人占当年入境外国人的1.28‰；香港同胞占当年入境香港同胞的0.09‰；澳门同胞占当年入境澳门同胞的0.11‰；台湾同胞占当年入境台湾同胞的0.88‰。

具体情况如下：

**1. 按客源地分**

在2011年抽样调查的48934名入境游客中：外国游客34594人，占70.7%；香港同胞7071人，占14.5%；澳门同胞2660人，占5.4%；台湾同胞4609人，占9.4%。

**2. 按旅游方式分**

在48934名入境游客中，团体游客18337人，占37.5%；零散游客30597人，占62.5%。

**3. 按过夜游客和一日游游客分**

在48934名被调查的入境游客中：过夜游客45066人，占92.1%，一日游游客3868人，占7.9%。

**4. 按性别分**

在接受调查的48934名入境游客中，男性游客28541人，占58.3%；女性游客20393人，占41.7%。

**5. 按年龄分**

在接受调查的入境游客中：14岁及以下的游客290人，占0.6%；15至24岁的4805人，占9.8%；25至44岁的23576人，占48.2%；45至64岁的16895人，占34.5%；65岁及以上的3368人，占6.9%。

**6. 按职业分**

在接受调查的入境游客中：政府工作人员2609人，占5.3%；专业技术人员8090人，占16.5%；职员9372人，占19.2%；技工/工人1960人，占4.0%；商贸人员10284人，占21.0%；服务员/推销员1931人，占3.9%；退休人员3747人，占7.7%；家庭妇女3062人，占6.3%；军人277人，占0.6%；学生3424人，占7.0%；其他人员4178人，占8.5%。

**7. 按旅游目的分**

在接受调查的入境游客中：观光游览的15848人，占32.4%；休闲度假的9172人，占18.7%；探亲访友的3286人，占6.7%；进行商务活动的10975人，占22.4%；参加会议的3260人，占6.7%；宗教朝拜的426人，占0.9%；文体科技交流的1700人，占3.5%；购物的1987人，占4.1%；医疗保健的329人，占0.7%；其他目的1951人，占4.0%。

**8. 外国人按国别分**

在接受调查的34594名外国人中：日本6203人，占17.9%；菲律宾485人，占1.4%；泰国558人，占1.6%；新加坡1562人，占4.5%；印度尼西亚448人，占1.3%；马来西亚1096人，占3.2%；韩国4853人，占14.0%；蒙古462人，占1.3%；印度577人，占1.7%；越南567人，占1.6%；英国2159人，占6.2%；法国1698人，占4.9%；德国1254人，占3.6%；西班牙367人，占1.1%；意大利613人，占1.8%；荷兰565人，占1.6%；瑞典439人，占1.3%；俄罗斯3238人，占9.4%；美国2841人，占8.2%；加拿大984人，占2.8%；澳大利亚867人，占2.5%；其他2758人，占8.0%。

**（二）入境游客在境内花费及构成情况**

2011年入境过夜游客在境内人均天花费总水平比上年有所提高，其中，外国人、香港同胞、澳门同胞和台湾同胞的人均天花费均有不同程度的增长。

2011年入境过夜游客在华人均天花费195.38美元/人天，比上年增长6.2%，其中：外国人209.22美元/人天，增长5.7%；香港同胞149.17美元/人天，增长5.8%；澳门同胞115.92美元/人天，增长5.4%；台湾同胞189.11美元/人天，增长2.1%。

入境过夜游客在境内人均花费1299.28美元，比上年增长5.7%。其中：外国过夜游客人均花费1521.03美元，增长3.8%；香港同胞人均花费537.01美元，下降2.4%；澳门同胞人均花费383.70美元，下降3.1%；台湾同胞人均花费1403.20美元，增长2.4%。

入境一日游游客在境内人均花费56.27美元，比上年增长2.9%。其中：外国游客人均花费65.16美元，增长5.6%；香港同胞人均花费50.13美元，增长7.1%；澳门同胞人均花费53.82美元，增长4.0%；台湾同胞人均花费77.05美元，下降3.0%。

入境过夜游客的花费构成情况是：长途交通费占总花费的34.5%，住宿费占11.6%，餐饮费占6.8%，游览费占4.6%，娱乐费占6.2%，购物费占23.7%，市内交通费占2.4%，邮电通信费占1.7%，其他费用占8.6%。与上年相比，过夜游客在长途交通、游览、娱乐和市内交通等方面的支出比例有所增加，在住宿、餐饮、购物、邮电通信和其他费用等方面的支出比例有所减少。

入境一日游游客花费的构成是：交通费占12.5%，餐饮费占13.5%，游览费占11.3%，娱乐费占16.4%，购物费占31.9%，邮电通信费占6.4%，其他费用占8.0%。与上年相比，一日游游客在娱乐和邮电通信等方面的支出比例有不同程度的增加，在交通、餐饮、游览和购物和其他方面的支出比例有所减少。

在入境游客的花费中，不包括国际（地区）间交通费和境外旅行商（社）收取的劳务费。

**（三）入境过夜游客在境内停留时间**

2011 年入境游客抽样调查结果显示：

1. 入境过夜游客在境内的停留时间为 6.7 天，与上年基本持平；其中，51.2% 的游客在境内停留 1～3 天，28.7% 的游客停留 4～7 天；外国人、台湾同胞停留时间较长，停留 8 天以上的分别占 23.7% 和 16.3%；香港同胞和澳门同胞在境内的停留时间较短，分别有 68.9% 和 80.1% 的游客停留 1～3 天，停留 8 天的以上分别仅有 6.5% 和 10.7%。

2. 从入境过夜游客的出游方式看，参加旅行团的团体游客在境内的停留时间短于散客。团体游客在境内平均停留 5.3 天，比上年缩短 0.1 天；散客在境内平均停留 7.3 天，与上年持平。

3. 从入境过夜游客构成看：外国人平均停留 7.3 天，比上年缩短 0.1 天；香港同胞平均停留 3.6 天，缩短 0.3 天；澳门同胞平均停留 3.3 天，缩短 0.3 天；台湾同胞平均停留 7.4 天，与上年持平。

4. 在不同性别的入境过夜游客中，男性游客的平均停留时间长于女性游客平均停留时间，分别为 7.1 天和 6.1 天。

5. 在不同年龄段的入境过夜游客中，15～24 岁的游客平均停留时间最长，为 9.3 天；其次是 14 岁及以下和 65 岁及以上的游客，平均停留时间分别为 7.7 天和 7.3 天；25～44 岁和 45～64 岁的游客平均停留时间较短，分别为 6.3 天和 6.1 天。

6. 在不同职业的入境过夜游客中，学生的停留时间最长，为 9.8 天；其次是专业技术人员，停留时间为 7.8 天；退休人员、政府工作人员、军人、商贸人员和职员停留时间分别为 6.8 天、6.4 天、6.0 天、5.7 天和 5.5 天；技工/工人、服务员/推销员以及家庭妇女停留时间最短，均为 5.2 天。

7. 在不同旅游目的的入境过夜游客中，以医疗保健为主要目的的游客的平均停留时间最长，为 9.4 天；其次是以文体交流、探亲访友和商务为主要目的的，停留时间分别为 8.9 天、8.2 天和 8.0 天；以宗教朝拜、观光游览、休闲度假和会议为主要目的的停留时间分别为 6.1 天、5.9 天、5.2 天和 4.2 天；以购物为主要目的的在境内平均停留时间最短，仅为 2.9 天。

**（四）入境游客来华（内地）次数**

2011 年入境游客来华（内地）次数的总体情况是：

1. 入境游客以多次来华（内地）为主。入境 4 次以上的过夜游客和一日游游客所占比例分别为 38.4% 和 64.2%，分别比上年减少了 8.6 和 6.8 个百分点；第一次来华（内地）旅游的过夜游客和一日游游客所占比例分别为 32.5% 和 19.3%，分别比上年增加了 5.8 个百分点和 3.6 个百分点。

2. 初次来华（内地）的入境游客主要是团体游客，而数次来华（内地）的则以散客为主。调查中，团体游客第一次入境的占 51.3%，比上年增加 7.3 个百分点；散客入境 4 次以上的占 52.4%，减少 9.3 个百分点。

3. 在入境游客中，首次入境的外国游客比例相对较高，占 38.4%，多次（4 次以上）入境的比例有所下降，占 30.8%，比首次入境的低了 7.6 个百分点；在台湾同胞中，多次（4 次以上）入境的游客所占比例为 49.6%，比首次游客高了 25.5 个百分点；在港澳同胞中，多次（4 次以上）入境的游客所占比例远高于首次游客。

4. 从全国各省（区、市）的情况看，大部分省区接待首次来本地区的入境游客比例相对较高，而经济发达、交通便利的省市和部分边境口岸省区该比例相对较低。

**（五）入境游客的行程**

2011 年，入境游客在境内的行程有以下特点：

1. 入境游客仍以短程为主。游览 1～3 座城市的游客占被调查者的 89.4%，比上年提高 0.2 个百分点；游览 4～6 座城市和一次游览 7 座以上城市的游客分别占 8.3% 和 2.3%。

2. 团体游客的平均行程普遍长于散客，团体游客游览 4 座以上城市的占 18.4%，散客占 7.8%。

3. 在入境游客中，外国人和台湾同胞的行程相对较长，一次游览 4 座以上城市的均超过 10%；香港同胞和澳门同胞的行程相对较短，分别有 96.6% 和 98.1% 的游客一次只游览 1～3 座城市。

4. 在不同性别的游客中，男性游客的平均行程比女性游客稍长，一次游览 1～3 座城市的比例分别为 88.4% 和 90.6%。

5. 在不同年龄段的入境游客中，25～44 岁和 14 岁及以下的游客平均行程最短，游览城市最少，一次游览 1～3 座城市的比例超过 90%，分别为 92.0% 和 91.1%；其次是 45～64 岁和 15～24 岁的游客，一次游览 1～3 座城市的比例分别为 88.1% 和 86.9%；65 岁及以上年龄段的游客平均行程最长，一次游览 4 座以上城市的达到 20%。

6. 在不同职业的入境游客中，政府工作人员、退休人员、家庭妇女和学生的平均行程普遍较长，一次游览 4 座以上城市的比例超过 10%；技工/工人的平均行程普遍较短，一次游览 1 ~3 座城市的为 93.5%。

7. 在不同旅游目的的入境游客中，以观光游览为目的的游客的平均行程要长于其他旅游目的的游客，一次游览 4 座以上城市的占 16.6%；而以购物为目的的游客的平均行程较短，一次游览 1 ~3 座城市的达到 99.1%。

**（六）入境游客的流向**

**1. 入境游客出境后的流向**

2011 年对入境游客抽样调查资料显示：（1）在入境外国游客中，到我国的“一国游游客”和以我国为最终旅游目的地的游客居于主要地位，86.2% 的游客出境后返回各自的国家，较上年增加了 2.3 个百分点。其中，我国周边国家（日本、韩国、蒙古、哈萨克斯坦和俄罗斯等）多数是只到我国旅游的“一国游游客”，比重超过九成；欧美、大洋洲、非洲等远程市场的入境游客，离境后前往其他国家或地区的比重较上年有所降低。（2）在入境外国游客出境后，除了直接返回来源地外，还有 13.8% 的游客前往其他国家或地区，这部分游客中 27.9% 的游客前往港澳特别行政区，比上年降低了 5.2 个百分点。（3）港澳台、东南亚以及印度等市场的游客，出境后直接返回来自国家（地区）的比重占 83.6%，其余 16.4% 的游客继续前往其他国家（地区）。

**2. 入境过夜游客在我国省（区、市）之间的流向**

在这次全国各省（区、市）旅游住宿单位（含游船）抽样调查的 31974 名入境过夜游客中，有 10896 人不立即出境，还将前往我国其他地区游览。这些游客主要的流向有三个：第一、在所在的省（区、市）内继续游览，这部分游客所占的比重占在境内继续游览人数的 30.8%，比上年增加 5.9 个百分点；第二、前往北京、上海旅游，在各省（区、市）接待的入境游客中，选择这一流向的占 42.5%，比上年减少 0.8 个百分点；第三、到中国经济比较发达和旅游资源较丰富的省（区、市），如继续前往辽宁、江苏、浙江、广东和陕西等地区的游客比例相对较高，占在境内游览总人数的 13.1%。

**（七）入境过夜游客对住宿单位的选择**

2011 年入境过夜游客对住宿单位的选择是：选择宾馆饭店住宿的人天数占其总人天数的 73.8%，比上年提高了 12.2 个百分点；选择公寓住宿的人天数占 6.6%，比上年减少了 5.8 个百分点；在私人住所住宿的人天数占 13.9%，比上年减少了 5.2 个百分点。此外，还有 5.8% 的入境过夜游客在车船或招待所等旅游住宿单位中住宿。

2011 年对入境过夜游客选择住宿单位的调查表明：

1. 入境过夜游客对住宿单位的选择主要是宾馆饭店，占被调查者的 73.8%，其次是私人住所，占被调查者的 13.9%。

2. 外国过夜游客选择宾馆饭店的比例高于香港、澳门和台湾同胞，为77.5%；香港、澳门和台湾同胞选择宾馆饭店的比例较其他住宿单位高，分别为62.1%、63.0%和59.5%。

3. 在入境过夜游客中，团体游客选择宾馆饭店住宿的比例（93.4%）远远高于散客（65.5%）；而散客选择公寓和私人住所住宿的比例（28.1%）又远高于团体游客（2.4%）。

# 第二部分　分类数据

## 一、入境游客人均天花费及构成

# 1-1 2011年入境过夜游客人均天花费

| | | 人均天花费 | 政府工作人员 | 专业技术人员 | 职员 | 技工工人 |
|---|---|---|---|---|---|---|
| 全　国 | 总计 | **195.38** | **184.71** | **196.11** | **202.45** | **199.21** |
| | 团体 | 193.44 | 185.52 | 202.94 | 197.66 | 208.86 |
| | 散客 | 196.29 | 184.29 | 194.18 | 204.98 | 195.76 |
| 外国人 | 小计 | 209.22 | 190.71 | 212.50 | 214.74 | 220.65 |
| | 团体 | 199.43 | 187.41 | 210.43 | 205.12 | 218.02 |
| | 散客 | 214.86 | 192.85 | 213.23 | 220.35 | 221.83 |
| 香港同胞 | 小计 | 149.17 | 149.95 | 134.14 | 155.74 | 134.91 |
| | 团体 | 150.17 | 168.74 | 125.19 | 155.86 | 154.22 |
| | 散客 | 148.95 | 146.01 | 134.74 | 155.70 | 127.53 |
| 澳门同胞 | 小计 | 115.92 | 143.18 | 127.38 | 118.47 | 135.10 |
| | 团体 | 126.50 | 156.67 | 98.05 | 166.90 | 125.20 |
| | 散客 | 114.35 | 141.38 | 128.63 | 113.47 | 135.70 |
| 台湾同胞 | 小计 | 189.11 | 210.65 | 193.45 | 185.00 | 174.01 |
| | 团体 | 185.94 | 187.24 | 182.60 | 173.57 | 249.38 |
| | 散客 | 190.34 | 222.63 | 196.35 | 190.59 | 168.82 |

（按外国人、港澳台胞、团体及散客、职业分组）

单位：美元/人天

| 商贸人员 | 服务员推销员 | 退休人员 | 家庭妇女 | 军人 | 学生 | 其他 |
|---|---|---|---|---|---|---|
| **215.79** | **189.57** | **176.83** | **190.69** | **173.17** | **151.76** | **211.16** |
| 205.41 | 208.64 | 188.89 | 199.75 | 200.10 | 164.75 | 179.28 |
| 219.04 | 181.92 | 163.78 | 181.53 | 157.77 | 143.61 | 224.87 |
| | | | | | | |
| 226.61 | 210.99 | 198.05 | 210.06 | 187.78 | 161.25 | 221.32 |
| 207.75 | 217.79 | 197.97 | 204.88 | 212.60 | 170.80 | 184.41 |
| 233.92 | 207.30 | 198.17 | 217.37 | 168.60 | 153.78 | 238.03 |
| | | | | | | |
| 178.46 | 140.57 | 122.97 | 143.57 | 110.03 | 123.98 | 166.53 |
| 165.59 | 167.41 | 131.50 | 152.57 | — | 148.15 | 137.77 |
| 179.90 | 135.47 | 119.28 | 140.20 | 110.03 | 117.99 | 175.61 |
| | | | | | | |
| 126.82 | 119.25 | 81.48 | 127.13 | 137.41 | 82.52 | 125.14 |
| 134.27 | 183.97 | 131.28 | 178.06 | — | 90.47 | 139.96 |
| 126.17 | 113.53 | 77.25 | 115.07 | 137.41 | 78.79 | 122.36 |
| | | | | | | |
| 218.27 | 175.26 | 163.98 | 169.51 | 157.30 | 156.19 | 204.74 |
| 219.63 | 175.63 | 173.75 | 203.11 | 129.29 | 161.50 | 176.91 |
| 217.98 | 175.16 | 154.50 | 140.56 | 178.31 | 155.23 | 218.93 |

## 1－2　2011 年入境过夜游客人均天花费

| | | 人均天花费 | 观光游览 | 休闲度假 | 探亲访友 | 商务 |
|---|---|---|---|---|---|---|
| **全　国** | **总计** | **195.38** | **188.39** | **192.14** | **148.51** | **218.48** |
| | 团体 | 193.44 | 188.81 | 214.22 | 187.96 | 194.36 |
| | 散客 | 196.29 | 187.69 | 177.12 | 145.74 | 219.56 |
| 外国人 | 小计 | 209.22 | 196.50 | 210.51 | 167.25 | 226.36 |
| | 团体 | 199.43 | 195.44 | 220.22 | 192.68 | 186.62 |
| | 散客 | 214.86 | 198.53 | 200.63 | 164.65 | 228.33 |
| 香港同胞 | 小计 | 149.17 | 152.20 | 132.22 | 110.39 | 191.72 |
| | 团体 | 150.17 | 148.02 | 155.78 | 158.68 | 182.18 |
| | 散客 | 148.95 | 156.21 | 128.72 | 109.59 | 191.84 |
| 澳门同胞 | 小计 | 115.92 | 127.85 | 114.75 | 82.90 | 146.10 |
| | 团体 | 126.50 | 146.32 | 148.55 | 122.93 | 101.33 |
| | 散客 | 114.35 | 119.84 | 111.37 | 81.56 | 147.28 |
| 台湾同胞 | 小计 | 189.11 | 188.92 | 195.74 | 162.80 | 201.98 |
| | 团体 | 185.94 | 182.17 | 188.47 | 188.80 | 275.77 |
| | 散客 | 190.34 | 201.98 | 198.57 | 161.64 | 198.65 |

（按外国人、港澳台胞、团体及散客、旅游目的分组）

单位：美元/人天

| 会议 | 宗教朝拜 | 文化/体育/科技交流 | 购物 | 医疗保健 | 其他 |
|---|---|---|---|---|---|
| **212.20** | **192.67** | **170.23** | **202.59** | **196.35** | **217.34** |
| 185.29 | 183.31 | 140.27 | 206.62 | 187.40 | 172.14 |
| 215.61 | 195.39 | 181.13 | 197.93 | 205.30 | 223.48 |
| | | | | | |
| 235.20 | 196.34 | 186.41 | 228.37 | 197.37 | 232.70 |
| 193.30 | 151.59 | 151.80 | 207.54 | 187.40 | 173.24 |
| 242.96 | 211.25 | 202.49 | 271.35 | 210.79 | 241.96 |
| | | | | | |
| 167.80 | 162.13 | 125.17 | 124.05 | 177.05 | 165.87 |
| 157.64 | — | 114.03 | 165.72 | — | 243.92 |
| 168.36 | 162.13 | 125.76 | 120.84 | 177.05 | 163.92 |
| | | | | | |
| 128.28 | 137.17 | 113.45 | 77.46 | 277.77 | 126.88 |
| 111.91 | — | 89.82 | — | — | — |
| 128.93 | 137.17 | 126.70 | 77.46 | 277.77 | 126.88 |
| | | | | | |
| 215.59 | 201.52 | 184.57 | 146.52 | 87.17 | 138.84 |
| 154.62 | 326.05 | 119.86 | 153.72 | — | 141.10 |
| 219.07 | 160.02 | 187.45 | 145.79 | 87.17 | 138.62 |

## 1－3 2011年入境过夜游客人均天花费

| | | 人均天花费 | 男性 | 女性 |
|---|---|---|---|---|
| 全国 | 总计 | **195.38** | **203.30** | **183.78** |
| | 团体 | 193.44 | 197.14 | 189.57 |
| | 散客 | 196.29 | 205.67 | 180.12 |
| 外国人 | 小计 | 209.22 | 215.18 | 199.48 |
| | 团体 | 199.43 | 202.65 | 195.88 |
| | 散客 | 214.86 | 220.78 | 202.52 |
| 香港同胞 | 小计 | 149.17 | 155.39 | 142.51 |
| | 团体 | 150.17 | 146.76 | 152.95 |
| | 散客 | 148.95 | 156.99 | 139.82 |
| 澳门同胞 | 小计 | 115.92 | 115.14 | 116.56 |
| | 团体 | 126.50 | 140.42 | 117.43 |
| | 散客 | 114.35 | 111.96 | 116.42 |
| 台湾同胞 | 小计 | 189.11 | 196.10 | 180.06 |
| | 团体 | 185.94 | 188.22 | 183.87 |
| | 散客 | 190.34 | 198.53 | 178.14 |

（按外国人、港澳台胞、团体及散客、性别、年龄分组）

单位：美元/人天

| 14岁及以下 | 15～24岁 | 25～44岁 | 45～64岁 | 65岁及以上 |
|---|---|---|---|---|
| **149.79** | **158.75** | **199.15** | **206.77** | **178.98** |
| 154.75 | 168.74 | 198.56 | 198.89 | 188.29 |
| 144.35 | 153.56 | 199.36 | 211.11 | 170.20 |
| | | | | |
| 164.06 | 169.29 | 213.69 | 219.40 | 200.77 |
| 155.49 | 175.07 | 205.29 | 205.10 | 192.11 |
| 179.49 | 165.61 | 217.40 | 228.74 | 212.39 |
| | | | | |
| 56.43 | 142.68 | 150.23 | 159.75 | 109.79 |
| — | 154.80 | 148.61 | 153.33 | 136.85 |
| 56.43 | 139.27 | 150.49 | 161.59 | 101.09 |
| | | | | |
| 32.00 | 86.70 | 117.13 | 140.47 | 91.74 |
| — | 90.47 | 129.70 | 163.84 | 209.56 |
| 32.00 | 85.19 | 115.78 | 137.86 | 81.49 |
| | | | | |
| 167.50 | 148.08 | 191.71 | 199.05 | 171.31 |
| 144.76 | 178.80 | 183.96 | 188.17 | 188.58 |
| 177.60 | 143.31 | 194.01 | 204.35 | 157.55 |

## 1－4　2011 年外国过夜游客人均天花费

| | 人均天花费 | 政府工作人员 | 专业技术人员 | 职员 | 技工工人 | 商贸人员 |
|---|---|---|---|---|---|---|
| 日本 | 226.50 | 264.57 | 236.18 | 226.98 | 220.76 | 253.42 |
| 菲律宾 | 190.54 | 145.23 | 115.83 | 161.58 | 210.38 | 175.28 |
| 泰国 | 176.42 | 193.12 | 165.63 | 193.24 | 265.56 | 227.07 |
| 新加坡 | 189.67 | 240.83 | 176.52 | 228.62 | 153.26 | 206.48 |
| 印度尼西亚 | 255.05 | 54.94 | 113.86 | 160.58 | 120.55 | 251.54 |
| 马来西亚 | 184.14 | 156.23 | 176.10 | 209.95 | 154.45 | 189.92 |
| 韩国 | 212.05 | 208.04 | 236.35 | 223.55 | 221.78 | 234.57 |
| 朝鲜 | 239.51 | 161.80 | 225.91 | 230.82 | 317.64 | 266.62 |
| 蒙古 | 269.01 | 184.77 | 255.58 | 183.02 | 313.18 | 306.35 |
| 印度 | 208.83 | 100.74 | 160.21 | 212.02 | 238.39 | 201.91 |
| 越南 | 182.30 | 115.07 | 171.85 | 141.38 | 186.69 | 167.72 |
| 缅甸 | 147.88 | 167.19 | 251.19 | 77.98 | 131.30 | 152.03 |
| 哈萨克斯坦 | 296.03 | 293.95 | 293.95 | 189.01 | 120.17 | 390.03 |
| 英国 | 232.44 | 257.80 | 235.73 | 246.68 | 220.23 | 241.10 |
| 法国 | 181.74 | 139.73 | 191.76 | 165.80 | 289.80 | 210.76 |
| 德国 | 212.71 | 198.85 | 241.62 | 204.77 | 195.83 | 213.40 |
| 西班牙 | 191.72 | 182.52 | 216.74 | 140.19 | — | 238.34 |
| 意大利 | 184.20 | 230.31 | 188.66 | 189.34 | 201.48 | 188.40 |
| 荷兰 | 208.51 | 167.80 | 184.87 | 260.73 | 102.02 | 247.55 |
| 瑞典 | 188.20 | 168.22 | 159.87 | 233.02 | 195.85 | 219.36 |
| 俄罗斯 | 217.72 | 204.97 | 232.05 | 218.41 | 242.08 | 216.22 |
| 瑞士 | 182.39 | 124.85 | 210.00 | 175.39 | — | 176.88 |
| 乌克兰 | 276.79 | 428.56 | 233.80 | 125.36 | 205.49 | 267.23 |
| 美国 | 186.38 | 146.06 | 189.42 | 203.03 | 218.52 | 226.80 |
| 加拿大 | 196.39 | 138.74 | 248.86 | 207.69 | 263.39 | 238.46 |
| 澳大利亚 | 180.24 | 155.79 | 187.43 | 189.06 | 46.15 | 211.88 |
| 新西兰 | 205.11 | 174.32 | 157.65 | 205.20 | 237.63 | 263.14 |
| 非洲国家 | 188.25 | 176.47 | 181.65 | 139.13 | 194.37 | 192.87 |
| 中南美洲国家 | 189.87 | 133.69 | 130.38 | 189.81 | — | 249.48 |
| 其他国家 | 184.08 | 163.20 | 186.31 | 213.92 | 187.86 | 191.18 |

（按国别、职业分组）

单位：美元/人天

| 服务员推销员 | 退休人员 | 家庭妇女 | 军人 | 学生 | 其他 |
|---|---|---|---|---|---|
| 229.25 | 216.60 | 201.25 | 226.51 | 187.08 | 228.36 |
| 141.29 | 103.63 | 145.53 | — | 88.76 | 338.02 |
| 195.75 | 139.60 | 216.59 | — | 98.80 | 167.61 |
| 183.30 | 164.33 | 168.03 | 213.82 | 133.02 | 168.08 |
| 278.19 | 190.56 | 221.19 | 54.94 | 185.15 | 353.62 |
| 206.71 | 165.33 | 153.47 | 39.93 | 144.92 | 234.22 |
| 208.61 | 192.82 | 199.28 | 90.84 | 166.34 | 201.74 |
| 237.02 | 261.96 | 193.83 | — | 188.30 | 400.18 |
| 266.02 | 246.23 | 265.94 | — | 174.79 | 263.39 |
| 190.55 | 18.15 | 261.70 | 200.83 | 122.35 | 401.84 |
| 260.93 | 167.12 | 157.89 | — | 110.53 | 313.98 |
| 111.26 | — | 145.54 | — | 194.53 | 90.94 |
| 301.66 | — | — | — | — | — |
| 213.33 | 223.18 | 256.53 | 257.19 | 207.57 | 172.35 |
| 145.55 | 148.19 | 369.01 | 285.71 | 159.38 | 178.83 |
| 225.84 | 184.53 | 241.11 | 141.29 | 188.45 | 166.03 |
| 229.17 | 101.11 | 196.70 | — | 128.87 | 224.18 |
| 216.22 | 182.96 | 291.20 | 171.53 | 91.11 | 154.90 |
| 185.90 | 119.56 | 237.83 | — | 194.97 | 170.74 |
| 225.71 | 175.04 | 170.50 | — | 122.18 | 178.29 |
| 232.37 | 230.70 | 244.27 | 155.47 | 178.61 | 200.30 |
| 225.09 | 125.46 | 257.14 | — | 158.97 | 174.99 |
| 315.01 | 274.88 | 345.05 | — | 206.04 | 358.73 |
| 235.31 | 181.51 | 235.19 | 217.25 | 138.95 | 178.08 |
| 216.09 | 173.24 | 188.96 | 158.50 | 159.43 | 114.49 |
| 148.56 | 185.42 | 177.27 | 164.83 | 150.72 | 149.93 |
| 278.38 | 216.00 | 197.80 | 165.20 | 100.99 | 220.93 |
| 263.04 | 118.97 | 159.95 | — | 133.08 | 300.26 |
| 134.12 | 237.68 | 219.78 | — | 236.72 | 76.92 |
| 111.31 | 155.03 | 149.57 | 255.73 | 179.09 | 185.82 |

# 1－5　2011年外国过夜游客人均天花费

| | 人均天花费 | 观光游览 | 休闲度假 | 探亲访友 | 商　　务 |
|---|---|---|---|---|---|
| 日　　本 | 226.50 | 215.63 | 241.84 | 191.11 | 234.40 |
| 菲律宾 | 190.54 | 170.01 | 137.45 | 82.77 | 158.87 |
| 泰　　国 | 176.42 | 169.66 | 187.77 | 152.89 | 198.02 |
| 新加坡 | 189.67 | 189.47 | 195.42 | 138.07 | 214.43 |
| 印度尼西亚 | 255.05 | 167.52 | 161.49 | 164.08 | 250.46 |
| 马来西亚 | 184.14 | 176.20 | 173.38 | 154.62 | 198.26 |
| 韩　　国 | 212.05 | 189.93 | 220.38 | 198.00 | 245.69 |
| 朝　　鲜 | 239.51 | 236.43 | 157.03 | 238.70 | 245.92 |
| 蒙　　古 | 269.01 | 265.49 | 226.96 | 246.75 | 299.30 |
| 印　　度 | 208.83 | 160.77 | 184.39 | 99.35 | 195.99 |
| 越　　南 | 182.30 | 143.27 | 150.50 | 169.60 | 191.20 |
| 缅　　甸 | 147.88 | 163.68 | 156.13 | 113.92 | 146.17 |
| 哈萨克斯坦 | 296.03 | — | 214.10 | — | 302.69 |
| 英　　国 | 232.44 | 228.28 | 251.74 | 139.55 | 234.21 |
| 法　　国 | 181.74 | 165.24 | 195.75 | 142.46 | 205.07 |
| 德　　国 | 212.71 | 204.44 | 212.10 | 167.50 | 218.97 |
| 西班牙 | 191.72 | 214.19 | 121.00 | 128.45 | 197.01 |
| 意大利 | 184.20 | 195.78 | 132.81 | 167.79 | 204.44 |
| 荷　　兰 | 208.51 | 203.56 | 179.18 | 78.20 | 234.50 |
| 瑞　　典 | 188.20 | 213.53 | 191.04 | 80.78 | 200.97 |
| 俄罗斯 | 217.72 | 227.06 | 234.31 | 181.11 | 212.75 |
| 瑞　　士 | 182.39 | 177.11 | 221.65 | 175.67 | 158.42 |
| 乌克兰 | 276.79 | 177.42 | 277.72 | 65.93 | 256.44 |
| 美　　国 | 186.38 | 178.77 | 182.05 | 145.36 | 213.89 |
| 加拿大 | 196.39 | 188.47 | 152.06 | 192.82 | 249.39 |
| 澳大利亚 | 180.24 | 185.18 | 155.05 | 164.56 | 213.21 |
| 新西兰 | 205.11 | 215.66 | 193.92 | 78.10 | 217.11 |
| 非洲国家 | 188.25 | 164.27 | 131.20 | 123.06 | 199.00 |
| 中南美洲国家 | 189.87 | 169.86 | 128.47 | 282.90 | 223.59 |
| 其他国家 | 184.08 | 160.44 | 159.66 | 143.26 | 197.05 |

（按国别、旅游目的分组）

单位：美元/人天

| 会议 | 宗教朝拜 | 文化/体育/科技交流 | 购物 | 医疗保健 | 其他 |
|---|---|---|---|---|---|
| 279.72 | 225.40 | 222.63 | 266.18 | 234.48 | 201.98 |
| 173.27 | 237.32 | 148.68 | 311.74 | 41.76 | 327.48 |
| 210.02 | — | 127.96 | — | — | 157.53 |
| 253.10 | 291.20 | 123.18 | 255.58 | 243.71 | 149.84 |
| 183.15 | 302.19 | 213.98 | 220.82 | — | 385.16 |
| 181.02 | 74.99 | 129.07 | 192.67 | — | 372.93 |
| 245.47 | 225.53 | 210.91 | 239.73 | 162.75 | 183.15 |
| 270.00 | — | 272.03 | 306.48 | 175.82 | 323.51 |
| 151.41 | 302.61 | 191.76 | 288.08 | 324.56 | 162.27 |
| 200.15 | 360.43 | 148.37 | — | 126.87 | 346.56 |
| 195.73 | — | 107.32 | — | 154.95 | 364.73 |
| 248.90 | — | 98.99 | — | — | 114.60 |
| 428.56 | — | 362.63 | — | — | — |
| 231.20 | 183.51 | 210.71 | 164.72 | — | 271.83 |
| 246.10 | 252.33 | 151.77 | 83.76 | — | 127.31 |
| 281.17 | — | 273.90 | — | 149.06 | 148.87 |
| 308.77 | — | 183.60 | 196.70 | — | 82.42 |
| 227.00 | — | 140.42 | 222.96 | — | 150.58 |
| 169.66 | 119.56 | 303.44 | 202.74 | 174.62 | 188.32 |
| 234.25 | 142.03 | 312.38 | 329.12 | 96.01 | 137.74 |
| 256.62 | — | 164.75 | 207.21 | 199.02 | 208.74 |
| 235.48 | 100.36 | 228.29 | 117.76 | — | 221.21 |
| 301.28 | — | — | 276.92 | 274.88 | 397.48 |
| 197.37 | 146.30 | 164.26 | 208.37 | 243.05 | 194.58 |
| 220.48 | — | 163.07 | 137.91 | — | 132.75 |
| 188.20 | — | 118.10 | 124.50 | 123.35 | 139.22 |
| 293.89 | 158.89 | 147.25 | — | — | 428.56 |
| 283.90 | — | 155.03 | — | — | 299.39 |
| 139.23 | — | 230.49 | 350.48 | — | 66.60 |
| 184.70 | 80.77 | 200.80 | 413.18 | 191.39 | 207.56 |

# 1-6 2011年外国过夜游客人均天花费
## （按国别、性别、年龄分组）

单位：美元/人天

| | 人均天花费 | 男性 | 女性 | 14岁及以下 | 15~24岁 | 25~44岁 | 45~64岁 | 65岁及以上 |
|---|---|---|---|---|---|---|---|---|
| 日本 | 226.50 | 231.66 | 215.94 | 181.54 | 186.98 | 230.81 | 232.11 | 212.24 |
| 菲律宾 | 190.54 | 211.75 | 149.05 | 88.54 | 125.58 | 205.79 | 199.07 | 112.13 |
| 泰国 | 176.42 | 169.21 | 185.17 | 210.96 | 89.88 | 203.57 | 221.14 | 149.04 |
| 新加坡 | 189.67 | 194.68 | 182.67 | — | 146.12 | 192.07 | 207.37 | 159.48 |
| 印度尼西亚 | 255.05 | 282.26 | 150.29 | 30.28 | 195.93 | 282.03 | 224.00 | 256.10 |
| 马来西亚 | 184.14 | 196.02 | 166.77 | 231.63 | 138.98 | 190.79 | 188.77 | 156.88 |
| 韩国 | 212.05 | 218.94 | 201.72 | 151.21 | 177.31 | 222.74 | 218.75 | 188.92 |
| 朝鲜 | 239.51 | 223.96 | 256.36 | — | 194.21 | 274.29 | 223.84 | 196.85 |
| 蒙古 | 269.01 | 261.47 | 275.17 | 401.09 | 276.44 | 262.97 | 273.32 | — |
| 印度 | 208.83 | 215.95 | 180.54 | 128.30 | 133.81 | 233.51 | 180.11 | 223.36 |
| 越南 | 182.30 | 205.18 | 147.38 | — | 142.33 | 199.90 | 161.54 | 217.08 |
| 缅甸 | 147.88 | 157.70 | 122.64 | — | 163.30 | 127.51 | 200.62 | — |
| 哈萨克斯坦 | 296.03 | 308.15 | 271.79 | — | — | 289.11 | 316.78 | — |
| 英国 | 232.44 | 234.13 | 228.82 | 206.73 | 176.04 | 220.37 | 247.49 | 238.54 |
| 法国 | 181.74 | 185.76 | 176.19 | 9.42 | 162.70 | 175.90 | 206.33 | 212.70 |
| 德国 | 212.71 | 211.84 | 214.31 | 200.59 | 212.50 | 203.06 | 229.51 | 179.48 |
| 西班牙 | 191.72 | 215.15 | 159.26 | 159.34 | 176.59 | 187.56 | 220.81 | 57.04 |
| 意大利 | 184.20 | 183.33 | 186.08 | — | 93.62 | 192.52 | 189.76 | — |
| 荷兰 | 208.51 | 212.72 | 198.93 | — | 169.63 | 186.57 | 257.73 | 282.47 |
| 瑞典 | 188.20 | 206.27 | 149.86 | 306.80 | 87.74 | 207.05 | 189.66 | 176.87 |
| 俄罗斯 | 217.72 | 219.72 | 215.40 | 131.96 | 204.54 | 218.87 | 226.58 | 231.74 |
| 瑞士 | 182.39 | 184.82 | 176.92 | — | 167.50 | 181.12 | 210.60 | 146.09 |
| 乌克兰 | 276.79 | 302.98 | 222.87 | 65.93 | 237.10 | 280.37 | 282.27 | 326.11 |
| 美国 | 186.38 | 197.31 | 170.65 | 94.01 | 147.73 | 195.96 | 199.68 | 198.42 |
| 加拿大 | 196.39 | 197.66 | 194.32 | 337.91 | 152.46 | 201.47 | 209.80 | 207.60 |
| 澳大利亚 | 180.24 | 184.64 | 171.67 | — | 114.00 | 179.38 | 200.90 | 183.15 |
| 新西兰 | 205.11 | 210.31 | 198.46 | — | 192.07 | 214.12 | 185.80 | 224.64 |
| 非洲国家 | 188.25 | 189.33 | 186.82 | — | 118.04 | 198.87 | 197.66 | 115.24 |
| 中南美洲国家 | 189.87 | 211.43 | 139.54 | 343.40 | 350.17 | 172.12 | 134.25 | 134.48 |
| 其他国家 | 184.08 | 184.56 | 183.03 | 269.75 | 173.90 | 184.12 | 187.24 | 170.48 |

# 1-7 2011年入境过夜游客在各省(区、市)人均天花费
## (按团体及散客、外国人及港澳台胞分组)

单位：美元/人天

| | | 人均天花费 | 外国人 | 香港同胞 | 澳门同胞 | 台湾同胞 |
|---|---|---|---|---|---|---|
| 北　京 | 小计 | 247.78 | 242.68 | 287.52 | 255.09 | 271.17 |
| | 团体 | 235.23 | 232.71 | 266.84 | 195.29 | 256.42 |
| | 散客 | 256.81 | 250.18 | 296.18 | 283.69 | 283.57 |
| 天　津 | 小计 | 197.64 | 190.77 | 219.60 | 313.57 | 211.50 |
| | 团体 | 197.85 | 187.10 | 398.35 | 254.29 | 224.86 |
| | 散客 | 197.58 | 191.89 | 204.70 | 325.42 | 202.14 |
| 河　北 | 小计 | 163.56 | 162.59 | 170.37 | 179.01 | 164.19 |
| | 团体 | 134.84 | 134.48 | 153.26 | 90.30 | 122.59 |
| | 散客 | 174.42 | 172.81 | 179.16 | 211.27 | 183.90 |
| 山　西 | 小计 | 174.12 | 171.88 | 179.30 | 181.01 | 178.71 |
| | 团体 | 178.58 | 181.07 | 166.86 | 171.97 | 177.39 |
| | 散客 | 167.88 | 158.35 | 191.74 | 190.95 | 181.05 |
| 内蒙古 | 小计 | 181.02 | 182.41 | 181.58 | 116.02 | 173.69 |
| | 团体 | 175.98 | 178.28 | 76.19 | 30.63 | 137.45 |
| | 散客 | 184.64 | 185.55 | 202.65 | 126.69 | 191.82 |
| 辽　宁 | 小计 | 204.49 | 204.42 | 196.92 | 218.86 | 209.35 |
| | 团体 | 199.09 | 198.67 | 191.62 | 227.71 | 200.57 |
| | 散客 | 206.90 | 206.86 | 199.80 | 213.65 | 213.84 |
| 吉　林 | 小计 | 177.90 | 177.38 | 192.25 | 194.28 | 165.24 |
| | 团体 | 184.83 | 188.36 | 184.23 | 214.21 | 137.03 |
| | 散客 | 173.06 | 169.89 | 199.27 | 184.32 | 190.14 |
| 黑龙江 | 小计 | 188.79 | 201.25 | 162.85 | 258.44 | 120.78 |
| | 团体 | 187.08 | 207.30 | 145.87 | 281.64 | 97.82 |
| | 散客 | 193.88 | 185.03 | 223.68 | 235.23 | 275.29 |
| 上　海 | 小计 | 251.81 | 249.14 | 266.80 | 296.09 | 261.00 |
| | 团体 | 211.65 | 208.20 | 232.38 | 112.89 | 263.71 |
| | 散客 | 257.27 | 255.05 | 268.54 | 314.41 | 260.64 |

1 -7(续 1) 单位：美元/人天

| | | 人均天花费 | 外国人 | 香港同胞 | 澳门同胞 | 台湾同胞 |
|---|---|---|---|---|---|---|
| 江苏 | 小计 | 213.82 | 213.12 | 216.21 | 227.56 | 213.39 |
| | 团体 | 225.36 | 225.10 | 222.44 | 234.67 | 226.42 |
| | 散客 | 209.87 | 209.52 | 213.73 | 224.57 | 207.18 |
| 浙江 | 小计 | 208.53 | 208.84 | 205.30 | 185.40 | 215.26 |
| | 团体 | 209.05 | 213.19 | 193.05 | 172.62 | 196.61 |
| | 散客 | 208.30 | 207.01 | 210.31 | 192.86 | 225.19 |
| 安徽 | 小计 | 178.37 | 180.33 | 152.36 | 171.30 | 167.41 |
| | 团体 | 185.61 | 187.97 | 157.45 | 167.29 | 160.39 |
| | 散客 | 169.74 | 170.77 | 148.74 | 174.58 | 173.65 |
| 福建 | 小计 | 197.39 | 199.55 | 187.79 | 223.94 | 194.64 |
| | 团体 | 182.39 | 197.08 | 167.15 | 199.23 | 154.39 |
| | 散客 | 202.80 | 200.34 | 194.13 | 241.79 | 216.04 |
| 江西 | 小计 | 156.64 | 165.71 | 133.33 | 163.18 | 143.52 |
| | 团体 | 155.29 | 182.65 | 106.09 | 131.79 | 131.11 |
| | 散客 | 157.86 | 152.43 | 166.25 | 184.66 | 161.25 |
| 山东 | 小计 | 203.50 | 206.20 | 193.01 | 200.54 | 200.48 |
| | 团体 | 188.92 | 188.95 | 180.68 | 203.29 | 198.21 |
| | 散客 | 208.55 | 210.71 | 202.97 | 199.39 | 201.55 |
| 河南 | 小计 | 152.84 | 156.01 | 144.43 | 129.51 | 135.43 |
| | 团体 | 153.55 | 162.07 | 116.51 | 110.50 | 102.06 |
| | 散客 | 151.46 | 143.25 | 168.06 | 180.22 | 200.32 |
| 湖北 | 小计 | 195.36 | 196.12 | 190.84 | 185.27 | 202.38 |
| | 团体 | 187.48 | 184.57 | 190.43 | 176.12 | 196.39 |
| | 散客 | 200.99 | 203.46 | 191.11 | 195.27 | 208.10 |
| 湖南 | 小计 | 188.24 | 189.78 | 178.01 | 178.41 | 159.20 |
| | 团体 | 191.42 | 193.38 | 165.56 | 139.38 | 158.98 |
| | 散客 | 179.79 | 179.37 | 187.64 | 217.44 | 159.55 |
| 广东 | 小计 | 169.08 | 182.61 | 143.15 | 138.86 | 167.97 |
| | 团体 | 177.79 | 194.52 | 137.77 | 145.42 | 184.39 |
| | 散客 | 166.80 | 179.73 | 144.54 | 137.56 | 160.52 |
| 广西 | 小计 | 188.11 | 188.70 | 183.56 | 193.10 | 188.00 |
| | 团体 | 193.43 | 198.16 | 165.87 | 180.36 | 193.21 |
| | 散客 | 185.71 | 183.81 | 189.46 | 196.49 | 186.20 |

1-7(续2)　　单位：美元/人天

| | | 人均天花费 | 外国人 | 香港同胞 | 澳门同胞 | 台湾同胞 |
|---|---|---|---|---|---|---|
| 海南 | 小计 | 176.69 | 184.86 | 150.60 | 113.81 | 140.41 |
| | 团体 | 176.36 | 195.36 | 87.85 | 99.79 | 116.32 |
| | 散客 | 177.03 | 174.75 | 201.39 | 155.86 | 176.07 |
| 重庆 | 小计 | 176.39 | 169.45 | 199.46 | 234.85 | 190.23 |
| | 团体 | 174.97 | 167.10 | 227.02 | 240.56 | 162.71 |
| | 散客 | 177.48 | 171.34 | 184.49 | 228.19 | 210.35 |
| 四川 | 小计 | 176.69 | 180.53 | 167.48 | 174.76 | 168.45 |
| | 团体 | 178.52 | 181.26 | 157.89 | 171.80 | 183.29 |
| | 散客 | 173.59 | 179.12 | 184.83 | 184.86 | 155.96 |
| 贵州 | 小计 | 168.68 | 171.14 | 190.99 | 146.95 | 147.84 |
| | 团体 | 175.03 | 184.73 | 208.03 | 144.29 | 132.45 |
| | 散客 | 158.13 | 151.32 | 164.56 | 149.82 | 204.28 |
| 云南 | 小计 | 186.59 | 189.31 | 183.52 | 160.69 | 179.10 |
| | 团体 | 181.37 | 192.33 | 140.92 | 117.52 | 157.31 |
| | 散客 | 194.20 | 184.87 | 219.18 | 222.37 | 236.17 |
| 西藏 | 小计 | 180.33 | 179.96 | 205.07 | 135.07 | 188.01 |
| | 团体 | 175.49 | 177.89 | 185.87 | 140.51 | 163.13 |
| | 散客 | 203.16 | 190.69 | 240.28 | 86.09 | 312.40 |
| 陕西 | 小计 | 188.30 | 196.34 | 131.13 | 152.84 | 138.59 |
| | 团体 | 187.32 | 201.00 | 68.13 | 77.14 | 79.77 |
| | 散客 | 189.99 | 187.51 | 195.93 | 228.54 | 193.73 |
| 甘肃 | 小计 | 157.30 | 157.42 | 126.37 | 184.04 | 152.12 |
| | 团体 | 162.59 | 164.93 | 114.74 | 196.34 | 155.11 |
| | 散客 | 147.00 | 144.50 | 159.33 | 155.05 | 145.21 |
| 青海 | 小计 | 151.63 | 151.69 | 124.67 | 150.44 | 196.32 |
| | 团体 | 156.03 | 165.05 | 84.21 | — | 168.65 |
| | 散客 | 149.09 | 144.38 | 175.24 | 150.44 | 212.92 |
| 宁夏 | 小计 | 159.31 | 153.99 | 159.80 | 181.45 | 268.17 |
| | 团体 | 178.23 | 170.91 | — | — | 258.77 |
| | 散客 | 153.23 | 148.11 | 159.80 | 181.45 | 282.27 |
| 新疆 | 小计 | 174.74 | 174.74 | — | — | — |
| | 团体 | 174.74 | 174.74 | — | — | — |
| | 散客 | — | — | — | — | — |

# 1-8 2011年入境过夜游客在各省(区、市)

| | | 人均天花费 | 政府工作人员 | 专业技术人员 | 职员 | 技工工人 |
|---|---|---|---|---|---|---|
| 北京 | 小计 | 247.78 | 273.65 | 255.83 | 251.92 | 246.42 |
| | 团体 | 235.23 | 253.92 | 279.07 | 236.36 | 258.36 |
| | 散客 | 256.81 | 282.97 | 247.85 | 261.52 | 238.25 |
| 天津 | 小计 | 197.64 | 200.96 | 197.50 | 183.87 | 210.90 |
| | 团体 | 197.85 | 177.92 | 190.16 | 174.58 | 212.05 |
| | 散客 | 197.58 | 213.76 | 197.93 | 186.28 | 210.57 |
| 河北 | 小计 | 163.56 | 162.76 | 167.76 | 158.12 | 155.04 |
| | 团体 | 134.84 | 117.91 | 148.09 | 130.45 | 122.84 |
| | 散客 | 174.42 | 188.18 | 172.34 | 170.41 | 168.46 |
| 山西 | 小计 | 174.12 | 180.58 | 163.24 | 174.88 | 171.26 |
| | 团体 | 178.58 | 176.12 | 182.04 | 180.11 | 179.56 |
| | 散客 | 167.88 | 189.09 | 147.42 | 163.84 | 151.01 |
| 内蒙古 | 小计 | 181.02 | 182.00 | 160.11 | 169.85 | 235.20 |
| | 团体 | 175.98 | 249.31 | 198.51 | 173.56 | — |
| | 散客 | 184.64 | 173.59 | 156.97 | 168.96 | 235.20 |
| 辽宁 | 小计 | 204.49 | 207.16 | 205.06 | 206.33 | 200.52 |
| | 团体 | 199.09 | 211.07 | 187.69 | 207.60 | 191.70 |
| | 散客 | 206.90 | 206.01 | 210.47 | 205.78 | 209.34 |
| 吉林 | 小计 | 177.90 | 180.89 | 173.74 | 184.67 | 177.56 |
| | 团体 | 184.83 | 189.32 | 178.24 | 192.35 | 181.70 |
| | 散客 | 173.06 | 168.71 | 170.59 | 180.29 | 175.79 |
| 黑龙江 | 小计 | 188.79 | 224.28 | 184.84 | 208.55 | 202.86 |
| | 团体 | 187.08 | 213.88 | 196.94 | 217.92 | 212.25 |
| | 散客 | 193.88 | 252.00 | 164.96 | 184.12 | 116.40 |
| 上海 | 小计 | 251.81 | 252.12 | 227.85 | 253.11 | 238.12 |
| | 团体 | 211.65 | 213.96 | 188.71 | 211.92 | 178.47 |
| | 散客 | 257.27 | 258.70 | 231.46 | 257.88 | 245.23 |
| 江苏 | 小计 | 213.82 | 217.97 | 210.81 | 213.92 | 206.93 |
| | 团体 | 225.36 | 221.31 | 219.21 | 226.97 | 220.00 |
| | 散客 | 209.87 | 214.64 | 209.53 | 209.97 | 201.70 |

## 人均天花费（按团体及散客、职业分组）

单位：美元/人天

| 商贸人员 | 服务员推销员 | 退休人员 | 家庭妇女 | 军人 | 学生 | 其他 |
|---|---|---|---|---|---|---|
| 253.05 | 210.98 | 230.49 | 245.42 | 249.20 | 219.82 | 236.82 |
| 239.68 | 219.11 | 228.73 | 236.67 | 239.68 | 207.30 | 200.50 |
| 259.50 | 204.49 | 235.17 | 265.28 | 253.95 | 243.63 | 264.82 |
| | | | | | | |
| 201.96 | 216.95 | 212.78 | 233.98 | 196.81 | 220.82 | 198.06 |
| 204.58 | 194.33 | 207.42 | 277.58 | 222.36 | 243.18 | 140.84 |
| 200.61 | 233.11 | 217.60 | 212.17 | 120.18 | 208.77 | 211.27 |
| | | | | | | |
| 167.99 | 189.29 | 148.89 | 171.38 | 60.24 | 159.95 | 135.73 |
| 133.46 | 220.98 | 128.38 | 106.31 | 60.24 | 144.50 | 98.57 |
| 174.90 | 172.52 | 192.18 | 195.78 | — | 172.82 | 181.14 |
| | | | | | | |
| 179.77 | 198.86 | 172.78 | 176.02 | 194.82 | 169.61 | 163.07 |
| 178.85 | 182.80 | 177.82 | 172.37 | 182.82 | 169.59 | 168.62 |
| 180.57 | 217.84 | 155.14 | 180.88 | 242.79 | 169.63 | 159.68 |
| | | | | | | |
| 184.20 | 208.00 | 214.19 | 176.50 | 311.20 | 114.39 | 210.15 |
| 169.45 | 229.23 | 242.83 | 204.30 | — | 103.74 | 278.03 |
| 210.68 | 205.97 | 185.55 | 173.97 | 311.20 | 115.46 | 191.30 |
| | | | | | | |
| 202.96 | 192.38 | 202.46 | 180.89 | 229.15 | 200.94 | 221.19 |
| 199.33 | 180.87 | 205.40 | 172.06 | — | 191.49 | 218.65 |
| 203.65 | 205.05 | 197.96 | 187.51 | 229.15 | 210.68 | 222.20 |
| | | | | | | |
| 173.02 | 189.80 | 170.81 | 185.41 | — | 171.50 | 179.06 |
| 204.93 | 197.90 | 172.22 | 190.53 | — | 165.11 | 191.44 |
| 166.18 | 141.20 | 168.38 | 179.00 | — | 177.67 | 154.30 |
| | | | | | | |
| 207.76 | 196.26 | 161.15 | 179.94 | 228.26 | 184.90 | 161.56 |
| 190.92 | 191.63 | 157.74 | 177.21 | 290.54 | 172.34 | 168.51 |
| 234.14 | 227.70 | 178.04 | 197.23 | 190.89 | 230.93 | 148.26 |
| | | | | | | |
| 266.55 | 254.49 | 268.15 | 271.21 | 196.94 | 232.78 | 232.47 |
| 230.24 | 189.11 | 229.88 | 237.77 | 279.56 | 187.46 | 205.07 |
| 267.97 | 266.38 | 282.76 | 286.70 | 176.28 | 255.96 | 237.04 |
| | | | | | | |
| 211.44 | 216.73 | 218.50 | 220.42 | 222.67 | 215.35 | 217.07 |
| 225.77 | 226.79 | 227.40 | 228.02 | 229.00 | 225.67 | 224.84 |
| 209.20 | 210.01 | 210.75 | 210.69 | 216.35 | 209.00 | 213.69 |

1-8(续1)

| | | 人均天花费 | 政府工作人员 | 专业技术人员 | 职员 | 技工工人 |
|---|---|---|---|---|---|---|
| 浙江 | 小计 | 208.53 | 220.51 | 203.55 | 209.33 | 186.19 |
| | 团体 | 209.05 | 215.54 | 210.10 | 204.91 | 236.20 |
| | 散客 | 208.30 | 222.49 | 201.53 | 212.01 | 167.76 |
| 安徽 | 小计 | 178.37 | 172.60 | 175.88 | 183.61 | 186.12 |
| | 团体 | 185.61 | 175.05 | 190.02 | 187.12 | 189.17 |
| | 散客 | 169.74 | 170.41 | 162.82 | 180.33 | 183.07 |
| 福建 | 小计 | 197.39 | 198.02 | 202.96 | 202.41 | 206.40 |
| | 团体 | 182.39 | 169.62 | 187.48 | 179.21 | 204.37 |
| | 散客 | 202.80 | 204.47 | 206.28 | 209.62 | 207.41 |
| 江西 | 小计 | 156.64 | 151.77 | 165.03 | 156.29 | 169.39 |
| | 团体 | 155.29 | 144.12 | 178.70 | 156.62 | 179.66 |
| | 散客 | 157.86 | 157.38 | 150.59 | 155.95 | 153.98 |
| 山东 | 小计 | 203.50 | 200.49 | 221.70 | 197.57 | 217.15 |
| | 团体 | 188.92 | 193.98 | 198.10 | 185.82 | 189.01 |
| | 散客 | 208.55 | 202.39 | 224.53 | 204.21 | 224.18 |
| 河南 | 小计 | 152.84 | 166.77 | 150.53 | 147.46 | 151.65 |
| | 团体 | 153.55 | 165.03 | 159.09 | 144.64 | 152.68 |
| | 散客 | 151.46 | 170.94 | 141.82 | 162.23 | 149.16 |
| 湖北 | 小计 | 195.36 | 210.26 | 198.89 | 189.37 | 176.55 |
| | 团体 | 187.48 | 188.39 | 187.25 | 187.80 | 180.78 |
| | 散客 | 200.99 | 218.67 | 202.77 | 190.20 | 175.60 |
| 湖南 | 小计 | 188.24 | 183.63 | 187.94 | 163.81 | 157.82 |
| | 团体 | 191.42 | 186.60 | 190.28 | 157.99 | 169.54 |
| | 散客 | 179.79 | 172.81 | 185.59 | 173.44 | 141.54 |
| 广东 | 小计 | 169.08 | 179.20 | 167.00 | 170.27 | 170.01 |
| | 团体 | 177.79 | 187.02 | 164.87 | 181.27 | 185.40 |
| | 散客 | 166.80 | 174.50 | 167.37 | 166.51 | 160.88 |
| 广西 | 小计 | 188.11 | 188.19 | 188.34 | 185.67 | 192.29 |
| | 团体 | 193.43 | 195.79 | 193.34 | 186.11 | 179.86 |
| | 散客 | 185.71 | 185.81 | 187.07 | 185.45 | 197.27 |
| 海南 | 小计 | 176.69 | 174.71 | 172.29 | 186.92 | 156.27 |
| | 团体 | 176.36 | 170.70 | 156.90 | 183.46 | 143.55 |
| | 散客 | 177.03 | 184.01 | 183.73 | 190.45 | 164.54 |

单位：美元/人天

| 商贸人员 | 服务员推销员 | 退休人员 | 家庭妇女 | 军人 | 学生 | 其他 |
|---|---|---|---|---|---|---|
| 203.59 | 250.69 | 219.93 | 204.75 | 227.72 | 207.32 | 217.43 |
| 207.25 | 233.32 | 214.45 | 204.12 | 260.62 | 189.53 | 201.88 |
| 202.97 | 262.54 | 236.68 | 205.74 | 219.49 | 221.41 | 220.15 |
| 184.60 | 175.31 | 185.03 | 180.59 | 214.10 | 164.82 | 153.72 |
| 189.57 | 172.11 | 187.35 | 178.25 | 195.58 | 187.24 | 178.34 |
| 181.17 | 187.30 | 162.50 | 189.82 | 223.37 | 156.74 | 121.02 |
| 197.20 | 165.15 | 195.25 | 180.30 | 125.32 | 197.19 | 199.85 |
| 187.11 | 119.03 | 189.33 | 173.26 | 128.69 | 201.16 | 178.08 |
| 198.68 | 177.97 | 204.36 | 189.48 | 123.64 | 195.68 | 210.39 |
| 158.06 | 149.41 | 151.17 | 151.51 | 148.83 | 140.53 | 152.65 |
| 160.49 | 132.09 | 150.56 | 120.45 | 162.41 | 136.16 | 146.13 |
| 157.24 | 161.78 | 152.40 | 222.96 | 135.25 | 147.83 | 159.48 |
| 201.59 | 188.67 | 189.24 | 192.66 | 244.91 | 196.23 | 179.38 |
| 191.89 | 175.96 | 190.06 | 189.03 | — | 181.44 | 196.79 |
| 203.09 | 200.31 | 188.31 | 194.81 | 244.91 | 211.97 | 173.89 |
| 157.04 | 165.91 | 154.66 | 159.79 | 176.97 | 137.61 | 139.86 |
| 156.81 | 162.04 | 155.18 | 158.83 | 176.97 | 136.78 | 152.08 |
| 157.25 | 170.48 | 153.37 | 162.04 | — | 139.78 | 117.09 |
| 201.43 | 180.89 | 194.42 | 191.59 | 200.34 | 197.53 | 195.69 |
| 185.26 | 183.68 | 189.69 | 188.05 | 196.45 | 189.06 | 184.72 |
| 208.30 | 178.32 | 214.36 | 198.49 | 208.11 | 209.46 | 203.52 |
| 186.25 | 163.37 | 148.99 | 181.51 | 139.62 | 162.05 | 214.03 |
| 158.44 | 160.84 | 143.84 | 177.37 | 136.93 | 156.72 | 216.33 |
| 201.91 | 167.47 | 168.66 | 198.42 | 153.07 | 183.38 | 122.85 |
| 172.82 | 169.74 | 168.19 | 163.70 | 180.80 | 155.47 | 157.80 |
| 184.10 | 178.52 | 175.75 | 174.15 | 183.67 | 164.23 | 171.83 |
| 171.69 | 166.68 | 164.55 | 159.98 | 180.30 | 151.05 | 153.92 |
| 188.19 | 191.08 | 186.34 | 188.36 | 198.93 | 193.35 | 189.78 |
| 195.32 | 200.27 | 194.75 | 186.37 | 216.41 | 206.41 | 199.05 |
| 186.55 | 183.30 | 177.41 | 189.49 | 190.19 | 180.30 | 186.41 |
| 181.77 | 161.40 | 161.93 | 170.42 | 203.28 | 176.30 | 173.72 |
| 179.59 | 154.08 | 166.49 | 188.07 | 189.51 | 197.04 | 188.75 |
| 183.18 | 171.78 | 153.24 | 151.79 | 237.70 | 144.64 | 156.96 |

1－8(续2)

| | | 人均天花费 | 政府工作人员 | 专业技术人员 | 职员 | 技工工人 |
|---|---|---|---|---|---|---|
| 重庆 | 小计 | 176.39 | 176.85 | 165.08 | 183.65 | 183.38 |
| | 团体 | 174.97 | 158.37 | 177.19 | 199.46 | 174.51 |
| | 散客 | 177.48 | 185.06 | 158.25 | 170.95 | 196.70 |
| 四川 | 小计 | 176.69 | 186.27 | 166.40 | 177.75 | 176.87 |
| | 团体 | 178.52 | 176.90 | 176.27 | 175.37 | 176.30 |
| | 散客 | 173.59 | 211.28 | 158.30 | 184.60 | 181.10 |
| 贵州 | 小计 | 168.68 | 171.59 | 150.61 | 169.87 | 142.66 |
| | 团体 | 175.03 | 175.20 | 165.81 | 175.88 | 142.93 |
| | 散客 | 158.13 | 162.36 | 131.07 | 159.38 | 142.22 |
| 云南 | 小计 | 186.59 | 187.21 | 186.76 | 179.29 | 185.68 |
| | 团体 | 181.37 | 191.79 | 175.35 | 172.00 | 158.06 |
| | 散客 | 194.20 | 181.80 | 196.64 | 195.91 | 236.31 |
| 西藏 | 小计 | 180.33 | 199.83 | 184.82 | 167.91 | 194.83 |
| | 团体 | 175.49 | 175.58 | 180.85 | 165.67 | 176.17 |
| | 散客 | 203.16 | 262.88 | 283.98 | 208.17 | 306.81 |
| 陕西 | 小计 | 188.30 | 185.42 | 184.60 | 192.93 | 181.85 |
| | 团体 | 187.32 | 178.45 | 190.95 | 186.90 | 190.89 |
| | 散客 | 189.99 | 198.36 | 175.43 | 200.46 | 154.72 |
| 甘肃 | 小计 | 157.30 | 170.39 | 160.47 | 162.12 | 155.17 |
| | 团体 | 162.59 | 164.06 | 171.58 | 173.59 | 166.81 |
| | 散客 | 147.00 | 188.32 | 144.76 | 139.49 | 113.64 |
| 青海 | 小计 | 151.63 | 175.30 | 174.55 | 146.77 | 185.15 |
| | 团体 | 156.03 | 152.34 | 166.35 | 138.43 | 198.44 |
| | 散客 | 149.09 | 181.56 | 178.25 | 151.54 | 173.35 |
| 宁夏 | 小计 | 159.31 | 180.14 | 152.16 | 169.92 | 147.85 |
| | 团体 | 178.23 | 208.38 | 118.28 | 172.85 | 128.01 |
| | 散客 | 153.23 | 175.00 | 154.87 | 169.44 | 156.67 |
| 新疆 | 小计 | 174.74 | 186.42 | 184.36 | 170.63 | 151.56 |
| | 团体 | 174.74 | 186.42 | 184.36 | 170.63 | 151.56 |
| | 散客 | — | — | — | — | — |

单位：美元/人天

| 商贸人员 | 服务员推销员 | 退休人员 | 家庭妇女 | 军人 | 学生 | 其他 |
|---|---|---|---|---|---|---|
| 188.91 | 151.11 | 143.96 | 174.58 | 160.50 | 177.18 | 177.43 |
| 174.88 | 147.43 | 145.06 | 193.00 | 160.50 | 190.77 | 165.22 |
| 194.19 | 155.10 | 140.03 | 149.45 | — | 160.45 | 192.59 |
| 168.25 | 185.92 | 187.71 | 186.97 | 189.79 | 190.80 | 180.86 |
| 181.81 | 177.10 | 185.24 | 183.35 | 179.43 | 178.06 | 181.57 |
| 160.38 | 220.60 | 206.83 | 205.10 | 217.42 | 206.43 | 179.27 |
| 189.20 | 158.40 | 153.60 | 190.21 | 151.34 | 138.50 | 187.25 |
| 189.28 | 138.40 | 157.64 | 200.90 | 214.41 | 151.34 | 213.93 |
| 189.11 | 238.37 | 136.45 | 155.97 | 88.28 | 128.06 | 147.23 |
| 189.14 | 190.24 | 187.86 | 204.28 | 224.63 | 166.56 | 191.98 |
| 176.41 | 169.28 | 185.28 | 202.73 | 237.60 | 169.84 | 200.18 |
| 197.36 | 218.18 | 198.28 | 207.71 | 222.47 | 162.90 | 181.64 |
| 188.38 | 191.49 | 176.24 | 143.21 | 153.90 | 152.53 | 142.28 |
| 176.71 | 178.71 | 176.24 | 210.30 | 160.01 | 170.50 | 157.19 |
| 254.53 | 271.32 | — | 109.66 | 147.80 | 131.58 | 131.63 |
| 197.35 | 167.88 | 186.18 | 187.92 | 206.52 | 174.82 | 199.20 |
| 192.20 | 174.96 | 190.61 | 183.06 | 223.47 | 176.34 | 194.04 |
| 199.73 | 131.32 | 169.20 | 204.58 | 189.58 | 171.09 | 210.26 |
| 149.65 | 161.32 | 153.83 | 165.20 | 170.58 | 142.60 | 145.65 |
| 151.09 | 163.32 | 157.42 | 170.28 | 141.83 | 149.01 | 148.50 |
| 146.89 | 157.31 | 147.14 | 145.29 | 199.33 | 130.14 | 142.69 |
| 178.36 | 139.72 | 139.09 | 149.96 | 163.16 | 114.81 | 110.78 |
| 176.16 | 136.01 | 149.49 | 147.40 | 163.16 | 134.63 | 158.22 |
| 179.27 | 141.21 | 126.24 | 152.85 | — | 111.51 | 67.86 |
| 138.04 | 146.97 | 168.07 | 192.47 | — | 184.21 | 159.05 |
| 144.23 | — | 194.80 | 195.69 | — | 263.37 | 196.49 |
| 136.87 | 146.97 | 127.97 | 176.36 | — | 105.04 | 137.66 |
| 183.72 | 165.32 | 186.89 | 182.88 | 207.19 | 162.72 | 186.03 |
| 183.72 | 165.32 | 186.89 | 182.88 | 207.19 | 162.72 | 186.03 |
| — | — | — | — | — | — | — |

# 1－9　2011年入境过夜游客在各省(区、市)

| | | 人均天花费 | 观光游览 | 休闲度假 | 探亲访友 | 商　务 |
|---|---|---|---|---|---|---|
| 北　京 | 小计 | 247.78 | 239.86 | 242.15 | 239.35 | 251.50 |
| | 团体 | 235.23 | 238.43 | 233.76 | 215.50 | 238.20 |
| | 散客 | 256.81 | 243.66 | 253.07 | 253.30 | 254.70 |
| 天　津 | 小计 | 197.64 | 222.21 | 220.12 | 211.67 | 185.20 |
| | 团体 | 197.85 | 212.83 | 242.15 | 179.13 | 161.77 |
| | 散客 | 197.58 | 230.24 | 198.09 | 226.32 | 189.19 |
| 河　北 | 小计 | 163.56 | 165.35 | 152.32 | 204.18 | 166.26 |
| | 团体 | 134.84 | 139.41 | 116.72 | 212.96 | 155.15 |
| | 散客 | 174.42 | 182.78 | 183.36 | 201.98 | 167.46 |
| 山　西 | 小计 | 174.12 | 180.20 | 180.62 | 157.95 | 157.69 |
| | 团体 | 178.58 | 178.84 | 181.10 | 168.06 | 171.12 |
| | 散客 | 167.88 | 186.12 | 179.58 | 155.50 | 154.27 |
| 内蒙古 | 小计 | 181.02 | 192.33 | 202.92 | 134.73 | 213.71 |
| | 团体 | 175.98 | 221.43 | 180.96 | — | 350.90 |
| | 散客 | 184.64 | 178.37 | 208.41 | 134.73 | 212.11 |
| 辽　宁 | 小计 | 204.49 | 206.52 | 204.19 | 191.07 | 201.99 |
| | 团体 | 199.09 | 206.77 | 195.30 | 176.56 | 187.40 |
| | 散客 | 206.90 | 206.15 | 211.31 | 194.39 | 202.95 |
| 吉　林 | 小计 | 177.90 | 189.30 | 179.02 | 175.16 | 169.64 |
| | 团体 | 184.83 | 187.81 | 189.89 | — | 184.92 |
| | 散客 | 173.06 | 196.47 | 156.09 | 175.16 | 168.85 |
| 黑龙江 | 小计 | 188.79 | 166.90 | 192.52 | 233.82 | 195.50 |
| | 团体 | 187.08 | 164.18 | 198.91 | 320.05 | 217.54 |
| | 散客 | 193.88 | 203.96 | 162.17 | 217.65 | 186.05 |
| 上　海 | 小计 | 251.81 | 255.25 | 260.86 | 254.94 | 247.72 |
| | 团体 | 211.65 | 217.00 | 202.57 | 210.45 | 201.54 |
| | 散客 | 257.27 | 277.17 | 273.00 | 258.55 | 249.25 |
| 江　苏 | 小计 | 213.82 | 218.79 | 216.50 | 215.78 | 210.33 |
| | 团体 | 225.36 | 225.60 | 224.58 | 226.82 | 227.51 |
| | 散客 | 209.87 | 211.09 | 210.33 | 213.33 | 209.84 |

## 人均天花费（按团体及散客、旅游目的分组）

单位：美元/人天

| 会议 | 宗教朝拜 | 文化/体育/科技交流 | 购物 | 医疗保健 | 其他 |
|---|---|---|---|---|---|
| 269.92 | 264.12 | 257.32 | 227.98 | 260.69 | 211.23 |
| 270.77 | 222.45 | 217.87 | 226.90 | 277.21 | 157.66 |
| 269.81 | 289.13 | 274.65 | 229.10 | 256.28 | 249.04 |
| 194.34 | 191.22 | 233.76 | 187.90 | 174.66 | 211.44 |
| 194.76 | 183.25 | 239.00 | 187.90 | 174.66 | — |
| 194.26 | 201.85 | 231.47 | — | — | 211.44 |
| 163.32 | 176.64 | 170.03 | 167.20 | 105.78 | 141.70 |
| 142.92 | 190.74 | 149.46 | 141.80 | — | 109.65 |
| 164.91 | 171.94 | 176.03 | 192.61 | 105.78 | 152.38 |
| 170.72 | 184.87 | 169.10 | 205.64 | 156.05 | 146.61 |
| 179.46 | 178.19 | 170.81 | 190.69 | 186.45 | 165.96 |
| 165.89 | 191.55 | 168.14 | 235.55 | 64.83 | 138.55 |
| 147.05 | — | 158.96 | 171.45 | 311.20 | 173.37 |
| 234.37 | — | 111.86 | 166.96 | — | 268.73 |
| 140.58 | — | 160.64 | 190.10 | 311.20 | 160.66 |
| 208.26 | 208.02 | 204.05 | 231.82 | 178.70 | 225.91 |
| 171.38 | 179.39 | 213.87 | 237.17 | 167.84 | 233.29 |
| 211.24 | 222.34 | 202.68 | 229.15 | 224.30 | 223.51 |
| 190.62 | 151.01 | 168.79 | 176.41 | 152.78 | 162.60 |
| 154.59 | — | 154.53 | 176.41 | — | 158.15 |
| 241.06 | 151.01 | 174.60 | — | 152.78 | 163.35 |
| 189.14 | 235.23 | 232.86 | 211.28 | 193.06 | 190.99 |
| 276.11 | — | 183.98 | 206.21 | 176.05 | 186.27 |
| 173.61 | 235.23 | 244.14 | 267.63 | 227.09 | 194.31 |
| 253.70 | 247.95 | 229.10 | 273.86 | 216.91 | 234.85 |
| 213.54 | 188.29 | 181.44 | 330.50 | — | 166.67 |
| 255.34 | 267.83 | 234.60 | 266.31 | 216.91 | 236.86 |
| 207.48 | 213.63 | 210.81 | 220.79 | 229.11 | 213.19 |
| 218.26 | 221.05 | 217.59 | 229.00 | 229.11 | 228.10 |
| 206.92 | 210.66 | 209.32 | 216.68 | — | 206.92 |

1－9(续1)

| | | 人均天花费 | 观光游览 | 休闲度假 | 探亲访友 | 商务 |
|---|---|---|---|---|---|---|
| 浙江 | 小计 | 208.53 | 212.96 | 227.17 | 203.33 | 197.93 |
| | 团体 | 209.05 | 213.19 | 209.21 | 169.09 | 196.74 |
| | 散客 | 208.30 | 212.56 | 242.09 | 211.23 | 198.00 |
| 安徽 | 小计 | 178.37 | 181.21 | 188.52 | 156.37 | 175.44 |
| | 团体 | 185.61 | 182.35 | 187.95 | 209.94 | 194.26 |
| | 散客 | 169.74 | 171.91 | 190.57 | 152.48 | 172.46 |
| 福建 | 小计 | 197.39 | 187.35 | 196.21 | 200.07 | 204.22 |
| | 团体 | 182.39 | 179.05 | 184.04 | 188.20 | 221.78 |
| | 散客 | 202.80 | 202.75 | 203.13 | 201.17 | 203.59 |
| 江西 | 小计 | 156.64 | 155.72 | 166.74 | 150.38 | 155.48 |
| | 团体 | 155.29 | 150.22 | 169.70 | 147.24 | 150.49 |
| | 散客 | 157.86 | 170.43 | 160.23 | 150.80 | 155.87 |
| 山东 | 小计 | 203.50 | 199.82 | 202.75 | 189.36 | 210.76 |
| | 团体 | 188.92 | 188.49 | 189.28 | 189.70 | 187.64 |
| | 散客 | 208.55 | 209.06 | 209.48 | 189.28 | 211.44 |
| 河南 | 小计 | 152.84 | 150.66 | 141.45 | 160.66 | 156.54 |
| | 团体 | 153.55 | 150.13 | 136.68 | 168.94 | 167.54 |
| | 散客 | 151.46 | 155.42 | 146.86 | 151.07 | 150.32 |
| 湖北 | 小计 | 195.36 | 195.12 | 207.92 | 184.53 | 193.73 |
| | 团体 | 187.48 | 187.69 | 185.82 | 187.97 | 188.39 |
| | 散客 | 200.99 | 214.40 | 229.74 | 183.39 | 194.12 |
| 湖南 | 小计 | 188.24 | 198.62 | 175.49 | 173.63 | 187.72 |
| | 团体 | 191.42 | 200.79 | 178.68 | 170.21 | 192.89 |
| | 散客 | 179.79 | 171.94 | 164.78 | 176.50 | 186.38 |
| 广东 | 小计 | 169.08 | 169.91 | 160.01 | 154.80 | 173.97 |
| | 团体 | 177.79 | 182.88 | 166.77 | 173.42 | 175.08 |
| | 散客 | 166.80 | 155.93 | 157.69 | 152.87 | 173.91 |
| 广西 | 小计 | 188.11 | 189.46 | 189.28 | 180.18 | 184.36 |
| | 团体 | 193.43 | 191.30 | 198.65 | 214.11 | 216.41 |
| | 散客 | 185.71 | 188.23 | 183.97 | 175.93 | 182.95 |

单位：美元/人天

| 会议 | 宗教朝拜 | 文化/体育/科技交流 | 购物 | 医疗保健 | 其他 |
|---|---|---|---|---|---|
| 217.84 | 246.00 | 192.43 | 231.67 | 232.26 | 212.79 |
| 198.69 | 220.76 | 141.46 | 227.18 | 271.50 | 253.50 |
| 220.86 | 296.49 | 204.67 | 236.16 | 153.78 | 206.97 |
| | | | | | |
| 187.23 | 195.58 | 162.90 | 201.32 | 48.33 | 146.96 |
| 195.58 | 195.58 | 195.58 | 179.27 | — | 195.58 |
| 186.29 | — | 158.82 | 223.37 | 48.33 | 144.36 |
| | | | | | |
| 210.48 | 190.85 | 172.54 | 215.53 | 202.54 | 197.82 |
| 198.17 | 150.10 | 138.20 | — | — | 212.20 |
| 211.14 | 231.60 | 174.35 | 215.53 | 202.54 | 196.22 |
| | | | | | |
| 169.60 | 179.41 | 126.35 | 238.01 | 138.05 | 129.84 |
| 115.28 | 158.48 | 122.66 | 184.88 | 123.27 | 168.13 |
| 176.39 | 221.26 | 127.03 | 251.29 | 145.43 | 125.25 |
| | | | | | |
| 213.90 | 200.90 | 200.23 | 218.60 | — | 193.80 |
| 189.17 | — | 181.96 | 205.95 | — | 204.92 |
| 215.44 | 200.90 | 202.92 | 237.57 | — | 192.74 |
| | | | | | |
| 175.70 | 173.67 | 150.91 | 212.54 | — | 156.35 |
| 180.75 | 180.09 | 152.65 | — | — | 177.23 |
| 169.56 | 109.42 | 149.05 | 212.54 | — | 142.42 |
| | | | | | |
| 191.34 | 184.88 | 193.20 | 186.94 | 180.48 | 192.24 |
| 187.93 | 196.18 | 193.02 | 182.38 | 195.93 | 181.97 |
| 191.69 | 169.81 | 193.24 | 196.05 | 170.18 | 194.02 |
| | | | | | |
| 173.02 | 160.17 | 188.82 | 152.73 | 105.02 | 162.81 |
| 134.18 | 151.20 | 121.97 | 161.92 | 105.02 | 186.68 |
| 200.21 | 348.65 | 194.39 | 141.24 | — | 135.53 |
| | | | | | |
| 179.64 | 182.36 | 177.26 | 169.87 | 181.19 | 158.40 |
| 184.14 | 151.10 | 169.95 | 200.04 | 193.75 | 161.97 |
| 179.38 | 184.65 | 178.81 | 164.54 | 179.25 | 157.70 |
| | | | | | |
| 192.60 | 197.97 | 190.33 | 191.74 | 182.67 | 182.00 |
| 198.99 | — | 216.41 | — | 180.59 | 175.97 |
| 190.87 | 197.97 | 188.33 | 191.74 | 184.76 | 184.48 |

1 -9(续2)

| | | 人均天花费 | 观光游览 | 休闲度假 | 探亲访友 | 商务 |
|---|---|---|---|---|---|---|
| 海南 | 小计 | 176.69 | 190.26 | 171.58 | 159.79 | 173.79 |
| | 团体 | 176.36 | 186.35 | 168.63 | 187.29 | 163.13 |
| | 散客 | 177.03 | 195.50 | 174.91 | 147.00 | 177.73 |
| 重庆 | 小计 | 176.39 | 181.41 | 165.76 | 173.69 | 183.37 |
| | 团体 | 174.97 | 171.61 | 176.23 | 190.56 | 181.21 |
| | 散客 | 177.48 | 216.91 | 150.37 | 166.94 | 183.61 |
| 四川 | 小计 | 176.69 | 180.30 | 187.75 | 186.47 | 163.31 |
| | 团体 | 178.52 | 178.27 | 178.51 | 176.97 | 182.81 |
| | 散客 | 173.59 | 191.04 | 210.50 | 193.89 | 159.44 |
| 贵州 | 小计 | 168.68 | 168.95 | 162.24 | 143.88 | 199.10 |
| | 团体 | 175.03 | 172.77 | 170.97 | 188.89 | 207.25 |
| | 散客 | 158.13 | 158.55 | 126.07 | 102.08 | 197.37 |
| 云南 | 小计 | 186.59 | 186.62 | 184.34 | 178.02 | 206.57 |
| | 团体 | 181.37 | 182.01 | 180.38 | 182.73 | 183.38 |
| | 散客 | 194.20 | 197.05 | 191.42 | 175.67 | 215.93 |
| 西藏 | 小计 | 180.33 | 172.57 | 184.30 | 189.39 | 210.50 |
| | 团体 | 175.49 | 172.74 | 182.84 | 189.39 | 179.59 |
| | 散客 | 203.16 | 171.58 | 192.17 | — | 295.48 |
| 陕西 | 小计 | 188.30 | 185.55 | 193.23 | 170.83 | 200.44 |
| | 团体 | 187.32 | 184.84 | 193.53 | 181.41 | 205.55 |
| | 散客 | 189.99 | 188.00 | 192.55 | 168.78 | 199.73 |
| 甘肃 | 小计 | 157.30 | 152.10 | 155.01 | 172.66 | 165.73 |
| | 团体 | 162.59 | 158.58 | 166.44 | 195.11 | 155.16 |
| | 散客 | 147.00 | 134.75 | 135.05 | 151.82 | 169.10 |
| 青海 | 小计 | 151.63 | 127.08 | 163.07 | 140.84 | 262.34 |
| | 团体 | 156.03 | 147.85 | 172.46 | — | 129.70 |
| | 散客 | 149.09 | 112.88 | 155.45 | 140.84 | 288.86 |
| 宁夏 | 小计 | 159.31 | 174.99 | 161.11 | 152.84 | 167.91 |
| | 团体 | 178.23 | 189.39 | 263.37 | 153.39 | 168.05 |
| | 散客 | 153.23 | 147.40 | 127.02 | 152.48 | 167.90 |
| 新疆 | 小计 | 174.74 | 167.95 | 177.96 | 180.02 | 190.29 |
| | 团体 | 174.74 | 167.95 | 177.96 | 180.02 | 190.29 |
| | 散客 | — | — | — | — | — |

单位：美元/人天

| 会议 | 宗教朝拜 | 文化/体育/科技交流 | 购物 | 医疗保健 | 其他 |
|---|---|---|---|---|---|
| 151.35 | 126.17 | 204.23 | 175.24 | 183.04 | 161.97 |
| 147.79 | 183.07 | 204.65 | 155.39 | 186.71 | 156.34 |
| 153.95 | 97.72 | 204.01 | 205.02 | 158.58 | 164.78 |
| 165.21 | 133.11 | 172.22 | 202.94 | 197.60 | 147.46 |
| 239.60 | 123.32 | 178.69 | — | 197.60 | 178.91 |
| 160.66 | 152.69 | 170.06 | 202.94 | — | 134.89 |
| 155.85 | 176.91 | 184.16 | 189.58 | 174.50 | 182.98 |
| 179.94 | 173.54 | 186.09 | 178.82 | — | 179.08 |
| 152.22 | 198.48 | 181.54 | 221.85 | 174.50 | 188.69 |
| 198.20 | 190.99 | 127.87 | 123.25 | — | 147.85 |
| 202.32 | 190.99 | 182.75 | 228.08 | — | 179.77 |
| 195.98 | — | 112.63 | 18.42 | — | 127.89 |
| 193.15 | 232.03 | 151.84 | 171.54 | 73.69 | 137.50 |
| 165.97 | 191.48 | 189.33 | 171.54 | 110.05 | 207.11 |
| 204.80 | 286.11 | 136.22 | — | 37.34 | 130.54 |
| 222.49 | 159.99 | 205.81 | 174.03 | 189.08 | 177.52 |
| 193.26 | 167.49 | 167.58 | 174.93 | 181.25 | 177.52 |
| 368.61 | 131.07 | 282.27 | 170.41 | 212.57 | — |
| 180.04 | 162.34 | 138.79 | 223.47 | 207.19 | 222.33 |
| 143.68 | 223.47 | 132.28 | 223.47 | 207.19 | 188.40 |
| 185.54 | 131.78 | 141.79 | — | — | 229.12 |
| 194.14 | 183.66 | 149.24 | — | 162.85 | 177.15 |
| 190.35 | 171.71 | 163.04 | — | 147.85 | 155.73 |
| 199.66 | 216.52 | 129.17 | — | 177.85 | 204.41 |
| 318.66 | 160.47 | 197.66 | — | — | 180.39 |
| 218.42 | 220.61 | 130.01 | — | — | — |
| 352.07 | 138.60 | 205.18 | — | — | 180.39 |
| 109.61 | — | 150.80 | — | — | 169.16 |
| 99.81 | — | 113.21 | — | — | 161.85 |
| 110.07 | — | 161.54 | — | — | 170.29 |
| 194.03 | — | 226.73 | 176.48 | — | 175.42 |
| 194.03 | — | 226.73 | 176.48 | — | 175.42 |
| — | — | — | — | — | — |

# 1－10　2011 年入境过夜游客在各省(区、市)人均天花费
## (按团体及散客、性别、年龄分组)

单位：美元/人天

| | | 人均天花费 | 男　性 | 女　性 | 14 岁及以下 | 15～24 岁 | 25～44 岁 | 45～64 岁 | 65 岁及以上 |
|---|---|---|---|---|---|---|---|---|---|
| 北　京 | 小计 | 247.78 | 243.59 | 252.40 | 127.18 | 239.15 | 250.37 | 246.59 | 254.49 |
| | 团体 | 235.23 | 232.61 | 237.08 | 126.11 | 223.53 | 239.35 | 233.96 | 246.04 |
| | 散客 | 256.81 | 249.00 | 268.68 | 133.65 | 254.97 | 256.34 | 256.97 | 266.06 |
| 天　津 | 小计 | 197.64 | 187.81 | 210.09 | 212.63 | 224.13 | 197.74 | 186.70 | 221.92 |
| | 团体 | 197.85 | 170.65 | 224.52 | — | 196.78 | 193.38 | 198.57 | 220.26 |
| | 散客 | 197.58 | 192.37 | 204.72 | 212.63 | 233.25 | 198.89 | 182.79 | 224.00 |
| 河　北 | 小计 | 163.56 | 163.22 | 164.15 | 66.04 | 143.68 | 162.85 | 165.38 | 180.60 |
| | 团体 | 134.84 | 135.95 | 133.85 | — | 120.51 | 134.45 | 133.51 | 172.75 |
| | 散客 | 174.42 | 170.22 | 183.86 | 66.04 | 171.19 | 172.97 | 175.83 | 186.36 |
| 山　西 | 小计 | 174.12 | 172.82 | 176.42 | 209.94 | 175.34 | 173.47 | 174.92 | 171.67 |
| | 团体 | 178.58 | 179.25 | 177.43 | 184.34 | 177.17 | 179.38 | 178.10 | 178.44 |
| | 散客 | 167.88 | 164.08 | 174.93 | 235.55 | 172.04 | 166.77 | 170.66 | 145.63 |
| 内蒙古 | 小计 | 181.02 | 185.11 | 173.72 | — | 153.35 | 176.14 | 199.85 | 217.81 |
| | 团体 | 175.98 | 172.63 | 184.33 | — | 133.62 | 172.31 | 213.40 | 242.83 |
| | 散客 | 184.64 | 195.97 | 168.42 | — | 154.51 | 181.00 | 198.36 | 207.09 |
| 辽　宁 | 小计 | 204.49 | 205.79 | 202.97 | 212.98 | 193.59 | 205.66 | 207.54 | 194.50 |
| | 团体 | 199.09 | 198.63 | 199.43 | 203.28 | 182.30 | 195.24 | 213.88 | 190.67 |
| | 散客 | 206.90 | 208.09 | 205.18 | 229.15 | 203.15 | 209.14 | 204.98 | 199.41 |
| 吉　林 | 小计 | 177.90 | 177.18 | 179.03 | 89.63 | 176.64 | 178.14 | 181.83 | 169.85 |
| | 团体 | 184.83 | 181.87 | 188.84 | 104.97 | 165.88 | 186.88 | 199.07 | 176.25 |
| | 散客 | 173.06 | 174.17 | 171.19 | 74.30 | 188.03 | 173.86 | 170.27 | 157.42 |
| 黑龙江 | 小计 | 188.79 | 188.57 | 188.98 | 156.83 | 195.82 | 211.62 | 170.28 | 159.23 |
| | 团体 | 187.08 | 188.82 | 185.90 | 156.83 | 188.77 | 213.45 | 169.03 | 157.97 |
| | 散客 | 193.88 | 188.06 | 202.29 | — | 221.34 | 207.10 | 173.85 | 164.93 |

1-10(续1) 单位：美元/人天

| | | 人均天花费 | 男性 | 女性 | 14岁及以下 | 15~24岁 | 25~44岁 | 45~64岁 | 65岁及以上 |
|---|---|---|---|---|---|---|---|---|---|
| 上海 | 小计 | 251.81 | 245.72 | 265.77 | 246.81 | 259.84 | 260.34 | 239.56 | 244.95 |
| | 团体 | 211.65 | 207.57 | 216.74 | — | 205.79 | 204.02 | 218.74 | 230.10 |
| | 散客 | 257.27 | 249.75 | 276.19 | 246.81 | 275.39 | 267.15 | 241.94 | 250.06 |
| 江苏 | 小计 | 213.82 | 212.25 | 216.39 | 216.35 | 215.96 | 212.85 | 213.79 | 221.10 |
| | 团体 | 225.36 | 225.15 | 225.53 | — | 225.06 | 225.57 | 224.57 | 227.53 |
| | 散客 | 209.87 | 209.29 | 211.08 | 216.35 | 211.07 | 209.39 | 209.98 | 214.23 |
| 浙江 | 小计 | 208.53 | 205.65 | 212.53 | 193.67 | 209.43 | 212.34 | 203.69 | 209.08 |
| | 团体 | 209.05 | 205.50 | 212.03 | 174.95 | 197.35 | 207.43 | 211.30 | 220.26 |
| | 散客 | 208.30 | 205.70 | 212.85 | 207.71 | 215.68 | 213.86 | 200.01 | 193.71 |
| 安徽 | 小计 | 178.37 | 175.87 | 182.49 | 151.40 | 176.95 | 176.35 | 179.18 | 183.88 |
| | 团体 | 185.61 | 185.68 | 185.53 | — | 188.77 | 182.65 | 186.85 | 188.22 |
| | 散客 | 169.74 | 167.25 | 176.31 | 151.40 | 167.03 | 170.68 | 169.63 | 166.13 |
| 福建 | 小计 | 197.39 | 198.52 | 195.41 | 215.75 | 186.62 | 199.30 | 193.84 | 209.37 |
| | 团体 | 182.39 | 175.32 | 189.99 | — | 178.43 | 178.98 | 174.38 | 206.62 |
| | 散客 | 202.80 | 204.88 | 198.36 | 215.75 | 189.18 | 204.07 | 201.98 | 212.76 |
| 江西 | 小计 | 156.64 | 152.58 | 161.62 | — | 153.54 | 156.83 | 162.36 | 131.65 |
| | 团体 | 155.29 | 159.06 | 151.79 | — | 137.68 | 163.85 | 155.74 | 127.15 |
| | 散客 | 157.86 | 147.99 | 173.53 | — | 170.98 | 151.31 | 168.69 | 138.26 |
| 山东 | 小计 | 203.50 | 204.92 | 200.41 | 150.38 | 205.02 | 207.87 | 203.42 | 180.62 |
| | 团体 | 188.92 | 190.05 | 187.67 | 162.54 | 188.31 | 192.58 | 189.10 | 184.56 |
| | 散客 | 208.55 | 208.55 | 208.54 | 95.67 | 217.30 | 212.23 | 206.92 | 176.69 |
| 河南 | 小计 | 152.84 | 153.64 | 151.08 | 167.38 | 142.00 | 153.02 | 154.37 | 154.38 |
| | 团体 | 153.55 | 154.69 | 151.22 | 163.66 | 137.16 | 155.65 | 153.22 | 156.37 |
| | 散客 | 151.46 | 151.73 | 150.78 | 185.97 | 153.84 | 148.41 | 156.17 | 143.37 |

1－10(续2) 单位：美元/人天

| | | 人均天花费 | 男性 | 女性 | 14岁及以下 | 15～24岁 | 25～44岁 | 45～64岁 | 65岁及以上 |
|---|---|---|---|---|---|---|---|---|---|
| 湖北 | 小计 | 195.36 | 194.49 | 196.64 | 166.29 | 197.36 | 196.91 | 193.28 | 196.87 |
| | 团体 | 187.48 | 188.39 | 186.64 | 196.96 | 190.87 | 183.56 | 187.65 | 190.88 |
| | 散客 | 200.99 | 197.58 | 208.15 | 104.96 | 202.48 | 201.77 | 198.17 | 223.30 |
| 湖南 | 小计 | 188.24 | 189.80 | 186.65 | 132.08 | 175.26 | 192.76 | 183.55 | 170.99 |
| | 团体 | 191.42 | 193.01 | 189.95 | 133.67 | 165.09 | 199.59 | 181.58 | 157.84 |
| | 散客 | 179.79 | 182.55 | 176.18 | 128.12 | 195.20 | 172.88 | 188.22 | 200.57 |
| 广东 | 小计 | 169.08 | 169.61 | 168.25 | 174.10 | 163.43 | 167.62 | 173.35 | 160.75 |
| | 团体 | 177.79 | 178.23 | 177.35 | 195.41 | 170.23 | 174.05 | 184.64 | 169.47 |
| | 散客 | 166.80 | 167.89 | 164.83 | 158.87 | 160.83 | 166.27 | 170.07 | 157.60 |
| 广西 | 小计 | 188.11 | 186.61 | 190.27 | — | 188.56 | 187.82 | 187.31 | 192.60 |
| | 团体 | 193.43 | 192.03 | 194.84 | — | 193.71 | 193.39 | 190.19 | 198.71 |
| | 散客 | 185.71 | 184.66 | 187.50 | — | 185.33 | 185.48 | 186.38 | 183.21 |
| 海南 | 小计 | 176.69 | 174.54 | 178.87 | 141.73 | 179.41 | 177.56 | 177.67 | 168.21 |
| | 团体 | 176.36 | 176.86 | 175.91 | 208.89 | 195.23 | 173.62 | 173.00 | 180.51 |
| | 散客 | 177.03 | 172.42 | 182.16 | 133.34 | 148.42 | 180.17 | 183.84 | 143.04 |
| 重庆 | 小计 | 176.39 | 177.26 | 175.10 | 88.92 | 183.36 | 183.58 | 170.60 | 142.64 |
| | 团体 | 174.97 | 170.30 | 179.61 | 88.92 | 193.94 | 181.78 | 169.65 | 135.86 |
| | 散客 | 177.48 | 181.22 | 169.76 | — | 170.42 | 184.68 | 171.27 | 154.51 |
| 四川 | 小计 | 176.69 | 173.42 | 181.51 | 177.46 | 178.79 | 172.68 | 179.22 | 189.06 |
| | 团体 | 178.52 | 179.53 | 177.53 | 177.46 | 173.29 | 177.62 | 181.43 | 184.25 |
| | 散客 | 173.59 | 166.70 | 195.63 | — | 199.68 | 166.99 | 175.51 | 224.18 |
| 贵州 | 小计 | 168.68 | 169.23 | 167.75 | 303.98 | 171.92 | 163.96 | 173.43 | 163.81 |
| | 团体 | 175.03 | 174.96 | 175.13 | — | 191.05 | 167.20 | 178.84 | 178.96 |
| | 散客 | 158.13 | 160.97 | 151.78 | 303.98 | 135.91 | 159.44 | 162.89 | 132.14 |

1－10(续3) 单位：美元/人天

| | | 人均天花费 | 男性 | 女性 | 14岁及以下 | 15～24岁 | 25～44岁 | 45～64岁 | 65岁及以上 |
|---|---|---|---|---|---|---|---|---|---|
| 云南 | 小计 | 186.59 | 181.79 | 192.12 | 119.56 | 177.16 | 187.55 | 187.19 | 198.63 |
| | 团体 | 181.37 | 180.70 | 182.14 | 165.59 | 172.10 | 179.37 | 182.31 | 199.50 |
| | 散客 | 194.20 | 183.36 | 206.89 | 27.51 | 182.12 | 196.70 | 197.77 | 196.05 |
| 西藏 | 小计 | 180.33 | 184.64 | 174.62 | 162.87 | 174.47 | 181.10 | 178.82 | 190.67 |
| | 团体 | 175.49 | 172.85 | 178.73 | 179.19 | 164.82 | 179.10 | 175.56 | 173.29 |
| | 散客 | 203.16 | 231.30 | 149.23 | 81.25 | 195.37 | 188.32 | 201.07 | 299.29 |
| 陕西 | 小计 | 188.30 | 189.91 | 186.35 | 183.98 | 182.26 | 188.17 | 190.05 | 187.29 |
| | 团体 | 187.32 | 186.55 | 188.12 | 199.05 | 174.45 | 185.61 | 188.73 | 194.11 |
| | 散客 | 189.99 | 194.73 | 182.50 | 153.84 | 197.44 | 191.08 | 192.74 | 164.50 |
| 甘肃 | 小计 | 157.30 | 156.19 | 158.52 | 119.57 | 156.52 | 159.90 | 158.38 | 149.46 |
| | 团体 | 162.59 | 160.89 | 164.34 | 119.57 | 154.21 | 171.25 | 160.47 | 153.94 |
| | 散客 | 147.00 | 147.78 | 146.05 | — | 160.54 | 142.16 | 153.51 | 138.10 |
| 青海 | 小计 | 151.63 | 148.59 | 155.75 | 155.61 | 110.99 | 149.48 | 159.13 | 162.97 |
| | 团体 | 156.03 | 159.05 | 153.19 | 131.40 | 139.71 | 158.38 | 161.42 | 142.10 |
| | 散客 | 149.09 | 143.91 | 157.79 | 252.46 | 102.79 | 145.85 | 157.18 | 190.26 |
| 宁夏 | 小计 | 159.31 | 164.17 | 148.54 | 196.09 | 178.77 | 160.08 | 158.32 | 126.62 |
| | 团体 | 178.23 | 182.47 | 169.75 | 237.99 | 178.77 | 176.70 | 178.68 | 134.69 |
| | 散客 | 153.23 | 158.54 | 141.05 | 154.19 | — | 154.65 | 152.65 | 118.54 |
| 新疆 | 小计 | 174.74 | 171.08 | 178.61 | — | 165.48 | 174.31 | 176.47 | 196.07 |
| | 团体 | 174.74 | 171.08 | 178.61 | — | 165.48 | 174.31 | 176.47 | 196.07 |
| | 散客 | — | — | — | — | — | — | — | — |

# 1-11 2011年入境过夜游客在各城市人均天花费

## （按外国人、港澳台胞分组）

单位：美元/人天

| | 人均天花费 | 外国人 | 香港同胞 | 澳门同胞 | 台湾同胞 |
|---|---|---|---|---|---|
| 北京 | 247.78 | 242.68 | 287.52 | 255.09 | 271.17 |
| 天津 | 197.64 | 190.77 | 219.60 | 313.57 | 211.50 |
| 石家庄 | 168.98 | 170.72 | 152.79 | 181.80 | 165.09 |
| 唐山 | 179.42 | 177.53 | 166.91 | 216.46 | 201.61 |
| 秦皇岛 | 141.34 | 135.01 | 192.65 | 232.78 | 194.74 |
| 保定 | 159.63 | 159.08 | 166.75 | 157.15 | 136.92 |
| 承德 | 171.21 | 177.90 | 164.05 | 134.27 | 132.75 |
| 廊坊 | 178.10 | 177.26 | 239.69 | 198.11 | 133.05 |
| 太原 | 205.74 | 207.96 | 202.30 | 203.51 | 206.65 |
| 大同 | 175.15 | 175.15 | — | — | — |
| 阳泉 | 111.87 | 114.48 | 93.61 | 36.24 | 85.70 |
| 长治 | 203.93 | 205.70 | 198.15 | 188.34 | 204.18 |
| 晋城 | 117.98 | 126.16 | 118.45 | 74.09 | 84.36 |
| 朔州 | 179.80 | 173.83 | 201.12 | — | 184.95 |
| 晋中 | 156.78 | 156.74 | 154.81 | 154.18 | 163.66 |
| 运城 | 199.20 | 208.14 | 203.24 | 207.31 | 177.10 |
| 忻州 | 182.65 | 184.34 | 159.84 | 183.78 | 184.95 |
| 临汾 | 179.55 | 179.31 | 180.28 | — | 180.01 |
| 吕梁 | 154.41 | 157.29 | 134.13 | — | 160.35 |
| 呼和浩特 | 210.48 | 213.44 | 181.54 | 205.65 | 198.68 |
| 满洲里 | 146.52 | 149.50 | 181.61 | 90.41 | 123.72 |
| 二连浩特 | 204.56 | 204.56 | — | — | — |
| 包头 | 166.96 | 166.96 | — | — | — |
| 沈阳 | 200.15 | 201.49 | 185.44 | 201.99 | 202.10 |
| 大连 | 203.99 | 204.70 | 195.58 | 216.55 | 209.21 |
| 鞍山 | 187.47 | 187.47 | — | — | — |
| 抚顺 | 227.45 | 226.34 | 233.74 | — | 239.97 |
| 本溪 | 230.11 | 228.50 | 229.15 | 242.37 | 229.15 |
| 丹东 | 208.64 | 208.64 | — | — | — |
| 营口 | 199.68 | 199.68 | — | — | — |
| 葫芦岛 | 219.41 | 219.61 | 212.55 | 240.38 | 208.88 |

1－11(续1)　　单位：美元/人天

| | 人均天花费 | 外国人 | 香港同胞 | 澳门同胞 | 台湾同胞 |
|---|---|---|---|---|---|
| 长春 | 185.19 | 180.73 | 212.78 | 255.52 | 176.72 |
| 吉林 | 174.85 | 174.58 | 177.03 | 184.79 | 170.48 |
| 松原 | 149.26 | 150.85 | 103.51 | 153.92 | 155.17 |
| 延吉 | 194.46 | 198.03 | — | 139.20 | 98.53 |
| 哈尔滨 | 221.44 | 220.71 | 204.59 | 281.64 | 233.88 |
| 齐齐哈尔 | 100.65 | — | 134.05 | — | 81.03 |
| 大庆 | 209.07 | 202.42 | 243.88 | 235.23 | 235.93 |
| 佳木斯 | 179.76 | 179.76 | — | — | — |
| 牡丹江 | 194.59 | 194.59 | — | — | — |
| 上海 | 251.81 | 249.14 | 266.80 | 296.09 | 261.00 |
| 南京 | 213.86 | 213.38 | 217.45 | 235.74 | 213.09 |
| 无锡 | 216.38 | 214.49 | 217.77 | 230.85 | 218.03 |
| 苏州 | 219.12 | 218.56 | 218.23 | 233.60 | 219.89 |
| 南通 | 193.36 | 195.28 | 209.52 | 192.99 | 182.11 |
| 扬州 | 211.50 | 209.05 | 211.87 | 233.91 | 214.86 |
| 杭州 | 216.23 | 218.10 | 199.87 | 199.15 | 217.14 |
| 宁波 | 211.02 | 207.18 | 225.91 | 171.63 | 225.25 |
| 温州 | 197.68 | 204.31 | 148.95 | 200.40 | 183.79 |
| 绍兴 | 200.80 | 199.01 | 243.29 | 125.57 | 319.42 |
| 金华 | 183.58 | 183.72 | 182.63 | — | 180.00 |
| 合肥 | 197.02 | 197.02 | — | — | — |
| 芜湖 | 138.94 | 139.88 | 95.52 | 129.29 | 170.38 |
| 马鞍山 | 205.64 | 206.09 | 223.37 | 228.70 | 168.04 |
| 铜陵 | 221.58 | 220.66 | 223.37 | 228.70 | 237.29 |
| 安庆 | 188.11 | 187.02 | 212.56 | — | 178.26 |
| 黄山 | 146.60 | 151.80 | 114.24 | 142.45 | 131.33 |
| 滁州 | 212.83 | 210.46 | 212.77 | — | 233.83 |
| 亳州 | 166.52 | 162.34 | 175.09 | 204.13 | 169.90 |
| 池州 | 195.58 | 195.58 | — | — | — |
| 宣城 | 178.93 | 173.11 | 180.62 | 366.06 | 225.06 |
| 福州 | 213.09 | 210.32 | 201.84 | 219.69 | 232.10 |
| 厦门 | 204.46 | 203.42 | 198.12 | 232.53 | 212.10 |
| 泉州 | 190.51 | 187.27 | 184.28 | 241.69 | 194.63 |
| 漳州 | 190.77 | 193.58 | 171.96 | 197.56 | 195.88 |
| 武夷山 | 150.17 | 169.09 | 149.18 | 184.00 | 123.70 |

1－11(续2)　　单位：美元/人天

| | 人均天花费 | 外国人 | 香港同胞 | 澳门同胞 | 台湾同胞 |
|---|---|---|---|---|---|
| 南　昌 | 167.20 | 156.52 | 191.71 | 199.46 | 175.00 |
| 景德镇 | 175.73 | 176.18 | 171.57 | 184.23 | 159.85 |
| 九　江 | 184.87 | 198.55 | 141.58 | 167.10 | 136.58 |
| 鹰　潭 | 157.06 | 168.76 | 127.02 | 137.35 | 146.23 |
| 赣　州 | 106.40 | 115.20 | 92.52 | 104.86 | 116.47 |
| | | | | | |
| 济　南 | 209.25 | 210.29 | 204.87 | 220.29 | 214.14 |
| 青　岛 | 234.40 | 232.46 | 243.47 | — | 245.68 |
| 烟　台 | 198.84 | 218.09 | 149.73 | 111.94 | 191.68 |
| 曲　阜 | 193.68 | 200.26 | 175.54 | 211.17 | 182.99 |
| 泰　安 | 155.52 | 160.77 | 108.49 | 57.40 | 152.11 |
| 威　海 | 170.55 | 170.62 | 163.43 | — | 172.28 |
| 日　照 | 203.95 | 201.68 | 209.26 | 214.13 | 196.75 |
| | | | | | |
| 郑　州 | 165.77 | 164.71 | 171.86 | 165.64 | 180.49 |
| 开　封 | 176.93 | 177.80 | 176.77 | 209.55 | 152.16 |
| 洛　阳 | 143.95 | 143.63 | 138.44 | 130.85 | 157.27 |
| 三门峡 | 120.07 | 128.45 | 124.90 | 73.84 | 102.91 |
| | | | | | |
| 武　汉 | 189.39 | 192.22 | 180.31 | 170.12 | 197.38 |
| 十　堰 | 195.82 | 198.89 | 189.54 | 187.24 | 202.85 |
| 宜　昌 | 220.18 | 222.09 | 217.13 | 183.70 | 229.10 |
| 襄　樊 | 179.08 | 175.83 | 174.30 | 197.04 | 195.96 |
| 荆　州 | 186.56 | 190.94 | 179.51 | 179.07 | 192.79 |
| 湖北游船 | 204.85 | 202.21 | 227.50 | 223.40 | 195.13 |
| | | | | | |
| 长　沙 | 179.82 | 182.49 | 174.51 | 203.66 | 153.11 |
| 湘　潭 | 160.93 | 156.70 | 183.62 | 163.26 | 168.88 |
| 衡　阳 | 159.47 | 159.47 | — | — | — |
| 岳　阳 | 163.07 | 163.07 | — | — | — |
| 张家界 | 219.49 | 219.49 | — | — | — |
| | | | | | |
| 广　州 | 188.36 | 192.06 | 177.62 | 174.35 | 191.88 |
| 深　圳 | 186.82 | 189.73 | 167.93 | 188.55 | 185.07 |
| 珠　海 | 135.47 | 153.40 | 103.71 | 115.30 | 159.18 |
| 汕　头 | 191.56 | 193.00 | 186.84 | 180.54 | 190.23 |
| 佛　山 | 137.99 | 149.91 | 122.45 | 106.34 | 148.87 |
| 江　门 | 138.96 | 156.18 | 121.54 | 112.01 | 147.90 |
| 肇　庆 | 150.97 | 155.87 | 149.85 | 144.22 | 165.58 |
| 东　莞 | 100.70 | 125.60 | 93.73 | 42.57 | 117.86 |
| 中　山 | 131.97 | 141.06 | 110.80 | 118.51 | 138.19 |

1－11(续3)　　单位：美元/人天

| | 人均天花费 | 外国人 | 香港同胞 | 澳门同胞 | 台湾同胞 |
|---|---|---|---|---|---|
| 南宁 | 176.77 | 174.45 | 180.84 | 182.84 | 184.94 |
| 桂林 | 202.17 | 202.72 | 191.97 | 220.05 | 205.02 |
| 北海 | 180.47 | 177.81 | 187.76 | 199.51 | 177.99 |
| 贺州 | 177.14 | 178.89 | 175.14 | 183.27 | 172.77 |
| 崇左 | 186.06 | 185.13 | 179.44 | 195.11 | 187.88 |
| 海口 | 170.61 | 180.89 | 125.43 | 114.94 | 136.16 |
| 三亚 | 179.74 | 186.83 | 165.28 | 113.07 | 142.16 |
| 重庆 | 176.39 | 169.45 | 199.46 | 234.85 | 190.23 |
| 成都 | 193.35 | 196.27 | 181.37 | 190.07 | 183.14 |
| 绵阳 | 155.71 | 153.52 | 164.30 | 173.49 | 155.61 |
| 乐山 | 175.08 | 183.30 | 149.32 | 169.41 | 166.63 |
| 阿坝州 | 182.42 | 176.56 | 207.37 | 173.18 | 207.15 |
| 贵阳 | 169.36 | 173.43 | 186.16 | 138.87 | 148.14 |
| 安顺 | 177.77 | 179.98 | 213.66 | 167.72 | 151.02 |
| 黔东南 | 157.11 | 161.47 | 122.00 | — | 121.64 |
| 昆明 | 190.42 | 193.49 | 187.24 | 164.67 | 181.16 |
| 景洪 | 193.40 | 185.65 | 205.24 | 319.12 | 235.56 |
| 大理 | 130.85 | 144.05 | 71.35 | 68.09 | 73.97 |
| 拉萨 | 180.33 | 179.96 | 205.07 | 135.07 | 188.01 |
| 西安 | 187.01 | 195.00 | 132.49 | 161.32 | 129.31 |
| 咸阳 | 199.53 | 208.27 | 100.26 | 121.76 | 186.81 |
| 兰州 | 153.12 | 146.76 | 142.67 | 179.28 | 159.03 |
| 敦煌 | 160.49 | 164.25 | 106.38 | 189.01 | 146.00 |
| 西宁 | 187.61 | 192.37 | 140.43 | 179.58 | 245.95 |
| 黄南 | 100.78 | 101.71 | 20.26 | — | 92.60 |
| 格尔木 | 146.85 | 149.06 | 79.36 | 135.88 | 165.86 |
| 银川 | 159.31 | 153.99 | 159.80 | 181.45 | 268.17 |
| 乌鲁木齐 | 218.05 | 218.05 | — | — | — |
| 吐鲁番 | 164.09 | 164.09 | — | — | — |
| 伊宁 | 172.61 | 172.61 | — | — | — |
| 阿勒泰 | 160.15 | 160.15 | — | — | — |

# 1－12 2011年入境过夜游客在各城市

| | 人均天花费 | 政府工作人员 | 专业技术人员 | 职员 | 技工工人 |
|---|---|---|---|---|---|
| 北京 | 247.78 | 273.65 | 255.83 | 251.92 | 246.42 |
| 天津 | 197.64 | 200.96 | 197.50 | 183.87 | 210.90 |
| 石家庄 | 168.98 | 177.80 | 168.33 | 168.03 | 165.68 |
| 唐山 | 179.42 | 192.22 | 163.31 | 189.83 | 223.69 |
| 秦皇岛 | 141.34 | 122.56 | 145.17 | 141.85 | 99.83 |
| 保定 | 159.63 | 171.97 | 183.16 | 142.06 | 140.39 |
| 承德 | 171.21 | 180.56 | 182.28 | 169.82 | 150.51 |
| 廊坊 | 178.10 | 190.77 | 184.43 | 168.79 | 182.50 |
| 太原 | 205.74 | 191.12 | 205.61 | 202.95 | 227.60 |
| 大同 | 175.15 | 184.34 | 167.19 | 179.05 | 172.54 |
| 阳泉 | 111.87 | 27.18 | 97.61 | 100.82 | 67.07 |
| 长治 | 203.93 | 219.24 | 219.74 | 209.94 | — |
| 晋城 | 117.98 | 104.93 | 102.66 | 126.89 | — |
| 朔州 | 179.80 | 207.46 | 143.59 | — | 151.60 |
| 晋中 | 156.78 | 151.19 | 140.49 | 173.85 | 154.20 |
| 运城 | 199.20 | 208.95 | 226.71 | 203.63 | 191.55 |
| 忻州 | 182.65 | 181.78 | 172.63 | 182.06 | 184.97 |
| 临汾 | 179.55 | 184.34 | 177.11 | 184.30 | 184.34 |
| 吕梁 | 154.41 | — | 142.84 | 166.69 | — |
| 呼和浩特 | 210.48 | 227.18 | 205.71 | 164.44 | 247.12 |
| 满洲里 | 146.52 | 173.93 | 116.73 | 183.85 | 352.12 |
| 二连浩特 | 204.56 | 115.88 | 213.15 | 166.97 | 184.31 |
| 包头 | 166.96 | — | — | — | — |
| 沈阳 | 200.15 | 201.74 | 201.15 | 201.20 | 224.16 |
| 大连 | 203.99 | 210.49 | 205.23 | 206.35 | 223.28 |
| 鞍山 | 187.47 | 200.54 | 193.98 | 203.14 | 165.76 |
| 抚顺 | 227.45 | — | 230.29 | 235.04 | 229.15 |
| 本溪 | 230.11 | — | 229.15 | 230.80 | — |
| 丹东 | 208.64 | 205.13 | 201.72 | 207.38 | — |
| 营口 | 199.68 | 229.15 | — | 177.92 | 165.24 |
| 葫芦岛 | 219.41 | 219.86 | 212.84 | 217.52 | 157.76 |

# 人均天花费（按职业分组）

单位：美元/人天

| 商贸人员 | 服务员推销员 | 退休人员 | 家庭妇女 | 军人 | 学生 | 其他 |
| --- | --- | --- | --- | --- | --- | --- |
| 253.05 | 210.98 | 230.49 | 245.42 | 249.20 | 219.82 | 236.82 |
| | | | | | | |
| 201.96 | 216.95 | 212.78 | 233.98 | 196.81 | 220.82 | 198.06 |
| | | | | | | |
| 167.21 | 180.67 | 151.34 | 166.72 | — | 165.17 | 185.73 |
| 204.12 | 117.51 | — | 214.59 | — | 208.76 | 67.69 |
| 139.09 | 210.09 | 146.71 | 167.96 | 60.24 | 140.84 | 105.69 |
| 170.29 | 172.41 | 125.90 | 183.44 | — | 149.01 | 218.70 |
| 167.19 | 188.13 | 161.35 | — | — | 176.29 | 158.05 |
| 167.48 | 196.27 | 213.30 | 147.21 | — | 141.80 | 166.00 |
| | | | | | | |
| 218.86 | 217.93 | 235.55 | 220.59 | 205.64 | — | — |
| 182.17 | 203.84 | 179.17 | — | — | — | — |
| 140.21 | — | 64.83 | 162.50 | — | 139.21 | 114.34 |
| 201.72 | 212.90 | 157.53 | 187.75 | — | — | 182.56 |
| 90.96 | — | 154.33 | 162.63 | — | — | 126.60 |
| 235.55 | — | 235.55 | — | — | 184.95 | 158.24 |
| 157.41 | 175.90 | 157.14 | 174.60 | — | 159.16 | 130.32 |
| 211.85 | 202.58 | 181.73 | 180.40 | 204.78 | 171.89 | 195.24 |
| 184.68 | 184.34 | — | — | 184.34 | 186.45 | — |
| 150.39 | 184.73 | 182.46 | — | — | — | 142.30 |
| 113.29 | 184.34 | 93.61 | 71.57 | — | 203.54 | 165.34 |
| | | | | | | |
| 228.54 | 243.96 | 230.48 | 237.71 | — | 173.62 | 231.98 |
| 162.86 | 133.76 | 111.82 | — | — | 95.26 | 102.31 |
| 244.81 | 231.19 | 153.70 | 167.75 | 311.20 | 65.83 | 207.70 |
| 166.96 | — | — | — | — | — | — |
| | | | | | | |
| 198.06 | 187.92 | 199.21 | 159.30 | 229.15 | 196.82 | 225.77 |
| 209.96 | 181.34 | 189.63 | 193.29 | — | 197.22 | 206.68 |
| 217.19 | — | 190.13 | 56.41 | — | — | 96.34 |
| 223.48 | — | 224.75 | 201.89 | — | 238.32 | 224.16 |
| 242.37 | 229.15 | — | — | — | — | 229.62 |
| 183.80 | — | 233.73 | — | — | 211.22 | 223.37 |
| 210.23 | 222.85 | 239.45 | 156.20 | — | 224.86 | — |
| 231.85 | 238.32 | 239.45 | 236.72 | — | — | — |

1－12(续1)

| | 人均天花费 | 政府工作人员 | 专业技术人员 | 职员 | 技工工人 |
|---|---|---|---|---|---|
| 长春 | 185.19 | 178.50 | 179.62 | 190.39 | 170.28 |
| 吉林 | 174.85 | 192.54 | 166.98 | 173.87 | 199.95 |
| 松原 | 149.26 | 153.91 | 144.66 | 152.47 | 173.41 |
| 延吉 | 194.46 | 225.03 | 204.38 | 222.70 | 190.30 |
| 哈尔滨 | 221.44 | 235.97 | 219.57 | 229.75 | 270.35 |
| 齐齐哈尔 | 100.65 | 181.26 | 115.26 | 62.12 | 103.89 |
| 大庆 | 209.07 | 258.05 | 175.26 | 228.92 | 57.62 |
| 佳木斯 | 179.76 | 211.55 | 173.63 | 149.55 | 191.13 |
| 牡丹江 | 194.59 | 188.23 | 178.96 | 218.97 | 202.18 |
| 上海 | 251.81 | 252.12 | 227.85 | 253.11 | 238.12 |
| 南京 | 213.86 | 217.14 | 210.91 | 214.71 | 208.20 |
| 无锡 | 216.38 | 216.35 | 214.48 | 213.55 | 216.45 |
| 苏州 | 219.12 | 221.62 | 217.73 | 220.36 | 218.96 |
| 南通 | 193.36 | 198.71 | 197.71 | 189.16 | 186.10 |
| 扬州 | 211.50 | 207.05 | 202.82 | 215.68 | 197.82 |
| 杭州 | 216.23 | 236.17 | 215.55 | 218.05 | 236.50 |
| 宁波 | 211.02 | 213.95 | 235.07 | 189.31 | 186.65 |
| 温州 | 197.68 | 185.59 | 140.63 | 265.72 | 175.02 |
| 绍兴 | 200.80 | — | 173.26 | 213.34 | 90.03 |
| 金华 | 183.58 | 195.70 | 175.43 | 173.67 | 59.24 |
| 合肥 | 197.02 | 195.58 | 197.51 | 195.58 | 195.58 |
| 芜湖 | 138.94 | 172.56 | 143.95 | 136.80 | 129.77 |
| 马鞍山 | 205.64 | 223.37 | 196.36 | 207.44 | 204.75 |
| 铜陵 | 221.58 | 216.19 | 222.63 | 224.46 | 222.32 |
| 安庆 | 188.11 | 216.56 | 162.15 | 208.27 | 196.79 |
| 黄山 | 146.60 | 159.91 | 133.88 | 160.29 | 141.68 |
| 滁州 | 212.83 | 145.40 | 213.10 | 204.98 | 223.37 |
| 亳州 | 166.52 | 149.99 | 141.66 | 181.75 | 239.87 |
| 池州 | 195.58 | 195.58 | 195.58 | 195.58 | 195.58 |
| 宣城 | 178.93 | 141.37 | 184.37 | 198.35 | 195.58 |
| 福州 | 213.09 | 215.97 | 220.25 | 212.04 | 231.61 |
| 厦门 | 204.46 | 229.13 | 211.97 | 206.89 | 196.38 |
| 泉州 | 190.51 | 119.32 | 187.56 | 184.66 | 204.93 |
| 漳州 | 190.77 | 163.79 | 223.81 | 211.22 | 202.42 |
| 武夷山 | 150.17 | 139.58 | 129.77 | 166.09 | 184.14 |

单位：美元/人天

| 商贸人员 | 服务员推销员 | 退休人员 | 家庭妇女 | 军人 | 学生 | 其他 |
|---|---|---|---|---|---|---|
| 215.05 | 229.16 | 181.27 | 188.20 | — | 176.08 | 179.30 |
| 176.25 | — | 189.58 | — | — | — | 149.22 |
| 151.47 | 141.20 | 153.07 | 103.18 | — | 131.86 | 143.85 |
| 203.85 | 191.65 | 168.49 | 187.01 | — | 176.41 | 203.25 |
| | | | | | | |
| 244.15 | 229.92 | 179.84 | 200.75 | 278.04 | 212.28 | 219.30 |
| 102.35 | 40.46 | 104.23 | 111.05 | — | 103.89 | 60.43 |
| 208.79 | 225.58 | 216.38 | 273.46 | 198.48 | 222.16 | 178.89 |
| 190.61 | 167.91 | 164.17 | 144.84 | 137.75 | 176.38 | 202.03 |
| 242.64 | 199.75 | 217.60 | 206.35 | 228.63 | 161.92 | 150.56 |
| | | | | | | |
| 266.55 | 254.49 | 268.15 | 271.21 | 196.94 | 232.78 | 232.47 |
| | | | | | | |
| 212.23 | 220.91 | 218.47 | 219.78 | 222.67 | 215.39 | 215.45 |
| 215.09 | 227.66 | 221.11 | 226.88 | — | 229.11 | 218.54 |
| 216.31 | 213.27 | 223.21 | 222.04 | — | 217.51 | 220.64 |
| 190.43 | — | 198.54 | 181.41 | — | 216.35 | 214.68 |
| 214.82 | 223.01 | 216.53 | 226.15 | — | 201.85 | 212.01 |
| | | | | | | |
| 205.09 | 253.67 | 224.90 | 214.07 | 230.61 | 216.43 | 216.52 |
| 211.95 | 256.99 | 202.48 | 207.59 | 85.81 | 194.62 | 281.07 |
| 196.55 | 300.70 | 204.38 | 178.99 | 360.95 | 226.68 | 140.82 |
| 213.85 | 139.92 | 210.80 | 145.53 | — | 227.31 | 242.07 |
| 188.20 | 252.87 | 190.84 | 188.19 | — | 164.95 | 164.74 |
| | | | | | | |
| 199.45 | — | 195.58 | 202.52 | — | 195.58 | 195.58 |
| 140.97 | 172.72 | 180.41 | 194.73 | — | 116.88 | 109.06 |
| 205.53 | — | 215.43 | 223.37 | 223.37 | 216.42 | 112.15 |
| 221.31 | 239.87 | 216.42 | — | 209.47 | 223.37 | 223.37 |
| 194.64 | 223.37 | 80.18 | — | — | 200.10 | 182.58 |
| 140.27 | 164.40 | 150.98 | 157.90 | — | 104.09 | 133.86 |
| 215.77 | 223.37 | 223.37 | 226.63 | — | 223.37 | 218.10 |
| 176.32 | 223.37 | 137.64 | — | — | — | 152.90 |
| 195.58 | 195.58 | 195.58 | 195.58 | — | — | — |
| 164.46 | 137.46 | 196.89 | 202.65 | — | 140.89 | 209.19 |
| | | | | | | |
| 212.97 | 189.40 | 193.40 | 202.05 | — | 215.44 | 221.34 |
| 203.59 | 148.25 | 211.33 | 207.43 | 200.78 | 185.49 | 200.74 |
| 196.24 | 239.53 | 157.48 | 156.78 | — | 205.23 | 204.00 |
| 152.40 | 158.51 | 219.95 | 132.79 | 87.59 | 181.28 | 227.50 |
| 160.95 | 122.13 | 160.27 | 141.06 | — | — | 125.57 |

1－12(续2)

| | 人均天花费 | 政府工作人员 | 专业技术人员 | 职员 | 技工工人 |
|---|---|---|---|---|---|
| 南昌 | 167.20 | 161.42 | 163.38 | 165.27 | 124.92 |
| 景德镇 | 175.73 | 156.38 | 195.37 | 194.02 | 197.55 |
| 九江 | 184.87 | — | 185.16 | 188.87 | 205.30 |
| 鹰潭 | 157.06 | 140.31 | 153.42 | 110.44 | — |
| 赣州 | 106.40 | 165.54 | 120.46 | 104.19 | 77.55 |
| | | | | | |
| 济南 | 209.25 | 213.59 | 205.14 | 183.29 | 189.19 |
| 青岛 | 234.40 | 216.78 | 236.40 | 237.25 | 238.76 |
| 烟台 | 198.84 | 197.01 | 217.78 | 179.19 | 231.05 |
| 曲阜 | 193.68 | 179.74 | 212.20 | 198.37 | 248.73 |
| 泰安 | 155.52 | — | 182.01 | 156.64 | 158.01 |
| 威海 | 170.55 | 175.64 | 158.30 | 175.75 | 173.39 |
| 日照 | 203.95 | 189.32 | 220.18 | 199.42 | 241.43 |
| | | | | | |
| 郑州 | 165.77 | 163.02 | 166.53 | 166.61 | 169.37 |
| 开封 | 176.93 | 180.02 | 174.20 | 175.46 | 171.49 |
| 洛阳 | 143.95 | 143.85 | 142.71 | 145.14 | 147.67 |
| 三门峡 | 120.07 | 165.61 | 108.29 | 88.54 | 102.84 |
| | | | | | |
| 武汉 | 189.39 | 194.41 | 205.77 | 176.87 | 148.76 |
| 十堰 | 195.82 | 228.65 | 185.40 | 197.57 | 210.17 |
| 宜昌 | 220.18 | 215.07 | 231.53 | 221.00 | 294.07 |
| 襄樊 | 179.08 | — | 183.72 | 155.63 | 166.11 |
| 荆州 | 186.56 | 243.14 | 159.92 | 190.68 | 195.93 |
| 湖北游船 | 204.85 | 244.28 | 197.46 | 207.33 | 218.64 |
| | | | | | |
| 长沙 | 179.82 | 166.74 | 203.69 | 158.35 | 167.78 |
| 湘潭 | 160.93 | 165.29 | 173.79 | 157.32 | 140.15 |
| 衡阳 | 159.47 | 167.70 | 158.18 | 163.05 | 154.37 |
| 岳阳 | 163.07 | 167.03 | 171.40 | 164.61 | 157.05 |
| 张家界 | 219.49 | 219.49 | 219.49 | 219.49 | 219.49 |
| | | | | | |
| 广州 | 188.36 | 193.91 | 190.60 | 189.49 | 187.83 |
| 深圳 | 186.82 | 195.10 | 186.31 | 189.61 | 196.78 |
| 珠海 | 135.47 | 136.90 | 125.22 | 127.15 | 139.76 |
| 汕头 | 191.56 | 197.38 | 188.21 | 189.74 | 195.90 |
| 佛山 | 137.99 | 138.16 | 127.13 | 124.23 | 108.47 |
| 江门 | 138.96 | 123.82 | 140.07 | 128.13 | 130.22 |
| 肇庆 | 150.97 | 157.53 | 161.12 | 157.41 | 144.56 |
| 东莞 | 100.70 | 103.87 | 116.10 | 63.68 | 39.55 |
| 中山 | 131.97 | 195.51 | 133.13 | 114.05 | 158.48 |

单位：美元/人天

| 商贸人员 | 服务员推销员 | 退休人员 | 家庭妇女 | 军人 | 学生 | 其他 |
|---|---|---|---|---|---|---|
| 166.99 | 145.40 | 213.34 | 175.56 | — | 175.34 | 152.82 |
| 166.34 | 188.37 | 156.38 | 208.52 | 176.46 | 95.18 | 171.50 |
| 180.42 | — | 183.32 | — | — | 212.96 | 168.44 |
| 171.10 | 112.01 | 181.10 | 230.61 | 162.41 | 160.62 | 167.34 |
| 109.82 | 109.73 | 86.56 | 97.72 | 94.04 | 103.22 | 90.20 |
| | | | | | | |
| 235.13 | 196.80 | 204.91 | 213.21 | — | 219.19 | 203.48 |
| 230.21 | 230.40 | 236.34 | 230.69 | — | 244.55 | 243.95 |
| 201.94 | 175.20 | 174.63 | 193.37 | 241.08 | 217.85 | 166.06 |
| 195.20 | — | 182.37 | 178.23 | — | 182.48 | 191.37 |
| 139.14 | 144.48 | 155.46 | 157.83 | — | 175.05 | 134.80 |
| 175.85 | 200.48 | 164.73 | 165.55 | — | 144.02 | 178.58 |
| 197.61 | 204.92 | 188.84 | 248.73 | 248.73 | 178.42 | 189.01 |
| | | | | | | |
| 166.91 | 155.35 | 170.06 | 181.13 | — | 144.54 | 172.78 |
| 180.64 | 175.47 | 181.87 | 180.64 | 180.64 | 177.33 | 209.55 |
| 142.74 | 170.27 | 151.61 | 157.07 | 169.61 | 131.87 | 133.62 |
| 147.68 | 166.86 | 131.09 | 104.45 | — | 113.78 | 84.14 |
| | | | | | | |
| 197.86 | 175.26 | 192.53 | 173.80 | 195.93 | 186.04 | 192.48 |
| 195.65 | 188.16 | 198.62 | 205.35 | — | 197.25 | 160.43 |
| 236.61 | 219.13 | 207.24 | 228.58 | 208.11 | 231.33 | 198.24 |
| 186.56 | — | 191.38 | 125.16 | — | 208.58 | 194.73 |
| 163.67 | 170.20 | 183.90 | 195.93 | — | 196.59 | 199.76 |
| 218.59 | 196.97 | 196.78 | 207.50 | 196.97 | 194.55 | 189.37 |
| | | | | | | |
| 197.58 | 209.06 | 151.27 | 186.54 | — | 160.50 | 170.64 |
| 176.24 | 142.03 | 127.95 | 168.14 | 136.93 | 179.50 | 125.43 |
| 164.89 | 156.15 | 153.04 | 155.79 | 153.07 | 141.77 | 152.76 |
| — | — | — | — | — | — | — |
| — | — | — | 219.49 | — | — | 219.49 |
| | | | | | | |
| 187.91 | 189.56 | 190.30 | 181.92 | 198.76 | 180.96 | 186.49 |
| 185.58 | 182.55 | 181.99 | 185.14 | 169.04 | 184.57 | 168.23 |
| 141.85 | 137.00 | 134.13 | 150.18 | 168.44 | 110.56 | 146.58 |
| 191.94 | 192.97 | 190.08 | 189.40 | 193.45 | 193.35 | 191.76 |
| 157.72 | 101.75 | 149.41 | 146.00 | — | 126.79 | 126.43 |
| 153.38 | 131.89 | 152.55 | 132.70 | 37.24 | 125.22 | 139.27 |
| 142.74 | 144.20 | 158.00 | 164.19 | 150.94 | 139.12 | — |
| 115.88 | 124.04 | 126.40 | 91.31 | 58.53 | 88.98 | 138.18 |
| 148.34 | 84.97 | 111.53 | 126.44 | — | 118.90 | 118.94 |

1－12(续3)

| | 人均天花费 | 政府工作人员 | 专业技术人员 | 职员 | 技工工人 |
|---|---|---|---|---|---|
| 南宁 | 176.77 | 185.70 | 187.02 | 172.22 | 197.97 |
| 桂林 | 202.17 | 200.65 | 205.37 | 202.67 | 193.29 |
| 北海 | 180.47 | 178.87 | 185.53 | 182.82 | 198.05 |
| 贺州 | 177.14 | 182.04 | 170.87 | 176.08 | 182.32 |
| 崇左 | 186.06 | 182.36 | 178.03 | 184.23 | — |
| 海口 | 170.61 | 150.66 | 144.27 | 180.84 | 173.11 |
| 三亚 | 179.74 | 180.97 | 182.26 | 190.80 | 149.96 |
| 重庆 | 176.39 | 176.85 | 165.08 | 183.65 | 183.38 |
| 成都 | 193.35 | 197.26 | 197.48 | 194.50 | 191.22 |
| 绵阳 | 155.71 | 191.22 | 147.26 | 147.84 | 184.86 |
| 乐山 | 175.08 | 175.39 | 174.32 | 173.71 | 174.75 |
| 阿坝州 | 182.42 | 180.88 | 173.35 | 185.58 | 166.67 |
| 贵阳 | 169.36 | 173.86 | 144.84 | 164.04 | 146.29 |
| 安顺 | 177.77 | 170.07 | 192.08 | 191.25 | 130.55 |
| 黔东南 | 157.11 | 166.22 | 135.77 | 174.39 | — |
| 昆明 | 190.42 | 188.87 | 186.78 | 187.07 | 189.64 |
| 景洪 | 193.40 | 172.97 | 186.05 | 226.45 | 165.01 |
| 大理 | 130.85 | — | — | 133.43 | 171.54 |
| 拉萨 | 180.33 | 199.83 | 184.82 | 167.91 | 194.83 |
| 西安 | 187.01 | 181.88 | 181.46 | 192.74 | 175.09 |
| 咸阳 | 199.53 | 199.57 | 211.84 | 195.61 | 256.21 |
| 兰州 | 153.12 | 171.89 | 148.30 | 154.90 | 149.68 |
| 敦煌 | 160.49 | 169.54 | 167.74 | 167.15 | 161.40 |
| 西宁 | 187.61 | 178.81 | 232.92 | 185.35 | 264.59 |
| 黄南 | 100.78 | 170.61 | 102.11 | 101.35 | 128.69 |
| 格尔木 | 146.85 | — | 177.55 | 120.66 | 174.95 |
| 银川 | 159.31 | 180.14 | 152.16 | 169.92 | 147.85 |
| 乌鲁木齐 | 218.05 | 223.94 | 219.21 | 211.17 | 172.30 |
| 吐鲁番 | 164.09 | 179.77 | 171.35 | 168.65 | 142.66 |
| 伊宁 | 172.61 | 216.96 | 182.45 | 174.92 | 187.42 |
| 阿勒泰 | 160.15 | 172.87 | 145.70 | 155.14 | 165.24 |

单位：美元/人天

| 商贸人员 | 服务员推销员 | 退休人员 | 家庭妇女 | 军人 | 学生 | 其他 |
|---|---|---|---|---|---|---|
| 187.41 | 173.41 | 156.11 | 178.82 | — | 182.40 | 166.69 |
| 204.03 | 209.19 | 199.55 | 194.41 | 198.93 | 204.69 | 206.95 |
| 176.15 | 203.08 | 181.23 | 163.87 | — | 122.09 | 185.70 |
| 176.21 | 180.73 | 176.83 | 189.82 | — | 179.40 | 170.12 |
| 184.92 | — | 198.21 | 186.66 | — | — | 190.16 |
| 179.42 | 173.25 | 173.15 | 171.73 | 186.30 | 158.67 | 163.33 |
| 182.88 | 154.17 | 155.20 | 169.87 | 206.11 | 185.97 | 185.32 |
| 188.91 | 151.11 | 143.96 | 174.58 | 160.50 | 177.18 | 177.43 |
| 195.42 | 192.29 | 184.02 | 187.14 | 195.82 | 200.98 | 184.04 |
| 153.02 | 197.65 | 196.94 | 165.81 | — | 191.40 | 185.47 |
| 174.81 | 167.87 | 168.38 | 181.26 | 178.33 | 185.70 | 180.46 |
| 178.06 | 185.16 | 194.53 | 195.30 | 206.38 | 168.77 | 178.88 |
| 207.03 | 149.58 | 154.62 | 188.11 | 88.28 | 139.43 | 192.98 |
| 167.47 | 215.72 | 141.31 | 199.13 | 214.41 | 139.50 | 158.84 |
| 150.58 | — | 158.58 | — | — | 132.65 | 186.31 |
| 192.60 | 177.97 | 189.47 | 208.35 | 216.22 | 171.75 | 204.26 |
| 150.94 | 246.68 | 244.74 | 205.36 | 275.10 | 139.00 | 147.69 |
| 152.31 | — | 114.92 | 122.67 | — | 101.72 | 111.19 |
| 188.38 | 191.49 | 176.24 | 143.21 | 153.90 | 152.53 | 142.28 |
| 197.35 | 161.94 | 184.87 | 187.79 | 201.77 | 175.07 | 199.23 |
| 197.34 | 189.42 | 202.67 | 188.84 | 220.80 | 170.96 | 198.88 |
| 166.21 | 167.13 | 144.95 | 160.96 | 147.12 | 139.11 | 135.08 |
| 137.54 | 154.35 | 161.92 | 167.37 | 194.04 | 145.56 | 159.43 |
| 214.29 | 238.83 | 148.44 | 156.50 | — | 162.16 | 147.04 |
| 54.56 | 136.01 | 108.79 | 163.63 | 163.16 | 77.76 | 85.06 |
| 179.76 | 116.80 | 158.48 | 123.38 | — | 81.87 | 97.49 |
| 138.04 | 146.97 | 168.07 | 192.47 | — | 184.21 | 159.05 |
| 226.13 | 215.56 | 218.28 | 215.64 | — | 210.68 | — |
| 176.75 | 170.10 | 143.12 | 161.83 | — | 167.72 | — |
| 186.49 | 143.78 | 192.77 | 169.50 | — | 168.37 | 174.78 |
| 172.74 | 164.24 | 187.39 | 177.33 | 207.19 | 145.77 | 214.17 |

# 1－13　2011年入境过夜游客在各城市

| | 人均天花费 | 观光游览 | 休闲度假 | 探亲访友 | 商务 |
|---|---|---|---|---|---|
| 北京 | 247.78 | 239.86 | 242.15 | 239.35 | 251.50 |
| 天津 | 197.64 | 222.21 | 220.12 | 211.67 | 185.20 |
| 石家庄 | 168.98 | 164.22 | 171.51 | 184.35 | 169.16 |
| 唐山 | 179.42 | 193.00 | 187.55 | 220.95 | 169.14 |
| 秦皇岛 | 141.34 | 168.45 | 118.67 | 300.36 | 142.18 |
| 保定 | 159.63 | 147.45 | 169.84 | 160.98 | 174.11 |
| 承德 | 171.21 | 169.87 | 165.15 | 257.40 | 178.85 |
| 廊坊 | 178.10 | 156.16 | 199.38 | 189.86 | 188.64 |
| 太原 | 205.74 | 194.86 | 216.70 | 224.23 | 221.06 |
| 大同 | 175.15 | 171.05 | 176.39 | 169.11 | 184.88 |
| 阳泉 | 111.87 | 173.85 | — | 104.83 | 118.97 |
| 长治 | 203.93 | 196.90 | 217.93 | 169.62 | 225.48 |
| 晋城 | 117.98 | 148.64 | 128.96 | 93.86 | 75.67 |
| 朔州 | 179.80 | 184.95 | — | 151.60 | 235.55 |
| 晋中 | 156.78 | 163.20 | 157.80 | 123.24 | 151.95 |
| 运城 | 199.20 | 190.98 | 184.91 | 178.22 | 212.62 |
| 忻州 | 182.65 | 182.68 | 181.95 | — | — |
| 临汾 | 179.55 | 183.63 | 184.12 | — | 167.56 |
| 吕梁 | 154.41 | 235.55 | 146.96 | 93.61 | 193.41 |
| 呼和浩特 | 210.48 | 226.61 | 214.53 | 149.58 | 209.67 |
| 满洲里 | 146.52 | 153.15 | 180.70 | 106.27 | 165.11 |
| 二连浩特 | 204.56 | 178.68 | 161.31 | 126.38 | 249.96 |
| 包头 | 166.96 | — | — | — | — |
| 沈阳 | 200.15 | 205.30 | 201.23 | 183.76 | 198.77 |
| 大连 | 203.99 | 187.12 | 198.44 | 204.84 | 213.94 |
| 鞍山 | 187.47 | 179.81 | 212.62 | 56.41 | 208.46 |
| 抚顺 | 227.45 | 237.55 | 237.14 | 220.58 | 221.78 |
| 本溪 | 230.11 | 231.04 | 229.15 | — | — |
| 丹东 | 208.64 | 213.71 | 218.25 | — | 187.92 |
| 营口 | 199.68 | 211.68 | 239.45 | 162.75 | 185.75 |
| 葫芦岛 | 219.41 | 220.56 | 238.19 | — | 179.68 |

# 人均天花费（按旅游目的分组）

单位：美元/人天

| 会议 | 宗教朝拜 | 文化/体育/科技交流 | 购物 | 医疗保健 | 其他 |
|---|---|---|---|---|---|
| 269.92 | 264.12 | 257.32 | 227.98 | 260.69 | 211.23 |
| 194.34 | 191.22 | 233.76 | 187.90 | 174.66 | 211.44 |
| 171.75 | 157.76 | 180.32 | 147.71 | 103.64 | 132.60 |
| 199.80 | — | 186.81 | — | — | 136.66 |
| 115.14 | — | 152.98 | — | 110.06 | 152.73 |
| 172.53 | 190.74 | 144.52 | 225.69 | — | — |
| 131.59 | 179.03 | — | — | — | — |
| 154.21 | — | — | — | — | 146.15 |
| 211.66 | 202.62 | 205.64 | 205.64 | 190.69 | — |
| — | — | — | — | — | — |
| 74.54 | — | — | — | 64.83 | 111.88 |
| 197.10 | — | 229.11 | — | — | 207.97 |
| — | — | 184.34 | — | — | 126.60 |
| 235.55 | 190.25 | 148.20 | — | — | — |
| 172.14 | 161.79 | 136.94 | — | 184.34 | — |
| 233.94 | 213.60 | 217.75 | — | — | 207.77 |
| 184.34 | 184.34 | 184.34 | — | 184.34 | — |
| — | 180.27 | 141.39 | — | — | — |
| 95.12 | 142.23 | 66.23 | — | — | — |
| 182.44 | — | 197.16 | — | — | 251.20 |
| 132.28 | — | 114.82 | — | — | 125.25 |
| 70.54 | — | 223.38 | 190.10 | 311.20 | 144.08 |
| — | — | — | 166.96 | — | — |
| 199.76 | 209.25 | 198.89 | 229.15 | 229.15 | 202.44 |
| 216.75 | — | 199.57 | 237.17 | 186.13 | 232.58 |
| 207.67 | — | 212.50 | 229.15 | 169.17 | 229.15 |
| 234.30 | 201.89 | 228.44 | — | 229.15 | 229.15 |
| 229.15 | — | — | — | — | 229.69 |
| — | — | 200.51 | — | — | 225.26 |
| 232.58 | — | 143.66 | — | — | — |
| — | — | — | — | — | — |

1－13(续1)

| | 人均天花费 | 观光游览 | 休闲度假 | 探亲访友 | 商务 |
|---|---|---|---|---|---|
| 长春 | 185.19 | 186.80 | 184.80 | 189.94 | 199.58 |
| 吉林 | 174.85 | — | — | 178.53 | 174.85 |
| 松原 | 149.26 | 153.82 | 153.97 | 120.64 | 150.97 |
| 延吉 | 194.46 | 197.16 | 191.27 | — | 181.70 |
| | | | | | |
| 哈尔滨 | 221.44 | 222.51 | 207.65 | 201.79 | 239.19 |
| 齐齐哈尔 | 100.65 | 96.09 | 146.70 | — | — |
| 大庆 | 209.07 | 239.17 | 199.07 | 229.21 | 156.20 |
| 佳木斯 | 179.76 | 178.37 | 186.11 | 372.48 | 118.02 |
| 牡丹江 | 194.59 | 219.30 | 182.36 | 310.66 | 202.87 |
| | | | | | |
| 上海 | 251.81 | 255.25 | 260.86 | 254.94 | 247.72 |
| | | | | | |
| 南京 | 213.86 | 216.32 | 217.84 | 216.66 | 210.62 |
| 无锡 | 216.38 | 222.59 | 218.94 | 224.49 | 212.63 |
| 苏州 | 219.12 | 223.37 | 220.89 | 218.33 | 214.71 |
| 南通 | 193.36 | 194.07 | 189.09 | 203.46 | 194.69 |
| 扬州 | 211.50 | 215.38 | 210.65 | 214.36 | 209.53 |
| | | | | | |
| 杭州 | 216.23 | 214.40 | 243.51 | 213.84 | 201.27 |
| 宁波 | 211.02 | 223.95 | 213.07 | 232.80 | 189.32 |
| 温州 | 197.68 | 223.19 | 176.77 | 142.09 | 195.19 |
| 绍兴 | 200.80 | 215.15 | 231.13 | 231.19 | 209.61 |
| 金华 | 183.58 | 166.51 | 181.08 | 77.99 | 191.23 |
| | | | | | |
| 合肥 | 197.02 | 196.44 | 195.58 | 195.58 | 199.80 |
| 芜湖 | 138.94 | 157.89 | 161.25 | 130.11 | 127.91 |
| 马鞍山 | 205.64 | 212.25 | 215.13 | 214.66 | 198.05 |
| 铜陵 | 221.58 | 217.78 | 223.57 | 225.55 | 222.50 |
| 安庆 | 188.11 | 202.87 | 211.71 | 155.83 | 172.27 |
| 黄山 | 146.60 | 161.77 | 161.23 | 50.97 | 53.15 |
| 滁州 | 212.83 | 194.93 | 223.37 | 220.79 | 211.96 |
| 亳州 | 166.52 | 168.38 | 193.78 | 145.03 | 175.46 |
| 池州 | 195.58 | 195.58 | 195.58 | — | 195.58 |
| 宣城 | 178.93 | 199.39 | 180.65 | 180.79 | 158.95 |
| | | | | | |
| 福州 | 213.09 | 204.15 | 209.19 | 212.21 | 217.56 |
| 厦门 | 204.46 | 207.54 | 196.18 | 208.88 | 207.35 |
| 泉州 | 190.51 | 181.01 | 186.36 | 173.36 | 197.53 |
| 漳州 | 190.77 | 198.14 | 236.02 | 175.63 | 171.69 |
| 武夷山 | 150.17 | 149.18 | 157.64 | 204.36 | — |

单位：美元/人天

| 会议 | 宗教朝拜 | 文化/体育/科技交流 | 购物 | 医疗保健 | 其他 |
|---|---|---|---|---|---|
| 198.48 | — | 175.69 | — | 152.78 | 150.69 |
| — | — | 159.91 | — | — | 194.39 |
| 156.62 | 151.01 | 160.51 | — | — | 148.03 |
| 145.98 | — | — | 176.41 | — | — |
| | | | | | |
| 254.80 | — | 209.99 | 265.83 | 285.67 | 234.29 |
| — | — | — | — | — | — |
| 202.23 | 235.23 | 272.52 | 393.05 | 98.01 | 255.59 |
| — | — | — | 168.06 | — | 184.17 |
| 82.52 | — | 138.20 | 219.35 | 176.45 | 123.74 |
| | | | | | |
| 253.70 | 247.95 | 229.10 | 273.86 | 216.91 | 234.85 |
| | | | | | |
| 208.26 | 212.30 | 211.75 | 229.00 | — | 216.54 |
| 208.71 | — | 218.06 | — | 229.11 | 218.28 |
| 215.62 | 215.40 | 214.76 | — | — | 220.50 |
| 188.19 | — | 194.38 | 216.35 | — | 165.75 |
| 222.73 | — | 215.08 | 217.01 | — | 199.26 |
| | | | | | |
| 238.46 | 230.49 | 196.03 | 243.15 | 232.26 | 313.90 |
| 216.83 | 208.65 | 267.33 | 191.91 | — | 216.10 |
| 189.75 | 310.78 | 238.66 | — | — | 156.43 |
| 124.97 | 241.84 | 136.12 | — | — | 159.85 |
| 224.69 | — | 210.59 | 230.83 | — | 214.12 |
| | | | | | |
| 204.84 | — | 195.58 | — | — | 195.58 |
| 177.88 | — | 159.72 | — | — | 111.39 |
| 212.96 | — | 161.51 | 223.37 | — | 210.65 |
| 212.25 | — | 217.81 | — | — | 223.37 |
| 184.64 | 195.58 | 191.15 | — | — | 163.08 |
| 50.03 | — | 48.14 | 179.27 | 48.33 | 53.74 |
| 219.93 | — | 223.37 | — | — | 223.37 |
| — | — | 146.76 | — | — | 190.23 |
| — | 195.58 | — | — | — | — |
| 96.65 | — | — | — | — | — |
| | | | | | |
| 218.29 | 215.75 | 214.42 | 214.65 | 202.54 | 219.53 |
| 215.73 | 144.71 | 172.02 | 215.75 | — | 143.12 |
| 150.36 | 239.53 | — | 215.75 | — | 203.94 |
| 239.07 | 155.55 | 151.91 | — | — | 147.22 |
| 88.57 | 150.04 | 121.07 | — | — | — |

1－13(续2)

| | 人均天花费 | 观光游览 | 休闲度假 | 探亲访友 | 商务 |
|---|---|---|---|---|---|
| 南昌 | 167.20 | 173.94 | 156.88 | 177.00 | 165.71 |
| 景德镇 | 175.73 | 177.21 | 164.71 | 195.82 | 163.00 |
| 九江 | 184.87 | 183.42 | 188.14 | — | 181.11 |
| 鹰潭 | 157.06 | 152.20 | 151.52 | 177.68 | 175.06 |
| 赣州 | 106.40 | 96.08 | 140.56 | 100.58 | 122.80 |
| 济南 | 209.25 | 195.43 | 213.42 | 234.98 | 221.76 |
| 青岛 | 234.40 | 231.89 | 234.99 | 217.16 | 239.70 |
| 烟台 | 198.84 | 183.98 | 185.66 | 191.60 | 206.49 |
| 曲阜 | 193.68 | 188.39 | 195.81 | 130.35 | 199.66 |
| 泰安 | 155.52 | 154.05 | 156.57 | 167.76 | 146.60 |
| 威海 | 170.55 | 170.13 | 168.14 | 177.64 | 170.09 |
| 日照 | 203.95 | 202.47 | 142.30 | 212.67 | 203.47 |
| 郑州 | 165.77 | 165.98 | 153.88 | 161.18 | 165.83 |
| 开封 | 176.93 | 180.12 | 178.63 | 171.67 | 174.19 |
| 洛阳 | 143.95 | 142.75 | 150.58 | 140.17 | 138.78 |
| 三门峡 | 120.07 | 93.20 | 120.85 | 98.18 | 130.02 |
| 武汉 | 189.39 | 184.85 | 192.34 | 171.45 | 196.73 |
| 十堰 | 195.82 | 194.98 | 211.25 | 170.02 | 193.20 |
| 宜昌 | 220.18 | 225.45 | 222.90 | 246.36 | 210.48 |
| 襄樊 | 179.08 | 173.95 | — | — | 177.99 |
| 荆州 | 186.56 | 193.48 | 160.29 | 141.56 | 134.42 |
| 湖北游船 | 204.85 | 196.03 | 216.43 | 202.54 | 225.21 |
| 长沙 | 179.82 | 166.72 | 152.04 | 198.61 | 212.82 |
| 湘潭 | 160.93 | 175.53 | 177.60 | 143.27 | 160.57 |
| 衡阳 | 159.47 | 160.22 | 160.27 | — | 154.91 |
| 岳阳 | 163.07 | 169.04 | 158.82 | 204.08 | 163.34 |
| 张家界 | 219.49 | 219.49 | 219.49 | — | 219.49 |
| 广州 | 188.36 | 187.65 | 187.97 | 179.06 | 190.42 |
| 深圳 | 186.82 | 196.74 | 179.88 | 180.26 | 183.54 |
| 珠海 | 135.47 | 144.89 | 131.75 | 125.87 | 124.36 |
| 汕头 | 191.56 | 193.30 | 187.73 | 188.99 | 191.81 |
| 佛山 | 137.99 | 138.56 | 132.25 | 113.68 | 154.42 |
| 江门 | 138.96 | 141.58 | 122.25 | 135.83 | 153.95 |
| 肇庆 | 150.97 | 151.64 | 152.98 | 137.59 | 147.11 |
| 东莞 | 100.70 | 123.67 | 118.08 | 80.36 | 94.77 |
| 中山 | 131.97 | 133.38 | 146.85 | 119.30 | 131.01 |

单位：美元/人天

| 会议 | 宗教朝拜 | 文化/体育/科技交流 | 购物 | 医疗保健 | 其他 |
|---|---|---|---|---|---|
| 176.32 | — | 165.95 | — | 124.92 | 155.67 |
| 187.66 | — | 171.47 | 225.60 | — | 179.40 |
| — | — | — | — | — | — |
| 127.87 | 179.41 | — | 287.64 | 144.61 | 107.05 |
| 132.76 | — | 98.85 | — | — | 85.93 |
| | | | | | |
| 229.90 | 153.07 | 203.13 | — | — | 191.81 |
| 235.25 | — | 211.39 | 237.57 | — | 248.73 |
| 222.88 | — | 201.65 | 208.01 | — | 188.59 |
| 248.73 | 248.73 | 211.15 | — | — | 253.52 |
| — | — | 153.52 | — | — | 159.86 |
| 156.71 | — | 180.92 | 204.92 | — | 169.81 |
| 206.57 | — | 204.33 | — | — | 209.13 |
| | | | | | |
| 176.81 | 180.64 | 150.02 | 212.54 | — | 175.14 |
| 179.78 | 180.64 | 180.64 | — | — | — |
| 119.26 | 168.77 | 153.07 | — | — | — |
| 177.26 | 175.13 | 148.87 | — | — | 128.16 |
| | | | | | |
| 188.69 | 172.85 | 191.71 | 186.94 | 166.92 | 204.37 |
| 204.49 | 191.37 | 189.02 | — | — | 206.54 |
| 188.68 | — | 253.82 | — | 107.58 | 199.92 |
| 179.26 | 196.43 | 213.13 | — | — | 167.52 |
| — | — | 144.92 | — | — | — |
| 213.39 | — | 190.83 | — | 294.07 | 294.07 |
| | | | | | |
| 192.19 | — | 272.85 | 156.99 | — | 115.38 |
| 146.01 | 178.54 | 173.40 | 150.60 | 105.02 | 143.10 |
| 180.54 | 156.09 | 162.11 | — | — | 157.11 |
| — | — | — | — | — | — |
| 219.49 | — | — | — | — | 219.49 |
| | | | | | |
| 188.83 | 191.72 | 193.20 | 181.76 | 198.88 | 184.54 |
| 187.14 | — | 191.03 | 165.90 | 187.24 | 172.27 |
| 142.38 | 186.49 | 103.45 | 131.01 | 141.00 | 131.77 |
| 190.31 | 192.75 | 195.58 | 194.91 | 192.91 | 195.76 |
| 137.43 | 48.53 | 140.78 | 160.35 | 109.20 | 45.51 |
| 147.23 | 119.72 | 147.63 | 148.59 | 78.81 | 143.61 |
| 159.44 | — | — | — | — | — |
| 81.78 | — | 31.28 | 127.42 | — | — |
| 120.81 | — | 142.99 | 198.52 | — | 121.52 |

1－13(续3)

| | 人均天花费 | 观光游览 | 休闲度假 | 探亲访友 | 商务 |
|---|---|---|---|---|---|
| 南宁 | 176.77 | 176.58 | 167.88 | 157.81 | 186.22 |
| 桂林 | 202.17 | 201.26 | 204.48 | 203.61 | 203.72 |
| 北海 | 180.47 | 184.87 | 180.67 | 183.49 | 173.31 |
| 贺州 | 177.14 | 174.95 | 177.08 | 198.06 | 198.21 |
| 崇左 | 186.06 | 186.84 | 188.03 | 197.00 | 175.26 |
| 海口 | 170.61 | 184.02 | 196.14 | 152.49 | 154.75 |
| 三亚 | 179.74 | 193.48 | 165.88 | 170.19 | 202.35 |
| 重庆 | 176.39 | 181.41 | 165.76 | 173.69 | 183.37 |
| 成都 | 193.35 | 188.84 | 193.24 | 197.98 | 203.18 |
| 绵阳 | 155.71 | 189.86 | 188.86 | 145.70 | 147.98 |
| 乐山 | 175.08 | 174.13 | 173.65 | 148.79 | 192.40 |
| 阿坝州 | 182.42 | 179.47 | 185.52 | 200.80 | 259.13 |
| 贵阳 | 169.36 | 169.63 | 152.39 | 130.18 | 200.32 |
| 安顺 | 177.77 | 170.58 | 191.05 | 183.03 | 221.47 |
| 黔东南 | 157.11 | 156.26 | 164.52 | — | 39.15 |
| 昆明 | 190.42 | 189.38 | 191.30 | 194.00 | 204.81 |
| 景洪 | 193.40 | 205.34 | 203.05 | 62.14 | 275.40 |
| 大理 | 130.85 | 121.68 | 137.94 | — | — |
| 拉萨 | 180.33 | 172.57 | 184.30 | 189.39 | 210.50 |
| 西安 | 187.01 | 184.34 | 192.28 | 165.73 | 202.49 |
| 咸阳 | 199.53 | 194.59 | 205.72 | 228.64 | 182.85 |
| 兰州 | 153.12 | 137.89 | 145.81 | 163.52 | 178.95 |
| 敦煌 | 160.49 | 159.72 | 160.95 | 204.68 | 144.10 |
| 西宁 | 187.61 | 149.32 | 197.84 | 212.63 | 270.20 |
| 黄南 | 100.78 | 92.91 | 96.46 | 33.15 | 143.86 |
| 格尔木 | 146.85 | 133.67 | 98.23 | — | 278.20 |
| 银川 | 159.31 | 174.99 | 161.11 | 152.84 | 167.91 |
| 乌鲁木齐 | 218.05 | 218.60 | 217.71 | — | 226.73 |
| 吐鲁番 | 164.09 | 154.02 | 180.02 | 143.45 | 169.85 |
| 伊宁 | 172.61 | 168.73 | 172.79 | 178.65 | 207.19 |
| 阿勒泰 | 160.15 | 165.16 | 153.99 | 211.18 | 186.14 |

单位：美元/人天

| 会议 | 宗教朝拜 | 文化/体育/科技交流 | 购物 | 医疗保健 | 其他 |
|---|---|---|---|---|---|
| 192.72 | 197.97 | 190.04 | 197.97 | 175.93 | 172.10 |
| 198.50 | 197.97 | 202.64 | — | 216.41 | 205.35 |
| 180.58 | — | 177.66 | — | — | 197.97 |
| — | — | — | — | — | — |
| — | — | 185.45 | 182.41 | — | 181.19 |
| 134.58 | 183.07 | 152.47 | 152.82 | — | 150.79 |
| 166.45 | 97.72 | 224.13 | 208.89 | 183.04 | 201.09 |
| 165.21 | 133.11 | 172.22 | 202.94 | 197.60 | 147.46 |
| 200.84 | 198.91 | 191.40 | 192.85 | 206.59 | 185.68 |
| 140.99 | 181.26 | 174.77 | — | 113.92 | 178.01 |
| 183.78 | 175.85 | 178.75 | 166.63 | — | 183.91 |
| 192.16 | 181.26 | 266.03 | — | 231.50 | — |
| 200.20 | 190.99 | 152.55 | 18.42 | — | 130.19 |
| 180.21 | — | 68.41 | 228.08 | — | 244.97 |
| — | — | 95.50 | — | — | — |
| 193.64 | 223.02 | 151.06 | 171.54 | 110.05 | 137.50 |
| 178.82 | 286.11 | 157.73 | — | 37.34 | — |
| — | — | — | — | — | — |
| 222.49 | 159.99 | 205.81 | 174.03 | 189.08 | 177.52 |
| 177.78 | 130.40 | 138.79 | 223.47 | 207.19 | 210.08 |
| 206.37 | 226.23 | — | — | — | 246.84 |
| 201.80 | 177.42 | 161.17 | — | 162.85 | 181.18 |
| 181.12 | 196.13 | 134.33 | — | — | 161.03 |
| 335.68 | 219.16 | 316.68 | — | — | 197.66 |
| 273.60 | 124.43 | 130.01 | — | — | 310.66 |
| 331.68 | 119.78 | 115.98 | — | — | 80.73 |
| 109.61 | — | 150.80 | — | — | 169.16 |
| — | — | 226.73 | — | — | — |
| — | — | — | 176.48 | — | — |
| 226.73 | — | — | — | — | 178.84 |
| 161.33 | — | — | — | — | 154.85 |

# 1－14　2011年入境过夜游客在各城市人均天花费

## （按性别、年龄分组）

单位：美元/人天

| | 人均天花费 | 男性 | 女性 | 14岁及以下 | 15～24岁 | 25～44岁 | 45～64岁 | 65岁及以上 |
|---|---|---|---|---|---|---|---|---|
| 北京 | 247.78 | 243.59 | 252.40 | 127.18 | 239.15 | 250.37 | 246.59 | 254.49 |
| 天津 | 197.64 | 187.81 | 210.09 | 212.63 | 224.13 | 197.74 | 186.70 | 221.92 |
| 石家庄 | 168.98 | 167.81 | 172.80 | 66.04 | 163.77 | 165.23 | 173.78 | 173.71 |
| 唐山 | 179.42 | 175.89 | 187.18 | — | 205.45 | 180.26 | 178.46 | 115.57 |
| 秦皇岛 | 141.34 | 142.89 | 139.46 | — | 123.45 | 140.87 | 137.31 | 243.02 |
| 保定 | 159.63 | 154.04 | 163.82 | — | 105.73 | 163.60 | 162.35 | 92.86 |
| 承德 | 171.21 | 169.70 | 173.35 | — | 176.76 | 169.82 | 171.82 | 170.35 |
| 廊坊 | 178.10 | 172.70 | 191.94 | — | 141.80 | 180.73 | 174.65 | — |
| 太原 | 205.74 | 204.46 | 208.07 | 235.55 | 209.94 | 211.77 | 207.61 | 188.09 |
| 大同 | 175.15 | 172.00 | 200.81 | — | 115.51 | 177.46 | 174.41 | 177.26 |
| 阳泉 | 111.87 | 102.73 | 134.72 | — | 126.32 | 106.34 | 119.50 | — |
| 长治 | 203.93 | 206.07 | 201.31 | — | 181.19 | 205.86 | 201.47 | — |
| 晋城 | 117.98 | 121.20 | 114.02 | — | — | 105.11 | 126.15 | 118.22 |
| 朔州 | 179.80 | 170.04 | 196.89 | — | 184.95 | 179.16 | 151.60 | 235.55 |
| 晋中 | 156.78 | 158.61 | 154.87 | — | 161.43 | 161.62 | 152.12 | 153.55 |
| 运城 | 199.20 | 198.30 | 200.80 | — | 190.92 | 213.64 | 191.23 | 174.23 |
| 忻州 | 182.65 | 182.55 | 182.71 | 184.34 | 184.92 | 182.88 | 178.13 | — |
| 临汾 | 179.55 | 180.40 | 177.79 | — | — | 174.14 | 182.50 | 182.28 |
| 吕梁 | 154.41 | 173.69 | 101.39 | — | 203.54 | 151.69 | 79.92 | 128.64 |
| 呼和浩特 | 210.48 | 214.49 | 205.97 | — | 181.41 | 201.15 | 217.39 | 258.19 |
| 满洲里 | 146.52 | 147.32 | 144.25 | — | 107.37 | 147.86 | 154.97 | 150.62 |
| 二连浩特 | 204.56 | 249.35 | 164.59 | — | 164.55 | 199.92 | 229.19 | 311.20 |
| 包头 | 166.96 | 166.13 | 169.75 | — | — | 166.96 | — | — |
| 沈阳 | 200.15 | 200.27 | 200.01 | 221.60 | 198.44 | 200.08 | 200.61 | 198.50 |
| 大连 | 203.99 | 208.24 | 199.83 | 198.62 | 180.81 | 206.69 | 208.00 | 205.79 |
| 鞍山 | 187.47 | 191.54 | 180.10 | — | — | 205.94 | 195.05 | 153.14 |
| 抚顺 | 227.45 | 230.50 | 222.22 | — | 238.32 | 226.50 | 230.84 | 216.30 |

1－14(续 1)　　　　单位：美元/人天

| | 人均天花费 | 男　性 | 女　性 | 14 岁及以下 | 15～24 岁 | 25～44 岁 | 45～64 岁 | 65 岁及以上 |
|---|---|---|---|---|---|---|---|---|
| 本　溪 | 230.11 | 230.86 | 228.17 | — | — | 229.66 | 231.04 | — |
| 丹　东 | 208.64 | 201.94 | 214.51 | — | — | 211.44 | 204.04 | — |
| 营　口 | 199.68 | 203.54 | 193.06 | — | 215.42 | 185.27 | 225.09 | 239.45 |
| 葫芦岛 | 219.41 | 212.85 | 227.74 | — | — | 223.60 | 218.49 | — |
| 长　春 | 185.19 | 184.42 | 186.36 | — | 177.70 | 186.78 | 199.65 | 173.46 |
| 吉　林 | 174.85 | 173.85 | 178.84 | — | — | 177.91 | 171.25 | — |
| 松　原 | 149.26 | 149.77 | 148.74 | 74.30 | 143.37 | 145.28 | 156.42 | 152.66 |
| 延　吉 | 194.46 | 192.07 | 196.95 | 104.97 | 186.52 | 208.37 | 200.14 | 175.75 |
| 哈尔滨 | 221.44 | 220.78 | 221.90 | 203.75 | 226.68 | 230.22 | 223.73 | 154.75 |
| 齐齐哈尔 | 100.65 | 103.00 | 98.38 | — | 103.89 | 104.49 | 97.85 | 107.27 |
| 大　庆 | 209.07 | 200.06 | 227.36 | — | 233.14 | 229.43 | 169.87 | 248.30 |
| 佳木斯 | 179.76 | 199.37 | 173.23 | 150.18 | 193.12 | 179.71 | 175.18 | 218.98 |
| 牡丹江 | 194.59 | 193.78 | 195.29 | 128.60 | 174.57 | 205.56 | 196.84 | 205.96 |
| 上　海 | 251.81 | 245.72 | 265.77 | 246.81 | 259.84 | 260.34 | 239.56 | 244.95 |
| 南　京 | 213.86 | 212.76 | 215.44 | — | 213.97 | 213.31 | 213.91 | 220.25 |
| 无　锡 | 216.38 | 215.13 | 218.85 | 216.35 | 215.11 | 215.41 | 217.39 | 221.21 |
| 苏　州 | 219.12 | 217.74 | 221.02 | — | 219.18 | 218.87 | 218.50 | 223.55 |
| 南　通 | 193.36 | 190.35 | 198.42 | — | 215.24 | 193.10 | 190.10 | 206.55 |
| 扬　州 | 211.50 | 210.21 | 215.02 | — | 205.99 | 209.90 | 212.54 | 223.36 |
| 杭　州 | 216.23 | 215.12 | 217.80 | 192.39 | 219.14 | 216.44 | 216.24 | 214.18 |
| 宁　波 | 211.02 | 206.03 | 216.21 | 217.51 | 216.68 | 212.32 | 206.37 | 227.89 |
| 温　州 | 197.68 | 188.04 | 214.81 | — | 208.43 | 213.41 | 185.38 | 151.38 |
| 绍　兴 | 200.80 | 183.42 | 226.89 | — | 216.41 | 196.60 | 200.94 | 195.76 |
| 金　华 | 183.58 | 200.02 | 155.57 | 171.73 | 146.98 | 208.66 | 163.17 | 210.59 |
| 合　肥 | 197.02 | 198.02 | 196.45 | — | 195.58 | 198.99 | 197.11 | 195.58 |
| 芜　湖 | 138.94 | 130.41 | 160.08 | 125.11 | 136.30 | 136.44 | 141.11 | 147.47 |
| 马鞍山 | 205.64 | 202.19 | 213.22 | — | 186.30 | 214.93 | 193.18 | 214.10 |

| | 人均天花费 | 男　性 | 女　性 | 14岁及以下 | 15～24岁 | 25～44岁 | 45～64岁 | 65岁及以上 |
|---|---|---|---|---|---|---|---|---|
| 铜　陵 | 221.58 | 221.14 | 223.01 | — | 231.62 | 219.75 | 223.33 | 195.58 |
| 安　庆 | 188.11 | 184.58 | 198.21 | — | 172.98 | 181.16 | 197.44 | 204.43 |
| 黄　山 | 146.60 | 142.33 | 151.88 | — | 137.94 | 148.31 | 142.90 | 155.57 |
| 滁　州 | 212.83 | 211.43 | 217.97 | 214.48 | 221.18 | 212.33 | 210.24 | 216.42 |
| 亳　州 | 166.52 | 164.50 | 171.23 | — | — | 171.76 | 169.63 | 85.64 |
| 池　州 | 195.58 | 195.58 | 195.58 | — | — | 195.58 | 195.58 | 195.58 |
| 宣　城 | 178.93 | 174.71 | 185.48 | 140.89 | 173.34 | 182.09 | 174.22 | 195.58 |
| | | | | | | | | |
| 福　州 | 213.09 | 213.82 | 211.95 | 215.75 | 214.56 | 213.46 | 214.10 | 205.09 |
| 厦　门 | 204.46 | 206.53 | 200.70 | — | 174.80 | 203.57 | 209.20 | 224.09 |
| 泉　州 | 190.51 | 190.86 | 189.65 | — | 197.86 | 196.86 | 179.35 | 227.64 |
| 漳　州 | 190.77 | 190.24 | 191.71 | — | 181.28 | 171.54 | 180.69 | 263.85 |
| 武夷山 | 150.17 | 148.17 | 152.73 | — | 150.04 | 153.30 | 150.11 | 145.96 |
| | | | | | | | | |
| 南　昌 | 167.20 | 164.09 | 171.64 | — | 169.97 | 161.61 | 173.90 | — |
| 景德镇 | 175.73 | 168.44 | 183.20 | — | 156.40 | 173.51 | 192.56 | 161.06 |
| 九　江 | 184.87 | 183.17 | 186.67 | — | 207.64 | 186.01 | 182.71 | 168.48 |
| 鹰　潭 | 157.06 | 154.52 | 159.72 | — | 155.36 | 155.08 | 161.12 | 158.90 |
| 赣　州 | 106.40 | 106.95 | 105.55 | — | 99.40 | 108.60 | 111.21 | 87.99 |
| | | | | | | | | |
| 济　南 | 209.25 | 212.20 | 205.12 | 206.47 | 225.26 | 215.17 | 200.38 | 201.45 |
| 青　岛 | 234.40 | 233.36 | 238.83 | — | 247.14 | 238.54 | 228.33 | 223.75 |
| 烟　台 | 198.84 | 199.31 | 197.88 | — | 214.44 | 199.04 | 198.27 | 178.60 |
| 曲　阜 | 193.68 | 194.54 | 192.36 | 129.07 | 208.40 | 190.79 | 198.20 | 196.71 |
| 泰　安 | 155.52 | 149.28 | 165.51 | 152.40 | 172.08 | 159.11 | 151.29 | 138.58 |
| 威　海 | 170.55 | 171.11 | 169.34 | 138.72 | 158.10 | 172.59 | 176.89 | 155.14 |
| 日　照 | 203.95 | 199.55 | 212.48 | — | 194.32 | 204.52 | 205.24 | 181.05 |
| | | | | | | | | |
| 郑　州 | 165.77 | 164.79 | 167.70 | 180.64 | 138.05 | 164.12 | 169.75 | 167.05 |
| 开　封 | 176.93 | 177.87 | 170.92 | 180.64 | 162.84 | 177.46 | 177.93 | 180.64 |
| 洛　阳 | 143.95 | 141.18 | 148.01 | 138.18 | 146.80 | 143.24 | 144.74 | 142.66 |
| 三门峡 | 120.07 | 121.31 | 117.26 | 185.97 | 114.60 | 112.68 | 128.85 | 121.51 |

1－14(续3)　　单位：美元/人天

| | 人均天花费 | 男性 | 女性 | 14岁及以下 | 15～24岁 | 25～44岁 | 45～64岁 | 65岁及以上 |
|---|---|---|---|---|---|---|---|---|
| 武汉 | 189.39 | 191.05 | 186.93 | 196.92 | 181.55 | 190.37 | 188.15 | 197.03 |
| 十堰 | 195.82 | 194.41 | 201.30 | — | 132.11 | 195.98 | 198.85 | 190.99 |
| 宜昌 | 220.18 | 220.77 | 219.48 | — | 220.10 | 224.15 | 216.89 | 213.70 |
| 襄樊 | 179.08 | 181.79 | 166.95 | — | 169.09 | 187.55 | 165.85 | 186.87 |
| 荆州 | 186.56 | 182.09 | 190.53 | — | 195.93 | 195.14 | 183.41 | 184.12 |
| 湖北游船 | 204.85 | 201.46 | 207.70 | 160.17 | 225.02 | 206.36 | 211.76 | 197.29 |
| | | | | | | | | |
| 长沙 | 179.82 | 184.06 | 175.60 | 151.25 | 193.05 | 172.31 | 185.63 | 197.94 |
| 湘潭 | 160.93 | 163.85 | 156.64 | 128.89 | 127.24 | 169.79 | 161.61 | 144.07 |
| 衡阳 | 159.47 | 151.96 | 164.91 | — | 151.58 | 159.46 | 160.69 | 169.56 |
| 岳阳 | 163.07 | 166.80 | 159.70 | — | 179.53 | 159.04 | 163.36 | 148.37 |
| 张家界 | 219.49 | 219.49 | 219.49 | — | — | 219.49 | 219.49 | 219.49 |
| | | | | | | | | |
| 广州 | 188.36 | 189.17 | 187.33 | 194.83 | 183.88 | 188.87 | 188.54 | 192.13 |
| 深圳 | 186.82 | 187.08 | 186.18 | — | 177.27 | 185.53 | 189.28 | 174.89 |
| 珠海 | 135.47 | 137.28 | 132.86 | 197.92 | 126.57 | 132.86 | 144.02 | 113.23 |
| 汕头 | 191.56 | 191.26 | 191.84 | 198.85 | 191.71 | 189.64 | 193.11 | 190.84 |
| 佛山 | 137.99 | 138.52 | 137.29 | — | 144.50 | 135.36 | 141.64 | 153.69 |
| 江门 | 138.96 | 138.18 | 139.87 | 129.34 | 131.94 | 137.95 | 139.10 | 148.47 |
| 肇庆 | 150.97 | 150.90 | 151.08 | — | 143.26 | 152.96 | 156.54 | 148.61 |
| 东莞 | 100.70 | 93.13 | 114.79 | — | 114.18 | 100.26 | 100.39 | 98.09 |
| 中山 | 131.97 | 132.99 | 129.43 | — | 130.97 | 139.06 | 124.98 | 79.60 |
| | | | | | | | | |
| 南宁 | 176.77 | 177.14 | 176.31 | — | 175.84 | 180.02 | 175.70 | 156.06 |
| 桂林 | 202.17 | 201.49 | 202.87 | — | 200.85 | 204.52 | 198.47 | 204.07 |
| 北海 | 180.47 | 178.92 | 185.93 | — | 192.96 | 176.48 | 181.42 | 197.12 |
| 贺州 | 177.14 | 176.21 | 178.25 | — | 175.32 | 176.94 | 177.67 | 177.00 |
| 崇左 | 186.06 | 185.42 | 187.98 | — | 184.84 | 182.55 | 189.81 | — |
| | | | | | | | | |
| 海口 | 170.61 | 160.32 | 182.37 | 98.05 | 148.47 | 169.16 | 178.00 | 184.09 |
| 三亚 | 179.74 | 182.33 | 177.27 | 163.57 | 196.22 | 182.57 | 177.53 | 162.81 |

1－14(续4)　　单位：美元/人天

| | 人均天花费 | 男性 | 女性 | 14岁及以下 | 15～24岁 | 25～44岁 | 45～64岁 | 65岁及以上 |
|---|---|---|---|---|---|---|---|---|
| 重庆 | 176.39 | 177.26 | 175.10 | 88.92 | 183.36 | 183.58 | 170.60 | 142.64 |
| 成都 | 193.35 | 194.20 | 192.37 | 181.26 | 193.90 | 194.70 | 192.40 | 189.20 |
| 绵阳 | 155.71 | 152.69 | 174.38 | — | 187.80 | 148.19 | 162.15 | 192.55 |
| 乐山 | 175.08 | 177.19 | 173.16 | 176.03 | 174.88 | 175.84 | 173.48 | 173.52 |
| 阿坝州 | 182.42 | 182.22 | 182.63 | 181.26 | 177.53 | 174.52 | 186.84 | 196.54 |
| 贵阳 | 169.36 | 169.62 | 168.96 | — | 127.92 | 168.49 | 178.41 | 168.51 |
| 安顺 | 177.77 | 183.58 | 169.20 | 303.98 | 235.60 | 156.77 | 170.57 | 140.97 |
| 黔东南 | 157.11 | 156.37 | 159.12 | — | 130.14 | 152.17 | 161.92 | 142.37 |
| 昆明 | 190.42 | 185.11 | 196.32 | 165.59 | 181.94 | 190.87 | 191.35 | 199.09 |
| 景洪 | 193.40 | 199.41 | 187.18 | 27.51 | 149.53 | 203.89 | 224.05 | 231.62 |
| 大理 | 130.85 | 134.92 | 122.48 | — | 118.81 | 131.59 | 131.84 | 110.56 |
| 拉萨 | 180.33 | 184.64 | 174.62 | 162.87 | 174.47 | 181.10 | 178.82 | 190.67 |
| 西安 | 187.01 | 189.37 | 184.23 | 183.98 | 181.95 | 185.95 | 189.23 | 186.59 |
| 咸阳 | 199.53 | 194.18 | 207.68 | — | 190.02 | 206.27 | 197.19 | 191.92 |
| 兰州 | 153.12 | 152.35 | 154.05 | 137.41 | 143.12 | 156.74 | 151.81 | 155.19 |
| 敦煌 | 160.49 | 159.35 | 161.66 | 101.73 | 174.38 | 162.51 | 162.88 | 146.55 |
| 西宁 | 187.61 | 181.35 | 194.12 | 155.61 | 140.64 | 188.69 | 198.71 | 182.17 |
| 黄南 | 100.78 | 103.36 | 97.62 | — | 89.22 | 82.48 | 107.31 | 150.62 |
| 格尔木 | 146.85 | 147.09 | 146.32 | — | 77.41 | 152.59 | 145.71 | 148.61 |
| 银川 | 159.31 | 164.17 | 148.54 | 196.09 | 178.77 | 160.08 | 158.32 | 126.62 |
| 乌鲁木齐 | 218.05 | 215.65 | 219.94 | — | 210.68 | 218.32 | 218.66 | 215.13 |
| 吐鲁番 | 164.09 | 163.69 | 164.58 | — | 159.53 | 168.92 | 156.91 | 160.55 |
| 伊宁 | 172.61 | 166.81 | 177.39 | — | 169.97 | 170.96 | 179.77 | 207.19 |
| 阿勒泰 | 160.15 | 160.83 | 159.17 | — | 159.92 | 153.30 | 168.86 | 210.67 |

## 1－15　2011年入境一日游游客人均花费及构成
### （按外国人、港澳台胞、团体及散客分组）

| | | 人均花费（美元/人） | 花费构成（%） | | | | | | |
|---|---|---|---|---|---|---|---|---|---|
| | | | 餐饮 | 景区游览 | 娱乐 | 购物 | 交通 | 邮电通讯 | 其他 |
| **全　　国** | **合计** | **56.27** | **13.5** | **11.3** | **16.4** | **31.9** | **12.5** | **6.4** | **8.0** |
| | 团体 | 60.99 | 11.3 | 9.7 | 9.3 | 44.8 | 8.5 | 6.4 | 10.1 |
| | 散客 | 55.71 | 13.8 | 11.5 | 17.2 | 30.4 | 13.0 | 6.4 | 7.8 |
| 外 国 人 | 小计 | 65.16 | 15.3 | 8.7 | 14.5 | 34.5 | 12.8 | 5.8 | 8.4 |
| | 团体 | 61.40 | 11.3 | 9.5 | 9.1 | 46.3 | 8.1 | 6.5 | 9.2 |
| | 散客 | 66.56 | 16.8 | 8.4 | 16.5 | 30.1 | 14.5 | 5.6 | 8.1 |
| 香港同胞 | 小计 | 50.13 | 12.4 | 15.7 | 16.9 | 32.9 | 12.1 | 3.3 | 6.7 |
| | 团体 | 69.83 | 9.7 | 8.2 | 10.3 | 38.5 | 10.7 | 6.3 | 16.2 |
| | 散客 | 50.02 | 12.4 | 15.7 | 16.9 | 32.9 | 12.1 | 3.3 | 6.6 |
| 澳门同胞 | 小计 | 53.82 | 14.8 | 14.5 | 16.0 | 28.8 | 15.1 | 0.7 | 10.0 |
| | 团体 | 48.38 | 15.3 | 16.0 | 14.3 | 28.0 | 14.4 | 1.4 | 10.6 |
| | 散客 | 54.19 | 14.8 | 14.4 | 16.1 | 28.9 | 15.2 | 0.6 | 10.0 |
| 台湾同胞 | 小计 | 77.05 | 15.0 | 7.5 | 14.1 | 33.0 | 14.6 | 5.7 | 10.1 |
| | 团体 | 80.20 | 12.0 | 12.6 | 12.7 | 38.5 | 14.4 | 0.0 | 9.9 |
| | 散客 | 76.22 | 15.8 | 6.2 | 14.5 | 31.5 | 14.7 | 7.2 | 10.2 |

# 1-16 2011年入境过夜游客人均天花费构成

| | | 人均天花费(美元/人天) | 人均天花费构成(%) | | | | |
|---|---|---|---|---|---|---|---|
| | | | 长途交通 | 飞机 | 火车 | 汽车 | 轮船 |
| 全国 | 总计 | **195.38** | **34.5** | **26.1** | **3.2** | **3.2** | **1.9** |
| | 团体 | 193.44 | 30.6 | 16.7 | 5.6 | 5.7 | 2.5 |
| | 散客 | 196.29 | 36.3 | 30.6 | 2.1 | 2.0 | 1.6 |
| 外国人 | 小计 | 209.22 | 34.0 | 25.2 | 3.5 | 3.3 | 1.9 |
| | 团体 | 199.43 | 30.6 | 16.6 | 5.8 | 5.8 | 2.4 |
| | 散客 | 214.86 | 35.9 | 30.2 | 2.2 | 1.9 | 1.6 |
| 香港同胞 | 小计 | 149.17 | 36.3 | 28.6 | 3.1 | 2.7 | 1.8 |
| | 团体 | 150.17 | 33.3 | 19.7 | 5.6 | 4.8 | 3.2 |
| | 散客 | 148.95 | 36.9 | 30.6 | 2.5 | 2.3 | 1.5 |
| 澳门同胞 | 小计 | 115.92 | 36.7 | 29.2 | 2.2 | 3.2 | 2.2 |
| | 团体 | 126.50 | 37.6 | 20.1 | 5.4 | 8.8 | 3.3 |
| | 散客 | 114.35 | 36.6 | 30.5 | 1.7 | 2.4 | 2.0 |
| 台湾同胞 | 小计 | 189.11 | 32.7 | 24.6 | 2.3 | 3.3 | 2.5 |
| | 团体 | 185.94 | 27.6 | 15.9 | 3.6 | 5.4 | 2.7 |
| | 散客 | 190.34 | 34.7 | 28.0 | 1.8 | 2.5 | 2.4 |

（按外国人、港澳台胞、团体及散客分组）

| 住宿 | 餐饮 | 景区游览 | 娱乐 | 购物 | 市内交通 | 邮电通信 | 其他 |
|---|---|---|---|---|---|---|---|
| **11.6** | **6.8** | **4.6** | **6.2** | **23.7** | **2.4** | **1.7** | **8.6** |
| 11.1 | 5.0 | 4.4 | 4.3 | 29.1 | 3.5 | 2.3 | 9.8 |
| 11.8 | 7.7 | 4.7 | 7.1 | 21.1 | 1.9 | 1.4 | 8.0 |
| | | | | | | | |
| 11.4 | 6.4 | 4.5 | 5.8 | 25.1 | 2.5 | 1.7 | 8.7 |
| 11.3 | 4.9 | 4.3 | 4.1 | 29.0 | 3.7 | 2.3 | 9.8 |
| 11.5 | 7.3 | 4.6 | 6.8 | 22.8 | 1.8 | 1.4 | 8.0 |
| | | | | | | | |
| 12.6 | 8.5 | 5.4 | 7.5 | 18.7 | 2.0 | 1.9 | 7.2 |
| 11.1 | 5.1 | 4.2 | 5.3 | 28.0 | 2.6 | 2.4 | 7.9 |
| 12.9 | 9.2 | 5.7 | 8.0 | 16.7 | 1.9 | 1.8 | 7.0 |
| | | | | | | | |
| 11.0 | 7.9 | 5.2 | 8.6 | 18.1 | 2.0 | 1.5 | 9.0 |
| 10.8 | 5.7 | 6.0 | 5.3 | 23.6 | 2.7 | 2.3 | 6.0 |
| 11.0 | 8.2 | 5.1 | 9.1 | 17.3 | 1.9 | 1.4 | 9.4 |
| | | | | | | | |
| 12.3 | 8.2 | 4.7 | 7.0 | 21.4 | 2.3 | 1.6 | 9.8 |
| 9.4 | 4.9 | 5.1 | 5.1 | 31.9 | 2.3 | 2.2 | 11.4 |
| 13.4 | 9.5 | 4.5 | 7.7 | 17.4 | 2.3 | 1.4 | 9.2 |

# 1－17　2011年外国过夜游客

| | 人均天花费（美元/人天） | 人均天花费构成（%） | | | | |
|---|---|---|---|---|---|---|
| | | 长途交通 | 飞　机 | 火　车 | 汽　车 | 轮　船 |
| 日　本 | 226.50 | 35.3 | 26.9 | 3.4 | 3.0 | 1.9 |
| 菲律宾 | 190.54 | 23.3 | 17.4 | 2.9 | 1.8 | 1.2 |
| 泰　国 | 176.42 | 38.6 | 28.8 | 3.9 | 4.8 | 1.1 |
| 新加坡 | 189.67 | 35.9 | 25.5 | 4.1 | 3.9 | 2.3 |
| 印度尼西亚 | 255.05 | 18.3 | 12.7 | 2.4 | 1.7 | 1.5 |
| 马来西亚 | 184.14 | 32.5 | 22.4 | 3.5 | 5.3 | 1.3 |
| 韩　国 | 212.05 | 32.5 | 22.8 | 4.1 | 3.3 | 2.3 |
| 朝　鲜 | 239.51 | 34.2 | 25.1 | 3.8 | 3.0 | 2.1 |
| 蒙　古 | 269.01 | 20.3 | 14.9 | 2.6 | 2.1 | 0.6 |
| 印　度 | 208.83 | 28.7 | 21.7 | 2.5 | 2.1 | 2.5 |
| 越　南 | 182.30 | 31.5 | 20.2 | 4.4 | 5.0 | 2.0 |
| 缅　甸 | 147.88 | 25.1 | 14.9 | 3.4 | 5.1 | 1.6 |
| 哈萨克斯坦 | 296.03 | 43.0 | 37.8 | 2.3 | 1.7 | 1.2 |
| 英　国 | 232.44 | 38.7 | 28.4 | 3.2 | 3.2 | 3.9 |
| 法　国 | 181.74 | 44.6 | 38.7 | 2.9 | 1.7 | 1.2 |
| 德　国 | 212.71 | 40.3 | 33.7 | 2.6 | 2.9 | 1.1 |
| 西班牙 | 191.72 | 29.3 | 23.0 | 3.2 | 1.8 | 1.3 |
| 意大利 | 184.20 | 42.5 | 35.2 | 3.2 | 1.6 | 2.4 |
| 荷　兰 | 208.51 | 43.5 | 37.8 | 2.2 | 1.4 | 2.0 |
| 瑞　典 | 188.20 | 36.0 | 29.5 | 2.2 | 2.1 | 2.3 |
| 俄罗斯 | 217.72 | 30.6 | 18.8 | 5.0 | 4.6 | 2.2 |
| 瑞　士 | 182.39 | 30.5 | 24.4 | 2.8 | 1.9 | 1.4 |
| 乌克兰 | 276.79 | 31.6 | 26.9 | 2.3 | 2.0 | 0.4 |
| 美　国 | 186.38 | 40.1 | 31.8 | 3.5 | 3.3 | 1.6 |
| 加拿大 | 196.39 | 46.3 | 39.0 | 3.4 | 2.8 | 1.3 |
| 澳大利亚 | 180.24 | 38.9 | 30.4 | 3.6 | 3.0 | 2.1 |
| 新西兰 | 205.11 | 36.0 | 28.4 | 3.6 | 2.6 | 1.4 |
| 非洲国家 | 188.25 | 36.3 | 29.2 | 3.2 | 2.9 | 0.9 |
| 中南美洲国家 | 189.87 | 41.7 | 35.5 | 3.2 | 1.4 | 1.6 |
| 其他国家 | 184.08 | 36.6 | 28.4 | 4.0 | 3.4 | 0.8 |

## 人均天花费构成（按国别分组）

| 住宿 | 餐饮 | 景区游览 | 娱乐 | 购物 | 市内交通 | 邮电通信 | 其他 |
|---|---|---|---|---|---|---|---|
| 11.6 | 6.8 | 4.6 | 6.5 | 20.3 | 2.3 | 2.0 | 10.7 |
| 9.9 | 4.8 | 3.9 | 5.2 | 45.9 | 1.7 | 1.0 | 4.3 |
| 13.2 | 7.3 | 4.4 | 5.8 | 17.6 | 3.5 | 2.4 | 7.2 |
| 13.3 | 6.9 | 5.1 | 6.1 | 18.8 | 2.7 | 1.2 | 10.1 |
| 6.6 | 5.2 | 2.5 | 2.5 | 56.1 | 1.8 | 1.8 | 5.1 |
| 12.4 | 6.4 | 3.8 | 6.5 | 26.8 | 3.1 | 1.1 | 7.3 |
| 12.9 | 8.3 | 5.0 | 6.9 | 19.8 | 3.1 | 2.2 | 9.4 |
| 9.2 | 6.5 | 4.5 | 5.8 | 26.5 | 2.4 | 2.5 | 8.5 |
| 1.9 | 2.5 | 2.0 | 2.1 | 61.8 | 1.1 | 0.8 | 7.6 |
| 10.4 | 5.6 | 4.1 | 4.8 | 36.9 | 1.7 | 1.0 | 6.8 |
| 11.5 | 5.3 | 4.0 | 4.8 | 32.0 | 3.1 | 1.1 | 6.8 |
| 10.9 | 8.7 | 9.6 | 9.4 | 26.3 | 3.1 | 1.8 | 5.2 |
| 12.2 | 13.8 | 3.7 | 4.2 | 17.3 | 2.3 | 1.3 | 2.3 |
| 10.8 | 6.0 | 4.4 | 5.2 | 24.9 | 2.4 | 1.9 | 5.9 |
| 10.8 | 6.2 | 5.1 | 7.1 | 17.6 | 2.2 | 1.4 | 5.0 |
| 12.5 | 6.8 | 4.6 | 7.0 | 18.8 | 2.0 | 0.8 | 7.3 |
| 12.7 | 10.4 | 6.7 | 7.8 | 16.5 | 2.6 | 1.2 | 12.6 |
| 14.5 | 8.4 | 4.8 | 6.5 | 13.6 | 3.1 | 2.2 | 4.5 |
| 10.9 | 5.7 | 5.3 | 5.2 | 18.2 | 2.1 | 1.6 | 7.7 |
| 15.7 | 8.4 | 6.2 | 6.7 | 17.8 | 2.3 | 2.2 | 4.8 |
| 10.9 | 5.3 | 4.2 | 4.9 | 30.1 | 3.1 | 1.5 | 9.4 |
| 10.6 | 10.0 | 8.3 | 8.1 | 19.6 | 2.5 | 2.4 | 8.0 |
| 7.9 | 6.7 | 6.6 | 4.9 | 37.5 | 1.7 | 0.8 | 2.4 |
| 14.0 | 6.9 | 4.0 | 5.4 | 15.3 | 2.8 | 1.4 | 10.1 |
| 13.7 | 7.5 | 3.9 | 6.0 | 12.1 | 2.7 | 1.9 | 5.9 |
| 14.8 | 6.2 | 4.2 | 6.8 | 15.2 | 2.3 | 1.6 | 9.9 |
| 11.6 | 6.2 | 5.8 | 4.9 | 20.6 | 2.2 | 1.8 | 11.0 |
| 11.9 | 6.6 | 6.9 | 5.1 | 23.6 | 2.4 | 1.9 | 5.5 |
| 17.2 | 8.4 | 4.7 | 5.6 | 18.9 | 2.6 | 0.6 | 0.3 |
| 13.4 | 5.9 | 3.0 | 7.2 | 15.6 | 2.4 | 2.0 | 14.0 |

# 1-18 2011年入境过夜游客在各省(区、市)

| | | 人均天花费(美元/人天) | 人均天花费构成(%) | | | | |
|---|---|---|---|---|---|---|---|
| | | | 长途交通 | 飞机 | 火车 | 汽车 | 轮船 |
| 北京 | 小计 | 247.78 | 26.4 | 20.5 | 3.4 | 2.5 | 0.0 |
| | 团体 | 235.23 | 24.6 | 16.5 | 3.6 | 4.5 | 0.0 |
| | 散客 | 256.81 | 27.8 | 23.4 | 3.3 | 1.1 | 0.0 |
| 天津 | 小计 | 197.64 | 38.1 | 33.3 | 1.9 | 2.1 | 0.8 |
| | 团体 | 197.85 | 30.1 | 19.7 | 2.1 | 6.8 | 1.5 |
| | 散客 | 197.58 | 40.6 | 37.5 | 1.9 | 0.6 | 0.6 |
| 河北 | 小计 | 163.56 | 23.2 | 14.2 | 5.3 | 3.7 | 0.0 |
| | 团体 | 134.84 | 11.5 | 0.0 | 4.8 | 6.7 | 0.0 |
| | 散客 | 174.42 | 27.5 | 19.5 | 5.5 | 2.5 | 0.0 |
| 山西 | 小计 | 174.12 | 28.4 | 14.9 | 6.3 | 7.2 | 0.0 |
| | 团体 | 178.58 | 20.2 | 7.1 | 5.0 | 8.1 | 0.0 |
| | 散客 | 167.88 | 39.7 | 25.7 | 8.0 | 6.0 | 0.0 |
| 内蒙古 | 小计 | 181.02 | 12.4 | 6.9 | 1.6 | 3.9 | 0.0 |
| | 团体 | 175.98 | 5.5 | 0.0 | 0.0 | 5.5 | 0.0 |
| | 散客 | 184.64 | 17.5 | 11.9 | 2.8 | 2.8 | 0.0 |
| 辽宁 | 小计 | 204.49 | 37.0 | 22.9 | 7.1 | 3.4 | 3.6 |
| | 团体 | 199.09 | 26.6 | 14.5 | 5.4 | 4.8 | 1.9 |
| | 散客 | 206.90 | 41.6 | 26.6 | 7.9 | 2.8 | 4.3 |
| 吉林 | 小计 | 177.90 | 38.0 | 30.7 | 4.3 | 3.0 | 0.0 |
| | 团体 | 184.83 | 26.8 | 15.9 | 7.0 | 3.9 | 0.0 |
| | 散客 | 173.06 | 45.7 | 41.0 | 2.4 | 2.3 | 0.0 |
| 黑龙江 | 小计 | 188.79 | 33.5 | 23.1 | 5.3 | 4.2 | 0.9 |
| | 团体 | 187.08 | 30.5 | 21.3 | 4.5 | 4.7 | 0.0 |
| | 散客 | 193.88 | 42.4 | 28.5 | 7.8 | 2.6 | 3.5 |
| 上海 | 小计 | 251.81 | 39.7 | 31.1 | 4.7 | 2.6 | 1.3 |
| | 团体 | 211.65 | 22.7 | 16.5 | 2.9 | 3.3 | 0.0 |
| | 散客 | 257.27 | 42.1 | 33.1 | 5.0 | 2.5 | 1.5 |
| 江苏 | 小计 | 213.82 | 34.7 | 24.2 | 3.1 | 2.3 | 5.1 |
| | 团体 | 225.36 | 25.6 | 18.1 | 2.8 | 1.5 | 3.2 |
| | 散客 | 209.87 | 37.8 | 26.3 | 3.2 | 2.6 | 5.7 |

## 人均天花费构成（按团体及散客分组）

| 住 宿 | 餐 饮 | 景 区 游 览 | 娱 乐 | 购 物 | 市 内 交 通 | 邮 电 通 信 | 其 他 |
|---|---|---|---|---|---|---|---|
| 15.5 | 6.8 | 4.2 | 6.0 | 25.3 | 3.5 | 2.0 | 10.3 |
| 12.3 | 4.1 | 3.5 | 2.3 | 33.2 | 4.3 | 3.0 | 12.7 |
| 17.8 | 8.7 | 4.7 | 8.7 | 19.7 | 2.9 | 1.2 | 8.5 |
| 11.9 | 8.2 | 4.4 | 3.8 | 22.9 | 3.0 | 1.5 | 6.2 |
| 9.5 | 4.3 | 2.8 | 1.3 | 36.0 | 2.5 | 3.4 | 10.1 |
| 12.7 | 9.4 | 4.9 | 4.6 | 18.8 | 3.1 | 0.9 | 5.0 |
| 16.0 | 8.4 | 6.6 | 6.6 | 20.4 | 4.8 | 3.3 | 10.7 |
| 12.9 | 5.1 | 6.2 | 2.2 | 43.3 | 3.9 | 3.4 | 11.5 |
| 17.2 | 9.7 | 6.8 | 8.3 | 11.8 | 5.1 | 3.3 | 10.3 |
| 13.9 | 10.0 | 8.1 | 5.6 | 17.5 | 1.9 | 3.5 | 11.1 |
| 13.1 | 10.5 | 8.7 | 5.3 | 22.5 | 1.8 | 3.9 | 14.0 |
| 15.1 | 9.4 | 7.3 | 6.0 | 10.4 | 2.1 | 2.9 | 7.1 |
| 9.5 | 4.6 | 4.3 | 5.1 | 45.5 | 4.5 | 2.0 | 12.1 |
| 9.7 | 3.0 | 3.3 | 4.2 | 44.4 | 7.4 | 3.5 | 19.0 |
| 9.4 | 5.7 | 5.1 | 5.7 | 46.3 | 2.4 | 0.9 | 7.0 |
| 11.8 | 7.9 | 5.0 | 5.8 | 19.8 | 2.6 | 2.0 | 8.1 |
| 8.3 | 5.5 | 4.7 | 3.8 | 35.0 | 3.2 | 3.4 | 9.5 |
| 13.3 | 9.0 | 5.2 | 6.7 | 13.0 | 2.4 | 1.4 | 7.4 |
| 14.5 | 7.3 | 4.7 | 6.3 | 17.9 | 2.4 | 1.4 | 7.5 |
| 11.5 | 4.9 | 4.8 | 5.5 | 32.1 | 3.6 | 1.6 | 9.2 |
| 16.6 | 8.9 | 4.7 | 6.8 | 8.0 | 1.5 | 1.3 | 6.5 |
| 8.6 | 4.2 | 3.8 | 2.7 | 36.4 | 1.3 | 2.2 | 7.3 |
| 8.3 | 3.5 | 3.6 | 2.0 | 41.2 | 1.0 | 2.7 | 7.2 |
| 9.4 | 6.4 | 4.3 | 4.6 | 22.1 | 2.2 | 0.8 | 7.8 |
| 19.7 | 6.6 | 4.2 | 6.3 | 13.1 | 3.5 | 1.7 | 5.2 |
| 16.3 | 4.9 | 2.5 | 4.0 | 32.2 | 4.5 | 2.9 | 10.0 |
| 20.2 | 6.8 | 4.4 | 6.6 | 10.5 | 3.4 | 1.5 | 4.5 |
| 16.0 | 8.4 | 4.2 | 6.4 | 19.6 | 2.3 | 2.0 | 6.4 |
| 11.6 | 5.5 | 4.1 | 4.6 | 34.0 | 1.8 | 3.2 | 9.6 |
| 17.5 | 9.4 | 4.2 | 7.0 | 14.7 | 2.5 | 1.6 | 5.3 |

1－18(续1)

| | | 人均天花费(美元/人天) | 人均天花费构成(%) | | | | |
|---|---|---|---|---|---|---|---|
| | | | 长途交通 | 飞　机 | 火　车 | 汽　车 | 轮　船 |
| 浙　江 | 小计 | 208.53 | 34.1 | 24.4 | 2.7 | 3.9 | 3.1 |
| | 团体 | 209.05 | 26.8 | 17.1 | 3.0 | 6.7 | 0.0 |
| | 散客 | 208.30 | 37.1 | 27.5 | 2.5 | 2.7 | 4.4 |
| 安　徽 | 小计 | 178.37 | 33.2 | 19.7 | 5.8 | 6.7 | 1.0 |
| | 团体 | 185.61 | 31.0 | 13.6 | 7.6 | 9.8 | 0.0 |
| | 散客 | 169.74 | 35.9 | 26.9 | 3.6 | 3.1 | 2.3 |
| 福　建 | 小计 | 197.39 | 38.0 | 29.0 | 4.0 | 2.7 | 2.3 |
| | 团体 | 182.39 | 17.9 | 10.8 | 3.0 | 3.3 | 0.8 |
| | 散客 | 202.80 | 45.2 | 35.5 | 4.3 | 2.5 | 2.9 |
| 江　西 | 小计 | 156.64 | 35.9 | 22.4 | 5.4 | 6.0 | 2.1 |
| | 团体 | 155.29 | 32.9 | 21.8 | 4.2 | 6.9 | 0.0 |
| | 散客 | 157.86 | 38.5 | 23.0 | 6.4 | 5.1 | 4.0 |
| 山　东 | 小计 | 203.50 | 35.7 | 23.8 | 4.4 | 2.0 | 5.5 |
| | 团体 | 188.92 | 30.6 | 18.7 | 3.4 | 2.7 | 5.8 |
| | 散客 | 208.55 | 37.5 | 25.5 | 4.8 | 1.8 | 5.4 |
| 河　南 | 小计 | 152.84 | 34.9 | 22.4 | 6.3 | 6.2 | 0.0 |
| | 团体 | 153.55 | 30.1 | 15.5 | 6.4 | 8.2 | 0.0 |
| | 散客 | 151.46 | 44.3 | 35.7 | 6.2 | 2.4 | 0.0 |
| 湖　北 | 小计 | 195.36 | 39.7 | 15.7 | 5.4 | 2.9 | 15.7 |
| | 团体 | 187.48 | 32.0 | 11.8 | 6.6 | 3.6 | 10.0 |
| | 散客 | 200.99 | 45.0 | 18.4 | 4.5 | 2.4 | 19.7 |
| 湖　南 | 小计 | 188.24 | 29.5 | 21.6 | 2.9 | 3.2 | 1.8 |
| | 团体 | 191.42 | 22.5 | 19.0 | 1.6 | 1.9 | 0.0 |
| | 散客 | 179.79 | 48.0 | 28.4 | 6.5 | 6.7 | 6.4 |
| 广　东 | 小计 | 169.08 | 43.4 | 35.4 | 2.9 | 2.2 | 2.9 |
| | 团体 | 177.79 | 31.6 | 19.9 | 5.0 | 3.6 | 3.1 |
| | 散客 | 166.80 | 46.6 | 39.5 | 2.4 | 1.8 | 2.9 |
| 广　西 | 小计 | 188.11 | 36.7 | 25.9 | 8.5 | 2.3 | 0.0 |
| | 团体 | 193.43 | 21.7 | 15.9 | 5.8 | 0.0 | 0.0 |
| | 散客 | 185.71 | 43.5 | 30.4 | 9.7 | 3.4 | 0.0 |

| 住宿 | 餐饮 | 景区游览 | 娱乐 | 购物 | 市内交通 | 邮电通信 | 其他 |
|---|---|---|---|---|---|---|---|
| 13.1 | 6.3 | 5.1 | 6.3 | 22.1 | 3.0 | 1.9 | 8.1 |
| 11.3 | 3.8 | 5.2 | 2.2 | 31.3 | 4.0 | 2.9 | 12.5 |
| 13.9 | 7.4 | 5.0 | 8.0 | 18.2 | 2.6 | 1.4 | 6.4 |
| 10.8 | 8.4 | 6.3 | 5.5 | 23.4 | 1.7 | 1.9 | 8.8 |
| 10.1 | 7.3 | 8.5 | 2.3 | 29.9 | 1.5 | 2.6 | 6.8 |
| 11.7 | 9.7 | 3.7 | 9.4 | 15.6 | 2.0 | 1.1 | 10.9 |
| 10.0 | 6.4 | 3.2 | 10.2 | 21.4 | 1.9 | 1.7 | 7.2 |
| 7.8 | 3.0 | 2.0 | 14.4 | 38.5 | 2.4 | 3.2 | 10.8 |
| 10.8 | 7.6 | 3.7 | 8.7 | 15.2 | 1.7 | 1.1 | 6.0 |
| 9.6 | 6.1 | 4.8 | 3.4 | 29.9 | 1.7 | 2.1 | 6.5 |
| 6.7 | 3.7 | 5.7 | 0.0 | 40.5 | 0.0 | 2.9 | 7.6 |
| 12.2 | 8.2 | 4.0 | 6.4 | 20.4 | 3.2 | 1.3 | 5.8 |
| 15.8 | 6.6 | 5.7 | 6.6 | 18.9 | 2.0 | 1.6 | 7.1 |
| 8.8 | 3.9 | 5.9 | 4.9 | 32.0 | 2.0 | 2.9 | 9.0 |
| 18.2 | 7.6 | 5.6 | 7.2 | 14.3 | 2.0 | 1.2 | 6.4 |
| 11.4 | 4.5 | 5.9 | 3.7 | 25.4 | 2.3 | 2.9 | 9.0 |
| 10.8 | 3.1 | 6.4 | 1.4 | 32.4 | 2.4 | 3.6 | 9.8 |
| 12.7 | 7.2 | 4.8 | 8.0 | 11.9 | 2.1 | 1.6 | 7.4 |
| 11.9 | 8.3 | 4.4 | 5.2 | 18.3 | 2.7 | 1.7 | 7.8 |
| 12.1 | 9.1 | 4.2 | 3.3 | 27.3 | 3.4 | 2.0 | 6.6 |
| 11.8 | 7.8 | 4.6 | 6.6 | 11.9 | 2.2 | 1.5 | 8.6 |
| 10.6 | 6.6 | 4.8 | 4.4 | 26.1 | 7.5 | 2.8 | 7.7 |
| 10.3 | 6.1 | 5.2 | 3.6 | 31.6 | 9.3 | 3.2 | 8.2 |
| 11.4 | 8.0 | 3.8 | 6.7 | 11.6 | 2.7 | 1.6 | 6.2 |
| 12.6 | 7.0 | 3.3 | 6.3 | 16.6 | 1.9 | 1.5 | 7.4 |
| 10.6 | 4.7 | 3.5 | 2.1 | 32.3 | 2.1 | 2.5 | 10.6 |
| 13.1 | 7.6 | 3.2 | 7.4 | 12.5 | 1.9 | 1.2 | 6.5 |
| 9.5 | 6.3 | 6.9 | 5.4 | 23.2 | 2.8 | 1.8 | 7.4 |
| 8.1 | 2.4 | 6.0 | 3.1 | 41.2 | 3.9 | 2.8 | 10.8 |
| 10.2 | 8.0 | 7.3 | 6.4 | 15.1 | 2.3 | 1.3 | 5.9 |

1－18(续2)

| | | 人均天花费(美元/人天) | 人均天花费构成(%) | | | | |
|---|---|---|---|---|---|---|---|
| | | | 长途交通 | 飞机 | 火车 | 汽车 | 轮船 |
| 海南 | 小计 | 176.69 | 21.1 | 12.8 | 6.6 | 1.7 | 0.0 |
| | 团体 | 176.36 | 22.1 | 8.0 | 11.7 | 2.4 | 0.0 |
| | 散客 | 177.03 | 20.1 | 17.6 | 1.5 | 1.0 | 0.0 |
| 重庆 | 小计 | 176.39 | 44.2 | 22.3 | 4.2 | 3.7 | 14.0 |
| | 团体 | 174.97 | 49.3 | 18.5 | 0.9 | 5.5 | 24.4 |
| | 散客 | 177.48 | 40.3 | 25.2 | 6.8 | 2.3 | 6.0 |
| 四川 | 小计 | 176.69 | 33.4 | 20.7 | 4.4 | 3.4 | 4.9 |
| | 团体 | 178.52 | 24.2 | 13.9 | 2.4 | 3.7 | 4.2 |
| | 散客 | 173.60 | 48.9 | 32.2 | 7.7 | 2.9 | 6.1 |
| 贵州 | 小计 | 168.68 | 38.5 | 17.0 | 11.9 | 9.6 | 0.0 |
| | 团体 | 175.03 | 36.9 | 8.0 | 14.9 | 14.0 | 0.0 |
| | 散客 | 158.13 | 41.2 | 32.0 | 6.8 | 2.4 | 0.0 |
| 云南 | 小计 | 186.59 | 30.3 | 18.0 | 6.5 | 5.8 | 0.0 |
| | 团体 | 181.37 | 27.6 | 13.8 | 6.3 | 7.5 | 0.0 |
| | 散客 | 194.20 | 34.1 | 24.0 | 6.7 | 3.4 | 0.0 |
| 西藏 | 小计 | 180.33 | 34.9 | 13.1 | 8.9 | 12.9 | 0.0 |
| | 团体 | 175.49 | 32.2 | 13.2 | 8.4 | 10.6 | 0.0 |
| | 散客 | 203.16 | 47.7 | 12.7 | 11.0 | 24.0 | 0.0 |
| 陕西 | 小计 | 188.30 | 40.8 | 30.9 | 4.2 | 5.7 | 0.0 |
| | 团体 | 187.32 | 42.1 | 30.9 | 3.1 | 8.1 | 0.0 |
| | 散客 | 189.99 | 38.6 | 31.0 | 6.0 | 1.6 | 0.0 |
| 甘肃 | 小计 | 157.30 | 39.7 | 25.9 | 7.2 | 6.6 | 0.0 |
| | 团体 | 162.59 | 31.3 | 16.7 | 5.8 | 8.8 | 0.0 |
| | 散客 | 147.00 | 55.9 | 43.9 | 9.8 | 2.2 | 0.0 |
| 青海 | 小计 | 151.63 | 43.5 | 20.1 | 17.9 | 5.5 | 0.0 |
| | 团体 | 156.03 | 37.2 | 0.0 | 29.5 | 7.7 | 0.0 |
| | 散客 | 149.09 | 47.1 | 31.7 | 11.2 | 4.2 | 0.0 |
| 宁夏 | 小计 | 159.31 | 26.9 | 18.0 | 3.8 | 5.1 | 0.0 |
| | 团体 | 178.23 | 4.0 | 0.0 | 4.0 | 0.0 | 0.0 |
| | 散客 | 153.23 | 34.2 | 23.8 | 3.7 | 6.7 | 0.0 |
| 新疆 | 小计 | 174.74 | 24.3 | 7.4 | 8.5 | 8.4 | 0.0 |
| | 团体 | 174.74 | 24.3 | 7.4 | 8.5 | 8.4 | 0.0 |
| | 散客 | — | — | — | — | — | — |

| 住宿 | 餐饮 | 景区游览 | 娱乐 | 购物 | 市内交通 | 邮电通信 | 其他 |
|---|---|---|---|---|---|---|---|
| 24.5 | 7.9 | 2.9 | 7.4 | 26.1 | 2.2 | 1.3 | 6.6 |
| 23.7 | 5.5 | 1.6 | 10.0 | 27.4 | 2.1 | 1.8 | 5.8 |
| 25.4 | 10.3 | 4.3 | 4.7 | 24.8 | 2.3 | 0.8 | 7.3 |
| 9.8 | 6.0 | 3.9 | 4.4 | 20.5 | 2.7 | 1.1 | 7.4 |
| 4.3 | 3.5 | 3.1 | 2.0 | 28.9 | 3.5 | 1.0 | 4.4 |
| 14.0 | 8.0 | 4.5 | 6.3 | 14.1 | 2.1 | 1.1 | 9.6 |
| 15.4 | 7.8 | 4.6 | 5.0 | 21.9 | 3.2 | 2.1 | 6.6 |
| 17.9 | 7.9 | 3.6 | 3.6 | 28.9 | 4.0 | 2.3 | 7.6 |
| 11.2 | 7.5 | 6.4 | 7.3 | 10.0 | 1.8 | 1.7 | 5.2 |
| 12.6 | 5.4 | 4.0 | 4.7 | 24.0 | 0.8 | 2.4 | 7.6 |
| 10.5 | 4.2 | 3.2 | 1.0 | 31.7 | 0.4 | 2.9 | 9.2 |
| 16.1 | 7.4 | 5.2 | 10.8 | 11.3 | 1.5 | 1.5 | 5.0 |
| 9.0 | 5.0 | 6.0 | 8.2 | 27.2 | 2.6 | 2.3 | 9.4 |
| 7.7 | 4.0 | 5.9 | 5.1 | 34.4 | 3.3 | 2.9 | 9.1 |
| 10.9 | 6.5 | 6.1 | 12.6 | 16.8 | 1.5 | 1.5 | 10.0 |
| 10.6 | 5.5 | 4.4 | 3.1 | 31.2 | 0.7 | 3.2 | 6.4 |
| 10.0 | 5.1 | 4.4 | 3.0 | 34.5 | 0.5 | 3.3 | 7.0 |
| 13.6 | 7.1 | 4.4 | 3.5 | 15.4 | 1.4 | 3.0 | 3.9 |
| 10.7 | 3.8 | 6.0 | 5.5 | 18.4 | 4.0 | 2.3 | 8.5 |
| 8.2 | 2.6 | 5.3 | 4.3 | 20.9 | 4.9 | 2.4 | 9.3 |
| 15.1 | 6.0 | 7.1 | 7.7 | 14.0 | 2.5 | 2.0 | 7.0 |
| 9.7 | 4.6 | 6.7 | 1.8 | 24.0 | 3.5 | 2.4 | 7.6 |
| 8.6 | 4.2 | 7.5 | 0.0 | 31.3 | 4.1 | 3.0 | 10.0 |
| 11.9 | 5.3 | 5.2 | 5.3 | 9.9 | 2.2 | 1.1 | 3.2 |
| 14.3 | 5.0 | 7.2 | 4.2 | 14.7 | 1.4 | 1.7 | 8.0 |
| 16.2 | 5.8 | 5.2 | 0.0 | 23.7 | 0.6 | 3.0 | 8.3 |
| 13.2 | 4.5 | 8.3 | 6.6 | 9.5 | 1.9 | 0.9 | 8.0 |
| 17.1 | 5.9 | 6.0 | 12.3 | 15.9 | 5.9 | 3.7 | 6.3 |
| 18.2 | 6.2 | 8.7 | 3.2 | 31.3 | 11.4 | 2.9 | 14.1 |
| 16.7 | 5.8 | 5.1 | 15.2 | 10.9 | 4.1 | 4.0 | 4.0 |
| 7.7 | 4.3 | 3.2 | 0.0 | 38.0 | 4.0 | 2.8 | 15.7 |
| 7.7 | 4.3 | 3.2 | 0.0 | 38.0 | 4.0 | 2.8 | 15.7 |
| — | — | — | — | — | — | — | — |

# 1-19 2011年入境过夜游客在各省(区、市)

| | 人均天花费(美元/人天) | 人均天花费构成(%) | | | | |
|---|---|---|---|---|---|---|
| | | 长途交通 | 飞机 | 火车 | 汽车 | 轮船 |
| 北京 | 247.78 | 26.4 | 20.5 | 3.4 | 2.5 | 0.0 |
| 外国人 | 242.68 | 26.2 | 20.1 | 3.5 | 2.6 | 0.0 |
| 香港同胞 | 287.52 | 28.1 | 27.3 | 0.0 | 0.8 | 0.0 |
| 澳门同胞 | 255.09 | 13.8 | 12.7 | 0.0 | 1.1 | 0.0 |
| 台湾同胞 | 271.17 | 24.5 | 24.5 | 0.0 | 0.0 | 0.0 |
| 天津 | 197.64 | 38.1 | 33.3 | 1.9 | 2.1 | 0.8 |
| 外国人 | 190.77 | 38.7 | 33.5 | 1.9 | 2.5 | 0.8 |
| 香港同胞 | 219.60 | 31.9 | 28.8 | 3.0 | 0.1 | 0.0 |
| 澳门同胞 | 313.57 | 57.0 | 55.0 | 1.6 | 0.4 | 0.0 |
| 台湾同胞 | 211.50 | 28.8 | 26.8 | 1.1 | 0.9 | 0.0 |
| 河北 | 163.56 | 23.2 | 14.2 | 5.3 | 3.7 | 0.0 |
| 外国人 | 162.59 | 23.2 | 14.2 | 5.6 | 3.4 | 0.0 |
| 香港同胞 | 170.37 | 21.6 | 13.2 | 4.4 | 4.0 | 0.0 |
| 澳门同胞 | 179.01 | 21.4 | 15.9 | 0.0 | 5.5 | 0.0 |
| 台湾同胞 | 164.19 | 19.8 | 14.9 | 1.3 | 3.6 | 0.0 |
| 山西 | 174.12 | 28.4 | 14.9 | 6.3 | 7.2 | 0.0 |
| 外国人 | 171.88 | 30.4 | 15.1 | 6.4 | 8.9 | 0.0 |
| 香港同胞 | 179.30 | 27.2 | 17.0 | 5.7 | 4.5 | 0.0 |
| 澳门同胞 | 181.01 | 22.9 | 14.5 | 4.9 | 3.5 | 0.0 |
| 台湾同胞 | 178.71 | 20.0 | 13.0 | 2.8 | 4.2 | 0.0 |
| 内蒙古 | 181.02 | 12.4 | 6.9 | 1.6 | 3.9 | 0.0 |
| 外国人 | 182.41 | 12.2 | 6.6 | 1.6 | 4.0 | 0.0 |
| 香港同胞 | 181.58 | 13.8 | 13.0 | 0.8 | 0.0 | 0.0 |
| 澳门同胞 | 116.02 | 19.9 | 19.9 | 0.0 | 0.0 | 0.0 |
| 台湾同胞 | 173.69 | 15.8 | 15.8 | 0.0 | 0.0 | 0.0 |

## 人均天花费构成(按外国人、港澳台胞分组)

| 住宿 | 餐饮 | 景区游览 | 娱乐 | 购物 | 市内交通 | 邮电通信 | 其他 |
|---|---|---|---|---|---|---|---|
| 15.5 | 6.8 | 4.2 | 6.0 | 25.3 | 3.5 | 2.0 | 10.3 |
| 15.6 | 6.8 | 4.5 | 6.0 | 24.8 | 3.6 | 2.0 | 10.5 |
| 13.5 | 7.0 | 3.2 | 5.9 | 29.1 | 3.5 | 1.6 | 8.1 |
| 15.0 | 8.0 | 2.4 | 8.4 | 37.4 | 2.2 | 3.0 | 9.8 |
| 16.7 | 6.7 | 3.9 | 6.0 | 26.6 | 1.3 | 2.8 | 11.5 |
| | | | | | | | |
| 11.9 | 8.2 | 4.4 | 3.8 | 22.9 | 3.0 | 1.5 | 6.2 |
| 12.3 | 8.5 | 4.4 | 3.2 | 21.7 | 3.2 | 1.6 | 6.4 |
| 12.2 | 7.8 | 9.1 | 8.0 | 23.9 | 2.8 | 0.6 | 3.7 |
| 12.4 | 7.9 | 2.5 | 0.2 | 15.4 | 3.8 | 0.6 | 0.2 |
| 11.2 | 8.2 | 2.0 | 0.4 | 33.9 | 1.5 | 3.6 | 10.4 |
| | | | | | | | |
| 16.0 | 8.4 | 6.6 | 6.6 | 20.4 | 4.8 | 3.3 | 10.7 |
| 16.4 | 8.3 | 6.7 | 6.3 | 20.6 | 5.0 | 3.5 | 10.0 |
| 14.6 | 7.7 | 6.4 | 4.1 | 25.3 | 4.0 | 2.0 | 14.3 |
| 12.7 | 11.4 | 6.9 | 1.0 | 30.5 | 1.0 | 4.5 | 10.6 |
| 16.0 | 13.7 | 7.5 | 6.1 | 16.7 | 1.8 | 2.5 | 15.9 |
| | | | | | | | |
| 13.9 | 10.0 | 8.1 | 5.6 | 17.5 | 1.9 | 3.5 | 11.1 |
| 14.2 | 11.9 | 8.4 | 4.2 | 15.5 | 2.2 | 3.7 | 9.5 |
| 14.1 | 5.7 | 7.4 | 6.2 | 21.6 | 1.4 | 3.4 | 13.0 |
| 11.8 | 5.6 | 5.8 | 7.7 | 26.5 | 1.3 | 2.4 | 16.0 |
| 13.9 | 7.3 | 9.5 | 12.6 | 19.0 | 1.5 | 2.9 | 13.3 |
| | | | | | | | |
| 9.5 | 4.6 | 4.3 | 5.1 | 45.5 | 4.5 | 2.0 | 12.1 |
| 9.2 | 4.4 | 4.2 | 4.6 | 46.5 | 4.5 | 1.7 | 12.7 |
| 14.1 | 9.1 | 7.1 | 15.8 | 27.2 | 1.3 | 3.0 | 8.6 |
| 17.8 | 9.0 | 7.4 | 0.0 | 40.7 | 2.2 | 0.9 | 2.1 |
| 15.5 | 6.5 | 5.3 | 0.0 | 39.7 | 0.0 | 5.3 | 11.9 |

1－19(续1)

| | 人均天花费(美元/人天) | 人均天花费构成(%) | | | | |
|---|---|---|---|---|---|---|
| | | 长途交通 | 飞　机 | 火　车 | 汽　车 | 轮　船 |
| 辽　　宁 | 204.49 | 37.0 | 22.9 | 7.1 | 3.4 | 3.6 |
| 外 国 人 | 204.42 | 37.5 | 22.2 | 7.7 | 3.8 | 3.8 |
| 香港同胞 | 196.92 | 32.0 | 26.6 | 3.6 | 1.8 | 0.0 |
| 澳门同胞 | 218.86 | 38.8 | 27.9 | 7.9 | 2.6 | 0.4 |
| 台湾同胞 | 209.35 | 34.1 | 24.9 | 4.1 | 2.8 | 2.3 |
| 吉　　林 | 177.90 | 38.0 | 30.7 | 4.3 | 3.0 | 0.0 |
| 外 国 人 | 177.38 | 37.9 | 30.7 | 4.3 | 2.9 | 0.0 |
| 香港同胞 | 192.25 | 36.2 | 31.0 | 2.2 | 3.0 | 0.0 |
| 澳门同胞 | 194.28 | 40.8 | 35.2 | 2.3 | 3.3 | 0.0 |
| 台湾同胞 | 165.24 | 36.0 | 27.7 | 4.1 | 4.2 | 0.0 |
| 黑 龙 江 | 188.79 | 33.5 | 23.1 | 5.3 | 4.2 | 0.9 |
| 外 国 人 | 201.25 | 33.1 | 22.5 | 5.5 | 4.1 | 1.0 |
| 香港同胞 | 162.85 | 36.0 | 33.4 | 2.6 | 0.0 | 0.0 |
| 澳门同胞 | 258.44 | 29.4 | 27.4 | 0.0 | 2.0 | 0.0 |
| 台湾同胞 | 120.78 | 3.7 | 3.7 | 0.0 | 0.0 | 0.0 |
| 上　　海 | 251.81 | 39.7 | 31.1 | 4.7 | 2.6 | 1.3 |
| 外 国 人 | 249.14 | 40.8 | 33.6 | 4.3 | 1.7 | 1.2 |
| 香港同胞 | 266.80 | 27.8 | 21.1 | 4.5 | 0.4 | 1.8 |
| 澳门同胞 | 296.09 | 24.2 | 19.7 | 3.7 | 0.0 | 0.8 |
| 台湾同胞 | 261.00 | 36.8 | 23.5 | 7.2 | 4.6 | 1.5 |
| 江　　苏 | 213.82 | 34.7 | 24.2 | 3.1 | 2.3 | 5.1 |
| 外 国 人 | 213.12 | 33.1 | 24.8 | 3.4 | 2.4 | 2.5 |
| 香港同胞 | 216.21 | 30.7 | 24.6 | 3.1 | 3.0 | 0.0 |
| 澳门同胞 | 227.56 | 31.1 | 24.5 | 3.2 | 2.4 | 1.0 |
| 台湾同胞 | 213.39 | 36.0 | 24.0 | 2.1 | 1.7 | 8.2 |

| 住宿 | 餐饮 | 景区游览 | 娱乐 | 购物 | 市内交通 | 邮电通信 | 其他 |
|---|---|---|---|---|---|---|---|
| 11.8 | 7.9 | 5.0 | 5.8 | 19.8 | 2.6 | 2.0 | 8.1 |
| 11.6 | 7.6 | 4.9 | 5.9 | 20.1 | 2.6 | 1.8 | 8.0 |
| 13.5 | 10.2 | 6.2 | 5.7 | 16.9 | 2.6 | 3.2 | 9.7 |
| 13.3 | 10.1 | 7.0 | 3.7 | 16.6 | 3.9 | 1.7 | 4.9 |
| 11.8 | 8.3 | 4.7 | 4.5 | 20.9 | 2.7 | 2.3 | 10.7 |
| | | | | | | | |
| 14.5 | 7.3 | 4.7 | 6.3 | 17.9 | 2.4 | 1.4 | 7.5 |
| 15.1 | 7.4 | 4.8 | 6.2 | 17.1 | 2.4 | 1.4 | 7.7 |
| 9.7 | 6.1 | 3.3 | 5.7 | 27.8 | 2.1 | 1.6 | 7.5 |
| 14.1 | 8.3 | 5.6 | 7.1 | 18.6 | 2.0 | 0.9 | 2.6 |
| 14.5 | 5.9 | 5.7 | 7.8 | 21.5 | 2.6 | 0.6 | 5.4 |
| | | | | | | | |
| 8.6 | 4.2 | 3.8 | 2.7 | 36.4 | 1.3 | 2.2 | 7.3 |
| 8.8 | 4.6 | 3.4 | 2.8 | 36.7 | 1.3 | 2.2 | 7.1 |
| 8.7 | 4.9 | 2.1 | 2.2 | 31.8 | 1.9 | 2.0 | 10.4 |
| 6.5 | 8.1 | 5.4 | 3.7 | 40.7 | 2.6 | 0.0 | 3.6 |
| 11.1 | 3.1 | 10.4 | 0.0 | 51.7 | 1.8 | 3.6 | 14.6 |
| | | | | | | | |
| 19.7 | 6.6 | 4.2 | 6.3 | 13.1 | 3.5 | 1.7 | 5.2 |
| 19.8 | 6.6 | 4.0 | 5.6 | 13.4 | 3.6 | 1.6 | 4.6 |
| 21.1 | 8.7 | 4.0 | 9.5 | 15.3 | 4.2 | 4.5 | 4.9 |
| 21.6 | 8.2 | 6.5 | 12.9 | 16.6 | 2.4 | 1.2 | 6.4 |
| 19.3 | 5.9 | 5.8 | 9.3 | 10.9 | 3.3 | 0.8 | 7.9 |
| | | | | | | | |
| 16.0 | 8.4 | 4.2 | 6.4 | 19.6 | 2.3 | 2.0 | 6.4 |
| 17.2 | 8.9 | 4.0 | 6.3 | 20.0 | 2.5 | 2.0 | 6.0 |
| 15.6 | 8.6 | 4.7 | 7.2 | 19.7 | 2.3 | 1.8 | 9.4 |
| 16.7 | 9.1 | 4.6 | 8.8 | 20.7 | 2.0 | 1.6 | 5.4 |
| 13.3 | 7.1 | 4.8 | 6.9 | 20.2 | 2.1 | 2.5 | 7.1 |

1－19(续2)

| | 人均天花费(美元/人天) | 人均天花费构成(%) | | | | |
|---|---|---|---|---|---|---|
| | | 长途交通 | 飞机 | 火车 | 汽车 | 轮船 |
| 浙江 | 208.53 | 34.1 | 24.4 | 2.7 | 3.9 | 3.1 |
| 外国人 | 208.84 | 34.6 | 24.9 | 2.6 | 3.8 | 3.3 |
| 香港同胞 | 205.30 | 23.5 | 17.7 | 1.7 | 4.0 | 0.1 |
| 澳门同胞 | 185.40 | 27.2 | 14.8 | 3.7 | 8.7 | 0.0 |
| 台湾同胞 | 215.26 | 26.9 | 16.5 | 1.9 | 5.3 | 3.2 |
| 安徽 | 178.37 | 33.2 | 19.7 | 5.8 | 6.7 | 1.0 |
| 外国人 | 180.33 | 32.8 | 19.2 | 5.8 | 6.8 | 1.0 |
| 香港同胞 | 152.36 | 39.5 | 28.1 | 5.0 | 6.4 | 0.0 |
| 澳门同胞 | 171.30 | 35.8 | 19.7 | 8.2 | 7.9 | 0.0 |
| 台湾同胞 | 167.41 | 34.1 | 24.4 | 4.7 | 5.0 | 0.0 |
| 福建 | 197.39 | 38.0 | 29.0 | 4.0 | 2.7 | 2.3 |
| 外国人 | 199.55 | 41.6 | 33.4 | 4.0 | 2.4 | 1.8 |
| 香港同胞 | 187.79 | 29.3 | 19.4 | 5.8 | 2.9 | 1.2 |
| 澳门同胞 | 223.94 | 21.1 | 12.8 | 0.0 | 4.5 | 3.8 |
| 台湾同胞 | 194.64 | 33.4 | 24.7 | 3.2 | 3.0 | 2.5 |
| 江西 | 156.64 | 35.9 | 22.4 | 5.4 | 6.0 | 2.1 |
| 外国人 | 165.71 | 37.6 | 23.2 | 5.3 | 6.0 | 3.1 |
| 香港同胞 | 133.33 | 21.6 | 11.5 | 4.3 | 5.8 | 0.0 |
| 澳门同胞 | 163.18 | 14.6 | 9.9 | 0.3 | 4.4 | 0.0 |
| 台湾同胞 | 143.52 | 24.9 | 12.4 | 6.6 | 5.7 | 0.2 |
| 山东 | 203.50 | 35.7 | 23.8 | 4.4 | 2.0 | 5.5 |
| 外国人 | 206.20 | 35.4 | 23.3 | 4.8 | 1.8 | 5.5 |
| 香港同胞 | 193.01 | 31.2 | 23.0 | 3.3 | 2.2 | 2.7 |
| 澳门同胞 | 200.54 | 39.8 | 32.4 | 4.2 | 3.2 | 0.0 |
| 台湾同胞 | 200.48 | 34.3 | 28.1 | 3.8 | 2.4 | 0.0 |

| 住宿 | 餐饮 | 景区游览 | 娱乐 | 购物 | 市内交通 | 邮电通信 | 其他 |
|---|---|---|---|---|---|---|---|
| 13.1 | 6.3 | 5.1 | 6.3 | 22.1 | 3.0 | 1.9 | 8.1 |
| 13.2 | 6.4 | 5.0 | 6.4 | 21.2 | 3.2 | 1.8 | 8.2 |
| 15.2 | 6.7 | 5.3 | 6.8 | 29.9 | 2.4 | 2.0 | 8.2 |
| 14.0 | 5.1 | 7.4 | 2.2 | 28.8 | 1.3 | 2.7 | 11.3 |
| 12.8 | 6.1 | 5.9 | 4.5 | 29.2 | 1.3 | 2.4 | 10.9 |
| | | | | | | | |
| 10.8 | 8.4 | 6.3 | 5.5 | 23.4 | 1.7 | 1.9 | 8.8 |
| 10.9 | 8.2 | 6.4 | 5.5 | 23.7 | 1.7 | 1.9 | 8.9 |
| 11.1 | 9.9 | 7.2 | 4.3 | 16.5 | 2.3 | 0.9 | 8.3 |
| 11.6 | 8.9 | 6.8 | 3.1 | 20.5 | 2.0 | 0.5 | 10.8 |
| 9.7 | 11.2 | 6.6 | 6.4 | 22.4 | 1.3 | 2.8 | 5.5 |
| | | | | | | | |
| 10.0 | 6.4 | 3.2 | 10.2 | 21.4 | 1.9 | 1.7 | 7.2 |
| 10.0 | 5.9 | 3.1 | 10.2 | 19.0 | 1.6 | 1.5 | 7.1 |
| 12.0 | 8.2 | 3.6 | 13.5 | 23.0 | 2.1 | 1.4 | 6.9 |
| 9.5 | 7.2 | 4.8 | 6.7 | 38.6 | 2.0 | 2.2 | 7.9 |
| 9.1 | 6.5 | 3.2 | 6.8 | 26.9 | 2.6 | 2.6 | 8.9 |
| | | | | | | | |
| 9.6 | 6.1 | 4.8 | 3.4 | 29.9 | 1.7 | 2.1 | 6.5 |
| 10.4 | 6.2 | 4.4 | 4.6 | 28.0 | 1.7 | 1.9 | 5.2 |
| 10.5 | 7.1 | 7.7 | 2.3 | 32.4 | 1.4 | 4.4 | 12.6 |
| 7.6 | 6.3 | 10.5 | 2.0 | 48.5 | 1.4 | 1.5 | 7.6 |
| 9.9 | 6.7 | 5.7 | 1.6 | 33.2 | 2.4 | 1.8 | 13.8 |
| | | | | | | | |
| 15.8 | 6.6 | 5.7 | 6.6 | 18.9 | 2.0 | 1.6 | 7.1 |
| 17.1 | 6.8 | 6.0 | 6.8 | 16.9 | 2.1 | 1.7 | 7.2 |
| 12.1 | 5.9 | 4.9 | 5.5 | 29.7 | 1.7 | 1.7 | 7.3 |
| 11.4 | 7.2 | 4.8 | 3.9 | 21.1 | 1.8 | 1.7 | 8.3 |
| 15.0 | 6.9 | 5.9 | 7.7 | 20.2 | 1.9 | 1.4 | 6.7 |

1－19(续3)

| | 人均天花费(美元/人天) | 人均天花费构成(%) | | | | |
|---|---|---|---|---|---|---|
| | | 长途交通 | 飞机 | 火车 | 汽车 | 轮船 |
| 河　南 | 152.84 | 34.9 | 22.4 | 6.3 | 6.2 | 0.0 |
| 外国人 | 156.01 | 34.5 | 21.8 | 6.3 | 6.4 | 0.0 |
| 香港同胞 | 144.43 | 31.3 | 25.6 | 2.4 | 3.3 | 0.0 |
| 澳门同胞 | 129.51 | 11.0 | 11.0 | 0.0 | 0.0 | 0.0 |
| 台湾同胞 | 135.43 | 19.6 | 10.4 | 1.2 | 8.0 | 0.0 |
| 湖　北 | 195.36 | 39.6 | 15.6 | 5.4 | 2.9 | 15.7 |
| 外国人 | 196.12 | 39.6 | 15.1 | 5.6 | 3.2 | 15.7 |
| 香港同胞 | 190.84 | 43.3 | 16.4 | 5.5 | 2.7 | 18.7 |
| 澳门同胞 | 185.27 | 31.3 | 14.4 | 6.0 | 2.4 | 8.5 |
| 台湾同胞 | 202.38 | 39.9 | 16.2 | 4.2 | 2.2 | 17.3 |
| 湖　南 | 188.24 | 29.5 | 21.6 | 2.9 | 3.2 | 1.8 |
| 外国人 | 189.78 | 28.3 | 21.9 | 2.9 | 1.8 | 1.7 |
| 香港同胞 | 178.01 | 34.6 | 23.9 | 4.6 | 2.4 | 3.7 |
| 澳门同胞 | 178.41 | 25.8 | 20.5 | 4.5 | 0.8 | 0.0 |
| 台湾同胞 | 159.20 | 22.6 | 17.4 | 2.5 | 2.6 | 0.1 |
| 广　东 | 169.08 | 43.4 | 35.4 | 2.9 | 2.2 | 2.9 |
| 外国人 | 182.61 | 42.9 | 35.6 | 2.5 | 2.1 | 2.7 |
| 香港同胞 | 143.15 | 39.2 | 27.0 | 5.2 | 2.8 | 4.2 |
| 澳门同胞 | 138.86 | 35.9 | 28.4 | 2.3 | 2.8 | 2.4 |
| 台湾同胞 | 167.97 | 33.2 | 24.5 | 2.8 | 2.6 | 3.3 |
| 广　西 | 188.11 | 36.7 | 25.9 | 8.5 | 2.3 | 0.0 |
| 外国人 | 188.70 | 35.9 | 26.1 | 7.7 | 2.1 | 0.0 |
| 香港同胞 | 183.56 | 25.9 | 19.6 | 3.5 | 2.8 | 0.0 |
| 澳门同胞 | 193.10 | 46.5 | 26.7 | 16.8 | 3.0 | 0.0 |
| 台湾同胞 | 188.00 | 40.0 | 28.3 | 8.5 | 3.2 | 0.0 |

| 住宿 | 餐饮 | 景区游览 | 娱乐 | 购物 | 市内交通 | 邮电通信 | 其他 |
|---|---|---|---|---|---|---|---|
| 11.4 | 4.5 | 5.9 | 3.7 | 25.4 | 2.3 | 2.9 | 9.0 |
| 11.6 | 4.3 | 5.8 | 3.9 | 25.5 | 2.4 | 3.1 | 8.9 |
| 11.1 | 6.8 | 5.8 | 5.8 | 28.5 | 1.1 | 1.7 | 7.9 |
| 4.5 | 2.0 | 5.6 | 0.0 | 55.6 | 0.4 | 3.9 | 17.0 |
| 13.7 | 6.4 | 8.4 | 1.5 | 34.1 | 0.7 | 2.7 | 12.9 |
| | | | | | | | |
| 11.9 | 8.3 | 4.4 | 5.2 | 18.3 | 2.7 | 1.7 | 7.9 |
| 11.3 | 6.9 | 4.1 | 5.2 | 20.1 | 2.2 | 2.1 | 8.5 |
| 11.7 | 9.1 | 5.0 | 5.4 | 14.5 | 3.1 | 1.3 | 6.6 |
| 12.6 | 12.2 | 5.0 | 4.7 | 19.4 | 4.1 | 2.0 | 8.7 |
| 13.4 | 10.3 | 4.5 | 5.1 | 16.6 | 3.3 | 1.1 | 5.8 |
| | | | | | | | |
| 10.6 | 6.6 | 4.8 | 4.4 | 26.1 | 7.5 | 2.8 | 7.7 |
| 10.8 | 6.8 | 4.9 | 4.4 | 26.2 | 8.0 | 2.9 | 7.7 |
| 10.6 | 6.9 | 4.7 | 4.6 | 25.7 | 2.3 | 1.9 | 8.7 |
| 9.0 | 5.6 | 3.9 | 11.0 | 20.5 | 2.1 | 1.2 | 20.9 |
| 11.6 | 4.3 | 5.4 | 4.5 | 39.6 | 3.1 | 1.9 | 7.0 |
| | | | | | | | |
| 12.6 | 7.0 | 3.3 | 6.3 | 16.6 | 1.9 | 1.5 | 7.4 |
| 13.4 | 7.1 | 3.2 | 5.9 | 16.3 | 1.9 | 1.5 | 7.8 |
| 13.2 | 7.7 | 3.6 | 7.4 | 17.2 | 2.4 | 1.7 | 7.6 |
| 11.5 | 8.0 | 3.4 | 7.4 | 21.8 | 2.5 | 1.4 | 8.1 |
| 11.2 | 6.6 | 4.7 | 8.2 | 20.8 | 1.9 | 1.6 | 11.8 |
| | | | | | | | |
| 9.5 | 6.3 | 6.9 | 5.4 | 23.2 | 2.8 | 1.8 | 7.4 |
| 10.0 | 5.8 | 7.4 | 5.2 | 23.4 | 2.9 | 1.7 | 7.7 |
| 10.0 | 8.3 | 8.0 | 6.5 | 27.6 | 3.5 | 2.3 | 7.9 |
| 6.0 | 8.1 | 5.9 | 4.3 | 18.0 | 2.3 | 2.1 | 6.8 |
| 8.7 | 6.2 | 5.5 | 5.5 | 24.0 | 2.3 | 1.5 | 6.3 |

1 - 19(续4)

| | 人均天花费（美元/人天） | 人均天花费构成（%） | | | | |
|---|---|---|---|---|---|---|
| | | 长途交通 | 飞机 | 火车 | 汽车 | 轮船 |
| 海南 | 176.69 | 21.1 | 12.8 | 6.6 | 1.7 | 0.0 |
| 外国人 | 184.86 | 22.6 | 14.2 | 6.5 | 1.9 | 0.0 |
| 香港同胞 | 150.60 | 6.2 | 5.6 | 0.6 | 0.0 | 0.0 |
| 澳门同胞 | 113.81 | 3.6 | 3.6 | 0.0 | 0.0 | 0.0 |
| 台湾同胞 | 140.41 | 8.3 | 6.3 | 0.0 | 2.0 | 0.0 |
| 重庆 | 176.39 | 44.2 | 22.3 | 4.2 | 3.7 | 14.0 |
| 外国人 | 169.45 | 36.9 | 14.7 | 4.1 | 3.3 | 14.8 |
| 香港同胞 | 199.46 | 41.9 | 20.4 | 3.6 | 0.9 | 17.0 |
| 澳门同胞 | 234.85 | 57.1 | 12.4 | 0.3 | 40.9 | 3.5 |
| 台湾同胞 | 190.23 | 55.9 | 9.5 | 7.6 | 2.7 | 36.1 |
| 四川 | 176.69 | 33.4 | 20.7 | 4.4 | 3.4 | 4.9 |
| 外国人 | 180.53 | 32.2 | 20.8 | 3.3 | 2.9 | 5.2 |
| 香港同胞 | 167.48 | 31.4 | 16.3 | 9.7 | 3.8 | 1.6 |
| 澳门同胞 | 174.76 | 31.7 | 19.1 | 3.8 | 7.2 | 1.6 |
| 台湾同胞 | 168.45 | 38.9 | 23.5 | 4.2 | 5.3 | 5.9 |
| 贵州 | 168.68 | 38.5 | 17.0 | 11.9 | 9.6 | 0.0 |
| 外国人 | 171.14 | 38.5 | 16.4 | 11.9 | 10.2 | 0.0 |
| 香港同胞 | 190.99 | 36.1 | 27.4 | 0.6 | 8.1 | 0.0 |
| 澳门同胞 | 146.95 | 33.9 | 20.6 | 3.1 | 10.2 | 0.0 |
| 台湾同胞 | 147.84 | 25.1 | 10.9 | 2.5 | 11.7 | 0.0 |
| 云南 | 186.59 | 30.3 | 18.0 | 6.5 | 5.8 | 0.0 |
| 外国人 | 189.31 | 29.5 | 17.6 | 6.0 | 5.9 | 0.0 |
| 香港同胞 | 183.52 | 25.2 | 12.1 | 5.8 | 7.3 | 0.0 |
| 澳门同胞 | 160.69 | 17.9 | 10.0 | 0.0 | 7.9 | 0.0 |
| 台湾同胞 | 179.10 | 16.8 | 8.8 | 0.7 | 7.3 | 0.0 |

| 住宿 | 餐饮 | 景区游览 | 娱乐 | 购物 | 市内交通 | 邮电通信 | 其他 |
|---|---|---|---|---|---|---|---|
| 24.5 | 7.9 | 2.9 | 7.4 | 26.1 | 2.2 | 1.3 | 6.6 |
| 24.5 | 8.3 | 3.2 | 7.3 | 23.2 | 2.4 | 1.2 | 7.3 |
| 19.5 | 3.7 | 1.3 | 1.3 | 53.5 | 0.4 | 4.9 | 9.2 |
| 3.7 | 1.0 | 1.3 | 4.5 | 59.5 | 0.0 | 9.2 | 17.2 |
| 13.7 | 11.0 | 2.8 | 4.0 | 50.7 | 1.0 | 3.1 | 5.4 |
| | | | | | | | |
| 9.8 | 6.0 | 3.9 | 4.4 | 20.5 | 2.7 | 1.1 | 7.4 |
| 10.1 | 6.6 | 4.4 | 4.4 | 24.4 | 3.3 | 1.4 | 8.5 |
| 12.5 | 6.3 | 3.5 | 6.3 | 19.6 | 1.8 | 0.7 | 7.4 |
| 8.4 | 4.5 | 0.3 | 7.3 | 18.6 | 0.8 | 0.4 | 2.6 |
| 6.1 | 5.2 | 1.8 | 2.4 | 22.2 | 0.9 | 0.5 | 5.0 |
| | | | | | | | |
| 15.4 | 7.8 | 4.6 | 5.0 | 21.9 | 3.2 | 2.1 | 6.6 |
| 17.6 | 8.3 | 4.0 | 4.9 | 21.5 | 3.4 | 1.9 | 6.2 |
| 12.1 | 6.5 | 3.9 | 5.2 | 24.8 | 2.4 | 2.9 | 10.8 |
| 7.3 | 5.0 | 8.6 | 5.2 | 28.4 | 4.0 | 2.6 | 7.2 |
| 8.8 | 6.3 | 8.3 | 6.0 | 20.8 | 1.9 | 2.7 | 6.3 |
| | | | | | | | |
| 12.6 | 5.4 | 4.0 | 4.7 | 24.0 | 0.8 | 2.4 | 7.6 |
| 13.7 | 5.5 | 4.3 | 5.2 | 21.6 | 0.7 | 2.2 | 8.3 |
| 12.1 | 4.6 | 4.1 | 2.6 | 28.6 | 1.2 | 2.6 | 8.1 |
| 12.7 | 5.4 | 5.2 | 4.2 | 28.5 | 1.1 | 4.7 | 4.3 |
| 10.8 | 7.1 | 2.7 | 2.9 | 39.1 | 0.3 | 3.2 | 8.8 |
| | | | | | | | |
| 9.0 | 5.0 | 6.0 | 8.2 | 27.2 | 2.6 | 2.3 | 9.4 |
| 9.1 | 5.1 | 6.1 | 8.6 | 26.4 | 2.4 | 2.5 | 10.3 |
| 11.3 | 5.4 | 6.8 | 5.8 | 30.8 | 3.8 | 2.4 | 8.5 |
| 8.5 | 4.9 | 10.2 | 2.6 | 45.5 | 0.4 | 2.3 | 7.7 |
| 10.3 | 6.6 | 4.1 | 1.6 | 50.6 | 0.3 | 2.7 | 7.0 |

1-19(续5)

| | 人均天花费（美元/人天） | 人均天花费构成（%） | | | | |
|---|---|---|---|---|---|---|
| | | 长途交通 | 飞机 | 火车 | 汽车 | 轮船 |
| 西　藏 | 180.33 | 34.9 | 13.1 | 8.9 | 12.9 | 0.0 |
| 外国人 | 179.96 | 34.5 | 12.7 | 8.8 | 13.0 | 0.0 |
| 香港同胞 | 205.07 | 42.6 | 19.7 | 10.5 | 12.4 | 0.0 |
| 澳门同胞 | 135.07 | 33.7 | 9.5 | 11.5 | 12.7 | 0.0 |
| 台湾同胞 | 188.01 | 32.5 | 12.0 | 6.5 | 14.0 | 0.0 |
| 陕　西 | 188.30 | 40.8 | 30.9 | 4.2 | 5.7 | 0.0 |
| 外国人 | 196.34 | 41.4 | 31.3 | 4.2 | 5.9 | 0.0 |
| 香港同胞 | 131.13 | 15.6 | 14.9 | 0.0 | 0.7 | 0.0 |
| 澳门同胞 | 152.84 | 21.8 | 20.0 | 1.8 | 0.0 | 0.0 |
| 台湾同胞 | 138.59 | 13.9 | 13.6 | 0.0 | 0.3 | 0.0 |
| 甘　肃 | 157.30 | 39.7 | 25.9 | 7.2 | 6.6 | 0.0 |
| 外国人 | 157.42 | 41.1 | 27.7 | 7.0 | 6.4 | 0.0 |
| 香港同胞 | 126.37 | 16.6 | 9.0 | 2.5 | 5.1 | 0.0 |
| 澳门同胞 | 184.04 | 43.3 | 29.8 | 2.8 | 10.7 | 0.0 |
| 台湾同胞 | 152.12 | 32.2 | 16.3 | 10.1 | 5.8 | 0.0 |
| 青　海 | 151.63 | 43.5 | 20.1 | 17.9 | 5.5 | 0.0 |
| 外国人 | 151.69 | 45.1 | 21.3 | 18.2 | 5.6 | 0.0 |
| 香港同胞 | 124.67 | 22.1 | 13.3 | 3.5 | 5.3 | 0.0 |
| 澳门同胞 | 150.44 | 52.5 | 45.7 | 6.8 | 0.0 | 0.0 |
| 台湾同胞 | 196.32 | 29.4 | 18.4 | 3.6 | 7.4 | 0.0 |
| 宁　夏 | 159.31 | 26.9 | 18.0 | 3.8 | 5.1 | 0.0 |
| 外国人 | 153.99 | 22.9 | 18.9 | 4.0 | 0.0 | 0.0 |
| 香港同胞 | 159.80 | 30.5 | 30.5 | 0.0 | 0.0 | 0.0 |
| 澳门同胞 | 181.45 | 31.3 | 31.3 | 0.0 | 0.0 | 0.0 |
| 台湾同胞 | 268.17 | 10.9 | 9.0 | 0.0 | 1.9 | 0.0 |
| 新　疆 | 174.74 | 24.3 | 7.4 | 8.5 | 8.4 | 0.0 |
| 外国人 | 174.74 | 24.3 | 7.4 | 8.5 | 8.4 | 0.0 |
| 香港同胞 | — | — | — | — | — | — |
| 澳门同胞 | — | — | — | — | — | — |
| 台湾同胞 | — | — | — | — | — | — |

| 住宿 | 餐饮 | 景区游览 | 娱乐 | 购物 | 市内交通 | 邮电通信 | 其他 |
|---|---|---|---|---|---|---|---|
| 10.6 | 5.5 | 4.4 | 3.1 | 31.2 | 0.7 | 3.2 | 6.4 |
| 10.7 | 5.5 | 4.5 | 3.0 | 31.5 | 0.7 | 3.3 | 6.3 |
| 10.4 | 5.4 | 3.5 | 3.4 | 24.5 | 0.7 | 2.6 | 6.9 |
| 10.6 | 5.5 | 4.2 | 2.5 | 28.9 | 0.6 | 4.7 | 9.3 |
| 10.1 | 4.9 | 3.9 | 2.8 | 34.3 | 0.6 | 3.1 | 7.8 |
| | | | | | | | |
| 10.7 | 3.8 | 6.0 | 5.5 | 18.4 | 4.0 | 2.3 | 8.5 |
| 10.5 | 3.8 | 5.7 | 5.1 | 18.1 | 4.1 | 2.5 | 8.8 |
| 10.0 | 3.7 | 4.0 | 4.6 | 41.0 | 1.7 | 1.9 | 17.5 |
| 7.6 | 1.6 | 2.4 | 6.7 | 47.3 | 1.3 | 2.1 | 9.2 |
| 7.9 | 3.4 | 6.6 | 7.6 | 39.9 | 1.2 | 2.8 | 16.7 |
| | | | | | | | |
| 9.7 | 4.6 | 6.7 | 1.8 | 24.0 | 3.5 | 2.4 | 7.6 |
| 9.7 | 4.0 | 6.6 | 1.8 | 23.7 | 3.4 | 2.6 | 7.1 |
| 11.8 | 7.3 | 10.4 | 2.1 | 33.7 | 0.7 | 3.5 | 13.9 |
| 10.5 | 5.5 | 5.7 | 1.5 | 24.7 | 0.7 | 1.8 | 6.3 |
| 10.3 | 5.7 | 8.4 | 1.5 | 28.1 | 0.6 | 2.5 | 10.7 |
| | | | | | | | |
| 14.3 | 5.0 | 7.2 | 4.2 | 14.7 | 1.4 | 1.7 | 8.0 |
| 14.6 | 5.1 | 7.3 | 4.5 | 14.9 | 1.4 | 1.8 | 5.3 |
| 6.9 | 8.5 | 9.4 | 1.9 | 31.9 | 1.6 | 4.4 | 13.3 |
| 13.5 | 4.6 | 17.3 | 0.0 | 11.2 | 0.6 | 0.3 | 0.0 |
| 12.2 | 6.7 | 8.6 | 5.3 | 13.7 | 2.2 | 0.8 | 21.1 |
| | | | | | | | |
| 17.1 | 5.9 | 6.0 | 12.3 | 15.9 | 5.9 | 3.7 | 6.3 |
| 18.6 | 6.4 | 5.7 | 14.5 | 14.3 | 6.5 | 4.0 | 7.1 |
| 19.2 | 5.3 | 8.2 | 12.2 | 14.1 | 5.1 | 0.0 | 5.4 |
| 18.0 | 5.2 | 5.9 | 19.6 | 14.5 | 2.5 | 0.0 | 3.0 |
| 11.6 | 6.1 | 5.6 | 0.4 | 59.1 | 3.5 | 1.8 | 1.0 |
| | | | | | | | |
| 7.7 | 4.3 | 3.2 | 0.0 | 38.0 | 4.0 | 2.8 | 15.7 |
| 7.7 | 4.3 | 3.2 | 0.0 | 38.0 | 4.0 | 2.8 | 15.7 |
| — | — | — | — | — | — | — | — |
| — | — | — | — | — | — | — | — |
| — | — | — | — | — | — | — | — |

# 1－20 2011年入境过夜游客在各城市

| | 人均天花费（美元/人天） | 人均天花费构成（%） | | | | |
|---|---|---|---|---|---|---|
| | | 长途交通 | 飞机 | 火车 | 汽车 | 轮船 |
| 北京 | 247.78 | 26.4 | 20.5 | 3.4 | 2.5 | 0.0 |
| 外国人 | 242.68 | 26.2 | 20.1 | 3.5 | 2.6 | 0.0 |
| 香港同胞 | 287.52 | 28.1 | 27.3 | 0.0 | 0.8 | 0.0 |
| 澳门同胞 | 255.09 | 13.8 | 12.7 | 0.0 | 1.1 | 0.0 |
| 台湾同胞 | 271.17 | 24.5 | 24.5 | 0.0 | 0.0 | 0.0 |
| 天津 | 197.64 | 38.1 | 33.3 | 1.9 | 2.1 | 0.8 |
| 外国人 | 190.77 | 38.7 | 33.5 | 1.9 | 2.5 | 0.8 |
| 香港同胞 | 219.60 | 31.9 | 28.8 | 3.0 | 0.1 | 0.0 |
| 澳门同胞 | 313.57 | 57.0 | 55.0 | 1.6 | 0.4 | 0.0 |
| 台湾同胞 | 211.50 | 28.8 | 26.8 | 1.1 | 0.9 | 0.0 |
| 石家庄 | 168.98 | 28.9 | 17.4 | 6.3 | 5.2 | 0.0 |
| 外国人 | 170.72 | 29.6 | 17.3 | 6.3 | 6.0 | 0.0 |
| 香港同胞 | 152.79 | 23.8 | 13.7 | 6.4 | 3.7 | 0.0 |
| 澳门同胞 | 181.80 | 24.7 | 24.7 | 0.0 | 0.0 | 0.0 |
| 台湾同胞 | 165.09 | 37.2 | 37.2 | 0.0 | 0.0 | 0.0 |
| 唐山 | 179.42 | 22.6 | 15.7 | 4.2 | 2.7 | 0.0 |
| 外国人 | 177.53 | 22.4 | 15.7 | 4.1 | 2.6 | 0.0 |
| 香港同胞 | 166.91 | 12.7 | 0.0 | 5.0 | 7.7 | 0.0 |
| 澳门同胞 | 216.46 | 32.5 | 32.5 | 0.0 | 0.0 | 0.0 |
| 台湾同胞 | 201.61 | 20.6 | 20.6 | 0.0 | 0.0 | 0.0 |
| 秦皇岛 | 141.34 | 23.1 | 14.3 | 4.7 | 4.1 | 0.0 |
| 外国人 | 135.01 | 25.1 | 15.5 | 5.4 | 4.2 | 0.0 |
| 香港同胞 | 192.65 | 17.7 | 9.8 | 3.3 | 4.6 | 0.0 |
| 澳门同胞 | 232.78 | 0.0 | 0.0 | 0.0 | 0.0 | 0.0 |
| 台湾同胞 | 194.74 | 12.4 | 7.4 | 0.5 | 4.5 | 0.0 |
| 保定 | 159.63 | 16.9 | 12.7 | 1.8 | 2.4 | 0.0 |
| 外国人 | 159.08 | 16.4 | 11.6 | 2.1 | 2.7 | 0.0 |
| 香港同胞 | 166.75 | 1.6 | 0.0 | 0.6 | 1.0 | 0.0 |
| 澳门同胞 | 157.15 | 0.0 | 0.0 | 0.0 | 0.0 | 0.0 |
| 台湾同胞 | 136.92 | 6.2 | 0.0 | 0.0 | 6.2 | 0.0 |

# 人均天花费构成（按外国人、港澳台胞分组）

| 住宿 | 餐饮 | 景区游览 | 娱乐 | 购物 | 市内交通 | 邮电通信 | 其他 |
|---|---|---|---|---|---|---|---|
| 15.5 | 6.8 | 4.2 | 6.0 | 25.3 | 3.5 | 2.0 | 10.3 |
| 15.6 | 6.8 | 4.5 | 6.0 | 24.8 | 3.6 | 2.0 | 10.5 |
| 13.5 | 7.0 | 3.2 | 5.9 | 29.1 | 3.5 | 1.6 | 8.1 |
| 15.0 | 8.0 | 2.4 | 8.4 | 37.4 | 2.2 | 3.0 | 9.8 |
| 16.7 | 6.7 | 3.9 | 6.0 | 26.6 | 1.3 | 2.8 | 11.5 |
| | | | | | | | |
| 11.9 | 8.2 | 4.4 | 3.8 | 22.9 | 3.0 | 1.5 | 6.2 |
| 12.3 | 8.5 | 4.4 | 3.2 | 21.7 | 3.2 | 1.6 | 6.4 |
| 12.2 | 7.8 | 9.1 | 8.0 | 23.9 | 2.8 | 0.6 | 3.7 |
| 12.4 | 7.9 | 2.5 | 0.2 | 15.4 | 3.8 | 0.6 | 0.2 |
| 11.2 | 8.2 | 2.0 | 0.4 | 33.9 | 1.5 | 3.6 | 10.4 |
| | | | | | | | |
| 18.2 | 8.5 | 5.2 | 6.5 | 15.3 | 3.1 | 3.7 | 10.6 |
| 18.2 | 8.3 | 5.1 | 6.6 | 14.1 | 3.2 | 3.8 | 11.1 |
| 16.5 | 8.4 | 5.0 | 4.0 | 26.8 | 2.0 | 3.1 | 10.4 |
| 13.1 | 0.0 | 0.0 | 0.0 | 52.1 | 0.0 | 3.9 | 6.2 |
| 24.0 | 14.8 | 0.0 | 0.0 | 10.8 | 3.8 | 2.0 | 7.4 |
| | | | | | | | |
| 17.8 | 10.8 | 7.5 | 4.6 | 19.1 | 7.1 | 3.7 | 6.8 |
| 17.6 | 10.2 | 7.8 | 4.2 | 18.8 | 7.4 | 3.9 | 7.7 |
| 10.8 | 4.9 | 4.6 | 0.0 | 65.1 | 2.0 | 0.0 | 0.0 |
| 22.1 | 28.4 | 0.0 | 0.0 | 17.0 | 0.0 | 0.0 | 0.0 |
| 30.9 | 18.4 | 4.9 | 12.9 | 4.4 | 5.0 | 0.8 | 2.1 |
| | | | | | | | |
| 16.6 | 7.8 | 5.9 | 6.6 | 23.0 | 4.1 | 1.6 | 11.3 |
| 17.9 | 7.6 | 6.2 | 5.8 | 22.8 | 4.6 | 1.7 | 8.3 |
| 10.1 | 3.6 | 4.2 | 1.4 | 37.1 | 1.6 | 0.4 | 23.9 |
| 41.1 | 40.4 | 0.0 | 2.3 | 0.0 | 2.3 | 0.0 | 13.9 |
| 10.7 | 12.4 | 6.2 | 6.9 | 22.7 | 0.2 | 1.6 | 26.9 |
| | | | | | | | |
| 15.5 | 8.8 | 7.1 | 6.1 | 24.8 | 5.8 | 5.9 | 9.1 |
| 15.3 | 8.3 | 6.8 | 5.0 | 27.1 | 6.1 | 5.5 | 9.5 |
| 24.4 | 15.6 | 10.8 | 12.5 | 18.6 | 5.9 | 0.0 | 10.6 |
| 16.7 | 12.5 | 9.7 | 0.0 | 27.8 | 0.0 | 33.3 | 0.0 |
| 19.6 | 17.5 | 16.3 | 2.6 | 37.4 | 0.0 | 0.6 | 0.0 |

1－20(续1)

| | 人均天花费(美元/人天) | 人均天花费构成(%) | | | | |
|---|---|---|---|---|---|---|
| | | 长途交通 | 飞　机 | 火　车 | 汽　车 | 轮　船 |
| 承　　德 | 171.21 | 20.0 | 9.9 | 5.3 | 4.8 | 0.0 |
| 外 国 人 | 177.90 | 19.8 | 10.3 | 5.4 | 4.1 | 0.0 |
| 香港同胞 | 164.05 | 10.4 | 0.0 | 6.2 | 4.2 | 0.0 |
| 澳门同胞 | 134.27 | 5.8 | 0.0 | 0.0 | 5.8 | 0.0 |
| 台湾同胞 | 132.75 | 6.8 | 0.0 | 0.0 | 6.8 | 0.0 |
| 廊　　坊 | 178.10 | 15.6 | 6.4 | 5.5 | 3.7 | 0.0 |
| 外 国 人 | 177.26 | 15.4 | 6.3 | 5.4 | 3.7 | 0.0 |
| 香港同胞 | 239.69 | 0.0 | 0.0 | 0.0 | 0.0 | 0.0 |
| 澳门同胞 | 198.11 | 0.0 | 0.0 | 0.0 | 0.0 | 0.0 |
| 台湾同胞 | 133.05 | 3.8 | 0.0 | 0.0 | 3.8 | 0.0 |
| 太　　原 | 205.74 | 22.3 | 10.1 | 6.0 | 6.2 | 0.0 |
| 外 国 人 | 207.96 | 26.2 | 9.4 | 7.6 | 9.2 | 0.0 |
| 香港同胞 | 202.30 | 25.9 | 17.7 | 4.0 | 4.2 | 0.0 |
| 澳门同胞 | 203.51 | 15.6 | 10.1 | 2.8 | 2.7 | 0.0 |
| 台湾同胞 | 206.65 | 16.2 | 10.6 | 2.0 | 3.6 | 0.0 |
| 大　　同 | 175.15 | 31.0 | 12.5 | 6.3 | 12.2 | 0.0 |
| 外 国 人 | 175.15 | 31.0 | 12.5 | 6.3 | 12.2 | 0.0 |
| 香港同胞 | — | — | — | — | — | — |
| 澳门同胞 | — | — | — | — | — | — |
| 台湾同胞 | — | — | — | — | — | — |
| 阳　　泉 | 111.87 | 56.7 | 48.2 | 4.6 | 3.9 | 0.0 |
| 外 国 人 | 114.48 | 56.0 | 47.5 | 4.5 | 4.0 | 0.0 |
| 香港同胞 | 93.61 | 0.0 | 0.0 | 0.0 | 0.0 | 0.0 |
| 澳门同胞 | 36.24 | 0.0 | 0.0 | 0.0 | 0.0 | 0.0 |
| 台湾同胞 | 85.70 | 0.0 | 0.0 | 0.0 | 0.0 | 0.0 |
| 长　　治 | 203.93 | 35.7 | 22.7 | 5.6 | 7.4 | 0.0 |
| 外 国 人 | 205.70 | 34.1 | 23.8 | 5.1 | 5.2 | 0.0 |
| 香港同胞 | 198.15 | 29.3 | 12.5 | 3.2 | 13.6 | 0.0 |
| 澳门同胞 | 188.34 | 36.4 | 36.4 | 0.0 | 0.0 | 0.0 |
| 台湾同胞 | 204.18 | 23.7 | 23.7 | 0.0 | 0.0 | 0.0 |

| 住宿 | 餐饮 | 景区游览 | 娱乐 | 购物 | 市内交通 | 邮电通信 | 其他 |
|---|---|---|---|---|---|---|---|
| 14.9 | 9.3 | 7.8 | 7.0 | 24.2 | 3.0 | 3.2 | 10.6 |
| 14.8 | 9.6 | 7.7 | 8.6 | 25.9 | 3.2 | 2.7 | 7.7 |
| 22.0 | 9.1 | 10.8 | 2.1 | 23.4 | 2.5 | 1.8 | 17.9 |
| 9.9 | 7.4 | 7.4 | 0.0 | 52.2 | 0.0 | 17.5 | 0.0 |
| 21.0 | 14.9 | 12.4 | 3.2 | 18.2 | 0.0 | 8.2 | 15.3 |
| | | | | | | | |
| 14.9 | 8.0 | 7.7 | 8.4 | 18.8 | 7.9 | 4.1 | 14.6 |
| 14.8 | 7.9 | 7.8 | 8.3 | 18.7 | 7.9 | 4.4 | 14.8 |
| 21.7 | 14.3 | 12.0 | 0.0 | 31.6 | 20.4 | 0.0 | 0.0 |
| 64.0 | 13.9 | 22.1 | 0.0 | 0.0 | 0.0 | 0.0 | 0.0 |
| 22.3 | 11.1 | 6.4 | 2.5 | 31.1 | 3.7 | 0.2 | 18.9 |
| | | | | | | | |
| 14.8 | 8.3 | 7.3 | 5.5 | 22.6 | 1.1 | 2.7 | 15.4 |
| 17.6 | 12.4 | 9.4 | 3.8 | 14.4 | 1.4 | 1.9 | 12.9 |
| 13.5 | 5.5 | 5.9 | 5.0 | 27.7 | 0.6 | 3.0 | 12.9 |
| 9.9 | 3.8 | 3.9 | 8.6 | 32.8 | 0.4 | 2.3 | 22.7 |
| 13.0 | 6.9 | 8.1 | 10.3 | 24.7 | 1.1 | 2.6 | 17.1 |
| | | | | | | | |
| 15.3 | 13.6 | 11.4 | 3.7 | 7.6 | 3.4 | 4.9 | 9.1 |
| 15.3 | 13.6 | 11.4 | 3.7 | 7.6 | 3.4 | 4.9 | 9.1 |
| — | — | — | — | — | — | — | — |
| — | — | — | — | — | — | — | — |
| — | — | — | — | — | — | — | — |
| | | | | | | | |
| 10.2 | 8.1 | 4.1 | 8.3 | 5.3 | 2.3 | 1.2 | 3.8 |
| 10.1 | 8.4 | 4.1 | 8.3 | 5.6 | 2.3 | 1.2 | 4.0 |
| 57.9 | 12.9 | 0.0 | 0.0 | 3.2 | 0.0 | 0.0 | 26.0 |
| 74.9 | 25.1 | 0.0 | 0.0 | 0.0 | 0.0 | 0.0 | 0.0 |
| 73.9 | 26.1 | 0.0 | 0.0 | 0.0 | 0.0 | 0.0 | 0.0 |
| | | | | | | | |
| 13.9 | 9.6 | 4.8 | 3.9 | 16.8 | 1.6 | 4.6 | 9.1 |
| 13.6 | 10.2 | 4.7 | 4.1 | 16.6 | 1.7 | 4.5 | 10.5 |
| 12.7 | 5.0 | 7.5 | 4.8 | 21.7 | 1.1 | 9.6 | 8.3 |
| 23.2 | 16.3 | 4.0 | 4.4 | 8.6 | 2.2 | 4.9 | 0.0 |
| 21.5 | 11.7 | 6.9 | 3.8 | 21.9 | 1.9 | 4.1 | 4.5 |

1－20(续2)

| | 人均天花费(美元/人天) | 人均天花费构成(%) | | | | |
|---|---|---|---|---|---|---|
| | | 长途交通 | 飞机 | 火车 | 汽车 | 轮船 |
| 晋城 | 117.98 | 25.9 | 12.0 | 2.9 | 11.0 | 0.0 |
| 外国人 | 126.16 | 19.7 | 5.7 | 2.5 | 11.5 | 0.0 |
| 香港同胞 | 118.45 | 29.9 | 10.7 | 10.2 | 9.0 | 0.0 |
| 澳门同胞 | 74.09 | 12.9 | 4.5 | 4.6 | 3.8 | 0.0 |
| 台湾同胞 | 84.36 | 42.3 | 40.1 | 0.0 | 2.2 | 0.0 |
| 朔州 | 179.80 | 18.5 | 0.7 | 10.2 | 7.6 | 0.0 |
| 外国人 | 173.83 | 14.9 | 0.0 | 5.9 | 9.0 | 0.0 |
| 香港同胞 | 201.12 | 20.5 | 0.0 | 15.2 | 5.3 | 0.0 |
| 澳门同胞 | — | — | — | — | — | — |
| 台湾同胞 | 184.95 | 12.2 | 8.1 | 0.0 | 4.1 | 0.0 |
| 晋中 | 156.78 | 32.2 | 16.9 | 8.5 | 6.8 | 0.0 |
| 外国人 | 156.74 | 31.4 | 13.0 | 10.1 | 8.3 | 0.0 |
| 香港同胞 | 154.81 | 36.4 | 23.4 | 8.3 | 4.7 | 0.0 |
| 澳门同胞 | 154.18 | 34.1 | 23.6 | 5.3 | 5.2 | 0.0 |
| 台湾同胞 | 163.66 | 16.8 | 11.2 | 0.0 | 5.6 | 0.0 |
| 运城 | 199.20 | 25.1 | 15.5 | 5.0 | 4.6 | 0.0 |
| 外国人 | 208.14 | 25.1 | 15.5 | 4.0 | 5.6 | 0.0 |
| 香港同胞 | 203.24 | 17.5 | 10.6 | 2.4 | 4.5 | 0.0 |
| 澳门同胞 | 207.31 | 28.5 | 18.8 | 5.1 | 4.6 | 0.0 |
| 台湾同胞 | 177.10 | 14.1 | 3.9 | 5.9 | 4.3 | 0.0 |
| 忻州 | 182.65 | 16.8 | 5.5 | 4.7 | 6.6 | 0.0 |
| 外国人 | 184.34 | 17.0 | 5.7 | 3.8 | 7.5 | 0.0 |
| 香港同胞 | 159.84 | 17.9 | 3.4 | 11.6 | 2.9 | 0.0 |
| 澳门同胞 | 183.78 | 17.8 | 3.8 | 10.8 | 3.2 | 0.0 |
| 台湾同胞 | 184.95 | 12.3 | 8.2 | 0.0 | 4.1 | 0.0 |
| 临汾 | 179.55 | 22.4 | 9.1 | 5.2 | 8.1 | 0.0 |
| 外国人 | 179.31 | 21.6 | 7.1 | 5.1 | 9.4 | 0.0 |
| 香港同胞 | 180.28 | 18.7 | 6.7 | 6.4 | 5.6 | 0.0 |
| 澳门同胞 | — | — | — | — | — | — |
| 台湾同胞 | 180.01 | 17.6 | 13.8 | 0.0 | 3.8 | 0.0 |

| 住宿 | 餐饮 | 景区游览 | 娱乐 | 购物 | 市内交通 | 邮电通信 | 其他 |
|---|---|---|---|---|---|---|---|
| 14.9 | 14.9 | 12.5 | 13.5 | 5.8 | 5.7 | 1.5 | 5.3 |
| 16.8 | 16.6 | 13.1 | 13.7 | 6.8 | 6.0 | 1.4 | 5.9 |
| 21.8 | 6.9 | 16.0 | 10.4 | 4.5 | 1.8 | 3.8 | 4.9 |
| 25.5 | 2.7 | 25.6 | 9.1 | 19.8 | 0.9 | 1.2 | 2.3 |
| 13.7 | 7.5 | 5.7 | 22.4 | 6.3 | 0.7 | 1.1 | 0.3 |
| | | | | | | | |
| 23.4 | 14.6 | 6.1 | 1.4 | 14.8 | 3.2 | 4.2 | 13.8 |
| 25.7 | 17.8 | 6.2 | 0.0 | 11.7 | 3.6 | 4.3 | 15.8 |
| 22.7 | 9.9 | 4.9 | 0.0 | 33.0 | 0.0 | 0.0 | 9.0 |
| — | — | — | — | — | — | — | — |
| 12.7 | 4.6 | 10.5 | 15.3 | 24.1 | 1.3 | 5.5 | 13.8 |
| | | | | | | | |
| 18.0 | 10.5 | 10.4 | 7.4 | 9.1 | 1.9 | 3.0 | 7.5 |
| 18.2 | 14.5 | 10.2 | 3.9 | 9.8 | 2.1 | 3.1 | 6.8 |
| 18.9 | 6.2 | 9.7 | 7.1 | 8.1 | 1.6 | 2.8 | 9.2 |
| 17.7 | 5.4 | 11.0 | 11.3 | 9.5 | 1.6 | 3.0 | 6.4 |
| 17.4 | 6.4 | 14.5 | 21.1 | 10.4 | 1.8 | 3.3 | 8.3 |
| | | | | | | | |
| 13.4 | 9.1 | 8.1 | 7.2 | 16.9 | 2.5 | 4.1 | 13.6 |
| 13.5 | 11.1 | 7.7 | 3.6 | 17.6 | 2.8 | 5.3 | 13.3 |
| 14.3 | 7.6 | 9.6 | 7.7 | 21.2 | 2.2 | 4.2 | 15.7 |
| 15.4 | 9.7 | 8.4 | 3.0 | 18.8 | 2.8 | 1.8 | 11.6 |
| 16.7 | 11.5 | 9.6 | 7.3 | 15.7 | 2.8 | 2.2 | 20.1 |
| | | | | | | | |
| 11.5 | 10.0 | 7.1 | 3.5 | 35.6 | 1.5 | 0.0 | 14.0 |
| 10.5 | 10.2 | 6.6 | 2.5 | 36.6 | 1.7 | 0.0 | 14.9 |
| 19.4 | 14.7 | 11.9 | 3.3 | 32.4 | 0.5 | 0.0 | 0.0 |
| 19.2 | 7.8 | 9.0 | 7.7 | 37.8 | 0.8 | 0.0 | 0.0 |
| 12.7 | 4.7 | 10.6 | 15.4 | 43.0 | 1.3 | 0.0 | 0.0 |
| | | | | | | | |
| 13.5 | 11.1 | 8.8 | 5.5 | 15.0 | 2.0 | 4.3 | 17.4 |
| 14.0 | 13.7 | 8.6 | 3.6 | 15.1 | 2.4 | 4.3 | 16.7 |
| 13.6 | 4.3 | 10.0 | 6.5 | 17.5 | 1.1 | 5.5 | 22.8 |
| — | — | — | — | — | — | — | — |
| 13.8 | 7.1 | 10.5 | 15.5 | 12.9 | 1.9 | 4.1 | 16.6 |

1－20(续3)

| | 人均天花费(美元/人天) | 人均天花费构成(%) | | | | |
|---|---|---|---|---|---|---|
| | | 长途交通 | 飞机 | 火车 | 汽车 | 轮船 |
| 吕梁 | 154.41 | 64.3 | 60.8 | 0.3 | 3.2 | 0.0 |
| 外国人 | 157.29 | 63.9 | 60.0 | 0.4 | 3.5 | 0.0 |
| 香港同胞 | 134.13 | 0.0 | 0.0 | 0.0 | 0.0 | 0.0 |
| 澳门同胞 | — | — | — | — | — | — |
| 台湾同胞 | 160.35 | 6.8 | 0.0 | 0.0 | 6.8 | 0.0 |
| 呼和浩特 | 210.48 | 14.3 | 10.0 | 0.9 | 3.4 | 0.0 |
| 外国人 | 213.44 | 14.8 | 10.5 | 1.0 | 3.3 | 0.0 |
| 香港同胞 | 181.54 | 11.0 | 10.3 | 0.7 | 0.0 | 0.0 |
| 澳门同胞 | 205.65 | 0.0 | 0.0 | 0.0 | 0.0 | 0.0 |
| 台湾同胞 | 198.68 | 0.0 | 0.0 | 0.0 | 0.0 | 0.0 |
| 满洲里 | 146.52 | 22.4 | 15.1 | 7.3 | 0.0 | 0.0 |
| 外国人 | 149.50 | 21.4 | 14.2 | 7.2 | 0.0 | 0.0 |
| 香港同胞 | 181.61 | 18.5 | 18.5 | 0.0 | 0.0 | 0.0 |
| 澳门同胞 | 90.41 | 38.3 | 38.3 | 0.0 | 0.0 | 0.0 |
| 台湾同胞 | 123.72 | 39.2 | 39.2 | 0.0 | 0.0 | 0.0 |
| 二连浩特 | 204.56 | 17.0 | 12.1 | 2.4 | 2.5 | 0.0 |
| 外国人 | 204.56 | 17.0 | 12.1 | 2.4 | 2.5 | 0.0 |
| 香港同胞 | — | — | — | — | — | — |
| 澳门同胞 | — | — | — | — | — | — |
| 台湾同胞 | — | — | — | — | — | — |
| 包头 | 166.96 | 7.7 | 0.0 | 0.0 | 7.7 | 0.0 |
| 外国人 | 166.96 | 7.7 | 0.0 | 0.0 | 7.7 | 0.0 |
| 香港同胞 | — | — | — | — | — | — |
| 澳门同胞 | — | — | — | — | — | — |
| 台湾同胞 | — | — | — | — | — | — |
| 沈阳 | 200.15 | 38.8 | 21.8 | 8.6 | 4.2 | 4.2 |
| 外国人 | 201.49 | 40.8 | 22.0 | 9.1 | 4.4 | 5.3 |
| 香港同胞 | 185.44 | 24.0 | 20.1 | 3.9 | 0.0 | 0.0 |
| 澳门同胞 | 201.99 | 35.9 | 22.4 | 9.5 | 3.3 | 0.7 |
| 台湾同胞 | 202.10 | 30.6 | 19.7 | 5.1 | 3.6 | 2.2 |

| 住宿 | 餐饮 | 景区游览 | 娱乐 | 购物 | 市内交通 | 邮电通信 | 其他 |
|---|---|---|---|---|---|---|---|
| 6.1 | 4.6 | 2.4 | 4.6 | 7.1 | 0.9 | 0.6 | 9.4 |
| 6.3 | 4.2 | 2.7 | 3.6 | 6.6 | 0.9 | 0.9 | 10.9 |
| 9.5 | 9.7 | 3.0 | 26.8 | 42.2 | 1.6 | 0.9 | 6.3 |
| — | — | — | — | — | — | — | — |
| 27.0 | 39.0 | 0.0 | 17.0 | 6.8 | 0.0 | 0.0 | 3.4 |
| | | | | | | | |
| 15.5 | 9.1 | 4.1 | 6.6 | 34.8 | 3.4 | 1.5 | 10.7 |
| 15.5 | 9.3 | 4.3 | 5.7 | 34.8 | 3.3 | 1.1 | 11.2 |
| 12.9 | 11.4 | 2.5 | 14.7 | 31.4 | 1.1 | 3.1 | 11.9 |
| 12.5 | 8.3 | 2.1 | 0.0 | 66.8 | 0.0 | 1.3 | 9.0 |
| 16.0 | 5.3 | 2.7 | 0.0 | 50.3 | 0.0 | 8.0 | 17.7 |
| | | | | | | | |
| 15.9 | 6.3 | 9.2 | 8.7 | 27.9 | 4.7 | 1.7 | 3.2 |
| 16.2 | 6.4 | 8.8 | 8.0 | 29.5 | 4.9 | 1.7 | 3.1 |
| 17.7 | 6.6 | 14.1 | 15.4 | 26.7 | 1.0 | 0.0 | 0.0 |
| 26.9 | 9.4 | 0.0 | 0.0 | 20.0 | 4.3 | 1.2 | 0.0 |
| 15.9 | 10.2 | 17.5 | 0.0 | 17.3 | 0.0 | 0.0 | 0.0 |
| | | | | | | | |
| 1.7 | 2.5 | 1.3 | 2.1 | 65.3 | 1.6 | 0.8 | 7.7 |
| 1.7 | 2.5 | 1.3 | 2.1 | 65.3 | 1.6 | 0.8 | 7.7 |
| — | — | — | — | — | — | — | — |
| — | — | — | — | — | — | — | — |
| — | — | — | — | — | — | — | — |
| | | | | | | | |
| 13.4 | 4.1 | 4.5 | 5.8 | 54.2 | 10.3 | 0.0 | 0.0 |
| 13.4 | 4.1 | 4.5 | 5.8 | 54.2 | 10.3 | 0.0 | 0.0 |
| — | — | — | — | — | — | — | — |
| — | — | — | — | — | — | — | — |
| — | — | — | — | — | — | — | — |
| | | | | | | | |
| 11.5 | 7.1 | 5.6 | 5.8 | 19.0 | 2.7 | 2.2 | 7.3 |
| 11.1 | 6.9 | 5.5 | 5.8 | 18.7 | 2.5 | 2.0 | 6.7 |
| 12.5 | 7.9 | 5.2 | 6.1 | 20.0 | 3.4 | 4.0 | 16.9 |
| 15.9 | 9.8 | 9.5 | 4.4 | 16.2 | 3.1 | 1.7 | 3.5 |
| 13.1 | 7.7 | 5.3 | 5.0 | 21.3 | 3.6 | 1.8 | 11.6 |

1－20(续4)

| | 人均天花费(美元/人天) | 人均天花费构成(%) | | | | |
|---|---|---|---|---|---|---|
| | | 长途交通 | 飞机 | 火车 | 汽车 | 轮船 |
| 大连 | 203.99 | 30.3 | 20.4 | 5.2 | 1.3 | 3.4 |
| 外国人 | 204.70 | 31.2 | 20.7 | 5.3 | 1.6 | 3.6 |
| 香港同胞 | 195.58 | 24.7 | 22.9 | 1.8 | 0.0 | 0.0 |
| 澳门同胞 | 216.55 | 27.2 | 23.2 | 3.2 | 0.8 | 0.0 |
| 台湾同胞 | 209.21 | 20.4 | 18.5 | 0.5 | 1.4 | 0.0 |
| 鞍山 | 187.47 | 27.0 | 15.8 | 4.8 | 5.3 | 1.1 |
| 外国人 | 187.47 | 27.0 | 15.8 | 4.8 | 5.3 | 1.1 |
| 香港同胞 | — | — | — | — | — | — |
| 澳门同胞 | — | — | — | — | — | — |
| 台湾同胞 | — | — | — | — | — | — |
| 抚顺 | 227.45 | 19.4 | 14.2 | 3.2 | 1.7 | 0.3 |
| 外国人 | 226.34 | 20.9 | 15.0 | 3.7 | 1.9 | 0.3 |
| 香港同胞 | 233.74 | 14.5 | 12.1 | 2.4 | 0.0 | 0.0 |
| 澳门同胞 | — | — | — | — | — | — |
| 台湾同胞 | 239.97 | 7.0 | 4.7 | 0.6 | 1.7 | 0.0 |
| 本溪 | 230.11 | 74.3 | 69.2 | 3.3 | 1.8 | 0.0 |
| 外国人 | 228.50 | 79.2 | 77.7 | 0.0 | 1.5 | 0.0 |
| 香港同胞 | 229.15 | 68.8 | 62.7 | 3.8 | 2.3 | 0.0 |
| 澳门同胞 | 242.37 | 64.9 | 62.4 | 0.0 | 2.5 | 0.0 |
| 台湾同胞 | 229.15 | 70.1 | 64.5 | 3.9 | 1.7 | 0.0 |
| 丹东 | 208.64 | 36.3 | 20.9 | 5.7 | 5.2 | 4.5 |
| 外国人 | 208.64 | 36.3 | 20.9 | 5.7 | 5.2 | 4.5 |
| 香港同胞 | — | — | — | — | — | — |
| 澳门同胞 | — | — | — | — | — | — |
| 台湾同胞 | — | — | — | — | — | — |
| 营口 | 199.68 | 24.9 | 15.0 | 3.3 | 5.2 | 1.4 |
| 外国人 | 199.68 | 24.9 | 15.0 | 3.3 | 5.2 | 1.4 |
| 香港同胞 | — | — | — | — | — | — |
| 澳门同胞 | — | — | — | — | — | — |
| 台湾同胞 | — | — | — | — | — | — |

| 住宿 | 餐饮 | 景区游览 | 娱乐 | 购物 | 市内交通 | 邮电通信 | 其他 |
|---|---|---|---|---|---|---|---|
| 18.8 | 11.8 | 5.7 | 6.3 | 17.0 | 2.5 | 1.6 | 6.0 |
| 18.9 | 11.6 | 5.1 | 7.0 | 17.0 | 2.4 | 1.3 | 5.5 |
| 20.8 | 14.6 | 8.9 | 4.4 | 16.8 | 2.8 | 1.5 | 5.5 |
| 21.3 | 13.3 | 7.9 | 1.6 | 16.0 | 4.9 | 1.2 | 6.6 |
| 19.3 | 12.6 | 6.5 | 4.7 | 21.0 | 2.4 | 3.8 | 9.3 |
| | | | | | | | |
| 11.8 | 8.3 | 6.2 | 7.3 | 27.3 | 2.8 | 1.6 | 7.7 |
| 11.8 | 8.3 | 6.2 | 7.3 | 27.3 | 2.8 | 1.6 | 7.7 |
| — | — | — | — | — | — | — | — |
| — | — | — | — | — | — | — | — |
| — | — | — | — | — | — | — | — |
| | | | | | | | |
| 9.8 | 7.9 | 2.9 | 5.2 | 31.2 | 3.7 | 2.1 | 17.8 |
| 10.0 | 8.4 | 3.1 | 5.6 | 29.1 | 4.2 | 1.7 | 17.0 |
| 12.9 | 8.0 | 3.6 | 3.9 | 28.2 | 1.4 | 3.3 | 24.2 |
| — | — | — | — | — | — | — | — |
| 3.5 | 1.9 | 1.6 | 0.5 | 58.3 | 1.3 | 3.6 | 22.3 |
| | | | | | | | |
| 5.2 | 8.5 | 3.1 | 0.0 | 5.5 | 1.3 | 0.0 | 2.1 |
| 4.5 | 6.8 | 2.3 | 0.0 | 4.6 | 0.9 | 0.0 | 1.7 |
| 5.9 | 10.7 | 4.4 | 0.0 | 6.1 | 1.1 | 0.0 | 3.0 |
| 6.1 | 10.3 | 3.0 | 0.0 | 8.9 | 3.9 | 0.0 | 2.9 |
| 6.3 | 10.1 | 3.6 | 0.0 | 6.1 | 1.1 | 0.0 | 2.7 |
| | | | | | | | |
| 8.6 | 7.9 | 3.5 | 5.0 | 22.1 | 2.2 | 2.3 | 12.1 |
| 8.6 | 7.9 | 3.5 | 5.0 | 22.1 | 2.2 | 2.3 | 12.1 |
| — | — | — | — | — | — | — | — |
| — | — | — | — | — | — | — | — |
| — | — | — | — | — | — | — | — |
| | | | | | | | |
| 10.7 | 7.0 | 2.8 | 4.5 | 31.2 | 2.3 | 1.7 | 14.9 |
| 10.7 | 7.0 | 2.8 | 4.5 | 31.2 | 2.3 | 1.7 | 14.9 |
| — | — | — | — | — | — | — | — |
| — | — | — | — | — | — | — | — |
| — | — | — | — | — | — | — | — |

1－20(续5)

| | 人均天花费(美元/人天) | 人均天花费构成(%) | | | | |
|---|---|---|---|---|---|---|
| | | 长途交通 | 飞机 | 火车 | 汽车 | 轮船 |
| 葫芦岛 | 219.41 | 23.2 | 12.3 | 5.4 | 3.9 | 1.6 |
| 外国人 | 219.61 | 23.4 | 11.3 | 5.8 | 4.7 | 1.6 |
| 香港同胞 | 212.55 | 21.4 | 16.8 | 4.5 | 0.1 | 0.0 |
| 澳门同胞 | 240.38 | 25.4 | 17.0 | 6.8 | 1.6 | 0.0 |
| 台湾同胞 | 208.88 | 18.6 | 11.6 | 2.8 | 4.2 | 0.0 |
| 长春 | 185.19 | 39.9 | 32.3 | 4.9 | 2.7 | 0.0 |
| 外国人 | 180.73 | 41.2 | 33.7 | 5.0 | 2.5 | 0.0 |
| 香港同胞 | 212.78 | 32.6 | 29.4 | 0.0 | 3.2 | 0.0 |
| 澳门同胞 | 255.52 | 31.4 | 28.2 | 0.0 | 3.2 | 0.0 |
| 台湾同胞 | 176.72 | 32.4 | 25.4 | 3.2 | 3.8 | 0.0 |
| 吉林 | 174.85 | 37.0 | 35.5 | 1.5 | 0.0 | 0.0 |
| 外国人 | 174.58 | 37.0 | 35.4 | 1.6 | 0.0 | 0.0 |
| 香港同胞 | 177.03 | 50.0 | 48.8 | 1.2 | 0.0 | 0.0 |
| 澳门同胞 | 184.79 | 51.1 | 49.7 | 1.4 | 0.0 | 0.0 |
| 台湾同胞 | 170.48 | 52.4 | 50.9 | 1.5 | 0.0 | 0.0 |
| 松原 | 149.26 | 45.6 | 38.5 | 4.1 | 3.0 | 0.0 |
| 外国人 | 150.85 | 45.5 | 38.8 | 3.6 | 3.1 | 0.0 |
| 香港同胞 | 103.51 | 45.8 | 34.1 | 9.7 | 2.0 | 0.0 |
| 澳门同胞 | 153.92 | 54.1 | 44.1 | 6.4 | 3.6 | 0.0 |
| 台湾同胞 | 155.17 | 56.7 | 45.8 | 7.3 | 3.6 | 0.0 |
| 延吉 | 194.46 | 25.6 | 15.5 | 6.6 | 3.5 | 0.0 |
| 外国人 | 198.03 | 25.7 | 15.6 | 6.6 | 3.5 | 0.0 |
| 香港同胞 | — | — | — | — | — | — |
| 澳门同胞 | 139.20 | 38.9 | 32.1 | 0.0 | 6.8 | 0.0 |
| 台湾同胞 | 98.53 | 15.7 | 1.5 | 6.5 | 7.7 | 0.0 |
| 哈尔滨 | 221.44 | 26.3 | 18.3 | 3.9 | 3.1 | 1.0 |
| 外国人 | 220.71 | 26.9 | 18.8 | 4.0 | 3.2 | 0.9 |
| 香港同胞 | 204.59 | 21.4 | 21.4 | 0.0 | 0.0 | 0.0 |
| 澳门同胞 | 281.64 | 25.3 | 25.3 | 0.0 | 0.0 | 0.0 |
| 台湾同胞 | 233.88 | 5.3 | 5.3 | 0.0 | 0.0 | 0.0 |

| 住宿 | 餐饮 | 景区游览 | 娱乐 | 购物 | 市内交通 | 邮电通信 | 其他 |
| --- | --- | --- | --- | --- | --- | --- | --- |
| 11.1 | 8.8 | 6.8 | 3.1 | 31.9 | 4.7 | 0.0 | 10.4 |
| 10.2 | 8.0 | 6.2 | 3.7 | 33.3 | 4.6 | 0.0 | 10.6 |
| 13.7 | 12.6 | 8.5 | 1.5 | 30.2 | 2.5 | 0.0 | 9.6 |
| 11.3 | 9.8 | 8.7 | 3.4 | 28.7 | 4.3 | 0.0 | 8.4 |
| 14.1 | 10.3 | 7.5 | 1.2 | 30.7 | 5.2 | 0.0 | 12.4 |
| | | | | | | | |
| 15.0 | 5.4 | 4.2 | 5.9 | 19.6 | 2.6 | 1.0 | 6.4 |
| 16.4 | 5.8 | 4.3 | 5.9 | 16.6 | 2.6 | 0.9 | 6.3 |
| 9.0 | 4.6 | 3.1 | 5.2 | 35.9 | 2.3 | 1.1 | 6.2 |
| 10.9 | 3.7 | 4.4 | 5.5 | 36.3 | 2.4 | 0.0 | 5.4 |
| 14.1 | 4.6 | 5.5 | 7.2 | 25.3 | 2.7 | 0.4 | 7.8 |
| | | | | | | | |
| 20.2 | 13.7 | 0.0 | 13.0 | 7.7 | 2.0 | 2.0 | 4.4 |
| 20.2 | 13.5 | 0.0 | 13.0 | 7.7 | 2.0 | 2.0 | 4.6 |
| 27.5 | 22.5 | 0.0 | 0.0 | 0.0 | 0.0 | 0.0 | 0.0 |
| 26.0 | 20.8 | 0.0 | 0.0 | 0.0 | 2.2 | 0.0 | 0.0 |
| 28.0 | 17.2 | 0.0 | 0.0 | 0.0 | 2.5 | 0.0 | 0.0 |
| | | | | | | | |
| 11.4 | 8.1 | 6.6 | 7.4 | 7.2 | 1.8 | 2.0 | 9.9 |
| 11.7 | 8.2 | 6.7 | 7.5 | 7.1 | 1.7 | 1.8 | 9.8 |
| 7.3 | 8.0 | 5.9 | 8.8 | 7.3 | 3.7 | 4.4 | 8.8 |
| 13.1 | 8.5 | 7.5 | 4.6 | 8.7 | 1.6 | 1.9 | 0.0 |
| 13.4 | 8.6 | 8.1 | 0.0 | 8.7 | 2.5 | 1.9 | 0.1 |
| | | | | | | | |
| 11.0 | 4.6 | 4.5 | 5.2 | 34.8 | 3.4 | 1.5 | 9.4 |
| 10.8 | 4.6 | 4.4 | 5.1 | 34.9 | 3.4 | 1.5 | 9.6 |
| — | — | — | — | — | — | — | — |
| 16.4 | 6.0 | 6.6 | 6.9 | 9.8 | 4.4 | 0.0 | 11.0 |
| 17.7 | 5.8 | 8.5 | 9.4 | 34.1 | 4.2 | 0.0 | 4.6 |
| | | | | | | | |
| 8.4 | 4.2 | 2.9 | 2.9 | 39.0 | 1.1 | 3.3 | 11.9 |
| 8.6 | 4.4 | 2.8 | 2.8 | 37.4 | 1.1 | 3.6 | 12.4 |
| 12.9 | 6.2 | 3.5 | 0.7 | 40.1 | 3.0 | 0.9 | 11.3 |
| 5.1 | 4.3 | 0.9 | 1.4 | 61.8 | 1.2 | 0.0 | 0.0 |
| 8.5 | 2.6 | 6.0 | 0.0 | 60.2 | 1.0 | 2.0 | 14.4 |

1-20(续6)

| | 人均天花费(美元/人天) | 人均天花费构成(%) | | | | |
|---|---|---|---|---|---|---|
| | | 长途交通 | | | | |
| | | | 飞　机 | 火　车 | 汽　车 | 轮　船 |
| 齐齐哈尔 | 100.65 | 36.8 | 36.8 | 0.0 | 0.0 | 0.0 |
| 外国人 | — | — | — | — | — | — |
| 香港同胞 | 134.05 | 41.2 | 41.2 | 0.0 | 0.0 | 0.0 |
| 澳门同胞 | — | — | — | — | — | — |
| 台湾同胞 | 81.03 | 0.0 | 0.0 | 0.0 | 0.0 | 0.0 |
| 大　庆 | 209.07 | 48.0 | 32.2 | 10.5 | 5.3 | 0.0 |
| 外国人 | 202.42 | 47.9 | 31.0 | 10.7 | 6.2 | 0.0 |
| 香港同胞 | 243.88 | 53.1 | 42.0 | 11.1 | 0.0 | 0.0 |
| 澳门同胞 | 235.23 | 33.3 | 29.4 | 0.0 | 3.9 | 0.0 |
| 台湾同胞 | 235.93 | 42.4 | 42.4 | 0.0 | 0.0 | 0.0 |
| 佳木斯 | 179.76 | 32.2 | 22.1 | 5.0 | 5.1 | 0.0 |
| 外国人 | 179.76 | 32.2 | 22.1 | 5.0 | 5.1 | 0.0 |
| 香港同胞 | — | — | — | — | — | — |
| 澳门同胞 | — | — | — | — | — | — |
| 台湾同胞 | — | — | — | — | — | — |
| 牡丹江 | 194.59 | 30.7 | 19.8 | 5.7 | 5.2 | 0.0 |
| 外国人 | 194.59 | 30.7 | 19.8 | 5.7 | 5.2 | 0.0 |
| 香港同胞 | — | — | — | — | — | — |
| 澳门同胞 | — | — | — | — | — | — |
| 台湾同胞 | — | — | — | — | — | — |
| 上　海 | 251.81 | 39.7 | 31.1 | 4.7 | 2.6 | 1.3 |
| 外国人 | 249.14 | 40.8 | 33.6 | 4.3 | 1.7 | 1.2 |
| 香港同胞 | 266.80 | 27.8 | 21.1 | 4.5 | 0.4 | 1.8 |
| 澳门同胞 | 296.09 | 24.2 | 19.7 | 3.7 | 0.0 | 0.8 |
| 台湾同胞 | 261.00 | 36.8 | 23.5 | 7.2 | 4.6 | 1.5 |
| 南　京 | 213.86 | 30.2 | 22.0 | 4.7 | 2.9 | 0.6 |
| 外国人 | 213.38 | 29.3 | 21.4 | 5.0 | 2.9 | 0.0 |
| 香港同胞 | 217.45 | 30.6 | 25.4 | 5.0 | 0.2 | 0.0 |
| 澳门同胞 | 235.74 | 16.9 | 6.4 | 5.9 | 2.7 | 1.9 |
| 台湾同胞 | 213.09 | 30.6 | 27.0 | 3.4 | 0.2 | 0.0 |

| 住宿 | 餐饮 | 景区游览 | 娱乐 | 购物 | 市内交通 | 邮电通信 | 其他 |
|---|---|---|---|---|---|---|---|
| 8.6 | 3.3 | 6.1 | 1.9 | 27.6 | 1.5 | 3.8 | 10.4 |
| — | — | — | — | — | — | — | — |
| 9.3 | 5.6 | 1.4 | 2.2 | 27.0 | 1.8 | 2.8 | 8.7 |
| — | — | — | — | — | — | — | — |
| 13.0 | 3.3 | 13.1 | 0.0 | 44.0 | 2.1 | 7.4 | 17.1 |
| | | | | | | | |
| 8.7 | 6.6 | 5.4 | 4.4 | 16.5 | 3.1 | 1.5 | 5.8 |
| 8.7 | 7.1 | 5.4 | 4.7 | 16.0 | 3.3 | 1.6 | 5.3 |
| 10.8 | 5.7 | 5.8 | 3.8 | 6.9 | 3.2 | 1.0 | 9.7 |
| 7.8 | 11.8 | 9.8 | 5.9 | 19.6 | 3.9 | 0.0 | 7.9 |
| 9.5 | 4.2 | 2.8 | 0.0 | 38.1 | 0.9 | 0.8 | 1.3 |
| | | | | | | | |
| 9.3 | 4.1 | 3.4 | 2.2 | 39.7 | 1.0 | 1.3 | 6.8 |
| 9.3 | 4.1 | 3.4 | 2.2 | 39.7 | 1.0 | 1.3 | 6.8 |
| — | — | — | — | — | — | — | — |
| — | — | — | — | — | — | — | — |
| — | — | — | — | — | — | — | — |
| | | | | | | | |
| 8.7 | 4.4 | 3.2 | 2.2 | 43.1 | 1.0 | 1.7 | 5.0 |
| 8.7 | 4.4 | 3.2 | 2.2 | 43.1 | 1.0 | 1.7 | 5.0 |
| — | — | — | — | — | — | — | — |
| — | — | — | — | — | — | — | — |
| — | — | — | — | — | — | — | — |
| | | | | | | | |
| 19.7 | 6.6 | 4.2 | 6.3 | 13.1 | 3.5 | 1.7 | 5.2 |
| 19.8 | 6.6 | 4.0 | 5.6 | 13.4 | 3.6 | 1.6 | 4.6 |
| 21.1 | 8.7 | 4.0 | 9.5 | 15.3 | 4.2 | 4.5 | 4.9 |
| 21.6 | 8.2 | 6.5 | 12.9 | 16.6 | 2.4 | 1.2 | 6.4 |
| 19.3 | 5.9 | 5.8 | 9.3 | 10.9 | 3.3 | 0.8 | 7.9 |
| | | | | | | | |
| 20.5 | 12.1 | 3.0 | 8.3 | 16.6 | 2.7 | 2.1 | 4.5 |
| 21.3 | 12.1 | 3.0 | 8.2 | 16.6 | 2.7 | 2.1 | 4.7 |
| 17.2 | 12.3 | 3.0 | 9.4 | 17.9 | 2.8 | 1.8 | 5.0 |
| 23.3 | 19.1 | 2.8 | 4.9 | 25.4 | 3.5 | 2.2 | 1.9 |
| 18.4 | 12.2 | 3.0 | 8.1 | 16.6 | 3.2 | 2.7 | 5.2 |

1－20(续7)

| | 人均天花费(美元/人天) | 人均天花费构成(%) | | | | |
|---|---|---|---|---|---|---|
| | | 长途交通 | 飞机 | 火车 | 汽车 | 轮船 |
| 无锡 | 216.38 | 32.8 | 25.0 | 1.9 | 4.9 | 1.0 |
| 外国人 | 214.49 | 35.8 | 27.1 | 1.9 | 6.8 | 0.0 |
| 香港同胞 | 217.77 | 26.3 | 22.7 | 2.4 | 1.2 | 0.0 |
| 澳门同胞 | 230.85 | 21.5 | 11.4 | 2.0 | 4.8 | 3.3 |
| 台湾同胞 | 218.03 | 27.7 | 24.6 | 1.8 | 1.3 | 0.0 |
| 苏州 | 219.12 | 33.0 | 23.9 | 2.4 | 2.1 | 4.6 |
| 外国人 | 218.56 | 31.1 | 24.7 | 2.6 | 1.7 | 2.1 |
| 香港同胞 | 218.23 | 29.1 | 24.4 | 1.4 | 3.3 | 0.0 |
| 澳门同胞 | 233.60 | 27.0 | 25.1 | 1.0 | 0.5 | 0.4 |
| 台湾同胞 | 219.89 | 32.8 | 22.4 | 2.2 | 2.4 | 5.8 |
| 南通 | 193.36 | 38.0 | 26.3 | 9.0 | 2.7 | 0.0 |
| 外国人 | 195.28 | 37.6 | 27.7 | 7.3 | 2.6 | 0.0 |
| 香港同胞 | 209.52 | 44.4 | 28.2 | 12.5 | 3.7 | 0.0 |
| 澳门同胞 | 192.99 | 29.3 | 26.5 | 0.0 | 2.8 | 0.0 |
| 台湾同胞 | 182.11 | 24.3 | 21.2 | 0.0 | 3.1 | 0.0 |
| 扬州 | 211.50 | 31.5 | 22.8 | 4.6 | 2.5 | 1.6 |
| 外国人 | 209.05 | 30.7 | 22.2 | 5.4 | 2.4 | 0.7 |
| 香港同胞 | 211.87 | 27.6 | 23.0 | 0.9 | 3.7 | 0.0 |
| 澳门同胞 | 233.91 | 43.3 | 36.4 | 5.6 | 0.8 | 0.5 |
| 台湾同胞 | 214.86 | 28.1 | 24.5 | 2.2 | 1.4 | 0.0 |
| 杭州 | 216.23 | 33.8 | 23.5 | 2.8 | 4.3 | 3.2 |
| 外国人 | 218.10 | 34.5 | 24.0 | 2.8 | 4.3 | 3.4 |
| 香港同胞 | 199.87 | 23.9 | 17.4 | 2.1 | 4.2 | 0.2 |
| 澳门同胞 | 199.15 | 15.8 | 10.5 | 0.0 | 5.3 | 0.0 |
| 台湾同胞 | 217.14 | 23.1 | 15.3 | 1.9 | 5.9 | 0.0 |
| 宁波 | 211.02 | 29.7 | 22.6 | 2.5 | 3.6 | 1.0 |
| 外国人 | 207.18 | 28.9 | 21.9 | 2.4 | 3.3 | 1.3 |
| 香港同胞 | 225.91 | 21.7 | 16.6 | 1.2 | 3.8 | 0.1 |
| 澳门同胞 | 171.63 | 35.2 | 19.4 | 2.7 | 13.1 | 0.0 |
| 台湾同胞 | 225.25 | 25.8 | 19.1 | 1.5 | 5.2 | 0.0 |

| 住宿 | 餐饮 | 景区游览 | 娱乐 | 购物 | 市内交通 | 邮电通信 | 其他 |
|---|---|---|---|---|---|---|---|
| 15.3 | 7.7 | 5.6 | 6.9 | 17.9 | 2.5 | 2.2 | 9.1 |
| 15.9 | 8.1 | 5.4 | 6.5 | 15.6 | 2.6 | 2.5 | 7.6 |
| 14.5 | 8.1 | 5.5 | 6.3 | 21.2 | 2.4 | 1.7 | 14.0 |
| 11.8 | 6.3 | 4.9 | 8.8 | 33.2 | 1.9 | 0.2 | 11.4 |
| 15.7 | 7.4 | 6.1 | 8.9 | 20.3 | 2.6 | 1.9 | 9.4 |
| | | | | | | | |
| 14.4 | 6.5 | 3.6 | 5.1 | 25.7 | 2.2 | 2.4 | 7.1 |
| 15.5 | 6.9 | 3.5 | 4.6 | 27.1 | 2.4 | 2.2 | 6.7 |
| 15.4 | 7.5 | 4.5 | 8.3 | 20.7 | 2.3 | 2.4 | 9.8 |
| 19.0 | 8.0 | 2.8 | 10.0 | 26.2 | 2.3 | 1.3 | 3.4 |
| 10.8 | 5.2 | 4.4 | 6.2 | 25.3 | 2.0 | 4.2 | 9.1 |
| | | | | | | | |
| 18.5 | 10.3 | 7.6 | 8.4 | 7.4 | 2.2 | 1.1 | 6.5 |
| 17.9 | 10.4 | 8.2 | 9.2 | 7.4 | 2.3 | 0.9 | 6.1 |
| 19.1 | 10.0 | 3.1 | 6.0 | 5.7 | 2.0 | 0.8 | 8.9 |
| 28.0 | 14.1 | 5.7 | 5.7 | 10.6 | 2.5 | 2.3 | 1.8 |
| 24.3 | 12.5 | 8.0 | 7.9 | 9.9 | 2.3 | 1.7 | 9.1 |
| | | | | | | | |
| 14.5 | 8.3 | 4.4 | 6.6 | 23.7 | 1.9 | 1.3 | 7.8 |
| 15.3 | 8.8 | 3.6 | 6.3 | 24.2 | 2.2 | 1.5 | 7.4 |
| 14.8 | 8.1 | 5.6 | 7.8 | 24.1 | 1.8 | 0.9 | 9.3 |
| 12.3 | 9.0 | 5.9 | 7.5 | 13.7 | 2.0 | 0.6 | 5.7 |
| 13.5 | 7.6 | 5.8 | 7.3 | 27.6 | 1.6 | 0.8 | 7.7 |
| | | | | | | | |
| 13.2 | 6.0 | 4.7 | 5.5 | 24.7 | 2.8 | 1.9 | 7.4 |
| 13.0 | 6.0 | 4.8 | 5.5 | 24.1 | 2.9 | 1.9 | 7.3 |
| 17.6 | 6.9 | 4.6 | 9.0 | 28.3 | 2.2 | 1.3 | 6.2 |
| 10.7 | 5.0 | 5.4 | 2.7 | 45.6 | 1.7 | 3.0 | 10.1 |
| 14.0 | 6.5 | 4.8 | 3.4 | 32.4 | 1.5 | 1.7 | 12.6 |
| | | | | | | | |
| 11.8 | 5.8 | 6.9 | 6.6 | 21.6 | 3.2 | 2.2 | 12.2 |
| 11.7 | 6.0 | 7.1 | 7.5 | 19.4 | 3.6 | 2.0 | 13.8 |
| 12.7 | 5.8 | 6.0 | 4.6 | 32.7 | 2.0 | 2.7 | 11.8 |
| 17.4 | 5.5 | 12.7 | 1.0 | 15.5 | 0.1 | 2.2 | 10.4 |
| 13.1 | 5.1 | 9.4 | 4.5 | 30.9 | 0.7 | 4.2 | 6.3 |

1－20(续8)

| | 人均天花费(美元/人天) | 人均天花费构成(%) | | | | |
|---|---|---|---|---|---|---|
| | | 长途交通 | 飞机 | 火车 | 汽车 | 轮船 |
| 温州 | 197.68 | 40.9 | 21.6 | 4.5 | 5.8 | 9.0 |
| 外国人 | 204.31 | 41.5 | 22.2 | 4.1 | 5.5 | 9.7 |
| 香港同胞 | 148.95 | 25.4 | 25.4 | 0.0 | 0.0 | 0.0 |
| 澳门同胞 | 200.40 | 21.0 | 19.0 | 0.0 | 2.0 | 0.0 |
| 台湾同胞 | 183.79 | 25.7 | 18.9 | 0.0 | 0.0 | 6.8 |
| 绍兴 | 200.80 | 34.2 | 27.5 | 1.6 | 3.1 | 2.0 |
| 外国人 | 199.01 | 33.8 | 27.2 | 1.6 | 3.0 | 2.0 |
| 香港同胞 | 243.29 | 39.8 | 38.4 | 1.4 | 0.0 | 0.0 |
| 澳门同胞 | 125.57 | 18.3 | 18.3 | 0.0 | 0.0 | 0.0 |
| 台湾同胞 | 319.42 | 60.4 | 58.3 | 2.1 | 0.0 | 0.0 |
| 金华 | 183.58 | 37.5 | 29.3 | 2.1 | 3.7 | 2.4 |
| 外国人 | 183.72 | 38.5 | 30.4 | 2.0 | 3.6 | 2.5 |
| 香港同胞 | 182.63 | 13.3 | 6.6 | 0.0 | 6.7 | 0.0 |
| 澳门同胞 | — | — | — | — | — | — |
| 台湾同胞 | 180.00 | 7.9 | 0.0 | 0.0 | 7.9 | 0.0 |
| 合肥 | 197.02 | 21.3 | 9.8 | 5.0 | 6.5 | 0.0 |
| 外国人 | 197.02 | 21.3 | 9.8 | 5.0 | 6.5 | 0.0 |
| 香港同胞 | — | — | — | — | — | — |
| 澳门同胞 | — | — | — | — | — | — |
| 台湾同胞 | — | — | — | — | — | — |
| 芜湖 | 138.94 | 32.3 | 27.4 | 3.2 | 1.7 | 0.0 |
| 外国人 | 139.88 | 33.1 | 28.1 | 3.2 | 1.8 | 0.0 |
| 香港同胞 | 95.52 | 3.8 | 0.0 | 0.0 | 3.8 | 0.0 |
| 澳门同胞 | 129.29 | 11.5 | 8.5 | 3.0 | 0.0 | 0.0 |
| 台湾同胞 | 170.38 | 26.8 | 25.9 | 0.0 | 0.9 | 0.0 |
| 马鞍山 | 205.64 | 28.5 | 24.4 | 1.0 | 3.1 | 0.0 |
| 外国人 | 206.09 | 29.6 | 24.9 | 1.3 | 3.4 | 0.0 |
| 香港同胞 | 223.37 | 54.3 | 51.5 | 0.0 | 2.8 | 0.0 |
| 澳门同胞 | 228.70 | 18.1 | 18.1 | 0.0 | 0.0 | 0.0 |
| 台湾同胞 | 168.04 | 16.4 | 15.3 | 0.9 | 0.2 | 0.0 |

| 住宿 | 餐饮 | 景区游览 | 娱乐 | 购物 | 市内交通 | 邮电通信 | 其他 |
|---|---|---|---|---|---|---|---|
| 14.9 | 8.9 | 6.0 | 6.5 | 13.8 | 2.2 | 1.7 | 5.1 |
| 15.4 | 9.5 | 6.1 | 6.3 | 13.5 | 1.9 | 1.4 | 4.4 |
| 16.7 | 7.7 | 8.4 | 6.7 | 13.7 | 11.9 | 3.7 | 5.8 |
| 18.4 | 7.8 | 7.0 | 3.2 | 25.6 | 1.9 | 1.7 | 13.4 |
| 12.4 | 10.1 | 7.2 | 12.1 | 17.3 | 2.3 | 3.4 | 9.5 |
| | | | | | | | |
| 12.8 | 6.1 | 8.1 | 6.4 | 16.9 | 3.7 | 2.5 | 9.3 |
| 12.8 | 6.1 | 8.1 | 6.5 | 16.5 | 3.9 | 2.6 | 9.7 |
| 10.9 | 3.7 | 6.2 | 6.6 | 27.1 | 0.9 | 1.4 | 3.4 |
| 29.5 | 4.4 | 22.2 | 0.0 | 25.6 | 0.0 | 0.0 | 0.0 |
| 11.3 | 4.7 | 0.0 | 6.0 | 17.1 | 0.4 | 0.0 | 0.1 |
| | | | | | | | |
| 11.4 | 5.8 | 2.4 | 8.1 | 20.4 | 3.9 | 1.8 | 8.7 |
| 11.4 | 5.6 | 2.3 | 8.4 | 19.3 | 4.0 | 1.8 | 8.7 |
| 14.6 | 13.4 | 4.0 | 2.5 | 36.9 | 1.2 | 1.6 | 12.5 |
| — | — | — | — | — | — | — | — |
| 11.7 | 4.2 | 6.8 | 0.0 | 53.6 | 0.0 | 1.7 | 14.1 |
| | | | | | | | |
| 7.5 | 5.5 | 5.6 | 2.1 | 32.5 | 0.9 | 14.3 | 10.3 |
| 7.5 | 5.5 | 5.6 | 2.1 | 32.5 | 0.9 | 14.3 | 10.3 |
| — | — | — | — | — | — | — | — |
| — | — | — | — | — | — | — | — |
| — | — | — | — | — | — | — | — |
| | | | | | | | |
| 10.9 | 7.4 | 5.9 | 6.1 | 17.3 | 4.3 | 9.2 | 6.6 |
| 10.7 | 7.6 | 6.2 | 6.3 | 17.4 | 4.6 | 5.8 | 8.3 |
| 42.9 | 15.8 | 0.0 | 23.1 | 10.6 | 1.9 | 0.0 | 1.9 |
| 22.1 | 6.9 | 3.1 | 4.3 | 52.1 | 0.0 | 0.0 | 0.0 |
| 13.8 | 8.8 | 0.0 | 1.7 | 17.2 | 2.1 | 27.0 | 2.6 |
| | | | | | | | |
| 18.7 | 10.9 | 8.4 | 7.8 | 19.8 | 1.7 | 0.7 | 3.5 |
| 18.1 | 10.6 | 9.3 | 7.4 | 19.8 | 1.6 | 0.7 | 2.9 |
| 26.4 | 9.4 | 0.0 | 0.0 | 9.9 | 0.0 | 0.0 | 0.0 |
| 26.8 | 21.0 | 0.0 | 11.1 | 5.8 | 3.6 | 0.0 | 13.6 |
| 28.7 | 14.4 | 2.3 | 20.8 | 2.7 | 0.5 | 0.0 | 14.2 |

1－20(续9)

| | 人均天花费(美元/人天) | 人均天花费构成(%) | | | | |
|---|---|---|---|---|---|---|
| | | 长途交通 | 飞　机 | 火　车 | 汽　车 | 轮　船 |
| 铜　　陵 | 221.58 | 28.3 | 21.1 | 4.4 | 2.8 | 0.0 |
| 外国人 | 220.66 | 28.4 | 20.7 | 5.0 | 2.7 | 0.0 |
| 香港同胞 | 223.37 | 26.2 | 22.8 | 0.0 | 3.4 | 0.0 |
| 澳门同胞 | 228.70 | 27.7 | 22.2 | 1.8 | 3.7 | 0.0 |
| 台湾同胞 | 237.29 | 29.5 | 25.9 | 1.0 | 2.6 | 0.0 |
| 安　　庆 | 188.11 | 36.4 | 20.9 | 6.6 | 6.7 | 2.2 |
| 外国人 | 187.02 | 35.6 | 20.0 | 6.8 | 6.6 | 2.2 |
| 香港同胞 | 212.56 | 37.8 | 29.5 | 0.4 | 7.9 | 0.0 |
| 澳门同胞 | — | — | — | — | — | — |
| 台湾同胞 | 178.26 | 42.5 | 39.0 | 0.2 | 3.3 | 0.0 |
| 黄　　山 | 146.60 | 45.1 | 22.0 | 10.3 | 12.8 | 0.0 |
| 外国人 | 151.80 | 45.8 | 21.5 | 10.7 | 13.6 | 0.0 |
| 香港同胞 | 114.24 | 44.3 | 28.8 | 6.8 | 8.7 | 0.0 |
| 澳门同胞 | 142.45 | 47.2 | 26.7 | 11.2 | 9.3 | 0.0 |
| 台湾同胞 | 131.33 | 36.8 | 17.2 | 10.2 | 9.4 | 0.0 |
| 滁　　州 | 212.83 | 40.7 | 35.0 | 3.4 | 2.3 | 0.0 |
| 外国人 | 210.46 | 43.4 | 37.9 | 3.3 | 2.2 | 0.0 |
| 香港同胞 | 212.77 | 33.9 | 27.4 | 2.9 | 3.6 | 0.0 |
| 澳门同胞 | — | — | — | — | — | — |
| 台湾同胞 | 233.83 | 30.4 | 27.0 | 3.4 | 0.0 | 0.0 |
| 亳　　州 | 166.52 | 32.1 | 21.3 | 6.9 | 3.9 | 0.0 |
| 外国人 | 162.34 | 33.4 | 23.1 | 6.6 | 3.7 | 0.0 |
| 香港同胞 | 175.09 | 32.9 | 21.6 | 6.9 | 4.4 | 0.0 |
| 澳门同胞 | 204.13 | 14.1 | 0.0 | 14.1 | 0.0 | 0.0 |
| 台湾同胞 | 169.90 | 19.6 | 8.9 | 6.3 | 4.4 | 0.0 |
| 池　　州 | 195.58 | 33.3 | 14.3 | 8.3 | 10.7 | 0.0 |
| 外国人 | 195.58 | 33.3 | 14.3 | 8.3 | 10.7 | 0.0 |
| 香港同胞 | — | — | — | — | — | — |
| 澳门同胞 | — | — | — | — | — | — |
| 台湾同胞 | — | — | — | — | — | — |

| 住宿 | 餐饮 | 景区游览 | 娱乐 | 购物 | 市内交通 | 邮电通信 | 其他 |
|---|---|---|---|---|---|---|---|
| 7.3 | 9.8 | 3.5 | 12.8 | 21.3 | 1.5 | 2.3 | 13.2 |
| 7.2 | 9.7 | 3.5 | 12.8 | 21.1 | 1.5 | 2.2 | 13.6 |
| 14.0 | 9.4 | 0.0 | 13.0 | 20.4 | 1.7 | 0.0 | 15.3 |
| 7.4 | 11.1 | 0.0 | 0.0 | 33.2 | 1.8 | 0.0 | 18.8 |
| 4.8 | 9.9 | 1.3 | 12.8 | 27.2 | 1.3 | 2.2 | 11.0 |
| 10.9 | 8.3 | 5.0 | 6.3 | 20.5 | 1.7 | 2.1 | 8.8 |
| 11.4 | 8.2 | 5.1 | 6.6 | 20.0 | 1.7 | 2.2 | 9.2 |
| 9.7 | 12.6 | 5.4 | 4.6 | 18.8 | 2.2 | 0.4 | 8.5 |
| — | — | — | — | — | — | — | — |
| 6.5 | 6.8 | 6.1 | 4.1 | 26.3 | 1.5 | 1.3 | 4.9 |
| 15.1 | 11.2 | 12.4 | 3.5 | 7.8 | 2.1 | 0.8 | 2.0 |
| 15.6 | 11.2 | 12.1 | 3.3 | 7.3 | 2.1 | 0.8 | 1.8 |
| 12.4 | 11.0 | 13.3 | 1.4 | 11.5 | 1.6 | 1.3 | 3.2 |
| 12.7 | 11.1 | 12.9 | 1.8 | 10.1 | 1.9 | 0.8 | 1.5 |
| 13.9 | 13.4 | 15.2 | 5.8 | 10.5 | 2.2 | 1.1 | 1.1 |
| 17.7 | 12.2 | 4.9 | 5.0 | 8.4 | 2.3 | 1.1 | 7.7 |
| 18.1 | 11.0 | 4.8 | 4.9 | 6.9 | 2.1 | 1.2 | 7.6 |
| 14.5 | 9.6 | 5.7 | 1.8 | 17.1 | 7.9 | 0.0 | 9.5 |
| — | — | — | — | — | — | — | — |
| 16.1 | 21.7 | 3.6 | 7.3 | 12.9 | 0.8 | 0.0 | 7.2 |
| 8.2 | 8.0 | 4.9 | 7.7 | 23.7 | 3.2 | 5.7 | 6.5 |
| 8.1 | 6.8 | 5.1 | 7.3 | 23.2 | 3.7 | 5.8 | 6.6 |
| 9.1 | 14.5 | 4.8 | 9.1 | 19.9 | 1.5 | 0.0 | 8.2 |
| 13.9 | 10.4 | 5.1 | 9.1 | 33.7 | 1.5 | 0.0 | 12.2 |
| 7.9 | 11.1 | 5.7 | 8.9 | 38.7 | 1.8 | 0.0 | 6.3 |
| 11.0 | 7.8 | 9.1 | 2.4 | 29.3 | 1.6 | 4.2 | 1.3 |
| 11.0 | 7.8 | 9.1 | 2.4 | 29.3 | 1.6 | 4.2 | 1.3 |
| — | — | — | — | — | — | — | — |
| — | — | — | — | — | — | — | — |
| — | — | — | — | — | — | — | — |

1－20(续10)

| | 人均天花费(美元/人天) | 人均天花费构成(%) | | | | |
|---|---|---|---|---|---|---|
| | | 长途交通 | 飞　机 | 火　车 | 汽　车 | 轮　船 |
| 宣　城 | 178.93 | 31.9 | 22.3 | 3.9 | 5.7 | 0.0 |
| 外国人 | 173.11 | 32.0 | 22.4 | 3.8 | 5.8 | 0.0 |
| 香港同胞 | 180.62 | 25.1 | 16.6 | 3.8 | 4.7 | 0.0 |
| 澳门同胞 | 366.06 | 30.0 | 17.0 | 7.1 | 5.9 | 0.0 |
| 台湾同胞 | 225.06 | 30.8 | 22.9 | 3.9 | 4.0 | 0.0 |
| 福　州 | 213.09 | 43.8 | 36.8 | 3.6 | 2.3 | 1.1 |
| 外国人 | 210.32 | 50.0 | 44.3 | 3.7 | 2.0 | 0.0 |
| 香港同胞 | 201.84 | 30.2 | 20.7 | 5.9 | 3.2 | 0.4 |
| 澳门同胞 | 219.69 | 19.9 | 15.7 | 0.0 | 4.2 | 0.0 |
| 台湾同胞 | 232.10 | 36.2 | 29.9 | 3.1 | 2.1 | 1.1 |
| 厦　门 | 204.46 | 38.6 | 30.3 | 3.0 | 3.0 | 2.3 |
| 外国人 | 203.42 | 40.3 | 32.9 | 3.1 | 2.4 | 1.9 |
| 香港同胞 | 198.12 | 27.6 | 25.7 | 0.5 | 0.3 | 1.1 |
| 澳门同胞 | 232.53 | 24.7 | 16.2 | 0.0 | 1.6 | 6.9 |
| 台湾同胞 | 212.10 | 32.5 | 23.2 | 1.4 | 5.0 | 2.9 |
| 泉　州 | 190.51 | 38.7 | 21.4 | 7.9 | 2.4 | 7.0 |
| 外国人 | 187.27 | 37.5 | 24.4 | 10.8 | 2.3 | 0.0 |
| 香港同胞 | 184.28 | 26.6 | 24.5 | 0.2 | 1.7 | 0.2 |
| 澳门同胞 | 241.69 | 19.7 | 18.7 | 0.0 | 1.0 | 0.0 |
| 台湾同胞 | 194.63 | 39.7 | 25.4 | 4.8 | 4.1 | 5.4 |
| 漳　州 | 190.77 | 31.6 | 21.3 | 4.4 | 3.0 | 2.9 |
| 外国人 | 193.58 | 32.2 | 24.6 | 4.5 | 3.1 | 0.0 |
| 香港同胞 | 171.96 | 32.1 | 26.9 | 1.6 | 1.9 | 1.7 |
| 澳门同胞 | 197.56 | 4.4 | 0.0 | 0.0 | 4.4 | 0.0 |
| 台湾同胞 | 195.88 | 32.0 | 19.7 | 5.1 | 3.4 | 3.8 |
| 武夷山 | 150.17 | 24.2 | 15.0 | 4.5 | 3.5 | 1.2 |
| 外国人 | 169.09 | 23.4 | 14.5 | 5.1 | 3.7 | 0.1 |
| 香港同胞 | 149.18 | 16.5 | 6.9 | 3.5 | 2.4 | 3.7 |
| 澳门同胞 | 184.00 | 4.9 | 0.0 | 0.0 | 4.9 | 0.0 |
| 台湾同胞 | 123.70 | 31.3 | 25.3 | 2.1 | 3.9 | 0.0 |

| | | | | | | | |
|---|---|---|---|---|---|---|---|
| 住宿 | 餐饮 | 景区游览 | 娱乐 | 购物 | 市内交通 | 邮电通信 | 其他 |
| 9.6 | 8.8 | 4.9 | 4.6 | 26.3 | 1.3 | 3.5 | 9.1 |
| 9.8 | 8.0 | 4.7 | 4.7 | 26.3 | 1.4 | 3.6 | 9.5 |
| 12.9 | 24.6 | 7.4 | 0.0 | 20.1 | 0.8 | 4.2 | 4.9 |
| 8.1 | 7.1 | 8.2 | 1.1 | 29.8 | 1.2 | 3.2 | 11.3 |
| 11.9 | 20.7 | 5.2 | 2.2 | 26.4 | 0.9 | 0.0 | 1.9 |
| | | | | | | | |
| 9.1 | 6.1 | 3.0 | 8.7 | 20.5 | 1.5 | 1.1 | 6.2 |
| 8.9 | 5.7 | 2.8 | 7.2 | 16.3 | 1.4 | 1.0 | 6.7 |
| 11.1 | 7.8 | 3.8 | 13.1 | 26.8 | 1.8 | 1.4 | 4.0 |
| 9.7 | 7.8 | 4.9 | 8.2 | 43.7 | 1.9 | 1.1 | 2.8 |
| 9.4 | 7.0 | 3.1 | 9.1 | 26.0 | 1.6 | 1.5 | 6.1 |
| | | | | | | | |
| 12.3 | 7.4 | 3.2 | 10.9 | 17.3 | 1.8 | 1.2 | 7.3 |
| 12.1 | 7.2 | 3.1 | 11.4 | 17.1 | 1.7 | 0.8 | 6.3 |
| 18.5 | 10.6 | 4.6 | 9.1 | 18.3 | 2.4 | 1.5 | 7.4 |
| 11.9 | 8.6 | 4.3 | 9.3 | 28.8 | 2.3 | 2.2 | 7.9 |
| 9.9 | 7.5 | 2.9 | 10.2 | 18.9 | 2.2 | 2.1 | 13.8 |
| | | | | | | | |
| 8.2 | 7.1 | 10.4 | 8.4 | 15.8 | 2.4 | 2.9 | 6.1 |
| 10.0 | 6.4 | 13.4 | 10.1 | 12.7 | 1.6 | 3.9 | 4.4 |
| 10.0 | 12.2 | 8.9 | 11.9 | 18.1 | 1.9 | 1.4 | 9.0 |
| 10.3 | 7.3 | 1.6 | 10.5 | 32.3 | 2.5 | 2.9 | 12.9 |
| 7.6 | 7.4 | 0.6 | 5.2 | 24.7 | 5.7 | 4.3 | 4.8 |
| | | | | | | | |
| 8.2 | 4.8 | 4.3 | 8.7 | 26.8 | 2.2 | 2.1 | 11.3 |
| 8.1 | 4.6 | 4.1 | 9.5 | 25.1 | 2.1 | 2.1 | 12.2 |
| 8.2 | 4.8 | 0.8 | 12.8 | 29.0 | 2.2 | 1.3 | 8.8 |
| 9.9 | 7.1 | 7.0 | 0.0 | 54.9 | 2.8 | 2.1 | 11.8 |
| 9.6 | 4.8 | 5.9 | 3.4 | 29.9 | 2.7 | 3.2 | 8.5 |
| | | | | | | | |
| 10.3 | 4.1 | 2.6 | 15.5 | 31.9 | 3.0 | 2.6 | 5.8 |
| 8.0 | 3.3 | 1.9 | 17.1 | 34.0 | 2.4 | 3.7 | 6.2 |
| 14.8 | 4.0 | 2.3 | 29.3 | 24.2 | 3.0 | 1.4 | 4.5 |
| 11.0 | 7.9 | 7.8 | 0.0 | 61.8 | 3.1 | 3.5 | 0.0 |
| 11.8 | 6.0 | 3.9 | 2.5 | 31.0 | 4.4 | 2.3 | 6.8 |

1－20(续11)

| | 人均天花费(美元/人天) | 人均天花费构成(%) | | | | |
|---|---|---|---|---|---|---|
| | | 长途交通 | 飞机 | 火车 | 汽车 | 轮船 |
| 南昌 | 167.20 | 40.0 | 22.4 | 4.6 | 5.8 | 7.2 |
| 外国人 | 156.52 | 41.8 | 23.0 | 5.1 | 5.6 | 8.1 |
| 香港同胞 | 191.71 | 32.3 | 17.5 | 3.1 | 11.7 | 0.0 |
| 澳门同胞 | 199.46 | 31.4 | 27.2 | 0.4 | 3.8 | 0.0 |
| 台湾同胞 | 175.00 | 33.0 | 19.8 | 5.7 | 7.5 | 0.0 |
| 景德镇 | 175.73 | 32.1 | 22.1 | 4.9 | 5.1 | 0.0 |
| 外国人 | 176.18 | 34.2 | 26.3 | 1.1 | 6.8 | 0.0 |
| 香港同胞 | 171.57 | 23.0 | 17.1 | 4.8 | 1.1 | 0.0 |
| 澳门同胞 | 184.23 | 14.0 | 11.9 | 0.0 | 2.1 | 0.0 |
| 台湾同胞 | 159.85 | 24.0 | 17.0 | 3.8 | 3.2 | 0.0 |
| 九江 | 184.87 | 31.6 | 21.3 | 3.5 | 6.8 | 0.0 |
| 外国人 | 198.55 | 32.7 | 21.7 | 3.4 | 7.6 | 0.0 |
| 香港同胞 | 141.58 | 8.4 | 5.5 | 0.0 | 2.9 | 0.0 |
| 澳门同胞 | 167.10 | 6.7 | 0.0 | 0.0 | 6.7 | 0.0 |
| 台湾同胞 | 136.58 | 17.6 | 7.5 | 5.5 | 4.6 | 0.0 |
| 鹰潭 | 157.06 | 32.8 | 22.1 | 5.5 | 4.7 | 0.5 |
| 外国人 | 168.76 | 35.8 | 24.1 | 5.1 | 5.6 | 1.0 |
| 香港同胞 | 127.02 | 6.6 | 0.0 | 3.2 | 3.4 | 0.0 |
| 澳门同胞 | 137.35 | 26.6 | 20.8 | 0.0 | 5.8 | 0.0 |
| 台湾同胞 | 146.23 | 14.0 | 3.2 | 7.4 | 3.3 | 0.1 |
| 赣州 | 106.40 | 35.6 | 23.5 | 6.0 | 6.1 | 0.0 |
| 外国人 | 115.20 | 36.8 | 29.2 | 5.1 | 2.5 | 0.0 |
| 香港同胞 | 92.52 | 19.6 | 6.2 | 6.2 | 7.2 | 0.0 |
| 澳门同胞 | 104.86 | 17.7 | 8.5 | 1.3 | 7.9 | 0.0 |
| 台湾同胞 | 116.47 | 30.7 | 18.6 | 6.2 | 5.9 | 0.0 |
| 济南 | 209.25 | 38.5 | 29.6 | 2.8 | 4.3 | 1.8 |
| 外国人 | 210.29 | 39.2 | 34.0 | 3.7 | 0.5 | 1.0 |
| 香港同胞 | 204.87 | 30.2 | 24.4 | 2.4 | 3.4 | 0.0 |
| 澳门同胞 | 220.29 | 44.0 | 35.5 | 0.8 | 7.7 | 0.0 |
| 台湾同胞 | 214.14 | 40.8 | 37.9 | 1.4 | 1.5 | 0.0 |

| 住宿 | 餐饮 | 景区游览 | 娱乐 | 购物 | 市内交通 | 邮电通信 | 其他 |
|---|---|---|---|---|---|---|---|
| 10.9 | 6.3 | 5.2 | 6.8 | 14.7 | 3.5 | 2.9 | 9.7 |
| 12.3 | 6.2 | 5.2 | 6.9 | 13.7 | 3.2 | 3.3 | 7.4 |
| 8.8 | 5.9 | 6.1 | 8.0 | 19.3 | 2.4 | 1.6 | 15.6 |
| 14.6 | 9.1 | 4.0 | 0.0 | 15.1 | 6.1 | 6.2 | 13.5 |
| 9.8 | 8.0 | 3.3 | 0.0 | 25.0 | 7.3 | 1.7 | 11.9 |
| | | | | | | | |
| 8.7 | 5.3 | 3.9 | 4.9 | 34.5 | 1.3 | 1.2 | 8.1 |
| 11.4 | 6.3 | 3.7 | 8.0 | 26.2 | 2.0 | 1.0 | 7.2 |
| 11.4 | 7.4 | 6.2 | 0.0 | 32.3 | 0.9 | 4.8 | 14.0 |
| 5.8 | 4.9 | 6.9 | 1.9 | 55.2 | 1.1 | 0.5 | 9.7 |
| 10.6 | 5.5 | 6.9 | 0.0 | 34.8 | 0.0 | 1.4 | 16.8 |
| | | | | | | | |
| 6.6 | 4.1 | 4.9 | 0.3 | 49.1 | 0.2 | 0.3 | 2.9 |
| 6.6 | 3.8 | 4.1 | 0.2 | 49.7 | 0.1 | 0.0 | 2.8 |
| 8.1 | 5.8 | 8.9 | 1.2 | 62.5 | 0.7 | 0.0 | 4.4 |
| 7.1 | 7.0 | 19.1 | 0.0 | 57.8 | 0.0 | 0.0 | 2.3 |
| 8.5 | 5.1 | 7.7 | 0.5 | 56.3 | 0.3 | 0.5 | 3.5 |
| | | | | | | | |
| 8.8 | 6.8 | 6.0 | 3.4 | 27.4 | 0.5 | 2.6 | 11.7 |
| 9.0 | 7.1 | 5.5 | 4.7 | 26.0 | 0.7 | 2.5 | 8.7 |
| 11.8 | 9.4 | 10.4 | 0.0 | 37.8 | 0.7 | 5.2 | 18.1 |
| 13.4 | 11.2 | 16.5 | 0.0 | 25.3 | 0.0 | 4.3 | 2.7 |
| 8.8 | 3.0 | 5.1 | 0.7 | 32.9 | 0.2 | 1.1 | 34.2 |
| | | | | | | | |
| 13.8 | 9.3 | 5.9 | 4.0 | 20.9 | 2.1 | 2.4 | 6.0 |
| 16.7 | 10.6 | 3.8 | 5.6 | 18.8 | 2.9 | 1.5 | 3.3 |
| 12.6 | 8.6 | 9.2 | 2.4 | 30.8 | 1.9 | 2.1 | 12.8 |
| 15.5 | 13.3 | 20.2 | 0.0 | 23.7 | 0.6 | 2.1 | 6.9 |
| 13.8 | 9.8 | 6.5 | 4.6 | 19.6 | 1.0 | 5.2 | 8.8 |
| | | | | | | | |
| 11.2 | 6.1 | 3.7 | 5.2 | 25.6 | 2.1 | 1.0 | 6.6 |
| 12.9 | 7.2 | 4.7 | 7.7 | 18.3 | 2.9 | 0.8 | 6.3 |
| 9.9 | 5.2 | 3.0 | 2.4 | 40.8 | 1.3 | 1.5 | 5.7 |
| 11.4 | 7.6 | 4.7 | 4.0 | 26.1 | 0.7 | 0.0 | 1.5 |
| 12.0 | 6.7 | 3.5 | 3.8 | 22.7 | 1.9 | 0.7 | 7.9 |

1－20(续12)

| | 人均天花费(美元/人天) | 人均天花费构成(%) | | | | |
|---|---|---|---|---|---|---|
| | | 长途交通 | 飞机 | 火车 | 汽车 | 轮船 |
| 青岛 | 234.40 | 21.8 | 16.2 | 5.4 | 0.1 | 0.1 |
| 外国人 | 232.46 | 22.4 | 16.8 | 5.4 | 0.1 | 0.1 |
| 香港同胞 | 243.47 | 14.6 | 14.6 | 0.0 | 0.0 | 0.0 |
| 澳门同胞 | — | — | — | — | — | — |
| 台湾同胞 | 245.68 | 14.7 | 14.7 | 0.0 | 0.0 | 0.0 |
| 烟台 | 198.84 | 38.3 | 30.7 | 0.5 | 1.7 | 5.4 |
| 外国人 | 218.09 | 39.0 | 32.0 | 0.5 | 1.8 | 4.7 |
| 香港同胞 | 149.73 | 34.5 | 32.1 | 0.8 | 1.6 | 0.0 |
| 澳门同胞 | 111.94 | 24.4 | 24.4 | 0.0 | 0.0 | 0.0 |
| 台湾同胞 | 191.68 | 32.5 | 30.1 | 0.1 | 2.3 | 0.0 |
| 曲阜 | 193.68 | 34.8 | 23.8 | 4.6 | 3.0 | 3.4 |
| 外国人 | 200.26 | 29.8 | 19.8 | 6.2 | 1.3 | 2.5 |
| 香港同胞 | 175.54 | 22.6 | 17.1 | 3.1 | 2.4 | 0.0 |
| 澳门同胞 | 211.17 | 43.0 | 39.1 | 2.8 | 1.1 | 0.0 |
| 台湾同胞 | 182.99 | 31.7 | 25.0 | 3.4 | 3.3 | 0.0 |
| 泰安 | 155.52 | 39.1 | 23.3 | 5.8 | 2.8 | 7.2 |
| 外国人 | 160.77 | 37.1 | 23.7 | 5.5 | 3.0 | 4.9 |
| 香港同胞 | 108.49 | 45.7 | 28.0 | 8.8 | 0.5 | 8.4 |
| 澳门同胞 | 57.40 | 22.6 | 0.0 | 22.6 | 0.0 | 0.0 |
| 台湾同胞 | 152.11 | 34.1 | 33.4 | 0.1 | 0.6 | 0.0 |
| 威海 | 170.55 | 28.1 | 17.8 | 1.1 | 1.2 | 8.0 |
| 外国人 | 170.62 | 28.2 | 17.9 | 1.1 | 1.3 | 7.9 |
| 香港同胞 | 163.43 | 25.6 | 25.6 | 0.0 | 0.0 | 0.0 |
| 澳门同胞 | — | — | — | — | — | — |
| 台湾同胞 | 172.28 | 19.5 | 17.9 | 0.2 | 1.4 | 0.0 |
| 日照 | 203.95 | 36.4 | 23.6 | 4.8 | 2.1 | 5.9 |
| 外国人 | 201.68 | 35.1 | 22.1 | 4.9 | 2.1 | 6.0 |
| 香港同胞 | 209.26 | 29.8 | 23.2 | 4.4 | 2.2 | 0.0 |
| 澳门同胞 | 214.13 | 40.5 | 33.4 | 5.0 | 2.1 | 0.0 |
| 台湾同胞 | 196.75 | 33.8 | 25.7 | 5.3 | 2.8 | 0.0 |

| 住宿 | 餐饮 | 景区游览 | 娱乐 | 购物 | 市内交通 | 邮电通信 | 其他 |
|---|---|---|---|---|---|---|---|
| 33.3 | 7.6 | 7.7 | 9.9 | 15.2 | 2.4 | 1.1 | 1.0 |
| 34.3 | 7.7 | 7.5 | 8.6 | 15.9 | 2.1 | 1.1 | 0.4 |
| 34.5 | 8.8 | 10.4 | 14.8 | 13.3 | 3.6 | 0.0 | 0.0 |
| — | — | — | — | — | — | — | — |
| 33.3 | 8.2 | 10.0 | 14.1 | 15.3 | 3.4 | 0.0 | 1.0 |
| | | | | | | | |
| 11.8 | 6.1 | 3.5 | 5.4 | 22.6 | 1.7 | 1.4 | 9.2 |
| 11.9 | 5.9 | 3.1 | 5.4 | 20.8 | 1.7 | 1.3 | 10.9 |
| 13.3 | 6.1 | 4.5 | 5.0 | 28.5 | 2.1 | 1.8 | 4.2 |
| 29.1 | 15.9 | 9.3 | 9.4 | 6.9 | 5.0 | 0.0 | 0.0 |
| 11.7 | 8.1 | 4.3 | 6.6 | 26.5 | 1.5 | 1.4 | 7.4 |
| | | | | | | | |
| 9.9 | 7.5 | 6.6 | 5.0 | 23.5 | 2.7 | 2.7 | 7.3 |
| 9.8 | 9.7 | 7.7 | 6.7 | 22.4 | 3.5 | 2.7 | 7.7 |
| 10.0 | 6.2 | 5.6 | 3.2 | 37.1 | 2.1 | 2.9 | 10.3 |
| 10.8 | 6.3 | 5.3 | 2.4 | 20.8 | 2.0 | 2.6 | 6.8 |
| 14.0 | 6.0 | 7.0 | 5.1 | 22.5 | 2.2 | 3.0 | 8.5 |
| | | | | | | | |
| 11.5 | 6.8 | 8.0 | 8.8 | 13.8 | 2.7 | 2.7 | 6.6 |
| 11.6 | 6.8 | 8.6 | 9.1 | 14.0 | 2.9 | 3.2 | 6.7 |
| 11.6 | 7.1 | 9.4 | 6.9 | 18.3 | 0.3 | 0.3 | 0.4 |
| 16.6 | 16.6 | 22.1 | 0.0 | 22.1 | 0.0 | 0.0 | 0.0 |
| 18.9 | 12.5 | 5.4 | 9.4 | 16.9 | 0.2 | 0.1 | 2.5 |
| | | | | | | | |
| 13.2 | 10.3 | 5.9 | 9.9 | 19.3 | 2.8 | 2.4 | 8.1 |
| 13.0 | 9.8 | 5.9 | 10.1 | 19.6 | 2.6 | 2.5 | 8.3 |
| 13.2 | 21.7 | 4.9 | 7.9 | 17.6 | 7.8 | 1.3 | 0.0 |
| — | — | — | — | — | — | — | — |
| 18.0 | 15.6 | 1.3 | 10.4 | 20.5 | 0.4 | 2.4 | 11.9 |
| | | | | | | | |
| 9.1 | 8.4 | 3.9 | 7.9 | 24.2 | 1.6 | 1.1 | 7.4 |
| 9.5 | 9.1 | 4.0 | 8.6 | 24.4 | 1.9 | 0.9 | 6.5 |
| 9.0 | 11.8 | 3.6 | 0.7 | 28.3 | 1.2 | 1.5 | 14.1 |
| 10.7 | 6.7 | 2.9 | 4.6 | 23.5 | 1.2 | 1.2 | 8.7 |
| 8.3 | 6.4 | 5.1 | 13.4 | 26.0 | 1.8 | 0.9 | 4.3 |

1－20(续13)

| | 人均天花费(美元/人天) | 人均天花费构成(%) | | | | |
|---|---|---|---|---|---|---|
| | | 长途交通 | 飞　机 | 火　车 | 汽　车 | 轮　船 |
| 郑　　州 | 165.77 | 30.1 | 18.2 | 7.2 | 4.7 | 0.0 |
| 外 国 人 | 164.71 | 30.7 | 18.5 | 7.3 | 4.9 | 0.0 |
| 香港同胞 | 171.86 | 25.7 | 17.8 | 5.5 | 2.4 | 0.0 |
| 澳门同胞 | 165.64 | 15.0 | 15.0 | 0.0 | 0.0 | 0.0 |
| 台湾同胞 | 180.49 | 12.4 | 10.8 | 0.0 | 1.6 | 0.0 |
| 开　　封 | 176.93 | 30.0 | 17.0 | 5.7 | 7.3 | 0.0 |
| 外 国 人 | 177.80 | 30.3 | 16.7 | 5.7 | 7.9 | 0.0 |
| 香港同胞 | 176.77 | 20.6 | 17.3 | 1.1 | 2.2 | 0.0 |
| 澳门同胞 | 209.55 | 0.0 | 0.0 | 0.0 | 0.0 | 0.0 |
| 台湾同胞 | 152.16 | 4.7 | 0.0 | 0.0 | 4.7 | 0.0 |
| 洛　　阳 | 143.95 | 40.5 | 23.3 | 7.1 | 10.1 | 0.0 |
| 外 国 人 | 143.63 | 39.4 | 24.0 | 7.4 | 8.0 | 0.0 |
| 香港同胞 | 138.44 | 21.8 | 17.2 | 0.0 | 4.6 | 0.0 |
| 澳门同胞 | 130.85 | 41.9 | 41.9 | 0.0 | 0.0 | 0.0 |
| 台湾同胞 | 157.27 | 31.5 | 15.8 | 2.6 | 13.1 | 0.0 |
| 三 门 峡 | 120.07 | 54.9 | 44.3 | 6.3 | 4.3 | 0.0 |
| 外 国 人 | 128.45 | 63.6 | 55.0 | 4.6 | 4.0 | 0.0 |
| 香港同胞 | 124.90 | 52.7 | 48.9 | 0.0 | 3.8 | 0.0 |
| 澳门同胞 | 73.84 | 4.9 | 4.9 | 0.0 | 0.0 | 0.0 |
| 台湾同胞 | 102.91 | 23.6 | 19.1 | 0.0 | 4.5 | 0.0 |
| 武　　汉 | 189.39 | 33.5 | 20.6 | 6.2 | 3.6 | 3.1 |
| 外 国 人 | 192.22 | 34.0 | 20.0 | 6.5 | 3.9 | 3.6 |
| 香港同胞 | 180.31 | 33.2 | 21.0 | 6.2 | 3.4 | 2.6 |
| 澳门同胞 | 170.12 | 32.4 | 22.2 | 7.4 | 0.8 | 2.0 |
| 台湾同胞 | 197.38 | 30.8 | 20.7 | 6.1 | 1.3 | 2.7 |
| 十　　堰 | 195.82 | 33.7 | 20.1 | 5.5 | 3.3 | 4.8 |
| 外 国 人 | 198.89 | 35.5 | 24.5 | 5.6 | 3.0 | 2.4 |
| 香港同胞 | 189.54 | 37.5 | 20.1 | 6.3 | 3.3 | 7.8 |
| 澳门同胞 | 187.24 | 25.3 | 14.9 | 4.1 | 1.9 | 4.4 |
| 台湾同胞 | 202.85 | 31.8 | 18.0 | 5.6 | 2.6 | 5.6 |

| 住宿 | 餐饮 | 景区游览 | 娱乐 | 购物 | 市内交通 | 邮电通信 | 其他 |
|---|---|---|---|---|---|---|---|
| 12.3 | 4.4 | 6.0 | 5.3 | 28.5 | 2.1 | 2.2 | 9.1 |
| 12.4 | 4.3 | 6.0 | 5.0 | 28.2 | 2.2 | 2.2 | 9.0 |
| 14.9 | 6.1 | 2.7 | 3.8 | 34.4 | 1.6 | 0.9 | 9.9 |
| 9.6 | 4.8 | 0.0 | 0.0 | 52.9 | 0.7 | 1.9 | 15.1 |
| 15.1 | 7.4 | 3.6 | 0.8 | 42.8 | 0.4 | 2.1 | 15.4 |
| | | | | | | | |
| 11.1 | 4.6 | 6.1 | 1.9 | 27.3 | 2.3 | 4.5 | 12.2 |
| 10.9 | 4.0 | 6.0 | 1.5 | 27.4 | 2.3 | 4.7 | 12.9 |
| 14.1 | 11.0 | 6.6 | 4.4 | 30.9 | 1.6 | 1.0 | 9.8 |
| 0.0 | 0.0 | 0.0 | 0.0 | 56.2 | 0.0 | 9.3 | 34.5 |
| 17.4 | 7.3 | 10.4 | 2.3 | 35.9 | 0.0 | 4.0 | 18.0 |
| | | | | | | | |
| 11.7 | 3.8 | 6.5 | 2.3 | 25.8 | 2.8 | 1.8 | 4.8 |
| 12.1 | 3.8 | 6.7 | 2.2 | 25.8 | 2.9 | 1.6 | 5.5 |
| 11.1 | 5.1 | 6.3 | 7.2 | 39.1 | 0.5 | 4.4 | 4.5 |
| 11.9 | 3.9 | 2.7 | 0.0 | 29.2 | 1.3 | 0.0 | 9.1 |
| 11.1 | 6.1 | 7.0 | 0.9 | 35.0 | 2.4 | 2.8 | 3.2 |
| | | | | | | | |
| 10.9 | 6.1 | 8.5 | 1.6 | 10.7 | 2.7 | 0.8 | 3.8 |
| 10.5 | 6.0 | 7.6 | 0.3 | 6.7 | 2.9 | 0.7 | 1.7 |
| 12.8 | 9.1 | 6.8 | 5.9 | 10.2 | 0.1 | 0.5 | 1.9 |
| 0.8 | 0.2 | 4.1 | 0.0 | 72.7 | 0.0 | 4.3 | 13.0 |
| 18.7 | 8.5 | 13.0 | 2.2 | 27.7 | 0.9 | 0.6 | 4.8 |
| | | | | | | | |
| 16.8 | 10.5 | 4.4 | 8.3 | 16.2 | 3.0 | 1.4 | 5.9 |
| 16.4 | 8.8 | 4.2 | 8.9 | 17.8 | 2.5 | 1.5 | 5.9 |
| 17.2 | 12.0 | 4.6 | 7.5 | 13.9 | 3.7 | 1.5 | 6.4 |
| 16.1 | 13.1 | 4.3 | 7.0 | 14.3 | 3.7 | 1.6 | 7.5 |
| 17.3 | 12.3 | 4.7 | 8.6 | 16.3 | 3.5 | 1.0 | 5.5 |
| | | | | | | | |
| 11.8 | 10.6 | 6.9 | 4.4 | 17.2 | 4.6 | 2.5 | 8.3 |
| 9.9 | 8.1 | 7.0 | 4.0 | 16.1 | 4.6 | 2.9 | 11.9 |
| 12.3 | 11.3 | 8.1 | 3.8 | 17.3 | 4.5 | 1.3 | 3.9 |
| 11.9 | 14.3 | 4.4 | 2.5 | 26.9 | 7.4 | 3.1 | 4.2 |
| 15.0 | 13.3 | 6.9 | 3.6 | 14.8 | 4.3 | 2.7 | 7.6 |

1－20(续14)

| | 人均天花费(美元/人天) | 人均天花费构成(%) | | | | |
|---|---|---|---|---|---|---|
| | | 长途交通 | 飞 机 | 火 车 | 汽 车 | 轮 船 |
| 宜 昌 | 220.18 | 42.9 | 16.7 | 6.6 | 2.8 | 16.8 |
| 外 国 人 | 222.09 | 43.7 | 15.7 | 9.1 | 1.6 | 17.3 |
| 香港同胞 | 217.13 | 41.4 | 17.4 | 5.4 | 2.5 | 16.1 |
| 澳门同胞 | 183.70 | 37.6 | 19.2 | 14.1 | 3.5 | 0.8 |
| 台湾同胞 | 229.10 | 40.8 | 18.0 | 3.5 | 2.5 | 16.8 |
| 襄 樊 | 179.08 | 26.3 | 22.3 | 1.8 | 1.4 | 0.8 |
| 外 国 人 | 175.83 | 26.6 | 23.7 | 1.5 | 1.2 | 0.2 |
| 香港同胞 | 174.30 | 27.4 | 19.5 | 3.1 | 2.1 | 2.7 |
| 澳门同胞 | 197.04 | 23.2 | 17.1 | 1.8 | 1.7 | 2.6 |
| 台湾同胞 | 195.96 | 24.4 | 18.8 | 2.2 | 1.1 | 2.3 |
| 荆 州 | 186.56 | 33.1 | 15.0 | 6.6 | 3.8 | 7.7 |
| 外国人 | 190.94 | 34.3 | 11.5 | 8.5 | 4.6 | 9.7 |
| 香港同胞 | 179.51 | 36.7 | 19.9 | 5.2 | 3.9 | 7.7 |
| 澳门同胞 | 179.07 | 22.6 | 12.5 | 3.1 | 2.5 | 4.5 |
| 台湾同胞 | 192.79 | 29.6 | 16.8 | 3.3 | 3.3 | 6.2 |
| 湖北游船 | 204.85 | 31.0 | 10.2 | 6.3 | 3.1 | 11.4 |
| 外 国 人 | 202.21 | 31.2 | 9.5 | 6.9 | 3.3 | 11.5 |
| 香港同胞 | 227.50 | 37.3 | 13.9 | 4.5 | 2.1 | 16.8 |
| 澳门同胞 | 223.40 | 27.0 | 10.7 | 4.2 | 3.7 | 8.4 |
| 台湾同胞 | 195.13 | 23.3 | 12.9 | 4.7 | 1.8 | 3.9 |
| 长 沙 | 179.82 | 34.6 | 21.1 | 4.3 | 2.0 | 7.2 |
| 外 国 人 | 182.49 | 34.6 | 21.6 | 4.3 | 1.0 | 7.7 |
| 香港同胞 | 174.51 | 38.0 | 28.7 | 8.5 | 0.8 | 0.0 |
| 澳门同胞 | 203.66 | 25.6 | 21.6 | 4.0 | 0.0 | 0.0 |
| 台湾同胞 | 153.11 | 20.8 | 18.8 | 0.0 | 2.0 | 0.0 |
| 湘 潭 | 160.93 | 32.8 | 24.1 | 3.6 | 2.7 | 2.4 |
| 外 国 人 | 156.70 | 33.5 | 25.3 | 3.8 | 2.2 | 2.2 |
| 香港同胞 | 183.62 | 30.3 | 20.3 | 3.0 | 2.4 | 4.6 |
| 澳门同胞 | 163.26 | 27.9 | 22.5 | 4.4 | 1.0 | 0.0 |
| 台湾同胞 | 168.88 | 26.0 | 18.7 | 4.4 | 2.7 | 0.2 |

| 住宿 | 餐饮 | 景区游览 | 娱乐 | 购物 | 市内交通 | 邮电通信 | 其他 |
|---|---|---|---|---|---|---|---|
| 9.9 | 7.6 | 5.6 | 4.6 | 17.8 | 2.2 | 1.6 | 7.8 |
| 9.6 | 6.7 | 5.4 | 4.0 | 20.4 | 2.0 | 2.2 | 6.0 |
| 9.0 | 7.6 | 6.0 | 5.8 | 15.6 | 2.1 | 1.2 | 11.3 |
| 14.7 | 14.7 | 6.8 | 3.5 | 12.1 | 1.6 | 0.4 | 8.6 |
| 11.9 | 8.5 | 5.9 | 4.3 | 17.8 | 2.8 | 1.2 | 6.8 |
| | | | | | | | |
| 13.2 | 10.6 | 3.1 | 7.6 | 15.1 | 4.2 | 1.6 | 18.3 |
| 13.6 | 10.3 | 2.9 | 8.0 | 15.0 | 3.8 | 1.6 | 18.2 |
| 11.7 | 11.3 | 3.5 | 6.8 | 13.6 | 5.0 | 0.0 | 20.7 |
| 11.6 | 12.6 | 4.2 | 6.3 | 20.9 | 5.2 | 0.7 | 15.3 |
| 14.3 | 12.0 | 3.2 | 6.7 | 13.5 | 5.2 | 0.5 | 20.2 |
| | | | | | | | |
| 14.9 | 11.2 | 5.0 | 4.4 | 19.3 | 3.8 | 2.0 | 6.3 |
| 13.8 | 8.4 | 4.6 | 3.8 | 23.5 | 2.5 | 2.1 | 7.0 |
| 15.5 | 10.8 | 6.0 | 5.8 | 14.4 | 4.6 | 2.0 | 4.2 |
| 14.9 | 15.0 | 5.3 | 3.1 | 25.1 | 4.5 | 2.4 | 7.1 |
| 17.4 | 14.2 | 4.8 | 4.8 | 16.3 | 4.5 | 1.8 | 6.6 |
| | | | | | | | |
| 9.6 | 6.1 | 3.6 | 4.2 | 30.2 | 2.1 | 2.6 | 10.6 |
| 9.2 | 5.6 | 3.5 | 3.8 | 30.6 | 1.9 | 2.7 | 11.5 |
| 11.7 | 7.6 | 4.2 | 5.5 | 21.7 | 2.6 | 2.2 | 7.2 |
| 10.9 | 8.5 | 4.9 | 7.1 | 24.8 | 3.2 | 2.3 | 11.3 |
| 12.3 | 10.3 | 3.7 | 4.4 | 37.5 | 3.7 | 0.8 | 4.0 |
| | | | | | | | |
| 11.3 | 6.9 | 4.0 | 5.8 | 24.9 | 6.2 | 1.5 | 4.8 |
| 11.9 | 7.6 | 4.0 | 6.3 | 23.2 | 7.0 | 1.5 | 3.9 |
| 11.1 | 6.8 | 4.1 | 2.4 | 30.9 | 2.2 | 1.8 | 2.7 |
| 10.0 | 4.6 | 3.8 | 4.9 | 14.7 | 2.1 | 1.0 | 33.3 |
| 11.1 | 4.4 | 5.3 | 1.6 | 46.7 | 3.3 | 2.3 | 4.5 |
| | | | | | | | |
| 10.5 | 6.6 | 5.0 | 6.7 | 21.2 | 4.8 | 2.5 | 9.9 |
| 10.3 | 6.7 | 5.1 | 5.0 | 20.1 | 6.0 | 3.0 | 10.3 |
| 11.4 | 8.5 | 7.2 | 7.6 | 17.5 | 2.4 | 2.3 | 12.8 |
| 9.3 | 7.1 | 4.1 | 20.7 | 23.0 | 1.9 | 1.1 | 4.9 |
| 14.2 | 5.5 | 5.4 | 9.1 | 28.6 | 2.3 | 1.2 | 7.7 |

1－20(续15)

| | 人均天花费(美元/人天) | 人均天花费构成(%) | | | | |
|---|---|---|---|---|---|---|
| | | 长途交通 | 飞机 | 火车 | 汽车 | 轮船 |
| 衡阳 | 159.47 | 35.9 | 27.1 | 4.2 | 4.6 | 0.0 |
| 外国人 | 159.47 | 35.9 | 27.1 | 4.2 | 4.6 | 0.0 |
| 香港同胞 | — | — | — | — | — | — |
| 澳门同胞 | — | — | — | — | — | — |
| 台湾同胞 | — | — | — | — | — | — |
| 岳阳 | 163.07 | 27.6 | 14.1 | 6.2 | 4.0 | 3.3 |
| 外国人 | 163.07 | 27.6 | 14.1 | 6.2 | 4.0 | 3.3 |
| 香港同胞 | — | — | — | — | — | — |
| 澳门同胞 | — | — | — | — | — | — |
| 台湾同胞 | — | — | — | — | — | — |
| 张家界 | 219.49 | 19.9 | 18.4 | 1.5 | 0.0 | 0.0 |
| 外国人 | 219.49 | 19.9 | 18.4 | 1.5 | 0.0 | 0.0 |
| 香港同胞 | — | — | — | — | — | — |
| 澳门同胞 | — | — | — | — | — | — |
| 台湾同胞 | — | — | — | — | — | — |
| 广州 | 188.36 | 42.6 | 34.8 | 3.0 | 2.0 | 2.8 |
| 外国人 | 192.06 | 43.6 | 37.9 | 2.6 | 1.9 | 1.2 |
| 香港同胞 | 177.62 | 30.6 | 18.7 | 4.4 | 2.5 | 5.0 |
| 澳门同胞 | 174.35 | 30.1 | 23.6 | 2.0 | 2.8 | 1.7 |
| 台湾同胞 | 191.88 | 32.1 | 24.0 | 2.2 | 1.6 | 4.3 |
| 深圳 | 186.82 | 39.0 | 32.7 | 1.9 | 1.9 | 2.5 |
| 外国人 | 189.73 | 39.7 | 33.1 | 2.1 | 1.9 | 2.6 |
| 香港同胞 | 167.93 | 32.1 | 26.8 | 1.8 | 1.9 | 1.6 |
| 澳门同胞 | 188.55 | 31.1 | 27.5 | 1.3 | 0.8 | 1.5 |
| 台湾同胞 | 185.07 | 26.1 | 20.7 | 1.7 | 2.7 | 1.0 |
| 珠海 | 135.47 | 35.0 | 24.3 | 4.4 | 2.4 | 3.9 |
| 外国人 | 153.40 | 31.1 | 21.3 | 4.6 | 2.3 | 2.9 |
| 香港同胞 | 103.71 | 17.1 | 0.0 | 6.5 | 4.4 | 6.2 |
| 澳门同胞 | 115.30 | 20.1 | 10.1 | 0.0 | 1.6 | 8.4 |
| 台湾同胞 | 159.18 | 32.0 | 24.0 | 1.9 | 2.8 | 3.3 |

| 住宿 | 餐饮 | 景区游览 | 娱乐 | 购物 | 市内交通 | 邮电通信 | 其他 |
|---|---|---|---|---|---|---|---|
| 12.0 | 8.0 | 6.4 | 4.6 | 17.2 | 7.9 | 2.9 | 5.1 |
| 12.0 | 8.0 | 6.4 | 4.6 | 17.2 | 7.9 | 2.9 | 5.1 |
| — | — | — | — | — | — | — | — |
| — | — | — | — | — | — | — | — |
| — | — | — | — | — | — | — | — |
| 9.2 | 6.5 | 5.1 | 5.5 | 29.4 | 7.6 | 2.7 | 6.4 |
| 9.2 | 6.5 | 5.1 | 5.5 | 29.4 | 7.6 | 2.7 | 6.4 |
| — | — | — | — | — | — | — | — |
| — | — | — | — | — | — | — | — |
| — | — | — | — | — | — | — | — |
| 10.1 | 6.1 | 5.1 | 3.6 | 32.0 | 9.3 | 3.8 | 10.1 |
| 10.1 | 6.1 | 5.1 | 3.6 | 32.0 | 9.3 | 3.8 | 10.1 |
| — | — | — | — | — | — | — | — |
| — | — | — | — | — | — | — | — |
| — | — | — | — | — | — | — | — |
| 13.6 | 6.4 | 3.6 | 5.6 | 15.1 | 1.7 | 1.3 | 10.1 |
| 14.7 | 6.6 | 3.4 | 4.7 | 14.1 | 1.8 | 1.3 | 9.8 |
| 13.6 | 6.8 | 4.7 | 9.3 | 19.9 | 1.7 | 1.7 | 11.7 |
| 12.5 | 7.9 | 3.8 | 5.9 | 24.7 | 2.4 | 1.2 | 11.5 |
| 12.8 | 6.7 | 3.7 | 9.1 | 21.0 | 1.8 | 1.4 | 11.4 |
| 14.5 | 8.2 | 3.3 | 7.1 | 19.1 | 2.1 | 1.3 | 5.4 |
| 14.9 | 8.2 | 3.1 | 6.0 | 19.7 | 2.2 | 1.4 | 4.8 |
| 15.0 | 9.7 | 4.5 | 14.7 | 14.4 | 2.8 | 1.0 | 5.8 |
| 13.3 | 10.1 | 3.1 | 14.1 | 14.1 | 2.0 | 0.9 | 11.3 |
| 13.4 | 7.6 | 5.1 | 10.4 | 25.8 | 1.9 | 1.4 | 8.3 |
| 9.8 | 6.5 | 4.6 | 9.4 | 18.3 | 2.3 | 2.1 | 12.0 |
| 11.2 | 7.4 | 5.0 | 12.0 | 21.3 | 2.6 | 1.6 | 7.8 |
| 14.1 | 9.6 | 5.4 | 11.7 | 21.6 | 3.9 | 3.4 | 13.2 |
| 13.0 | 10.2 | 3.2 | 15.1 | 21.8 | 2.8 | 1.2 | 12.6 |
| 9.1 | 5.3 | 5.0 | 7.1 | 19.2 | 1.9 | 2.2 | 18.2 |

1－20(续16)

| | 人均天花费(美元/人天) | 人均天花费构成(%) | | | | |
|---|---|---|---|---|---|---|
| | | 长途交通 | 飞机 | 火车 | 汽车 | 轮船 |
| 汕头 | 191.56 | 46.7 | 30.9 | 2.5 | 3.4 | 9.9 |
| 外国人 | 193.00 | 47.6 | 32.3 | 2.3 | 3.0 | 10.0 |
| 香港同胞 | 186.84 | 24.9 | 16.3 | 1.1 | 7.1 | 0.4 |
| 澳门同胞 | 180.54 | 31.9 | 27.2 | 0.0 | 4.7 | 0.0 |
| 台湾同胞 | 190.23 | 36.0 | 28.4 | 1.7 | 4.1 | 1.8 |
| 佛山 | 137.99 | 37.3 | 27.0 | 3.2 | 3.0 | 4.1 |
| 外国人 | 149.91 | 38.0 | 23.8 | 3.1 | 3.2 | 7.9 |
| 香港同胞 | 122.45 | 50.0 | 36.6 | 5.7 | 3.2 | 4.5 |
| 澳门同胞 | 106.34 | 4.3 | 0.0 | 0.1 | 4.2 | 0.0 |
| 台湾同胞 | 148.87 | 24.6 | 19.2 | 0.8 | 2.5 | 2.1 |
| 江门 | 138.96 | 57.9 | 47.4 | 4.4 | 3.2 | 2.9 |
| 外国人 | 156.18 | 54.0 | 45.8 | 3.9 | 2.0 | 2.3 |
| 香港同胞 | 121.54 | 19.0 | 0.0 | 3.0 | 8.9 | 7.1 |
| 澳门同胞 | 112.01 | 10.3 | 0.0 | 0.0 | 10.3 | 0.0 |
| 台湾同胞 | 147.90 | 51.4 | 40.8 | 2.2 | 3.2 | 5.2 |
| 肇庆 | 150.97 | 18.9 | 7.7 | 8.0 | 2.2 | 1.0 |
| 外国人 | 155.87 | 11.5 | 4.1 | 4.7 | 2.1 | 0.6 |
| 香港同胞 | 149.85 | 13.4 | 0.0 | 9.5 | 2.6 | 1.3 |
| 澳门同胞 | 144.22 | 9.1 | 0.0 | 6.3 | 2.8 | 0.0 |
| 台湾同胞 | 165.58 | 22.0 | 13.7 | 2.4 | 3.3 | 2.6 |
| 东莞 | 100.70 | 44.3 | 35.6 | 3.1 | 2.8 | 2.8 |
| 外国人 | 125.60 | 43.9 | 34.7 | 1.3 | 7.1 | 0.8 |
| 香港同胞 | 93.73 | 47.3 | 40.1 | 2.8 | 2.1 | 2.3 |
| 澳门同胞 | 42.57 | 18.7 | 6.7 | 7.0 | 5.0 | 0.0 |
| 台湾同胞 | 117.86 | 33.4 | 24.4 | 5.1 | 3.5 | 0.4 |
| 中山 | 131.97 | 59.6 | 49.7 | 5.3 | 1.9 | 2.7 |
| 外国人 | 141.06 | 59.1 | 50.4 | 5.0 | 1.3 | 2.4 |
| 香港同胞 | 110.80 | 74.9 | 70.6 | 0.8 | 1.6 | 1.9 |
| 澳门同胞 | 118.51 | 57.7 | 52.5 | 0.0 | 1.3 | 3.9 |
| 台湾同胞 | 138.19 | 43.4 | 27.5 | 6.4 | 3.8 | 5.7 |

| 住宿 | 餐饮 | 景区游览 | 娱乐 | 购物 | 市内交通 | 邮电通信 | 其他 |
|---|---|---|---|---|---|---|---|
| 10.7 | 4.8 | 3.2 | 6.6 | 13.7 | 2.1 | 1.7 | 10.5 |
| 10.2 | 4.7 | 2.9 | 7.2 | 13.4 | 1.9 | 1.5 | 10.6 |
| 18.2 | 7.5 | 3.8 | 6.8 | 14.9 | 5.0 | 4.1 | 14.8 |
| 12.3 | 6.2 | 5.1 | 2.1 | 28.4 | 3.0 | 1.7 | 9.3 |
| 14.8 | 7.1 | 1.6 | 6.6 | 21.3 | 4.2 | 3.5 | 4.9 |
| 8.6 | 6.3 | 2.9 | 5.1 | 22.1 | 1.8 | 1.5 | 14.4 |
| 8.1 | 6.1 | 2.6 | 4.6 | 20.4 | 2.0 | 1.3 | 16.9 |
| 8.6 | 6.7 | 2.3 | 6.5 | 14.5 | 1.9 | 2.2 | 7.3 |
| 12.2 | 5.4 | 4.0 | 1.1 | 62.5 | 2.4 | 0.3 | 7.8 |
| 10.9 | 8.6 | 8.2 | 6.9 | 12.3 | 1.2 | 1.3 | 26.0 |
| 9.5 | 7.8 | 2.4 | 3.6 | 9.3 | 1.6 | 1.6 | 6.3 |
| 10.7 | 9.3 | 2.3 | 3.1 | 9.5 | 1.5 | 2.0 | 7.6 |
| 17.6 | 13.9 | 5.5 | 10.0 | 18.5 | 3.9 | 2.8 | 8.8 |
| 19.2 | 15.2 | 6.0 | 8.3 | 22.2 | 4.2 | 2.2 | 12.4 |
| 10.8 | 7.9 | 3.1 | 2.5 | 12.3 | 1.5 | 1.9 | 8.6 |
| 17.9 | 10.4 | 4.0 | 6.2 | 29.5 | 3.6 | 3.0 | 6.5 |
| 21.3 | 11.7 | 4.8 | 6.1 | 31.9 | 3.9 | 3.3 | 5.5 |
| 18.6 | 10.6 | 4.3 | 6.9 | 32.0 | 3.9 | 3.1 | 7.2 |
| 19.7 | 13.6 | 3.9 | 4.9 | 35.0 | 4.3 | 3.5 | 6.0 |
| 19.5 | 9.4 | 4.8 | 4.3 | 25.3 | 2.5 | 2.9 | 9.3 |
| 8.9 | 6.9 | 2.9 | 8.0 | 13.4 | 1.6 | 1.1 | 12.9 |
| 14.8 | 10.6 | 1.5 | 3.5 | 11.7 | 2.3 | 2.6 | 9.1 |
| 7.1 | 5.5 | 2.7 | 9.4 | 11.5 | 1.4 | 0.9 | 14.2 |
| 13.1 | 9.2 | 3.4 | 5.4 | 17.5 | 2.9 | 0.0 | 29.8 |
| 10.1 | 8.7 | 0.7 | 8.9 | 21.2 | 2.0 | 0.9 | 14.1 |
| 8.9 | 5.9 | 3.8 | 7.7 | 8.1 | 1.7 | 0.8 | 3.5 |
| 9.5 | 5.1 | 4.7 | 7.0 | 9.0 | 1.7 | 0.9 | 3.0 |
| 4.5 | 3.2 | 1.9 | 4.5 | 4.8 | 1.4 | 0.4 | 4.4 |
| 7.3 | 5.7 | 0.8 | 12.2 | 9.8 | 1.6 | 1.1 | 3.8 |
| 12.7 | 14.8 | 5.6 | 10.0 | 6.0 | 1.4 | 0.7 | 5.4 |

1 -20(续17)

| | 人均天花费(美元/人天) | 人均天花费构成(%) | | | | |
|---|---|---|---|---|---|---|
| | | 长途交通 | 飞 机 | 火 车 | 汽 车 | 轮 船 |
| 南 宁 | 176.77 | 40.3 | 25.7 | 9.4 | 5.2 | 0.0 |
| 外 国 人 | 174.45 | 37.7 | 25.9 | 7.3 | 4.5 | 0.0 |
| 香港同胞 | 180.84 | 30.6 | 24.4 | 5.1 | 1.1 | 0.0 |
| 澳门同胞 | 182.84 | 48.7 | 30.4 | 15.9 | 2.4 | 0.0 |
| 台湾同胞 | 184.94 | 50.3 | 24.8 | 12.5 | 13.0 | 0.0 |
| 桂 林 | 202.17 | 28.0 | 20.7 | 6.7 | 0.6 | 0.0 |
| 外 国 人 | 202.72 | 28.9 | 21.7 | 6.6 | 0.6 | 0.0 |
| 香港同胞 | 191.97 | 10.4 | 10.4 | 0.0 | 0.0 | 0.0 |
| 澳门同胞 | 220.05 | 25.8 | 25.8 | 0.0 | 0.0 | 0.0 |
| 台湾同胞 | 205.02 | 25.4 | 25.4 | 0.0 | 0.0 | 0.0 |
| 北 海 | 180.47 | 31.9 | 27.0 | 2.0 | 2.9 | 0.0 |
| 外 国 人 | 177.81 | 34.8 | 29.5 | 2.1 | 3.2 | 0.0 |
| 香港同胞 | 187.76 | 24.1 | 22.7 | 0.0 | 1.4 | 0.0 |
| 澳门同胞 | 199.51 | 31.7 | 31.7 | 0.0 | 0.0 | 0.0 |
| 台湾同胞 | 177.99 | 27.6 | 21.8 | 0.0 | 5.8 | 0.0 |
| 贺 州 | 177.14 | 15.4 | 5.5 | 5.2 | 4.7 | 0.0 |
| 外 国 人 | 178.89 | 12.3 | 5.0 | 1.8 | 5.5 | 0.0 |
| 香港同胞 | 175.14 | 5.6 | 0.8 | 0.0 | 4.8 | 0.0 |
| 澳门同胞 | 183.27 | 14.9 | 9.6 | 0.0 | 5.3 | 0.0 |
| 台湾同胞 | 172.77 | 17.3 | 10.7 | 2.9 | 3.7 | 0.0 |
| 崇 左 | 186.06 | 7.9 | 0.0 | 0.0 | 7.9 | 0.0 |
| 外 国 人 | 185.13 | 7.1 | 0.0 | 0.0 | 7.1 | 0.0 |
| 香港同胞 | 179.44 | 8.9 | 0.0 | 0.0 | 8.9 | 0.0 |
| 澳门同胞 | 195.11 | 9.0 | 0.0 | 0.0 | 9.0 | 0.0 |
| 台湾同胞 | 187.88 | 8.2 | 0.0 | 0.0 | 8.2 | 0.0 |
| 海 口 | 170.61 | 24.0 | 16.2 | 6.1 | 1.7 | 0.0 |
| 外 国 人 | 180.89 | 24.1 | 16.5 | 5.9 | 1.7 | 0.0 |
| 香港同胞 | 125.43 | 15.8 | 14.0 | 1.8 | 0.0 | 0.0 |
| 澳门同胞 | 114.94 | 7.2 | 7.2 | 0.0 | 0.0 | 0.0 |
| 台湾同胞 | 136.16 | 12.2 | 10.7 | 0.0 | 1.5 | 0.0 |

| 住宿 | 餐饮 | 景区游览 | 娱乐 | 购物 | 市内交通 | 邮电通信 | 其他 |
|---|---|---|---|---|---|---|---|
| 12.0 | 6.8 | 4.5 | 8.4 | 17.7 | 2.5 | 1.9 | 5.9 |
| 12.0 | 6.4 | 4.8 | 9.7 | 18.8 | 2.6 | 2.0 | 6.0 |
| 17.7 | 9.8 | 4.3 | 8.1 | 15.4 | 3.9 | 1.4 | 8.8 |
| 9.0 | 7.0 | 4.6 | 3.3 | 18.2 | 2.1 | 3.4 | 3.7 |
| 10.4 | 7.0 | 3.7 | 6.9 | 13.0 | 2.1 | 1.0 | 5.6 |
| | | | | | | | |
| 9.7 | 4.3 | 7.7 | 4.7 | 31.1 | 2.9 | 2.0 | 9.6 |
| 9.7 | 4.3 | 7.7 | 4.2 | 29.9 | 3.1 | 1.9 | 10.3 |
| 10.2 | 4.7 | 10.2 | 7.8 | 42.9 | 3.7 | 3.0 | 7.1 |
| 7.2 | 6.4 | 9.2 | 2.7 | 25.4 | 2.4 | 5.3 | 15.6 |
| 11.1 | 3.3 | 6.1 | 4.3 | 36.6 | 1.7 | 0.9 | 10.6 |
| | | | | | | | |
| 12.1 | 8.0 | 7.0 | 7.2 | 20.3 | 2.8 | 3.2 | 7.5 |
| 12.8 | 8.2 | 7.7 | 6.4 | 18.7 | 2.9 | 1.6 | 6.9 |
| 13.2 | 7.4 | 6.6 | 9.7 | 21.9 | 3.8 | 2.4 | 10.9 |
| 16.3 | 19.4 | 8.7 | 13.6 | 5.2 | 0.9 | 4.3 | 0.0 |
| 6.1 | 4.7 | 6.7 | 2.8 | 39.7 | 1.8 | 6.5 | 4.1 |
| | | | | | | | |
| 8.7 | 18.5 | 7.7 | 8.4 | 24.2 | 4.2 | 2.4 | 10.5 |
| 10.2 | 19.1 | 7.8 | 7.0 | 25.1 | 5.2 | 2.7 | 10.6 |
| 8.1 | 19.9 | 9.4 | 8.5 | 26.7 | 4.8 | 3.2 | 13.8 |
| 7.8 | 18.8 | 9.1 | 10.0 | 24.5 | 4.1 | 1.8 | 9.0 |
| 10.3 | 17.2 | 7.0 | 8.3 | 26.4 | 3.4 | 2.3 | 7.8 |
| | | | | | | | |
| 8.9 | 10.5 | 9.9 | 8.1 | 37.8 | 5.5 | 3.4 | 8.0 |
| 9.0 | 10.8 | 8.7 | 9.1 | 38.1 | 5.8 | 3.2 | 8.2 |
| 10.1 | 11.3 | 11.4 | 8.1 | 36.8 | 5.4 | 0.0 | 8.0 |
| 9.4 | 11.0 | 10.8 | 6.3 | 37.1 | 5.0 | 3.5 | 7.9 |
| 8.5 | 9.6 | 11.3 | 6.0 | 39.1 | 5.2 | 4.3 | 7.8 |
| | | | | | | | |
| 18.1 | 8.4 | 3.5 | 7.9 | 25.7 | 2.5 | 1.5 | 8.4 |
| 18.5 | 8.0 | 3.5 | 7.4 | 25.6 | 2.6 | 1.2 | 9.1 |
| 8.8 | 9.3 | 3.7 | 5.1 | 36.4 | 1.5 | 9.2 | 10.2 |
| 1.6 | 0.3 | 2.5 | 0.0 | 60.6 | 0.0 | 10.7 | 17.1 |
| 10.5 | 13.0 | 3.4 | 7.1 | 47.8 | 1.7 | 1.0 | 3.3 |

1－20（续18）

| | 人均天花费（美元/人天） | 人均天花费构成（%） | | | | |
|---|---|---|---|---|---|---|
| | | 长途交通 | 飞机 | 火车 | 汽车 | 轮船 |
| 三亚 | 179.74 | 20.0 | 11.7 | 7.0 | 1.3 | 0.0 |
| 外国人 | 186.83 | 21.7 | 13.5 | 6.9 | 1.3 | 0.0 |
| 香港同胞 | 165.28 | 4.4 | 4.4 | 0.0 | 0.0 | 0.0 |
| 澳门同胞 | 113.07 | 3.2 | 3.2 | 0.0 | 0.0 | 0.0 |
| 台湾同胞 | 142.16 | 6.4 | 4.4 | 0.0 | 2.0 | 0.0 |
| 重庆 | 176.39 | 44.2 | 22.3 | 4.2 | 3.7 | 14.0 |
| 外国人 | 169.45 | 36.9 | 14.7 | 4.1 | 3.3 | 14.8 |
| 香港同胞 | 199.46 | 41.9 | 20.4 | 3.6 | 0.9 | 17.0 |
| 澳门同胞 | 234.85 | 57.1 | 12.4 | 0.3 | 40.9 | 3.5 |
| 台湾同胞 | 190.23 | 55.9 | 9.5 | 7.6 | 2.7 | 36.1 |
| 成都 | 193.35 | 24.8 | 18.0 | 3.0 | 2.0 | 1.8 |
| 外国人 | 196.27 | 25.0 | 18.3 | 2.5 | 2.0 | 2.2 |
| 香港同胞 | 181.37 | 26.9 | 14.1 | 10.4 | 1.7 | 0.7 |
| 澳门同胞 | 190.06 | 32.2 | 21.8 | 5.2 | 4.8 | 0.4 |
| 台湾同胞 | 183.14 | 24.6 | 19.8 | 2.5 | 1.6 | 0.7 |
| 绵阳 | 155.71 | 42.3 | 21.8 | 2.8 | 6.8 | 10.9 |
| 外国人 | 153.52 | 42.1 | 22.6 | 2.5 | 6.3 | 10.7 |
| 香港同胞 | 164.30 | 38.1 | 28.8 | 0.5 | 7.8 | 1.0 |
| 澳门同胞 | 173.49 | 40.4 | 27.3 | 1.7 | 10.1 | 1.3 |
| 台湾同胞 | 155.61 | 41.9 | 20.6 | 1.7 | 7.9 | 11.7 |
| 乐山 | 175.08 | 30.0 | 17.3 | 2.6 | 4.7 | 5.4 |
| 外国人 | 183.30 | 29.1 | 16.8 | 1.9 | 3.7 | 6.7 |
| 香港同胞 | 149.32 | 27.6 | 17.6 | 1.4 | 5.7 | 2.9 |
| 澳门同胞 | 169.41 | 32.1 | 18.4 | 2.8 | 8.7 | 2.2 |
| 台湾同胞 | 166.63 | 40.3 | 21.3 | 10.1 | 6.1 | 2.8 |
| 阿坝州 | 182.42 | 32.0 | 19.7 | 4.2 | 3.9 | 4.2 |
| 外国人 | 176.56 | 31.1 | 19.5 | 3.7 | 3.4 | 4.5 |
| 香港同胞 | 207.37 | 25.3 | 14.4 | 1.2 | 7.2 | 2.5 |
| 澳门同胞 | 173.18 | 34.6 | 19.3 | 3.2 | 9.7 | 2.4 |
| 台湾同胞 | 207.15 | 39.3 | 21.8 | 9.3 | 5.6 | 2.6 |

| 住宿 | 餐饮 | 景区游览 | 娱乐 | 购物 | 市内交通 | 邮电通信 | 其他 |
|---|---|---|---|---|---|---|---|
| 27.7 | 7.9 | 2.8 | 7.1 | 26.5 | 1.9 | 1.3 | 4.8 |
| 28.3 | 8.8 | 3.4 | 7.1 | 22.2 | 2.1 | 1.2 | 5.2 |
| 21.0 | 2.9 | 1.0 | 0.4 | 58.3 | 0.2 | 1.1 | 10.7 |
| 7.7 | 2.0 | 1.6 | 8.1 | 58.5 | 0.0 | 7.1 | 11.8 |
| 13.8 | 9.7 | 2.6 | 2.3 | 52.1 | 0.4 | 4.4 | 8.3 |
| | | | | | | | |
| 9.8 | 6.0 | 3.9 | 4.4 | 20.5 | 2.7 | 1.1 | 7.4 |
| 10.1 | 6.6 | 4.4 | 4.4 | 24.4 | 3.3 | 1.4 | 8.5 |
| 12.5 | 6.3 | 3.5 | 6.3 | 19.6 | 1.8 | 0.7 | 7.4 |
| 8.4 | 4.5 | 0.3 | 7.3 | 18.6 | 0.8 | 0.4 | 2.6 |
| 6.1 | 5.2 | 1.8 | 2.4 | 22.2 | 0.9 | 0.5 | 5.0 |
| | | | | | | | |
| 12.9 | 6.9 | 4.2 | 5.8 | 31.0 | 2.8 | 2.1 | 9.5 |
| 14.1 | 7.0 | 3.7 | 5.3 | 31.3 | 2.8 | 1.8 | 9.0 |
| 9.0 | 5.3 | 3.1 | 7.2 | 29.8 | 1.9 | 2.5 | 14.3 |
| 9.0 | 8.5 | 8.1 | 7.3 | 21.6 | 3.3 | 2.4 | 7.6 |
| 6.8 | 5.8 | 5.7 | 7.4 | 34.6 | 2.7 | 3.0 | 9.4 |
| | | | | | | | |
| 15.8 | 9.5 | 6.0 | 9.0 | 9.2 | 2.5 | 1.9 | 3.8 |
| 18.0 | 9.6 | 4.2 | 8.6 | 9.2 | 2.8 | 1.9 | 3.6 |
| 16.7 | 10.3 | 4.4 | 9.5 | 10.5 | 2.8 | 2.2 | 5.5 |
| 11.0 | 7.6 | 4.8 | 9.0 | 21.4 | 3.6 | 0.6 | 1.6 |
| 13.0 | 9.6 | 8.3 | 9.9 | 9.4 | 2.1 | 2.1 | 3.7 |
| | | | | | | | |
| 18.9 | 8.6 | 5.0 | 4.3 | 22.3 | 4.2 | 1.9 | 4.8 |
| 22.2 | 10.0 | 4.8 | 4.5 | 18.8 | 4.6 | 1.7 | 4.3 |
| 16.8 | 8.5 | 4.4 | 4.1 | 27.2 | 3.6 | 2.1 | 5.7 |
| 6.8 | 3.6 | 8.4 | 3.8 | 31.6 | 4.1 | 2.4 | 7.2 |
| 6.4 | 3.7 | 3.8 | 3.1 | 31.8 | 1.5 | 2.4 | 7.0 |
| | | | | | | | |
| 22.2 | 9.6 | 4.8 | 5.5 | 15.0 | 4.3 | 2.4 | 4.2 |
| 24.1 | 10.3 | 4.8 | 5.9 | 12.9 | 4.6 | 2.0 | 4.3 |
| 23.7 | 11.4 | 6.5 | 5.0 | 17.2 | 2.9 | 2.7 | 5.3 |
| 7.2 | 4.0 | 9.2 | 4.2 | 24.2 | 4.6 | 3.3 | 8.7 |
| 8.4 | 4.3 | 4.2 | 3.6 | 30.2 | 1.6 | 3.8 | 4.6 |

1－20（续19）

| | 人均天花费（美元/人天） | 人均天花费构成（%） | | | | |
|---|---|---|---|---|---|---|
| | | 长途交通 | 飞机 | 火车 | 汽车 | 轮船 |
| 贵阳 | 169.36 | 40.5 | 17.8 | 13.0 | 9.7 | 0.0 |
| 外国人 | 173.43 | 41.0 | 16.5 | 14.1 | 10.4 | 0.0 |
| 香港同胞 | 186.16 | 38.1 | 29.5 | 0.6 | 8.0 | 0.0 |
| 澳门同胞 | 138.87 | 36.2 | 23.4 | 3.7 | 9.1 | 0.0 |
| 台湾同胞 | 148.14 | 29.3 | 13.8 | 3.2 | 12.3 | 0.0 |
| 安顺 | 177.77 | 34.5 | 14.8 | 10.9 | 8.8 | 0.0 |
| 外国人 | 179.98 | 37.6 | 22.4 | 7.7 | 7.5 | 0.0 |
| 香港同胞 | 213.66 | 30.4 | 20.1 | 0.7 | 9.6 | 0.0 |
| 澳门同胞 | 167.72 | 22.2 | 9.1 | 0.0 | 13.1 | 0.0 |
| 台湾同胞 | 151.02 | 18.9 | 7.1 | 0.0 | 11.8 | 0.0 |
| 黔东南 | 157.11 | 36.5 | 11.1 | 12.4 | 13.0 | 0.0 |
| 外国人 | 161.47 | 38.3 | 12.2 | 12.6 | 13.5 | 0.0 |
| 香港同胞 | 122.00 | 33.4 | 25.6 | 0.0 | 7.8 | 0.0 |
| 澳门同胞 | — | — | — | — | — | — |
| 台湾同胞 | 121.64 | 21.0 | 10.7 | 0.0 | 10.3 | 0.0 |
| 昆明 | 190.42 | 29.8 | 17.7 | 6.5 | 5.6 | 0.0 |
| 外国人 | 193.49 | 29.0 | 17.3 | 6.0 | 5.7 | 0.0 |
| 香港同胞 | 187.24 | 26.0 | 12.8 | 6.1 | 7.1 | 0.0 |
| 澳门同胞 | 164.67 | 17.6 | 10.0 | 0.0 | 7.6 | 0.0 |
| 台湾同胞 | 181.16 | 17.4 | 9.5 | 0.7 | 7.2 | 0.0 |
| 景洪 | 193.40 | 32.9 | 22.3 | 6.1 | 4.5 | 0.0 |
| 外国人 | 185.65 | 33.8 | 22.8 | 6.3 | 4.7 | 0.0 |
| 香港同胞 | 205.24 | 14.4 | 10.0 | 0.0 | 4.4 | 0.0 |
| 澳门同胞 | 319.12 | 51.7 | 51.7 | 0.0 | 0.0 | 0.0 |
| 台湾同胞 | 235.56 | 13.9 | 8.8 | 0.0 | 5.1 | 0.0 |
| 大理 | 130.85 | 37.7 | 18.7 | 8.6 | 10.4 | 0.0 |
| 外国人 | 144.05 | 36.6 | 17.8 | 8.2 | 10.6 | 0.0 |
| 香港同胞 | 71.35 | 16.5 | 0.0 | 0.0 | 16.5 | 0.0 |
| 澳门同胞 | 68.09 | 16.3 | 0.0 | 0.0 | 16.3 | 0.0 |
| 台湾同胞 | 73.97 | 17.8 | 0.0 | 0.0 | 17.8 | 0.0 |

| 住宿 | 餐饮 | 景区游览 | 娱乐 | 购物 | 市内交通 | 邮电通信 | 其他 |
|---|---|---|---|---|---|---|---|
| 13.9 | 5.7 | 4.3 | 4.6 | 20.0 | 0.9 | 2.2 | 7.9 |
| 14.7 | 5.7 | 4.6 | 4.4 | 17.8 | 0.8 | 2.1 | 8.9 |
| 13.7 | 4.6 | 4.0 | 2.4 | 25.0 | 1.2 | 2.1 | 8.9 |
| 14.8 | 6.5 | 4.9 | 5.0 | 28.7 | 1.2 | 0.4 | 2.3 |
| 12.3 | 8.2 | 3.3 | 3.7 | 32.2 | 0.5 | 3.3 | 7.2 |
| | | | | | | | |
| 7.8 | 4.8 | 3.4 | 5.4 | 32.3 | 0.9 | 2.9 | 8.0 |
| 8.4 | 5.9 | 3.8 | 10.7 | 25.9 | 0.2 | 1.9 | 5.6 |
| 8.5 | 4.6 | 5.0 | 3.4 | 34.4 | 1.4 | 3.2 | 9.1 |
| 11.5 | 4.3 | 9.6 | 0.0 | 36.1 | 1.7 | 7.1 | 7.5 |
| 9.4 | 6.0 | 2.2 | 0.0 | 48.9 | 0.0 | 3.1 | 11.5 |
| | | | | | | | |
| 11.5 | 4.9 | 3.6 | 3.1 | 33.4 | 0.9 | 2.1 | 4.0 |
| 11.5 | 4.5 | 3.6 | 2.8 | 32.6 | 0.8 | 2.1 | 3.8 |
| 12.0 | 7.7 | 3.8 | 5.9 | 31.5 | 1.4 | 1.2 | 3.1 |
| — | — | — | — | — | — | — | — |
| 12.7 | 10.0 | 3.1 | 0.0 | 50.4 | 1.0 | 0.9 | 0.9 |
| | | | | | | | |
| 8.8 | 4.9 | 5.9 | 8.5 | 27.8 | 2.4 | 2.5 | 9.4 |
| 8.8 | 4.9 | 5.9 | 9.0 | 27.0 | 2.3 | 2.6 | 10.5 |
| 11.3 | 5.6 | 6.9 | 6.0 | 30.3 | 3.7 | 2.4 | 7.8 |
| 8.6 | 4.9 | 10.5 | 2.8 | 45.5 | 0.4 | 2.5 | 7.2 |
| 10.3 | 6.5 | 4.1 | 1.7 | 50.5 | 0.4 | 2.4 | 6.7 |
| | | | | | | | |
| 11.1 | 6.7 | 6.3 | 5.8 | 24.2 | 3.0 | 1.9 | 8.1 |
| 11.4 | 7.0 | 6.6 | 6.1 | 22.1 | 3.2 | 1.7 | 8.1 |
| 14.5 | 4.0 | 7.4 | 0.3 | 38.4 | 3.0 | 1.9 | 16.1 |
| 16.6 | 13.9 | 17.8 | 0.0 | 0.0 | 0.0 | 0.0 | 0.0 |
| 10.5 | 6.6 | 1.8 | 0.0 | 54.4 | 0.0 | 4.8 | 8.0 |
| | | | | | | | |
| 12.2 | 6.1 | 8.4 | 7.4 | 21.3 | 4.5 | 1.5 | 0.9 |
| 13.1 | 6.4 | 9.3 | 7.4 | 20.8 | 4.3 | 1.6 | 0.5 |
| 18.4 | 5.6 | 8.2 | 1.0 | 36.2 | 9.2 | 2.7 | 2.2 |
| 7.9 | 4.0 | 8.0 | 0.0 | 61.9 | 0.0 | 2.0 | 0.0 |
| 16.9 | 12.7 | 6.5 | 0.0 | 43.3 | 0.0 | 2.8 | 0.0 |

1－20(续20)

| | 人均天花费(美元/人天) | 人均天花费构成(%) | | | | |
|---|---|---|---|---|---|---|
| | | 长途交通 | 飞机 | 火车 | 汽车 | 轮船 |
| 拉萨 | 180.33 | 34.9 | 13.1 | 8.9 | 12.9 | 0.0 |
| 外国人 | 179.96 | 34.5 | 12.7 | 8.8 | 13.0 | 0.0 |
| 香港同胞 | 205.07 | 42.6 | 19.7 | 10.5 | 12.4 | 0.0 |
| 澳门同胞 | 135.07 | 33.7 | 9.5 | 11.5 | 12.7 | 0.0 |
| 台湾同胞 | 188.01 | 32.5 | 12.0 | 6.5 | 14.0 | 0.0 |
| 西安 | 187.01 | 40.7 | 30.8 | 4.2 | 5.7 | 0.0 |
| 外国人 | 195.00 | 41.2 | 31.1 | 4.2 | 5.9 | 0.0 |
| 香港同胞 | 132.49 | 16.3 | 15.5 | 0.0 | 0.8 | 0.0 |
| 澳门同胞 | 161.32 | 24.3 | 22.4 | 1.9 | 0.0 | 0.0 |
| 台湾同胞 | 129.31 | 12.8 | 12.6 | 0.0 | 0.2 | 0.0 |
| 咸阳 | 199.53 | 41.3 | 33.6 | 2.0 | 5.7 | 0.0 |
| 外国人 | 208.27 | 42.2 | 34.1 | 2.1 | 6.0 | 0.0 |
| 香港同胞 | 100.26 | 5.5 | 5.5 | 0.0 | 0.0 | 0.0 |
| 澳门同胞 | 121.76 | 19.5 | 19.5 | 0.0 | 0.0 | 0.0 |
| 台湾同胞 | 186.81 | 23.2 | 23.2 | 0.0 | 0.0 | 0.0 |
| 兰州 | 153.12 | 41.9 | 28.1 | 7.5 | 6.3 | 0.0 |
| 外国人 | 146.76 | 44.0 | 30.1 | 7.4 | 6.5 | 0.0 |
| 香港同胞 | 142.67 | 21.5 | 13.7 | 3.7 | 4.1 | 0.0 |
| 澳门同胞 | 179.28 | 46.0 | 33.3 | 3.1 | 9.6 | 0.0 |
| 台湾同胞 | 159.03 | 33.9 | 19.0 | 10.3 | 4.6 | 0.0 |
| 敦煌 | 160.49 | 38.2 | 24.4 | 7.0 | 6.8 | 0.0 |
| 外国人 | 164.25 | 39.0 | 26.0 | 6.9 | 6.1 | 0.0 |
| 香港同胞 | 106.38 | 10.6 | 3.1 | 1.1 | 6.4 | 0.0 |
| 澳门同胞 | 189.01 | 39.8 | 25.4 | 2.6 | 11.8 | 0.0 |
| 台湾同胞 | 146.00 | 31.5 | 15.2 | 10.2 | 6.1 | 0.0 |
| 西宁 | 187.61 | 36.8 | 10.7 | 19.7 | 6.4 | 0.0 |
| 外国人 | 192.37 | 37.2 | 10.7 | 19.6 | 6.9 | 0.0 |
| 香港同胞 | 140.43 | 19.3 | 11.2 | 3.2 | 4.9 | 0.0 |
| 澳门同胞 | 179.58 | 29.9 | 29.9 | 0.0 | 0.0 | 0.0 |
| 台湾同胞 | 245.95 | 31.2 | 18.4 | 7.8 | 5.0 | 0.0 |

| 住宿 | 餐饮 | 景区游览 | 娱乐 | 购物 | 市内交通 | 邮电通信 | 其他 |
|---|---|---|---|---|---|---|---|
| 10. 6 | 5. 5 | 4. 4 | 3. 1 | 31. 2 | 0. 7 | 3. 2 | 6. 4 |
| 10. 7 | 5. 5 | 4. 5 | 3. 0 | 31. 5 | 0. 7 | 3. 3 | 6. 3 |
| 10. 4 | 5. 4 | 3. 5 | 3. 4 | 24. 5 | 0. 7 | 2. 6 | 6. 9 |
| 10. 6 | 5. 5 | 4. 2 | 2. 5 | 28. 9 | 0. 6 | 4. 7 | 9. 3 |
| 10. 1 | 4. 9 | 3. 9 | 2. 8 | 34. 3 | 0. 6 | 3. 1 | 7. 8 |
| 10. 9 | 3. 9 | 6. 0 | 5. 6 | 17. 9 | 4. 0 | 2. 4 | 8. 6 |
| 10. 7 | 3. 8 | 5. 7 | 5. 2 | 17. 5 | 4. 1 | 2. 6 | 9. 2 |
| 10. 3 | 3. 7 | 4. 0 | 4. 8 | 41. 2 | 1. 5 | 1. 5 | 16. 7 |
| 8. 9 | 1. 5 | 2. 6 | 7. 0 | 45. 0 | 1. 4 | 1. 7 | 7. 6 |
| 7. 8 | 3. 1 | 6. 9 | 7. 1 | 41. 0 | 1. 1 | 2. 8 | 17. 4 |
| 9. 5 | 3. 9 | 5. 9 | 4. 6 | 23. 3 | 4. 5 | 1. 1 | 5. 9 |
| 9. 2 | 3. 5 | 5. 9 | 4. 5 | 24. 0 | 4. 2 | 1. 0 | 5. 5 |
| 6. 9 | 4. 7 | 5. 5 | 0. 0 | 70. 8 | 5. 5 | 1. 1 | 0. 0 |
| 5. 9 | 2. 4 | 0. 0 | 0. 0 | 66. 7 | 0. 0 | 0. 0 | 5. 5 |
| 9. 9 | 6. 1 | 3. 6 | 0. 0 | 40. 4 | 4. 4 | 1. 2 | 11. 2 |
| 10. 6 | 5. 2 | 6. 0 | 2. 8 | 20. 9 | 3. 4 | 2. 5 | 6. 7 |
| 10. 5 | 4. 6 | 6. 0 | 2. 5 | 19. 8 | 3. 6 | 2. 7 | 6. 3 |
| 12. 5 | 7. 5 | 8. 5 | 3. 4 | 33. 3 | 0. 9 | 3. 5 | 8. 9 |
| 11. 4 | 5. 9 | 5. 3 | 2. 9 | 19. 3 | 0. 9 | 2. 0 | 6. 3 |
| 11. 0 | 6. 5 | 7. 6 | 2. 3 | 25. 6 | 0. 9 | 2. 6 | 9. 6 |
| 9. 1 | 4. 1 | 7. 0 | 0. 9 | 26. 5 | 3. 4 | 2. 2 | 8. 6 |
| 9. 3 | 3. 8 | 6. 8 | 1. 3 | 26. 2 | 3. 4 | 2. 5 | 7. 7 |
| 11. 1 | 7. 2 | 12. 6 | 0. 3 | 33. 5 | 0. 3 | 2. 9 | 21. 5 |
| 10. 0 | 5. 4 | 6. 3 | 0. 3 | 30. 0 | 0. 5 | 1. 4 | 6. 3 |
| 9. 8 | 4. 9 | 9. 2 | 0. 4 | 30. 1 | 0. 4 | 2. 2 | 11. 5 |
| 15. 0 | 5. 4 | 6. 6 | 2. 4 | 23. 2 | 1. 4 | 2. 7 | 6. 5 |
| 15. 4 | 5. 6 | 7. 0 | 2. 5 | 24. 6 | 1. 3 | 2. 8 | 3. 6 |
| 6. 1 | 8. 9 | 8. 6 | 1. 3 | 35. 4 | 1. 5 | 6. 0 | 12. 9 |
| 10. 2 | 5. 2 | 20. 6 | 0. 0 | 34. 1 | 0. 0 | 0. 0 | 0. 0 |
| 10. 9 | 5. 4 | 7. 5 | 4. 9 | 16. 0 | 2. 8 | 1. 5 | 19. 8 |

1－20(续21)

| | 人均天花费(美元/人天) | 人均天花费构成(%) | | | | |
|---|---|---|---|---|---|---|
| | | 长途交通 | 飞机 | 火车 | 汽车 | 轮船 |
| 黄南 | 100.78 | 52.0 | 19.2 | 27.5 | 5.3 | 0.0 |
| 外国人 | 101.71 | 52.3 | 19.8 | 27.4 | 5.1 | 0.0 |
| 香港同胞 | 20.26 | 30.3 | 30.3 | 0.0 | 0.0 | 0.0 |
| 澳门同胞 | — | — | — | — | — | — |
| 台湾同胞 | 92.60 | 30.5 | 0.0 | 0.0 | 30.5 | 0.0 |
| 格尔木 | 146.85 | 60.0 | 43.0 | 14.8 | 2.2 | 0.0 |
| 外国人 | 149.06 | 60.9 | 44.4 | 14.7 | 1.8 | 0.0 |
| 香港同胞 | 79.36 | 15.2 | 0.0 | 13.0 | 2.2 | 0.0 |
| 澳门同胞 | 135.88 | 75.3 | 68.3 | 7.0 | 0.0 | 0.0 |
| 台湾同胞 | 165.86 | 41.7 | 29.8 | 4.5 | 7.4 | 0.0 |
| 银川 | 159.31 | 26.9 | 18.0 | 3.8 | 5.1 | 0.0 |
| 外国人 | 153.99 | 22.9 | 18.9 | 4.0 | 0.0 | 0.0 |
| 香港同胞 | 159.80 | 30.5 | 30.5 | 0.0 | 0.0 | 0.0 |
| 澳门同胞 | 181.45 | 31.3 | 31.3 | 0.0 | 0.0 | 0.0 |
| 台湾同胞 | 268.17 | 10.9 | 9.0 | 0.0 | 1.9 | 0.0 |
| 乌鲁木齐 | 218.05 | 19.0 | 5.8 | 6.6 | 6.6 | 0.0 |
| 外国人 | 218.05 | 19.0 | 5.8 | 6.6 | 6.6 | 0.0 |
| 香港同胞 | — | — | — | — | — | — |
| 澳门同胞 | — | — | — | — | — | — |
| 台湾同胞 | — | — | — | — | — | — |
| 吐鲁番 | 164.09 | 26.8 | 8.2 | 9.3 | 9.3 | 0.0 |
| 外国人 | 164.09 | 26.8 | 8.2 | 9.3 | 9.3 | 0.0 |
| 香港同胞 | — | — | — | — | — | — |
| 澳门同胞 | — | — | — | — | — | — |
| 台湾同胞 | — | — | — | — | — | — |
| 伊宁 | 172.61 | 24.9 | 7.6 | 8.7 | 8.6 | 0.0 |
| 外国人 | 172.61 | 24.9 | 7.6 | 8.7 | 8.6 | 0.0 |
| 香港同胞 | — | — | — | — | — | — |
| 澳门同胞 | — | — | — | — | — | — |
| 台湾同胞 | — | — | — | — | — | — |
| 阿勒泰 | 160.15 | 26.5 | 8.1 | 9.2 | 9.2 | 0.0 |
| 外国人 | 160.15 | 26.5 | 8.1 | 9.2 | 9.2 | 0.0 |
| 香港同胞 | — | — | — | — | — | — |
| 澳门同胞 | — | — | — | — | — | — |
| 台湾同胞 | — | — | — | — | — | — |

| 住宿 | 餐饮 | 景区游览 | 娱乐 | 购物 | 市内交通 | 邮电通信 | 其他 |
|---|---|---|---|---|---|---|---|
| 11.3 | 5.4 | 3.4 | 1.1 | 6.8 | 1.0 | 3.7 | 15.3 |
| 11.3 | 5.3 | 3.3 | 1.1 | 6.8 | 1.0 | 3.7 | 15.2 |
| 54.3 | 15.3 | 0.0 | 0.0 | 0.0 | 0.0 | 0.0 | 0.1 |
| — | — | — | — | — | — | — | — |
| 21.4 | 18.7 | 23.1 | 0.0 | 4.6 | 0.0 | 0.0 | 1.7 |
| | | | | | | | |
| 17.3 | 4.3 | 3.7 | 3.7 | 5.4 | 1.7 | 0.5 | 3.4 |
| 17.7 | 4.0 | 3.6 | 3.8 | 4.7 | 1.6 | 0.5 | 3.2 |
| 25.9 | 13.3 | 3.6 | 0.0 | 22.4 | 1.4 | 3.0 | 15.2 |
| 16.4 | 4.8 | 0.0 | 0.0 | 2.5 | 0.6 | 0.3 | 0.1 |
| 16.1 | 8.0 | 7.4 | 0.0 | 14.7 | 3.1 | 0.6 | 8.4 |
| | | | | | | | |
| 17.1 | 5.9 | 6.0 | 12.3 | 15.9 | 5.9 | 3.7 | 6.3 |
| 18.6 | 6.4 | 5.7 | 14.5 | 14.3 | 6.5 | 4.0 | 7.1 |
| 19.2 | 5.3 | 8.2 | 12.2 | 14.1 | 5.1 | 0.0 | 5.4 |
| 18.0 | 5.2 | 5.9 | 19.6 | 14.5 | 2.5 | 0.0 | 3.0 |
| 11.6 | 6.1 | 5.6 | 0.4 | 59.1 | 3.5 | 1.8 | 1.0 |
| | | | | | | | |
| 5.9 | 3.3 | 2.4 | 0.0 | 41.6 | 3.1 | 3.3 | 21.4 |
| 5.9 | 3.3 | 2.4 | 0.0 | 41.6 | 3.1 | 3.3 | 21.4 |
| — | — | — | — | — | — | — | — |
| — | — | — | — | — | — | — | — |
| — | — | — | — | — | — | — | — |
| | | | | | | | |
| 8.4 | 4.7 | 3.5 | 0.0 | 35.0 | 4.4 | 2.1 | 15.1 |
| 8.4 | 4.7 | 3.5 | 0.0 | 35.0 | 4.4 | 2.1 | 15.1 |
| — | — | — | — | — | — | — | — |
| — | — | — | — | — | — | — | — |
| — | — | — | — | — | — | — | — |
| | | | | | | | |
| 7.8 | 4.4 | 3.2 | 0.0 | 36.8 | 4.1 | 2.7 | 16.1 |
| 7.8 | 4.4 | 3.2 | 0.0 | 36.8 | 4.1 | 2.7 | 16.1 |
| — | — | — | — | — | — | — | — |
| — | — | — | — | — | — | — | — |
| — | — | — | — | — | — | — | — |
| | | | | | | | |
| 8.3 | 4.7 | 3.4 | 0.0 | 38.4 | 4.3 | 2.9 | 11.5 |
| 8.3 | 4.7 | 3.4 | 0.0 | 38.4 | 4.3 | 2.9 | 11.5 |
| — | — | — | — | — | — | — | — |
| — | — | — | — | — | — | — | — |
| — | — | — | — | — | — | — | — |

# 二、入境游客停留时间

# 2-1 2011年入境过夜游客停留时间

## (按外国人、港澳台胞、团体及散客分组)

| | | 调查人数 (人) | (%) | 1~3天 (%) | 4~7天 (%) | 8~14天 (%) | 15天及以上 (%) |
|---|---|---|---|---|---|---|---|
| **全　　国** | **总计** | **13 092** | **100** | **51.2** | **28.7** | **11.6** | **8.5** |
| | 团体 | 4 221 | 100 | 43.8 | 39.6 | 12.1 | 4.6 |
| | 散客 | 8 871 | 100 | 54.7 | 23.5 | 11.4 | 10.4 |
| 外 国 人 | 小计 | 9 493 | 100 | 47.3 | 29.1 | 13.6 | 10.1 |
| | 团体 | 3 469 | 100 | 46.6 | 35.8 | 12.2 | 5.4 |
| | 散客 | 6 024 | 100 | 47.7 | 25.2 | 14.3 | 12.8 |
| 香港同胞 | 小计 | 1 648 | 100 | 68.9 | 24.6 | 4.3 | 2.2 |
| | 团体 | 296 | 100 | 40.9 | 54.4 | 4.1 | 0.7 |
| | 散客 | 1 352 | 100 | 75.0 | 18.0 | 4.4 | 2.6 |
| 澳门同胞 | 小计 | 588 | 100 | 80.1 | 9.2 | 9.7 | 1.0 |
| | 团体 | 76 | 100 | 40.8 | 18.4 | 39.5 | 1.3 |
| | 散客 | 512 | 100 | 85.9 | 7.8 | 5.3 | 1.0 |
| 台湾同胞 | 小计 | 1 363 | 100 | 44.6 | 39.0 | 7.9 | 8.4 |
| | 团体 | 380 | 100 | 20.8 | 67.1 | 11.6 | 0.5 |
| | 散客 | 983 | 100 | 53.8 | 28.2 | 6.5 | 11.5 |

# 2-2 2011年入境过夜游客停留时间
## （按性别、职业、团体及散客分组）

| | | 调查人数（人） | （%） | 1～3天（%） | 4～7天（%） | 8～14天（%） | 15天及以上（%） |
|---|---|---|---|---|---|---|---|
| **全　　国** | **总计** | **13 092** | **100** | **51.2** | **28.7** | **11.6** | **8.5** |
| | 团体 | 4 221 | 100 | 43.8 | 39.6 | 12.1 | 4.5 |
| | 散客 | 8 871 | 100 | 54.7 | 23.5 | 11.4 | 10.4 |
| 男　　性 | 小计 | 7 778 | 100 | 49.5 | 28.9 | 12.1 | 9.5 |
| | 团体 | 2 162 | 100 | 42.9 | 40.8 | 11.4 | 4.9 |
| | 散客 | 5 616 | 100 | 52.0 | 24.4 | 12.3 | 11.3 |
| 女　　性 | 小计 | 5 314 | 100 | 53.7 | 28.3 | 11.0 | 7.0 |
| | 团体 | 2 059 | 100 | 44.7 | 38.3 | 12.7 | 4.3 |
| | 散客 | 3 255 | 100 | 59.3 | 21.9 | 9.9 | 8.9 |
| 政府工作人员 | 小计 | 573 | 100 | 49.0 | 28.6 | 13.4 | 9.0 |
| | 团体 | 196 | 100 | 34.7 | 38.8 | 20.4 | 6.1 |
| | 散客 | 377 | 100 | 56.5 | 23.3 | 9.8 | 10.4 |
| 专业技术人员 | 小计 | 2 116 | 100 | 47.9 | 28.2 | 12.5 | 11.4 |
| | 团体 | 466 | 100 | 32.8 | 47.9 | 13.7 | 5.6 |
| | 散客 | 1 650 | 100 | 52.2 | 22.7 | 12.2 | 12.9 |
| 职　　员 | 小计 | 2 179 | 100 | 54.2 | 31.2 | 9.6 | 5.0 |
| | 团体 | 753 | 100 | 48.5 | 43.8 | 6.6 | 1.1 |
| | 散客 | 1 426 | 100 | 57.2 | 24.5 | 11.2 | 7.1 |
| 技工/工人 | 小计 | 395 | 100 | 66.8 | 18.7 | 8.1 | 6.4 |
| | 团体 | 104 | 100 | 54.8 | 36.5 | 5.8 | 2.9 |
| | 散客 | 291 | 100 | 71.1 | 12.4 | 8.9 | 7.6 |
| 商贸人员 | 小计 | 2 834 | 100 | 59.3 | 24.4 | 10.2 | 6.1 |
| | 团体 | 677 | 100 | 57.5 | 31.5 | 8.4 | 2.6 |
| | 散客 | 2 157 | 100 | 59.9 | 22.2 | 10.7 | 7.2 |
| 服务员/推销员 | 小计 | 601 | 100 | 60.6 | 24.5 | 9.0 | 5.9 |
| | 团体 | 172 | 100 | 46.5 | 38.4 | 11.6 | 3.5 |
| | 散客 | 429 | 100 | 66.2 | 18.9 | 7.9 | 7.0 |
| 退休人员 | 小计 | 983 | 100 | 44.6 | 31.5 | 13.8 | 10.1 |
| | 团体 | 511 | 100 | 36.8 | 37.8 | 17.0 | 8.4 |
| | 散客 | 472 | 100 | 53.0 | 24.8 | 10.4 | 11.8 |
| 家庭妇女 | 小计 | 983 | 100 | 49.0 | 37.9 | 9.3 | 3.8 |
| | 团体 | 494 | 100 | 42.9 | 49.8 | 5.9 | 1.4 |
| | 散客 | 489 | 100 | 55.2 | 26.0 | 12.7 | 6.1 |
| 军　　人 | 小计 | 55 | 100 | 61.8 | 16.4 | 14.5 | 7.3 |
| | 团体 | 20 | 100 | 65.0 | 30.0 | 0.0 | 5.0 |
| | 散客 | 35 | 100 | 60.0 | 8.6 | 22.9 | 8.5 |
| 学　　生 | 小计 | 1 349 | 100 | 41.1 | 27.1 | 15.7 | 16.1 |
| | 团体 | 520 | 100 | 39.4 | 32.7 | 20.0 | 7.9 |
| | 散客 | 829 | 100 | 42.1 | 23.5 | 13.0 | 21.4 |
| 其　　他 | 小计 | 1 024 | 100 | 40.1 | 33.5 | 14.7 | 11.7 |
| | 团体 | 308 | 100 | 38.3 | 35.7 | 16.9 | 9.1 |
| | 散客 | 716 | 100 | 40.9 | 32.5 | 13.8 | 12.8 |

## 2-3 2011年入境过夜游客停留时间

### (按年龄、旅游目的、团体及散客分组)

| | | 调查人数(人) | (%) | 1~3天(%) | 4~7天(%) | 8~14天(%) | 15天及以上(%) |
|---|---|---|---|---|---|---|---|
| **全国** | **总计** | **13 092** | **100** | **51.2** | **28.7** | **11.6** | **8.5** |
| | 团体 | 4 221 | 100 | 43.8 | 39.6 | 12.1 | 4.5 |
| | 散客 | 8 871 | 100 | 54.7 | 23.5 | 11.4 | 10.4 |
| 65岁及以上 | 小计 | 857 | 100 | 43.2 | 32.8 | 12.8 | 11.2 |
| | 团体 | 416 | 100 | 37.7 | 39.4 | 14.2 | 8.7 |
| | 散客 | 441 | 100 | 48.3 | 26.5 | 11.6 | 13.6 |
| 45~64岁 | 小计 | 4 451 | 100 | 49.9 | 31.7 | 11.2 | 7.2 |
| | 团体 | 1 579 | 100 | 38.8 | 44.6 | 13.2 | 3.4 |
| | 散客 | 2 872 | 100 | 56.0 | 24.5 | 10.1 | 9.4 |
| 25~44岁 | 小计 | 6 174 | 100 | 55.1 | 26.5 | 10.8 | 7.6 |
| | 团体 | 1 655 | 100 | 51.6 | 36.6 | 8.2 | 3.6 |
| | 散客 | 4 519 | 100 | 56.4 | 22.9 | 11.8 | 8.9 |
| 15~24岁 | 小计 | 1 499 | 100 | 44.0 | 24.9 | 15.9 | 15.2 |
| | 团体 | 513 | 100 | 40.2 | 31.4 | 20.1 | 8.3 |
| | 散客 | 986 | 100 | 46.0 | 21.5 | 13.8 | 18.7 |
| 14岁及以下 | 小计 | 111 | 100 | 41.4 | 44.1 | 6.3 | 8.2 |
| | 团体 | 58 | 100 | 31.0 | 62.1 | 5.2 | 1.7 |
| | 散客 | 53 | 100 | 52.8 | 24.5 | 7.5 | 15.2 |
| 观光游览 | 小计 | 3 989 | 100 | 43.8 | 37.3 | 12.5 | 6.4 |
| | 团体 | 2 497 | 100 | 38.5 | 44.1 | 12.9 | 4.5 |
| | 散客 | 1 492 | 100 | 52.7 | 25.9 | 12.0 | 9.4 |
| 休闲度假 | 小计 | 2 144 | 100 | 54.4 | 30.3 | 9.1 | 6.2 |
| | 团体 | 868 | 100 | 44.1 | 42.2 | 9.7 | 4.0 |
| | 散客 | 1 276 | 100 | 61.4 | 22.2 | 8.7 | 7.7 |
| 探亲访友 | 小计 | 1 204 | 100 | 42.9 | 28.3 | 15.4 | 13.4 |
| | 团体 | 79 | 100 | 51.9 | 30.4 | 15.2 | 2.5 |
| | 散客 | 1 125 | 100 | 42.2 | 28.2 | 15.4 | 14.2 |
| 商务 | 小计 | 3 201 | 100 | 52.6 | 22.7 | 13.5 | 11.2 |
| | 团体 | 137 | 100 | 44.5 | 34.3 | 10.9 | 10.3 |
| | 散客 | 3 064 | 100 | 53.0 | 22.2 | 13.6 | 11.2 |
| 会议 | 小计 | 675 | 100 | 70.1 | 20.1 | 6.2 | 3.6 |
| | 团体 | 76 | 100 | 50.0 | 28.9 | 14.5 | 6.6 |
| | 散客 | 599 | 100 | 72.6 | 19.0 | 5.2 | 3.2 |
| 宗教朝拜 | 小计 | 49 | 100 | 57.1 | 24.5 | 8.2 | 10.2 |
| | 团体 | 11 | 100 | 72.7 | 18.2 | 9.1 | 0.0 |
| | 散客 | 38 | 100 | 52.6 | 26.3 | 7.9 | 13.2 |
| 文体交流 | 小计 | 521 | 100 | 49.7 | 25.3 | 12.9 | 12.1 |
| | 团体 | 139 | 100 | 25.9 | 41.7 | 26.6 | 5.8 |
| | 散客 | 382 | 100 | 58.4 | 19.4 | 7.9 | 14.3 |
| 购物 | 小计 | 554 | 100 | 91.5 | 6.7 | 1.1 | 0.7 |
| | 团体 | 297 | 100 | 94.3 | 5.4 | 0.3 | 0.0 |
| | 散客 | 257 | 100 | 88.3 | 8.2 | 1.9 | 1.6 |
| 医疗保健 | 小计 | 70 | 100 | 28.6 | 32.9 | 28.6 | 9.9 |
| | 团体 | 35 | 100 | 5.7 | 45.7 | 48.6 | 0.0 |
| | 散客 | 35 | 100 | 51.4 | 20.0 | 8.6 | 20.0 |
| 其他 | 小计 | 685 | 100 | 43.9 | 30.2 | 10.7 | 15.2 |
| | 团体 | 82 | 100 | 46.3 | 22.0 | 12.2 | 19.5 |
| | 散客 | 603 | 100 | 43.6 | 31.3 | 10.4 | 14.7 |

# 2-4 2011年外国过夜游客停留时间

## (按国别分组)

| | 调查人数(人) | (%) | 1~3天(%) | 4~7天(%) | 8~14天(%) | 15天及以上 |
|---|---|---|---|---|---|---|
| 日　　本 | 1 758 | 100 | 55.6 | 31.3 | 8.1 | 5.0 |
| 菲律宾 | 201 | 100 | 36.3 | 41.3 | 13.9 | 8.5 |
| 泰　　国 | 124 | 100 | 32.3 | 37.1 | 15.3 | 15.3 |
| 新加坡 | 362 | 100 | 39.0 | 30.4 | 19.6 | 11.0 |
| 印　　尼 | 97 | 100 | 28.9 | 43.3 | 21.6 | 6.2 |
| 马来西亚 | 330 | 100 | 33.0 | 38.5 | 20.0 | 8.5 |
| 韩　　国 | 1 637 | 100 | 57.3 | 31.0 | 7.6 | 4.1 |
| 朝　　鲜 | 75 | 100 | 78.7 | 16.0 | 2.7 | 2.6 |
| 蒙　　古 | 220 | 100 | 96.4 | 3.2 | 0.5 | 0.0 |
| 印　　度 | 184 | 100 | 33.7 | 35.9 | 20.1 | 10.3 |
| 越　　南 | 144 | 100 | 33.3 | 50.7 | 4.9 | 11.1 |
| 缅　　甸 | 50 | 100 | 48.0 | 12.0 | 20.0 | 20.0 |
| 哈萨克斯坦 | 12 | 100 | 75.0 | 16.7 | 0.0 | 8.3 |
| 英　　国 | 520 | 100 | 31.9 | 41.5 | 14.4 | 12.2 |
| 法　　国 | 271 | 100 | 39.1 | 25.8 | 19.2 | 15.9 |
| 德　　国 | 245 | 100 | 37.6 | 25.3 | 18.4 | 18.7 |
| 西班牙 | 62 | 100 | 43.5 | 19.4 | 21.0 | 16.1 |
| 意大利 | 116 | 100 | 47.4 | 26.7 | 13.8 | 12.1 |
| 荷　　兰 | 95 | 100 | 54.7 | 25.3 | 10.5 | 9.5 |
| 瑞　　典 | 103 | 100 | 47.6 | 22.3 | 14.6 | 15.5 |
| 俄罗斯 | 1 111 | 100 | 62.2 | 26.6 | 8.6 | 2.6 |
| 瑞　　士 | 78 | 100 | 59.0 | 23.1 | 9.0 | 8.9 |
| 乌克兰 | 52 | 100 | 53.8 | 30.8 | 9.6 | 5.8 |
| 美　　国 | 739 | 100 | 23.4 | 20.3 | 28.4 | 27.9 |
| 加拿大 | 203 | 100 | 35.5 | 22.7 | 21.7 | 20.1 |
| 澳大利亚 | 224 | 100 | 40.2 | 21.9 | 19.2 | 18.7 |
| 新西兰 | 73 | 100 | 32.9 | 13.7 | 19.2 | 34.2 |
| 非洲国家 | 95 | 100 | 25.3 | 23.2 | 29.5 | 22.0 |
| 中南美洲国家 | 40 | 100 | 17.5 | 15.0 | 30.0 | 37.5 |
| 其他国家 | 272 | 100 | 23.9 | 29.0 | 26.8 | 20.3 |

# 2-5 2011年入境过夜游客平均停留时间

单位:天/人

| | 平均停留 | 团　体 | 散　客 |
|---|---|---|---|
| 总平均 | 6.7 | 5.3 | 7.3 |
| 外国人 | 7.3 | 5.5 | 8.3 |
| 香港同胞 | 3.6 | 4.2 | 3.5 |
| 澳门同胞 | 3.3 | 5.6 | 3.0 |
| 台湾同胞 | 7.4 | 4.8 | 8.5 |
| 男　性 | 7.1 | 5.5 | 7.7 |
| 女　性 | 6.1 | 5.2 | 6.6 |
| 65岁及以上 | 7.3 | 6.2 | 8.4 |
| 45~64岁 | 6.1 | 5.2 | 6.6 |
| 25~44岁 | 6.3 | 4.8 | 6.8 |
| 15~24岁 | 9.3 | 7.0 | 10.6 |
| 14岁及以下 | 7.7 | 4.7 | 10.9 |
| 观光游览 | 5.9 | 5.4 | 6.6 |
| 休闲度假 | 5.2 | 5.0 | 5.4 |
| 探亲访友 | 8.2 | 4.9 | 8.4 |
| 商　务 | 8.0 | 6.4 | 8.1 |
| 会　议 | 4.2 | 5.0 | 4.0 |
| 宗教朝拜 | 6.1 | 3.6 | 6.8 |
| 文体交流 | 8.9 | 7.3 | 9.5 |
| 购　物 | 2.9 | 2.9 | 2.9 |
| 医疗保健 | 9.4 | 7.9 | 10.9 |
| 其　他 | 10.0 | 9.7 | 10.1 |
| 政府工作人员 | 6.4 | 6.4 | 6.4 |
| 专业技术人员 | 7.8 | 6.0 | 8.2 |
| 职　员 | 5.5 | 4.2 | 6.2 |
| 技工/工人 | 5.2 | 4.9 | 5.3 |
| 商贸人员 | 5.7 | 4.5 | 6.1 |
| 服务员/推销员 | 5.2 | 4.8 | 5.4 |
| 退休人员 | 6.8 | 6.3 | 7.4 |
| 家庭妇女 | 5.2 | 4.3 | 6.2 |
| 军　人 | 6.0 | 3.9 | 7.2 |
| 学　生 | 9.8 | 6.8 | 11.7 |
| 其　他 | 8.0 | 6.4 | 8.7 |

# 2-6 2011年入境过夜游客平均停留时间

## (按外国人、港澳台胞、团体及散客、性别、年龄分组)

单位:天/人

| | | 平均停留 | 性别 | | 年龄 | | | | |
|---|---|---|---|---|---|---|---|---|---|
| | | | 男性 | 女性 | 14岁及以下 | 15~24岁 | 25~44岁 | 45~64岁 | 65岁及以上 |
| 全国 | 平均 | 6.7 | 7.1 | 6.1 | 7.7 | 9.3 | 6.3 | 6.1 | 7.3 |
| | 团体 | 5.3 | 5.5 | 5.2 | 4.7 | 7.0 | 4.8 | 5.2 | 6.2 |
| | 散客 | 7.3 | 7.7 | 6.6 | 10.9 | 10.6 | 6.8 | 6.6 | 8.4 |
| 外国人 | 小计 | 7.3 | 7.6 | 6.7 | 6.4 | 10.5 | 6.8 | 6.6 | 8.4 |
| | 团体 | 5.5 | 5.6 | 5.4 | 4.8 | 7.2 | 4.9 | 5.3 | 6.6 |
| | 散客 | 8.3 | 8.5 | 7.9 | 9.4 | 12.5 | 7.7 | 7.5 | 10.8 |
| 香港同胞 | 小计 | 3.6 | 3.8 | 3.4 | 3.7 | 3.7 | 3.4 | 3.6 | 4.6 |
| | 团体 | 4.2 | 4.4 | 4.1 | — | 3.5 | 4.0 | 4.5 | 4.6 |
| | 散客 | 3.5 | 3.7 | 3.3 | 3.7 | 3.7 | 3.3 | 3.4 | 4.5 |
| 澳门同胞 | 小计 | 3.3 | 3.3 | 3.3 | 2.5 | 4.7 | 3.1 | 3.0 | 2.9 |
| | 团体 | 5.6 | 4.7 | 6.2 | — | 9.0 | 4.0 | 2.8 | 2.0 |
| | 散客 | 3.0 | 3.2 | 2.8 | 2.5 | 3.0 | 3.0 | 3.0 | 3.0 |
| 台湾同胞 | 小计 | 7.4 | 7.8 | 6.9 | 20.5 | 11.2 | 7.4 | 6.5 | 6.6 |
| | 团体 | 4.8 | 5.0 | 4.5 | 3.5 | 5.3 | 4.4 | 4.8 | 5.2 |
| | 散客 | 8.5 | 8.7 | 8.1 | 28.1 | 12.1 | 8.3 | 7.3 | 7.7 |

## 2－7 2011年入境过夜游客平均停留时间

| | | 平均停留 | 职业 | | | | |
|---|---|---|---|---|---|---|---|
| | | | 政府工作人员 | 专业技术人员 | 职员 | 技工工人 | 商贸人员 |
| **全国** | **平均** | **6.7** | **6.4** | **7.8** | **5.5** | **5.2** | **5.7** |
| | 团体 | 5.3 | 6.4 | 6.0 | 4.2 | 4.9 | 4.5 |
| | 散客 | 7.3 | 6.4 | 8.2 | 6.2 | 5.3 | 6.1 |
| 外国人 | 小计 | 7.3 | 7.9 | 8.8 | 5.9 | 5.7 | 5.9 |
| | 团体 | 5.5 | 7.0 | 6.2 | 4.2 | 5.0 | 4.6 |
| | 散客 | 8.3 | 8.5 | 9.7 | 6.9 | 6.1 | 6.4 |
| 香港同胞 | 小计 | 3.6 | 3.0 | 3.6 | 3.2 | 4.0 | 3.5 |
| | 团体 | 4.2 | 3.5 | 4.9 | 4.1 | 4.5 | 3.5 |
| | 散客 | 3.5 | 2.9 | 3.5 | 2.9 | 3.8 | 3.5 |
| 澳门同胞 | 小计 | 3.3 | 2.1 | 3.6 | 3.3 | 2.3 | 2.9 |
| | 团体 | 5.6 | 2.3 | 12.7 | 3.0 | 2.5 | 2.2 |
| | 散客 | 3.0 | 2.0 | 3.2 | 3.4 | 2.3 | 3.0 |
| 台湾同胞 | 小计 | 7.4 | 3.4 | 8.0 | 5.8 | 5.3 | 8.3 |
| | 团体 | 4.8 | 4.2 | 4.9 | 4.5 | 2.5 | 4.1 |
| | 散客 | 8.5 | 3.0 | 8.8 | 6.4 | 5.5 | 9.2 |

（按外国人、港澳台胞、团体及散客、职业分组）

单位：天/人

| 服务员推销员 | 退休人员 | 家庭妇女 | 军人 | 学生 | 其他 |
|---|---|---|---|---|---|
| **5.2** | **6.8** | **5.2** | **6.0** | **9.8** | **8.0** |
| 4.8 | 6.3 | 4.3 | 3.9 | 6.8 | 6.4 |
| 5.4 | 7.4 | 6.2 | 7.2 | 11.7 | 8.7 |
| | | | | | |
| 6.5 | 7.6 | 5.1 | 7.5 | 10.6 | 8.7 |
| 5.1 | 6.6 | 4.4 | 3.8 | 6.8 | 6.7 |
| 7.2 | 9.3 | 6.1 | 10.4 | 13.6 | 9.7 |
| | | | | | |
| 2.5 | 4.7 | 3.5 | 1.4 | 4.2 | 4.3 |
| 2.6 | 5.2 | 4.0 | — | 4.1 | 5.1 |
| 2.5 | 4.5 | 3.3 | 1.4 | 4.3 | 4.0 |
| | | | | | |
| 2.0 | 3.0 | 3.6 | 1.3 | 4.9 | 3.8 |
| 3.0 | 3.0 | 3.3 | — | 9.0 | 2.2 |
| 1.9 | 3.0 | 3.7 | 1.3 | 2.9 | 4.1 |
| | | | | | |
| 3.7 | 6.4 | 8.8 | 3.4 | 13.2 | 6.8 |
| 4.9 | 5.7 | 4.3 | 4.7 | 5.0 | 5.2 |
| 3.4 | 7.1 | 12.7 | 2.5 | 14.6 | 7.6 |

## 2－8 2011年入境过夜游客平均停留时间

| | | 平均停留 | 旅游目的 | | | |
|---|---|---|---|---|---|---|
| | | | 观光游览 | 休闲度假 | 探亲访友 | 商务 |
| **全国** | **平均** | **6.7** | **5.9** | **5.2** | **8.2** | **8.0** |
| | 团体 | 5.3 | 5.4 | 5.0 | 4.9 | 6.4 |
| | 散客 | 7.3 | 6.6 | 5.4 | 8.4 | 8.1 |
| 外国人 | 小计 | 7.3 | 6.3 | 5.9 | 10.2 | 8.2 |
| | 团体 | 5.5 | 5.7 | 5.1 | 5.1 | 7.2 |
| | 散客 | 8.3 | 7.6 | 6.8 | 10.7 | 8.3 |
| 香港同胞 | 小计 | 3.6 | 3.8 | 2.9 | 3.9 | 4.5 |
| | 团体 | 4.2 | 4.3 | 4.1 | 3.8 | 3.0 |
| | 散客 | 3.5 | 3.3 | 2.7 | 3.9 | 4.5 |
| 澳门同胞 | 小计 | 3.3 | 3.8 | 3.6 | 3.2 | 2.8 |
| | 团体 | 5.6 | 4.5 | 2.9 | 6.3 | 1.0 |
| | 散客 | 3.0 | 3.6 | 3.7 | 3.1 | 2.8 |
| 台湾同胞 | 小计 | 7.4 | 5.5 | 4.9 | 8.7 | 11.0 |
| | 团体 | 4.8 | 4.9 | 4.8 | 3.3 | 2.0 |
| | 散客 | 8.5 | 6.7 | 4.9 | 8.9 | 11.4 |

（按外国人、港澳台胞、团体及散客、旅游目的分组）

单位：天/人

| 会议 | 宗教朝拜 | 文化/体育/科技交流 | 购物 | 医疗保健 | 其他 |
|---|---|---|---|---|---|
| **4.2** | **6.1** | **8.9** | **2.9** | **9.4** | **10.0** |
| 5.0 | 3.6 | 7.3 | 2.9 | 7.9 | 9.7 |
| 4.0 | 6.8 | 9.5 | 2.9 | 10.9 | 10.1 |
| | | | | | |
| 5.4 | 6.4 | 10.0 | 3.1 | 8.6 | 10.6 |
| 5.5 | 4.0 | 7.0 | 2.8 | 7.9 | 10.0 |
| 5.4 | 7.2 | 11.4 | 3.5 | 9.6 | 10.7 |
| | | | | | |
| 2.1 | 1.3 | 2.8 | 1.7 | 16.3 | 5.0 |
| 2.8 | — | 5.7 | 2.8 | — | 2.0 |
| 2.1 | 1.3 | 2.6 | 1.6 | 16.3 | 5.1 |
| | | | | | |
| 2.0 | 1.3 | 4.5 | 2.4 | 8.1 | 2.6 |
| 2.0 | — | 9.1 | | — | — |
| 2.0 | 1.3 | 2.0 | 2.4 | 8.1 | 2.6 |
| | | | | | |
| 2.9 | 7.8 | 14.6 | 2.7 | 16.5 | 11.4 |
| 3.0 | 2.0 | 7.5 | 4.0 | — | 5.4 |
| 2.9 | 9.7 | 14.9 | 2.5 | 16.5 | 12.0 |

## 2－9 2011年外国过夜游客

| | 平均停留 | 职业 | | | | |
|---|---|---|---|---|---|---|
| | | 政府工作人员 | 专业技术人员 | 职员 | 技工工人 | 商贸人员 |
| 日本 | 5.5 | 4.2 | 6.2 | 5.9 | 5.2 | 4.7 |
| 菲律宾 | 7.0 | 5.0 | 7.9 | 7.5 | 4.8 | 7.0 |
| 泰国 | 9.2 | 12.4 | 7.5 | 10.2 | 2.9 | 5.3 |
| 新加坡 | 7.2 | 8.0 | 7.9 | 5.4 | 10.8 | 4.8 |
| 印度尼西亚 | 6.9 | 13.8 | 8.0 | 6.4 | 8.0 | 5.0 |
| 马来西亚 | 8.2 | 7.1 | 13.6 | 4.6 | 4.1 | 8.1 |
| 韩国 | 5.6 | 4.4 | 7.1 | 4.6 | 4.5 | 4.9 |
| 朝鲜 | 3.4 | 2.5 | 2.3 | 1.9 | 2.1 | 4.5 |
| 蒙古 | 1.9 | 2.7 | 2.0 | 1.4 | 1.9 | 1.9 |
| 印度 | 8.3 | 7.7 | 12.3 | 8.7 | 3.4 | 7.0 |
| 越南 | 6.7 | 8.0 | 8.1 | 4.6 | 2.1 | 6.9 |
| 缅甸 | 10.7 | 3.0 | 3.3 | 2.9 | 6.6 | 13.4 |
| 哈萨克斯坦 | 7.5 | 3.8 | 2.1 | 1.3 | 60.0 | 3.8 |
| 英国 | 8.7 | 10.6 | 10.7 | 6.2 | 7.3 | 6.9 |
| 法国 | 10.0 | 15.7 | 8.0 | 11.0 | 3.2 | 5.7 |
| 德国 | 9.6 | 10.5 | 11.4 | 6.5 | 7.0 | 8.5 |
| 西班牙 | 8.3 | 5.1 | 9.3 | 22.8 | — | 6.1 |
| 意大利 | 8.4 | 4.8 | 18.3 | 4.4 | 3.0 | 4.7 |
| 荷兰 | 7.2 | 11.4 | 5.0 | 3.6 | 7.9 | 3.6 |
| 瑞典 | 8.1 | 6.3 | 8.8 | 5.6 | 8.0 | 5.2 |
| 俄罗斯 | 4.5 | 8.0 | 6.1 | 4.2 | 3.4 | 3.8 |
| 瑞士 | 6.5 | 5.6 | 4.4 | 5.9 | — | 4.4 |
| 乌克兰 | 5.6 | 2.5 | 6.4 | 11.1 | 1.3 | 4.8 |
| 美国 | 12.6 | 12.3 | 11.1 | 8.9 | 11.9 | 9.0 |
| 加拿大 | 9.9 | 10.6 | 9.4 | 8.8 | 3.1 | 8.8 |
| 澳大利亚 | 10.1 | 9.9 | 10.2 | 6.8 | 6.3 | 8.9 |
| 新西兰 | 13.5 | 18.0 | 11.3 | 6.0 | 5.3 | 14.1 |
| 非洲国家 | 13.4 | 5.9 | 11.4 | 22.8 | 10.8 | 13.7 |
| 中南美洲国家 | 13.3 | 17.0 | 17.5 | 11.6 | — | 11.0 |
| 其他国家 | 11.4 | 9.3 | 13.0 | 7.5 | 16.7 | 10.6 |

## 平均停留时间（按国别、职业分组）

单位：天/人

| 服务员推销员 | 退休人员 | 家庭妇女 | 军人 | 学生 | 其他 |
|---|---|---|---|---|---|
| 3.5 | 4.7 | 5.0 | 4.5 | 6.6 | 6.0 |
| 6.3 | 8.3 | 7.1 | — | 10.2 | 6.7 |
| 3.2 | 3.7 | 2.9 | — | 17.2 | 7.5 |
| 5.8 | 10.6 | 6.1 | 8.8 | 11.6 | 7.2 |
| 3.1 | 6.7 | 10.0 | 3.8 | 8.6 | 6.8 |
| 4.7 | 11.8 | 7.5 | 3.8 | 6.4 | 7.5 |
| 4.1 | 4.6 | 4.5 | 75.0 | 8.8 | 4.6 |
| 2.5 | 2.2 | 4.9 | — | 4.9 | 3.8 |
| 2.0 | 1.4 | 1.4 | — | 1.6 | 3.0 |
| 7.4 | 20.0 | 6.9 | 3.0 | 8.7 | 6.3 |
| 5.3 | 4.4 | 3.6 | — | 19.8 | 4.9 |
| 1.3 | — | 3.8 | — | 13.6 | 22.8 |
| 2.0 | — | — | — | — | — |
| 11.8 | 9.8 | 5.7 | 2.0 | 7.3 | 12.3 |
| 5.4 | 10.1 | 3.1 | 1.3 | 16.3 | 12.7 |
| 6.3 | 9.8 | 6.4 | 8.8 | 11.1 | 13.5 |
| 2.3 | 14.6 | 1.3 | — | 5.8 | 3.3 |
| 6.3 | 4.3 | 7.5 | 10.0 | 9.4 | 7.0 |
| 13.8 | 1.0 | 6.3 | — | 9.9 | 14.8 |
| 10.7 | 40.6 | 9.1 | — | 10.5 | 6.7 |
| 4.0 | 4.0 | 4.0 | 6.6 | 5.2 | 5.9 |
| 1.7 | 20.0 | 4.3 | — | 10.4 | 13.6 |
| 1.7 | 8.5 | 1.3 | — | 10.0 | 5.3 |
| 12.2 | 14.5 | 8.6 | 6.1 | 18.7 | 13.6 |
| 6.9 | 10.9 | 13.1 | 2.3 | 11.2 | 13.8 |
| 10.8 | 16.1 | 7.1 | 3.8 | 9.6 | 13.1 |
| 3.8 | 19.6 | 3.8 | 5.0 | 13.8 | 16.7 |
| 7.9 | 10.5 | 10.4 | — | 27.0 | 8.0 |
| 14.2 | 19.0 | 8.8 | — | 8.6 | 13.1 |
| 20.3 | 10.5 | 12.0 | 8.8 | 13.4 | 9.3 |

# 2-10 2011年外国过夜游客平均停留时间

## (按国别、旅游目的分组)

单位：天/人

| | 平均停留 | 旅游目的 | | | | | | | | | |
|---|---|---|---|---|---|---|---|---|---|---|---|
| | | 观光游览 | 休闲度假 | 探亲访友 | 商务 | 会议 | 宗教朝拜 | 文体交流 | 购物 | 医疗保健 | 其他 |
| 日本 | 5.5 | 3.8 | 4.1 | 7.5 | 7.0 | 4.4 | 4.2 | 7.3 | 3.8 | 6.0 | 7.1 |
| 菲律宾 | 7.0 | 6.3 | 10.4 | 9.1 | 5.9 | 7.8 | 5.0 | 5.6 | 1.9 | 6.3 | 6.3 |
| 泰国 | 9.2 | 10.2 | 7.0 | 7.6 | 4.5 | 9.8 | — | 19.4 | — | — | 17.9 |
| 新加坡 | 7.2 | 6.5 | 7.3 | 11.0 | 4.7 | 3.5 | 5.0 | 17.7 | 4.6 | 6.7 | 8.4 |
| 印度尼西亚 | 6.9 | 7.0 | 5.2 | 8.4 | 5.8 | 3.8 | 5.0 | 6.3 | 8.0 | — | 8.0 |
| 马来西亚 | 8.2 | 6.9 | 7.2 | 7.4 | 13.4 | 5.7 | 13.3 | 7.8 | 7.5 | — | 6.7 |
| 韩国 | 5.6 | 4.1 | 3.9 | 6.8 | 6.5 | 3.7 | 5.3 | 5.5 | 3.3 | 6.1 | 14.2 |
| 朝鲜 | 3.4 | 2.4 | 3.3 | 3.6 | 4.6 | 2.7 | — | 2.9 | 1.8 | 25.0 | 2.8 |
| 蒙古 | 1.9 | 2.8 | 2.3 | 1.5 | 1.8 | 2.6 | 1.9 | 1.3 | 1.7 | 1.9 | 1.7 |
| 印度 | 8.3 | 5.8 | 6.3 | 9.4 | 10.3 | 5.9 | 1.3 | 15.6 | — | 7.0 | 8.3 |
| 越南 | 6.7 | 5.0 | 5.5 | 6.4 | 5.8 | 6.4 | — | 22.3 | — | 2.0 | 7.5 |
| 缅甸 | 10.7 | 5.7 | 16.1 | 12.2 | 10.0 | 2.9 | — | 6.3 | — | — | 16.0 |
| 哈萨克斯坦 | 7.5 | — | 1.7 | — | 11.5 | 2.5 | — | 2.5 | — | — | — |
| 英国 | 8.7 | 7.7 | 5.8 | 14.9 | 12.2 | 6.3 | 2.5 | 11.8 | 3.1 | — | 4.3 |
| 法国 | 10.0 | 11.2 | 5.1 | 7.4 | 8.1 | 9.6 | 3.1 | 14.7 | 25.8 | — | 23.7 |
| 德国 | 9.6 | 9.4 | 6.5 | 11.6 | 11.7 | 4.5 | — | 5.3 | — | 2.0 | 15.1 |
| 西班牙 | 8.3 | 6.3 | 9.8 | 10.5 | 12.0 | 2.9 | — | 7.5 | 1.3 | — | 1.3 |
| 意大利 | 8.4 | 4.8 | 7.0 | 8.8 | 8.7 | 8.0 | — | 13.3 | 2.5 | — | 18.0 |
| 荷兰 | 7.2 | 8.5 | 5.5 | 39.4 | 4.4 | 5.0 | 1.0 | 5.3 | 1.3 | 4.0 | 20.9 |
| 瑞典 | 8.1 | 5.7 | 5.2 | 22.9 | 7.3 | 2.9 | 7.0 | 4.5 | 12.5 | 15.6 | 7.0 |
| 俄罗斯 | 4.5 | 4.4 | 3.9 | 11.8 | 6.8 | 3.8 | — | 5.7 | 2.9 | 7.8 | 8.2 |
| 瑞士 | 6.5 | 7.1 | 2.4 | 10.5 | 4.6 | 3.4 | 3.8 | 5.0 | 20.0 | — | 18.4 |
| 乌克兰 | 5.6 | 8.8 | 2.7 | 12.5 | 6.9 | 5.0 | — | — | 1.3 | 8.5 | 5.0 |
| 美国 | 12.6 | 12.2 | 10.7 | 19.1 | 11.7 | 8.4 | 14.9 | 15.2 | 3.8 | 8.7 | 15.1 |
| 加拿大 | 9.9 | 9.1 | 9.5 | 9.7 | 9.7 | 5.6 | — | 16.3 | 3.0 | — | 17.0 |
| 澳大利亚 | 10.1 | 9.1 | 8.5 | 14.4 | 10.1 | 4.9 | — | 41.3 | 5.6 | 10.0 | 8.1 |
| 新西兰 | 13.5 | 13.8 | 14.5 | 17.3 | 14.4 | 5.3 | 2.0 | 6.3 | — | — | 6.3 |
| 非洲国家 | 13.4 | 10.0 | 8.0 | 12.5 | 14.1 | 2.3 | — | 17.6 | — | — | 20.1 |
| 中南美洲国家 | 13.3 | 17.2 | 15.4 | 9.6 | 12.2 | 8.0 | — | 4.4 | 10.0 | — | 6.9 |
| 其他国家 | 11.4 | 10.5 | 9.0 | 12.1 | 11.8 | 8.7 | 12.5 | 19.4 | 3.3 | 38.8 | 10.3 |

# 2-11 2011年外国过夜游客平均停留时间
## （按国别、性别、年龄分组）

单位：天/人

| | 平均停留 | 性别 | | 年龄 | | | | |
|---|---|---|---|---|---|---|---|---|
| | | 男性 | 女性 | 14岁及以下 | 15~24岁 | 25~44岁 | 45~64岁 | 65岁及以上 |
| 日本 | 5.5 | 5.8 | 4.8 | 6.9 | 6.8 | 5.5 | 5.3 | 5.2 |
| 菲律宾 | 7.0 | 6.9 | 7.3 | 14.0 | 6.3 | 7.2 | 6.7 | 7.3 |
| 泰国 | 9.2 | 8.0 | 10.7 | 5.1 | 19.0 | 6.4 | 4.6 | 5.3 |
| 新加坡 | 7.2 | 6.9 | 7.7 | — | 11.4 | 6.1 | 7.3 | 8.8 |
| 印度尼西亚 | 6.9 | 7.0 | 6.5 | 6.3 | 10.0 | 6.9 | 6.2 | 4.5 |
| 马来西亚 | 8.2 | 8.6 | 7.7 | 6.5 | 6.5 | 9.3 | 7.4 | 7.7 |
| 韩国 | 5.6 | 5.7 | 5.4 | 4.2 | 8.4 | 5.7 | 4.3 | 4.6 |
| 朝鲜 | 3.4 | 3.6 | 3.1 | — | 4.3 | 2.9 | 2.9 | 13.5 |
| 蒙古 | 1.9 | 2.0 | 1.7 | 5.0 | 1.8 | 1.9 | 1.8 | — |
| 印度 | 8.3 | 8.8 | 6.4 | 9.0 | 7.1 | 9.9 | 6.0 | — |
| 越南 | 6.7 | 6.6 | 6.9 | — | 9.7 | 7.0 | 4.1 | 5.0 |
| 缅甸 | 10.7 | 12.0 | 7.3 | — | 9.3 | 12.6 | 5.6 | — |
| 哈萨克斯坦 | 7.5 | 10.4 | 1.8 | — | — | 9.0 | 3.2 | — |
| 英国 | 8.7 | 9.2 | 7.4 | 7.0 | 14.9 | 7.9 | 8.5 | 10.1 |
| 法国 | 10.0 | 10.1 | 9.8 | 1.3 | 15.8 | 9.0 | 8.9 | 9.7 |
| 德国 | 9.6 | 10.4 | 8.2 | 23.1 | 8.4 | 8.8 | 10.1 | 15.6 |
| 西班牙 | 8.3 | 8.1 | 8.5 | 2.5 | 5.6 | 10.8 | 6.7 | 14.2 |
| 意大利 | 8.4 | 9.9 | 5.2 | — | 7.3 | 8.6 | 8.0 | — |
| 荷兰 | 7.2 | 6.9 | 7.8 | — | 14.8 | 6.5 | 4.4 | 10.9 |
| 瑞典 | 8.1 | 7.2 | 9.8 | 1.0 | 12.3 | 6.1 | 8.6 | 28.4 |
| 俄罗斯 | 4.5 | 4.7 | 4.3 | 4.7 | 5.3 | 4.6 | 4.2 | 3.8 |
| 瑞士 | 6.5 | 7.0 | 5.4 | — | 9.9 | 5.9 | 4.3 | 13.7 |
| 乌克兰 | 5.6 | 5.8 | 5.2 | 12.5 | 5.8 | 4.8 | 7.0 | 6.1 |
| 美国 | 12.6 | 12.5 | 12.7 | 14.9 | 18.2 | 9.5 | 11.8 | 15.2 |
| 加拿大 | 9.9 | 10.7 | 8.7 | 5.0 | 11.3 | 8.5 | 10.1 | 15.1 |
| 澳大利亚 | 10.1 | 11.2 | 7.8 | — | 9.3 | 8.9 | 10.1 | 17.2 |
| 新西兰 | 13.5 | 15.7 | 10.7 | — | 8.5 | 12.2 | 11.9 | 22.4 |
| 非洲国家 | 13.4 | 12.6 | 14.3 | — | 20.9 | 11.9 | 10.8 | 35.2 |
| 中南美洲国家 | 13.3 | 11.1 | 18.4 | 5.0 | 7.6 | 13.3 | 13.3 | 35.0 |
| 其他国家 | 11.4 | 12.3 | 9.4 | 2.8 | 18.3 | 10.5 | 10.3 | 15.0 |

# 2-12 2011年入境过夜游客在各城市平均停留时间
## （按外国人、港澳台胞分组）

单位：天/人

| | 平均停留 | 外国人 | 香港同胞 | 澳门同胞 | 台湾同胞 |
|---|---|---|---|---|---|
| 北　　京 | 3.7 | 3.8 | 3.2 | 4.0 | 3.4 |
| 天　　津 | 4.5 | 4.9 | 2.2 | 1.8 | 2.6 |
| 石 家 庄 | 2.0 | 2.1 | 1.8 | 1.5 | 2.0 |
| 唐　　山 | 2.9 | 2.9 | 4.3 | 1.7 | 2.8 |
| 秦 皇 岛 | 4.4 | 4.7 | 1.5 | 1.5 | 1.4 |
| 保　　定 | 2.6 | 2.6 | 2.2 | 2.3 | 3.5 |
| 承　　德 | 1.8 | 1.9 | 1.7 | 1.5 | 1.6 |
| 廊　　坊 | 2.3 | 2.3 | 2.0 | 1.0 | 2.0 |
| 太　　原 | 2.4 | 2.3 | 2.3 | 2.3 | 2.9 |
| 大　　同 | 2.0 | 2.0 | — | — | — |
| 阳　　泉 | 2.1 | 2.1 | 3.0 | 2.0 | 2.0 |
| 长　　治 | 2.4 | 2.2 | 2.0 | 3.0 | 3.8 |
| 晋　　城 | 2.6 | 2.4 | 2.0 | 4.0 | 3.3 |
| 朔　　州 | 1.5 | 1.8 | 1.0 | — | 1.0 |
| 晋　　中 | 1.4 | 1.6 | 1.3 | 1.3 | 1.2 |
| 运　　城 | 1.8 | 1.5 | 2.0 | 2.1 | 2.0 |
| 忻　　州 | 1.7 | 1.7 | 1.8 | 1.8 | 1.8 |
| 临　　汾 | 1.4 | 1.4 | 1.0 | — | 1.6 |
| 吕　　梁 | 1.7 | 1.6 | 2.5 | — | 2.0 |
| 呼和浩特 | 4.0 | 4.0 | 3.8 | 4.5 | 4.3 |
| 满 洲 里 | 3.1 | 3.2 | 3.0 | 2.1 | 2.7 |
| 二连浩特 | 1.5 | 1.5 | — | — | — |
| 包　　头 | 3.0 | 3.0 | — | — | — |
| 沈　　阳 | 3.1 | 3.2 | 2.9 | 2.4 | 2.7 |
| 大　　连 | 3.2 | 3.3 | 3.4 | 2.6 | 2.5 |
| 鞍　　山 | 5.3 | 5.3 | — | — | — |
| 抚　　顺 | 3.3 | 3.5 | 2.5 | — | 1.0 |
| 本　　溪 | 1.9 | 1.9 | 1.6 | 1.8 | 2.1 |
| 丹　　东 | 2.0 | 2.0 | — | — | — |
| 营　　口 | 5.3 | 5.3 | — | — | — |
| 葫 芦 岛 | 2.0 | 2.0 | 2.0 | 1.8 | 2.0 |

2－12(续1)　　单位：天/人

| | 平均停留 | 外国人 | 香港同胞 | 澳门同胞 | 台湾同胞 |
|---|---|---|---|---|---|
| 长春 | 4.1 | 4.5 | 2.8 | 1.8 | 2.6 |
| 吉林 | 1.8 | 1.8 | 2.6 | 2.3 | 2.0 |
| 松原 | 1.1 | 1.1 | 1.8 | 1.0 | 1.0 |
| 延吉 | 2.5 | 2.5 | — | 10.0 | 1.0 |
| 哈尔滨 | 2.8 | 2.8 | 3.3 | 2.0 | 1.9 |
| 齐齐哈尔 | 1.0 | — | 1.1 | — | 1.0 |
| 大庆 | 2.7 | 2.8 | 2.0 | 1.0 | 2.1 |
| 佳木斯 | 1.9 | 1.9 | — | — | — |
| 牡丹江 | 2.1 | 2.1 | — | — | — |
| 上海 | 2.9 | 2.9 | 2.5 | 2.6 | 2.6 |
| 南京 | 2.2 | 2.3 | 1.9 | 1.3 | 1.8 |
| 无锡 | 1.7 | 1.9 | 1.6 | 1.3 | 1.3 |
| 苏州 | 3.0 | 3.3 | 2.1 | 3.1 | 2.1 |
| 南通 | 2.1 | 2.4 | 1.6 | 2.5 | 1.5 |
| 扬州 | 2.3 | 2.4 | 1.7 | 1.7 | 2.7 |
| 杭州 | 2.4 | 2.4 | 2.5 | 3.0 | 2.0 |
| 宁波 | 2.4 | 2.5 | 2.3 | 2.6 | 2.0 |
| 温州 | 2.4 | 2.4 | 2.9 | 2.3 | 2.4 |
| 绍兴 | 2.4 | 2.4 | 2.3 | 3.0 | 2.0 |
| 金华 | 2.4 | 2.4 | 2.3 | — | 1.5 |
| 合肥 | 1.5 | 1.5 | — | — | — |
| 芜湖 | 7.8 | 7.9 | 9.3 | 10.2 | 3.6 |
| 马鞍山 | 2.5 | 2.4 | 2.0 | 10.0 | 3.5 |
| 铜陵 | 1.4 | 1.4 | 1.7 | 1.0 | 1.0 |
| 安庆 | 7.7 | 8.3 | 2.5 | — | 1.8 |
| 黄山 | 2.5 | 2.5 | 2.5 | 2.3 | 2.5 |
| 滁州 | 3.7 | 4.2 | 1.3 | — | 1.1 |
| 亳州 | 2.4 | 2.3 | 2.1 | 1.5 | 4.0 |
| 池州 | 1.4 | 1.4 | — | — | — |
| 宣城 | 2.4 | 2.4 | 2.5 | 1.0 | 3.0 |
| 福州 | 2.1 | 2.1 | 2.1 | 1.7 | 2.0 |
| 厦门 | 3.7 | 3.7 | 4.6 | 2.9 | 3.0 |
| 泉州 | 2.3 | 2.9 | 2.0 | 1.7 | 1.5 |
| 漳州 | 2.1 | 2.1 | 2.5 | 1.7 | 1.9 |
| 武夷山 | 2.2 | 2.2 | 2.5 | 2.0 | 2.1 |

2－12(续2)　　单位：天/人

| | 平均停留 | 外国人 | 香港同胞 | 澳门同胞 | 台湾同胞 |
|---|---|---|---|---|---|
| 南　　昌 | 1.9 | 2.1 | 1.5 | 1.3 | 1.1 |
| 景 德 镇 | 2.0 | 2.0 | 1.7 | 2.2 | 2.0 |
| 九　　江 | 1.7 | 1.5 | 2.0 | 1.8 | 2.1 |
| 鹰　　潭 | 1.8 | 1.9 | 1.2 | 1.0 | 2.4 |
| 赣　　州 | 2.5 | 3.5 | 1.7 | 1.7 | 2.1 |
| 济　　南 | 2.6 | 3.2 | 1.8 | 1.8 | 1.8 |
| 青　　岛 | 3.6 | 3.6 | 3.7 | — | 3.8 |
| 烟　　台 | 3.5 | 3.2 | 3.2 | 4.7 | 4.5 |
| 曲　　阜 | 1.2 | 1.2 | 1.2 | 1.1 | 1.1 |
| 泰　　安 | 2.4 | 2.5 | 2.0 | 2.0 | 1.4 |
| 威　　海 | 3.0 | 3.1 | 2.0 | — | 2.9 |
| 日　　照 | 1.9 | 2.1 | 1.6 | 1.5 | 2.3 |
| 郑　　州 | 3.4 | 3.5 | 2.5 | 2.4 | 3.6 |
| 开　　封 | 1.2 | 1.2 | 2.0 | 1.0 | 1.2 |
| 洛　　阳 | 2.0 | 2.0 | 1.3 | 1.7 | 1.9 |
| 三 门 峡 | 1.3 | 1.6 | 1.2 | 1.0 | 1.0 |
| 武　　汉 | 2.8 | 2.8 | 2.7 | 2.4 | 2.8 |
| 十　　堰 | 1.9 | 2.7 | 1.5 | 1.4 | 1.3 |
| 宜　　昌 | 1.8 | 1.8 | 1.6 | 1.9 | 1.9 |
| 襄　　樊 | 3.2 | 3.5 | 2.8 | 2.2 | 2.1 |
| 荆　　州 | 1.2 | 1.3 | 1.2 | 1.2 | 1.2 |
| 湖北游船 | 2.3 | 2.2 | 2.1 | 3.4 | 2.3 |
| 长　　沙 | 2.9 | 3.0 | 2.4 | 2.3 | 2.1 |
| 湘　　潭 | 2.5 | 2.8 | 1.7 | 1.4 | 2.2 |
| 衡　　阳 | 2.4 | 2.4 | — | — | — |
| 岳　　阳 | 2.8 | 2.8 | — | — | — |
| 张 家 界 | 3.0 | 3.0 | — | — | — |
| 广　　州 | 2.9 | 3.3 | 1.9 | 1.9 | 2.8 |
| 深　　圳 | 3.3 | 3.5 | 2.2 | 3.0 | 2.8 |
| 珠　　海 | 1.8 | 2.3 | 1.2 | 1.5 | 2.1 |
| 汕　　头 | 1.7 | 1.7 | 1.4 | 2.1 | 1.7 |
| 佛　　山 | 2.5 | 2.9 | 1.6 | 1.8 | 4.2 |
| 江　　门 | 2.4 | 3.2 | 1.7 | 1.6 | 1.9 |
| 肇　　庆 | 2.7 | 2.8 | 2.7 | 3.2 | 2.4 |
| 东　　莞 | 3.7 | 7.1 | 2.4 | 3.3 | 3.3 |
| 中　　山 | 3.6 | 3.9 | 2.4 | 1.6 | 5.6 |

2－12(续3)　　单位：天/人

| | 平均停留 | 外国人 | 香港同胞 | 澳门同胞 | 台湾同胞 |
|---|---|---|---|---|---|
| 南　宁 | 2.4 | 2.4 | 2.9 | 1.7 | 2.4 |
| 桂　林 | 2.0 | 2.0 | 2.0 | 1.5 | 2.3 |
| 北　海 | 1.8 | 1.9 | 1.8 | 1.0 | 1.6 |
| 贺　州 | 1.1 | 1.1 | 1.1 | 1.1 | 1.1 |
| 崇　左 | 1.0 | 1.0 | 1.1 | 1.0 | 1.0 |
| 海　口 | 3.1 | 3.3 | 2.6 | 2.1 | 2.6 |
| 三　亚 | 6.1 | 6.7 | 3.7 | 3.3 | 3.2 |
| 重　庆 | 3.9 | 4.2 | 2.9 | 3.0 | 2.8 |
| 成　都 | 2.3 | 2.4 | 2.1 | 1.9 | 2.2 |
| 绵　阳 | 1.8 | 1.8 | 1.7 | 1.7 | 1.7 |
| 乐　山 | 2.2 | 2.2 | 2.2 | 2.1 | 2.2 |
| 阿坝州 | 2.0 | 2.0 | 1.8 | 2.0 | 2.0 |
| 贵　阳 | 3.1 | 3.0 | 2.8 | 3.0 | 4.0 |
| 安　顺 | 2.4 | 2.0 | 2.4 | 1.6 | 2.8 |
| 黔东南 | 1.3 | 1.2 | 2.0 | — | 1.6 |
| 昆　明 | 2.8 | 2.8 | 2.8 | 3.1 | 2.9 |
| 景　洪 | 3.9 | 4.2 | 3.3 | 1.0 | 2.2 |
| 大　理 | 1.4 | 1.4 | 1.3 | 1.3 | 1.5 |
| 拉　萨 | 6.5 | 6.6 | 5.4 | 4.7 | 7.7 |
| 西　安 | 2.5 | 2.4 | 2.7 | 2.5 | 2.9 |
| 咸　阳 | 2.7 | 2.6 | 3.3 | 2.5 | 3.9 |
| 兰　州 | 1.6 | 1.6 | 1.9 | 1.4 | 1.6 |
| 敦　煌 | 1.6 | 1.6 | 1.4 | 1.5 | 1.3 |
| 西　宁 | 3.6 | 3.8 | 2.4 | 4.0 | 2.6 |
| 黄　南 | 2.6 | 2.6 | 2.0 | — | 1.0 |
| 格尔木 | 3.1 | 3.0 | 3.4 | 4.5 | 3.5 |
| 银　川 | 1.7 | 1.7 | 1.6 | 1.7 | 1.0 |
| 乌鲁木齐 | 4.3 | 4.3 | — | — | — |
| 吐鲁番 | 4.6 | 4.6 | — | — | — |
| 伊　宁 | 4.5 | 4.5 | — | — | — |
| 阿勒泰 | 4.4 | 4.4 | — | — | — |

## 2－13 2011年入境过夜游客在各城市平均停留时间

### （按性别、年龄分组）

单位：天/人

| | 平均停留 | 性别 | | 年龄 | | | | |
|---|---|---|---|---|---|---|---|---|
| | | 男性 | 女性 | 14岁及以下 | 15~24岁 | 25~44岁 | 45~64岁 | 65岁及以上 |
| 北京 | 3.7 | 3.8 | 3.6 | 3.3 | 3.9 | 3.6 | 3.7 | 4.0 |
| 天津 | 4.5 | 5.2 | 3.5 | 15.0 | 3.5 | 4.5 | 4.6 | 4.2 |
| 石家庄 | 2.0 | 2.1 | 1.9 | 1.0 | 1.8 | 2.1 | 2.0 | 1.8 |
| 唐山 | 2.9 | 2.8 | 2.9 | — | 1.0 | 3.1 | 2.8 | 1.0 |
| 秦皇岛 | 4.4 | 4.2 | 4.6 | — | 4.8 | 4.4 | 4.4 | 1.3 |
| 保定 | 2.6 | 2.6 | 2.5 | — | 4.0 | 2.7 | 2.3 | 2.5 |
| 承德 | 1.8 | 1.8 | 1.8 | — | 2.0 | 1.8 | 1.8 | 1.8 |
| 廊坊 | 2.3 | 2.3 | 2.1 | — | 2.0 | 2.2 | 2.4 | — |
| 太原 | 2.4 | 2.4 | 2.4 | 3.0 | 3.0 | 2.4 | 2.4 | 2.2 |
| 大同 | 2.0 | 2.1 | 1.6 | — | 2.0 | 1.9 | 2.1 | 2.1 |
| 阳泉 | 2.1 | 2.1 | 2.2 | — | 2.2 | 2.2 | 2.0 | — |
| 长治 | 2.4 | 2.5 | 2.2 | — | 2.0 | 2.4 | 2.3 | — |
| 晋城 | 2.6 | 2.3 | 2.9 | — | — | 2.8 | 2.4 | 2.7 |
| 朔州 | 1.5 | 1.6 | 1.5 | — | 1.0 | 1.6 | 2.0 | 1.0 |
| 晋中 | 1.4 | 1.4 | 1.5 | — | 1.4 | 1.3 | 1.6 | 1.3 |
| 运城 | 1.8 | 1.6 | 2.4 | — | 1.5 | 1.8 | 1.9 | 2.0 |
| 忻州 | 1.7 | 1.7 | 1.8 | 2.0 | 1.7 | 1.7 | 1.8 | — |
| 临汾 | 1.4 | 1.3 | 1.4 | — | — | 1.4 | 1.5 | 1.1 |
| 吕梁 | 1.7 | 1.7 | 1.8 | — | 1.5 | 1.6 | 3.0 | 1.0 |
| 呼和浩特 | 4.0 | 4.1 | 3.9 | — | 3.7 | 3.5 | 4.8 | 4.5 |
| 满洲里 | 3.1 | 3.1 | 3.2 | — | 2.8 | 3.1 | 3.1 | 3.4 |
| 二连浩特 | 1.5 | 1.5 | 1.4 | — | 1.7 | 1.4 | 1.5 | 2.0 |
| 包头 | 3.0 | 3.0 | 3.0 | — | — | 3.0 | — | — |
| 沈阳 | 3.1 | 3.1 | 3.2 | 1.8 | 3.0 | 3.2 | 3.0 | 3.2 |
| 大连 | 3.2 | 3.2 | 3.2 | 3.3 | 3.5 | 3.2 | 3.0 | 3.8 |
| 鞍山 | 5.3 | 5.0 | 5.9 | — | — | 2.5 | 4.3 | 10.2 |
| 抚顺 | 3.3 | 3.3 | 3.3 | — | 1.0 | 3.1 | 3.4 | 4.3 |
| 本溪 | 1.9 | 1.8 | 2.2 | — | — | 1.9 | 1.9 | — |
| 丹东 | 2.0 | 2.0 | 2.0 | — | — | 1.8 | 2.2 | — |
| 营口 | 5.3 | 4.7 | 6.3 | — | 3.0 | 5.9 | 5.3 | 2.0 |
| 葫芦岛 | 2.0 | 2.0 | 2.0 | — | — | 1.9 | 2.0 | — |

2－13(续1) 单位：天/人

| | 平均停留 | 性别 | | 年龄 | | | | |
|---|---|---|---|---|---|---|---|---|
| | | 男性 | 女性 | 14岁及以下 | 15～24岁 | 25～44岁 | 45～64岁 | 65岁及以上 |
| 长春 | 4.1 | 4.1 | 4.1 | — | 3.8 | 4.4 | 3.5 | 4.3 |
| 吉林 | 1.8 | 1.9 | 1.5 | — | — | 1.7 | 2.0 | — |
| 松原 | 1.1 | 1.1 | 1.1 | 2.0 | 1.2 | 1.2 | 1.0 | 1.1 |
| 延吉 | 2.5 | 2.2 | 2.9 | 3.0 | 2.2 | 2.5 | 2.7 | 2.3 |
| 哈尔滨 | 2.8 | 3.0 | 2.5 | 3.5 | 2.9 | 2.7 | 2.7 | 2.8 |
| 齐齐哈尔 | 1.0 | 1.0 | 1.0 | — | 1.0 | 1.0 | 1.0 | 1.0 |
| 大庆 | 2.7 | 2.8 | 2.4 | — | 2.4 | 2.6 | 2.9 | 1.7 |
| 佳木斯 | 1.9 | 2.2 | 1.8 | 1.1 | 1.8 | 2.3 | 1.8 | 1.0 |
| 牡丹江 | 2.1 | 2.1 | 2.0 | 2.0 | 1.7 | 2.3 | 2.0 | 2.1 |
| 上海 | 2.9 | 2.8 | 3.0 | 3.2 | 3.1 | 2.7 | 3.1 | 3.0 |
| 南京 | 2.2 | 2.3 | 2.1 | — | 2.1 | 2.2 | 2.3 | 1.9 |
| 无锡 | 1.7 | 1.6 | 1.7 | 3.0 | 2.3 | 1.8 | 1.4 | 1.7 |
| 苏州 | 3.0 | 3.1 | 2.8 | — | 2.8 | 3.2 | 2.7 | 2.9 |
| 南通 | 2.1 | 2.3 | 1.8 | — | 1.3 | 2.1 | 2.2 | 1.8 |
| 扬州 | 2.3 | 2.3 | 2.3 | — | 2.4 | 2.1 | 2.6 | 2.0 |
| 杭州 | 2.4 | 2.5 | 2.2 | 4.0 | 2.5 | 2.5 | 2.2 | 2.0 |
| 宁波 | 2.4 | 2.6 | 2.2 | 1.5 | 2.7 | 2.5 | 2.3 | 2.8 |
| 温州 | 2.4 | 2.4 | 2.4 | — | 2.3 | 2.4 | 2.4 | 2.4 |
| 绍兴 | 2.4 | 2.6 | 2.3 | — | 2.9 | 2.3 | 2.4 | 2.7 |
| 金华 | 2.4 | 2.4 | 2.3 | 2.0 | 1.5 | 2.6 | 2.3 | 2.0 |
| 合肥 | 1.5 | 1.5 | 1.4 | — | 1.3 | 1.6 | 1.6 | 1.1 |
| 芜湖 | 7.8 | 8.2 | 7.0 | 21.0 | 7.9 | 8.0 | 6.9 | 9.8 |
| 马鞍山 | 2.5 | 2.5 | 2.6 | — | 5.7 | 2.3 | 2.5 | 2.5 |
| 铜陵 | 1.4 | 1.5 | 1.0 | — | 1.0 | 1.3 | 1.6 | 2.0 |
| 安庆 | 7.7 | 8.8 | 4.5 | — | 7.1 | 9.5 | 5.5 | 5.7 |
| 黄山 | 2.5 | 2.5 | 2.5 | — | 2.2 | 2.5 | 2.6 | 2.4 |
| 滁州 | 3.7 | 2.4 | 8.6 | 4.0 | 2.9 | 6.1 | 1.7 | 1.3 |
| 亳州 | 2.4 | 2.3 | 2.5 | — | — | 2.2 | 1.9 | 8.0 |
| 池州 | 1.4 | 1.5 | 1.1 | — | — | 1.4 | 1.5 | 1.1 |
| 宣城 | 2.4 | 2.6 | 2.2 | 3.0 | 3.0 | 2.6 | 2.2 | 2.0 |
| 福州 | 2.1 | 2.1 | 2.0 | 3.0 | 2.0 | 2.1 | 1.9 | 2.6 |
| 厦门 | 3.7 | 3.5 | 4.1 | — | 5.9 | 3.8 | 2.9 | 3.3 |
| 泉州 | 2.3 | 2.7 | 1.5 | — | 1.5 | 2.2 | 2.7 | 1.5 |
| 漳州 | 2.1 | 2.3 | 1.9 | — | 1.0 | 2.1 | 2.5 | 1.4 |
| 武夷山 | 2.2 | 2.1 | 2.3 | — | 2.0 | 2.0 | 2.2 | 2.5 |

2－13(续2)　　单位：天/人

| | 平均停留 | 性别 | | 年龄 | | | | |
|---|---|---|---|---|---|---|---|---|
| | | 男性 | 女性 | 14岁及以下 | 15～24岁 | 25～44岁 | 45～64岁 | 65岁及以上 |
| 南昌 | 1.9 | 2.0 | 1.8 | — | 1.3 | 1.9 | 1.9 | — |
| 景德镇 | 2.0 | 2.0 | 1.9 | — | 2.1 | 1.8 | 2.1 | 2.1 |
| 九江 | 1.7 | 1.7 | 1.6 | — | 1.7 | 1.6 | 1.7 | 2.0 |
| 鹰潭 | 1.8 | 1.9 | 1.7 | — | 1.5 | 1.8 | 2.1 | 1.3 |
| 赣州 | 2.5 | 3.0 | 1.8 | — | 2.2 | 3.0 | 2.0 | 2.3 |
| 济南 | 2.6 | 2.8 | 2.2 | 2.5 | 2.9 | 2.4 | 2.7 | 2.0 |
| 青岛 | 3.6 | 3.6 | 3.5 | — | 3.3 | 3.5 | 3.8 | 3.9 |
| 烟台 | 3.5 | 3.5 | 3.3 | — | 3.2 | 3.3 | 3.6 | 4.5 |
| 曲阜 | 1.2 | 1.2 | 1.2 | 1.2 | 1.0 | 1.3 | 1.2 | 1.0 |
| 泰安 | 2.4 | 2.4 | 2.3 | 3.0 | 2.4 | 1.6 | 3.6 | 2.1 |
| 威海 | 3.0 | 2.7 | 3.7 | 3.0 | 3.0 | 3.3 | 2.7 | 2.9 |
| 日照 | 1.9 | 1.9 | 2.0 | — | 1.8 | 1.8 | 2.1 | 1.0 |
| 郑州 | 3.4 | 3.4 | 3.3 | 1.0 | 5.8 | 3.6 | 2.9 | 4.8 |
| 开封 | 1.2 | 1.3 | 1.1 | 1.0 | 1.2 | 1.3 | 1.4 | 1.0 |
| 洛阳 | 2.0 | 2.1 | 1.9 | 1.5 | 2.0 | 1.8 | 2.4 | 1.7 |
| 三门峡 | 1.3 | 1.3 | 1.3 | 1.0 | 1.2 | 1.6 | 1.2 | 1.0 |
| 武汉 | 2.8 | 2.8 | 2.7 | 2.0 | 2.4 | 2.8 | 2.9 | 2.1 |
| 十堰 | 1.9 | 1.9 | 2.0 | — | 5.0 | 2.3 | 1.9 | 1.2 |
| 宜昌 | 1.8 | 1.9 | 1.7 | — | 2.1 | 1.7 | 1.7 | 2.0 |
| 襄樊 | 3.2 | 3.3 | 2.7 | — | 3.3 | 3.2 | 3.3 | 2.2 |
| 荆州 | 1.2 | 1.4 | 1.1 | — | 1.0 | 1.0 | 1.3 | 1.4 |
| 湖北游船 | 2.3 | 2.3 | 2.2 | 2.0 | 2.5 | 2.9 | 2.2 | 1.7 |
| 长沙 | 2.9 | 3.2 | 2.5 | 1.0 | 2.6 | 3.1 | 2.6 | 2.1 |
| 湘潭 | 2.5 | 3.2 | 1.6 | 1.0 | 1.2 | 1.8 | 4.0 | 1.5 |
| 衡阳 | 2.4 | 2.6 | 2.3 | — | 2.2 | 2.6 | 2.2 | 1.0 |
| 岳阳 | 2.8 | 2.7 | 2.8 | — | 2.4 | 3.0 | 2.7 | 1.8 |
| 张家界 | 3.0 | 3.0 | 3.0 | — | — | 3.0 | 3.0 | 3.0 |
| 广州 | 2.9 | 3.0 | 2.8 | 2.7 | 2.9 | 2.9 | 3.0 | 3.0 |
| 深圳 | 3.3 | 3.4 | 2.9 | — | 3.3 | 3.5 | 3.1 | 3.0 |
| 珠海 | 1.8 | 2.0 | 1.5 | 1.0 | 1.7 | 1.7 | 2.0 | 1.6 |
| 汕头 | 1.7 | 1.6 | 1.8 | 1.5 | 1.8 | 1.6 | 1.7 | 2.1 |
| 佛山 | 2.5 | 2.9 | 2.0 | — | 3.5 | 2.5 | 2.1 | 3.0 |
| 江门 | 2.4 | 2.5 | 2.3 | 2.0 | 2.6 | 2.6 | 2.3 | 1.9 |
| 肇庆 | 2.7 | 2.7 | 2.7 | — | 2.9 | 2.5 | 2.6 | 3.3 |
| 东莞 | 3.7 | 4.2 | 2.8 | 55.0 | 6.3 | 2.7 | 3.0 | 3.2 |
| 中山 | 3.6 | 3.9 | 3.0 | — | 1.8 | 3.3 | 4.8 | 1.8 |

单位：天/人

| | 平均停留 | 性别 | | 年龄 | | | | |
|---|---|---|---|---|---|---|---|---|
| | | 男性 | 女性 | 14岁及以下 | 15～24岁 | 25～44岁 | 45～64岁 | 65岁及以上 |
| 南宁 | 2.4 | 2.3 | 2.6 | — | 4.3 | 2.2 | 2.4 | 2.7 |
| 桂林 | 2.0 | 2.1 | 2.0 | — | 1.9 | 1.9 | 2.1 | 2.1 |
| 北海 | 1.8 | 1.9 | 1.6 | — | 1.3 | 2.0 | 1.7 | 2.5 |
| 贺州 | 1.1 | 1.1 | 1.1 | — | 1.3 | 1.1 | 1.1 | 1.0 |
| 崇左 | 1.0 | 1.0 | 1.0 | — | 1.0 | 1.0 | 1.0 | — |
| 海口 | 3.1 | 3.6 | 2.6 | 2.0 | 4.0 | 3.0 | 3.2 | 2.6 |
| 三亚 | 6.1 | 5.9 | 6.3 | 10.5 | 7.0 | 5.2 | 6.5 | 7.3 |
| 重庆 | 3.9 | 3.6 | 4.2 | 4.0 | 3.7 | 3.1 | 4.3 | 7.3 |
| 成都 | 2.3 | 2.4 | 2.2 | 3.0 | 2.5 | 2.2 | 2.3 | 2.6 |
| 绵阳 | 1.8 | 1.8 | 1.4 | — | 1.4 | 1.9 | 1.7 | 1.2 |
| 乐山 | 2.2 | 2.2 | 2.2 | 2.1 | 2.2 | 2.2 | 2.3 | 2.1 |
| 阿坝州 | 2.0 | 2.0 | 2.0 | 2.0 | 2.2 | 1.9 | 2.0 | 2.1 |
| 贵阳 | 3.1 | 3.1 | 3.1 | — | 4.0 | 3.1 | 3.0 | 2.4 |
| 安顺 | 2.4 | 2.1 | 2.8 | 2.0 | 1.8 | 2.7 | 2.3 | 1.5 |
| 黔东南 | 1.3 | 1.3 | 1.2 | — | 1.0 | 1.3 | 1.2 | 1.8 |
| 昆明 | 2.8 | 2.9 | 2.7 | 5.0 | 3.1 | 3.0 | 2.5 | 2.5 |
| 景洪 | 3.9 | 3.9 | 4.0 | 8.0 | 4.5 | 3.8 | 2.8 | 4.5 |
| 大理 | 1.4 | 1.3 | 1.6 | — | 1.5 | 1.4 | 1.3 | 2.0 |
| 拉萨 | 6.5 | 6.8 | 6.1 | 6.2 | 6.9 | 6.4 | 6.2 | 7.2 |
| 西安 | 2.5 | 2.6 | 2.4 | 2.0 | 2.4 | 2.6 | 2.4 | 2.5 |
| 咸阳 | 2.7 | 2.5 | 2.9 | — | 2.3 | 2.6 | 2.8 | 2.9 |
| 兰州 | 1.6 | 1.6 | 1.6 | 1.7 | 1.5 | 1.7 | 1.5 | 1.7 |
| 敦煌 | 1.6 | 1.6 | 1.5 | 1.3 | 1.5 | 1.5 | 1.6 | 1.7 |
| 西宁 | 3.6 | 3.6 | 3.5 | 2.6 | 6.8 | 4.2 | 2.1 | 3.8 |
| 黄南 | 2.6 | 2.4 | 2.8 | — | 2.3 | 2.2 | 3.5 | 1.6 |
| 格尔木 | 3.1 | 3.1 | 3.1 | — | 4.7 | 3.0 | 3.1 | 2.5 |
| 银川 | 1.7 | 1.7 | 1.6 | 1.0 | 1.0 | 1.6 | 1.8 | 1.5 |
| 乌鲁木齐 | 4.3 | 4.3 | 4.3 | — | 4.0 | 4.2 | 4.4 | 4.7 |
| 吐鲁番 | 4.6 | 4.6 | 4.5 | — | 4.0 | 4.6 | 4.5 | 5.2 |
| 伊宁 | 4.5 | 4.7 | 4.2 | — | 3.9 | 4.6 | 4.4 | 3.0 |
| 阿勒泰 | 4.4 | 4.5 | 4.2 | — | 3.7 | 4.4 | 4.6 | 4.3 |

## 2－14 2011年入境过夜游客在各城市

| | 平均停留 | 职业 | | | | |
|---|---|---|---|---|---|---|
| | | 政府工作人员 | 专业技术人员 | 职员 | 技工工人 | 商贸人员 |
| 北京 | 3.7 | 3.6 | 3.4 | 3.1 | 3.8 | 4.0 |
| 天津 | 4.5 | 3.6 | 5.0 | 4.8 | 4.1 | 3.6 |
| 石家庄 | 2.0 | 1.9 | 2.0 | 1.6 | 2.4 | 2.0 |
| 唐山 | 2.9 | 4.5 | 3.3 | 1.9 | 2.3 | 2.6 |
| 秦皇岛 | 4.4 | 6.2 | 5.3 | 2.7 | 6.5 | 4.3 |
| 保定 | 2.6 | 2.8 | 2.2 | 3.0 | 3.0 | 2.3 |
| 承德 | 1.8 | 1.8 | 2.0 | 1.8 | 1.5 | 1.4 |
| 廊坊 | 2.3 | 3.0 | 2.3 | 2.1 | 2.3 | 2.5 |
| 太原 | 2.4 | 2.2 | 2.4 | 2.6 | 2.8 | 2.6 |
| 大同 | 2.0 | 2.0 | 2.0 | 1.9 | 2.1 | 2.1 |
| 阳泉 | 2.1 | 2.0 | 2.4 | 2.0 | 2.3 | 1.5 |
| 长治 | 2.4 | 1.4 | 2.5 | 1.5 | — | 2.6 |
| 晋城 | 2.6 | 2.7 | 2.5 | 1.8 | — | 2.5 |
| 朔州 | 1.5 | 1.5 | 1.5 | — | 2.0 | 1.0 |
| 晋中 | 1.4 | 1.3 | 1.8 | 1.4 | 1.4 | 1.4 |
| 运城 | 1.8 | 1.5 | 1.9 | 2.3 | 2.3 | 1.4 |
| 忻州 | 1.7 | 2.0 | 2.0 | 1.9 | 1.8 | 1.8 |
| 临汾 | 1.4 | 1.0 | 1.4 | 1.3 | 1.0 | 5.0 |
| 吕梁 | 1.7 | — | 1.3 | 1.0 | — | 2.5 |
| 呼和浩特 | 4.0 | 3.7 | 4.6 | 3.9 | 2.7 | 3.6 |
| 满洲里 | 3.1 | 2.6 | 3.4 | 3.9 | 2.0 | 3.0 |
| 二连浩特 | 1.5 | 1.3 | 1.1 | 2.0 | 1.7 | 1.6 |
| 包头 | 3.0 | — | — | — | — | 3.0 |
| 沈阳 | 3.1 | 3.4 | 2.9 | 2.7 | 2.1 | 3.4 |
| 大连 | 3.2 | 2.7 | 3.3 | 3.1 | 2.8 | 3.1 |
| 鞍山 | 5.3 | 3.2 | 4.3 | 2.7 | 10.0 | 1.7 |
| 抚顺 | 3.3 | — | 2.9 | 2.9 | 5.0 | 3.0 |
| 本溪 | 1.9 | — | 2.5 | 2.3 | — | 2.0 |
| 丹东 | 2.0 | 3.0 | 1.8 | 2.3 | — | 1.6 |
| 营口 | 5.3 | 6.0 | — | 5.0 | 9.5 | 2.7 |
| 葫芦岛 | 2.0 | 2.0 | 1.9 | 2.0 | 2.0 | 2.0 |

## 平均停留时间（按职业分组）

单位：天/人

| 服务员推销员 | 退休人员 | 家庭妇女 | 军人 | 学生 | 其他 |
|---|---|---|---|---|---|
| 5.6 | 3.9 | 4.1 | 4.3 | 3.5 | 4.8 |
| | | | | | |
| 3.0 | 4.4 | 2.6 | 3.8 | 3.6 | 6.6 |
| | | | | | |
| 1.6 | 2.0 | 2.5 | — | 2.6 | 2.0 |
| 2.0 | — | 3.5 | — | 1.0 | 10.0 |
| 3.5 | 2.3 | 4.1 | 15.0 | 3.7 | 7.3 |
| 2.0 | 2.4 | 3.0 | — | 3.8 | 1.0 |
| 2.4 | 1.7 | — | — | 1.7 | 2.5 |
| 2.0 | 1.3 | 2.0 | — | 2.0 | 1.3 |
| | | | | | |
| 2.4 | 2.0 | 2.3 | 2.0 | — | — |
| 2.0 | 2.1 | — | — | — | — |
| — | 5.0 | 4.5 | — | 1.7 | 2.2 |
| 2.0 | 2.7 | 4.0 | — | — | 2.5 |
| — | 5.0 | 3.0 | — | — | 4.0 |
| — | 1.0 | — | — | 1.0 | 2.0 |
| 1.5 | 1.4 | 1.5 | — | 1.4 | 1.3 |
| 1.0 | 1.4 | 2.6 | 1.0 | 1.5 | 1.8 |
| 1.2 | — | — | 1.2 | 1.0 | — |
| 1.0 | 1.0 | — | — | — | 3.5 |
| 2.0 | 3.0 | 2.0 | — | 1.5 | 1.5 |
| | | | | | |
| 2.0 | 5.0 | 4.0 | — | 4.0 | 4.9 |
| 1.7 | 8.0 | — | — | 2.4 | 4.0 |
| 1.2 | 2.0 | 1.1 | 1.0 | 1.6 | 1.4 |
| — | — | — | — | — | — |
| | | | | | |
| 3.5 | 3.2 | 4.3 | 1.5 | 3.4 | 3.0 |
| 4.4 | 4.1 | 3.5 | — | 3.2 | 3.0 |
| — | 6.8 | 5.0 | — | — | 10.0 |
| — | 4.0 | 9.0 | — | 1.0 | 3.0 |
| 1.0 | — | — | — | — | 1.8 |
| — | 2.5 | — | — | 2.0 | 2.0 |
| 7.0 | 2.5 | 7.3 | — | 4.5 | — |
| 2.0 | 2.0 | 2.0 | — | — | — |

2－14(续1)

| | 平均停留 | 职业 | | | | |
|---|---|---|---|---|---|---|
| | | 政府工作人员 | 专业技术人员 | 职员 | 技工工人 | 商贸人员 |
| 长春 | 4.1 | 3.5 | 4.6 | 3.5 | 9.3 | 3.4 |
| 吉林 | 1.8 | 1.0 | 1.7 | 1.8 | 1.0 | 1.8 |
| 松原 | 1.1 | 1.2 | 1.2 | 1.1 | 1.0 | 1.1 |
| 延吉 | 2.5 | 2.3 | 2.6 | 2.6 | 2.5 | 1.8 |
| 哈尔滨 | 2.8 | 2.8 | 3.7 | 2.3 | 2.4 | 2.6 |
| 齐齐哈尔 | 1.0 | 1.0 | 1.0 | 1.0 | 1.0 | 1.0 |
| 大庆 | 2.7 | 1.3 | 3.1 | 2.9 | 4.0 | 2.8 |
| 佳木斯 | 1.9 | 1.8 | 2.4 | 1.6 | 2.2 | 2.3 |
| 牡丹江 | 2.1 | 3.0 | 2.2 | 2.0 | 2.0 | 2.3 |
| 上海 | 2.9 | 3.6 | 3.3 | 2.5 | 3.0 | 3.0 |
| 南京 | 2.2 | 2.1 | 2.9 | 2.0 | 2.6 | 1.9 |
| 无锡 | 1.7 | 3.0 | 1.9 | 1.7 | 1.8 | 1.8 |
| 苏州 | 3.0 | 3.1 | 2.8 | 2.2 | 2.2 | 3.6 |
| 南通 | 2.1 | 2.5 | 2.4 | 2.0 | 2.2 | 2.2 |
| 扬州 | 2.3 | 3.0 | 2.7 | 1.7 | 2.5 | 2.1 |
| 杭州 | 2.4 | 2.1 | 2.5 | 2.5 | 2.4 | 2.6 |
| 宁波 | 2.4 | 1.8 | 2.6 | 2.4 | 2.5 | 2.6 |
| 温州 | 2.4 | 3.0 | 2.7 | 2.2 | 2.3 | 2.4 |
| 绍兴 | 2.4 | — | 2.5 | 1.9 | 2.8 | 2.6 |
| 金华 | 2.4 | 1.3 | 2.3 | 2.5 | 1.0 | 2.6 |
| 合肥 | 1.5 | 2.0 | 1.7 | 1.4 | 2.0 | 1.8 |
| 芜湖 | 7.8 | 4.8 | 9.2 | 6.2 | 8.2 | 5.5 |
| 马鞍山 | 2.5 | 2.0 | 3.1 | 3.3 | 2.7 | 1.8 |
| 铜陵 | 1.4 | 1.0 | 1.4 | 1.0 | 2.0 | 1.6 |
| 安庆 | 7.7 | 10.5 | 16.1 | 3.9 | 7.9 | 4.8 |
| 黄山 | 2.5 | 2.5 | 2.7 | 2.3 | 2.3 | 2.6 |
| 滁州 | 3.7 | 20.0 | 1.8 | 9.5 | 3.0 | 2.2 |
| 亳州 | 2.4 | 2.6 | 2.6 | 1.8 | 2.0 | 1.9 |
| 池州 | 1.4 | 1.5 | 1.8 | 1.2 | 1.1 | 1.9 |
| 宣城 | 2.4 | 1.8 | 3.9 | 2.0 | 1.0 | 2.7 |
| 福州 | 2.1 | 2.0 | 2.0 | 2.0 | 1.4 | 2.4 |
| 厦门 | 3.7 | 2.7 | 4.5 | 2.7 | 4.6 | 3.8 |
| 泉州 | 2.3 | 3.0 | 3.8 | 2.2 | 1.3 | 2.7 |
| 漳州 | 2.1 | 2.0 | 2.5 | 2.4 | 1.3 | 2.6 |
| 武夷山 | 2.2 | 2.0 | 2.0 | 2.1 | 1.8 | 2.2 |

单位：天/人

| 服务员推销员 | 退休人员 | 家庭妇女 | 军人 | 学生 | 其他 |
|---|---|---|---|---|---|
| 2.0 | 4.1 | 4.8 | — | 4.1 | 3.7 |
| — | 2.7 | — | — | — | 2.0 |
| 1.0 | 1.1 | 2.0 | — | 1.3 | 1.0 |
| 3.0 | 3.3 | 2.3 | — | 2.1 | 2.4 |
| | | | | | |
| 2.5 | 2.9 | 2.7 | 1.7 | 2.8 | 2.4 |
| 1.0 | 1.0 | 1.1 | — | 1.0 | 1.0 |
| 3.3 | 2.3 | 1.5 | 1.5 | 2.4 | 3.0 |
| 2.6 | 1.5 | 1.3 | 3.0 | 1.5 | 2.2 |
| 2.1 | 2.2 | 1.9 | 3.5 | 1.6 | 2.4 |
| | | | | | |
| 2.8 | 3.2 | 2.6 | 5.4 | 3.2 | 3.8 |
| | | | | | |
| 1.4 | 2.0 | 2.2 | 4.0 | 1.8 | 1.9 |
| 1.0 | 1.1 | 1.1 | — | 1.5 | 1.6 |
| 5.9 | 3.1 | 2.6 | — | 2.2 | 2.5 |
| — | 1.9 | 1.6 | — | 1.0 | 2.0 |
| 1.5 | 3.4 | 2.0 | — | 3.2 | 2.5 |
| | | | | | |
| 1.7 | 1.7 | 2.3 | 2.0 | 2.2 | 2.2 |
| 2.0 | 2.3 | 2.3 | 3.0 | 2.8 | 2.1 |
| 2.5 | 2.0 | 2.3 | 2.0 | 2.0 | 2.8 |
| 2.5 | 2.5 | 2.0 | — | 2.4 | 2.5 |
| 1.8 | 2.5 | 2.2 | — | 1.8 | 2.0 |
| | | | | | |
| — | 1.1 | 1.1 | — | 1.0 | 1.4 |
| 5.0 | 10.0 | 2.7 | — | 9.1 | 13.4 |
| — | 2.3 | 2.0 | 5.0 | 2.3 | 7.0 |
| 1.0 | 1.5 | — | 1.0 | 1.0 | 1.0 |
| 8.0 | 3.0 | — | — | 3.8 | 2.4 |
| 2.2 | 2.5 | 2.4 | — | 2.3 | 2.7 |
| 2.0 | 1.0 | 1.5 | — | 1.0 | 2.2 |
| 1.0 | 5.7 | — | — | — | 2.9 |
| 1.0 | 1.1 | 1.0 | — | — | — |
| 3.0 | 2.0 | 1.6 | — | 3.0 | 1.7 |
| | | | | | |
| 2.3 | 2.4 | 2.6 | — | 2.0 | 1.7 |
| 13.5 | 2.8 | 3.3 | 10.0 | 3.0 | 2.8 |
| 2.0 | 1.0 | 1.3 | — | 1.3 | 1.9 |
| 2.5 | 1.3 | 1.8 | 5.0 | 1.0 | 1.2 |
| 2.5 | 2.3 | 2.4 | — | — | 2.3 |

2－14(续2)

| | 平均停留 | 职业 | | | | |
|---|---|---|---|---|---|---|
| | | 政府工作人员 | 专业技术人员 | 职员 | 技工工人 | 商贸人员 |
| 南昌 | 1.9 | 2.8 | 1.8 | 1.9 | 3.0 | 2.0 |
| 景德镇 | 2.0 | 2.0 | 1.8 | 1.6 | 2.7 | 1.8 |
| 九江 | 1.7 | — | 1.7 | 1.5 | 1.3 | 1.9 |
| 鹰潭 | 1.8 | 1.7 | 2.7 | 1.3 | — | 1.8 |
| 赣州 | 2.5 | 2.3 | 4.1 | 1.4 | 4.5 | 2.3 |
| 济南 | 2.6 | 1.9 | 4.0 | 2.2 | 2.0 | 2.8 |
| 青岛 | 3.6 | 3.7 | 3.5 | 3.6 | 3.9 | 3.9 |
| 烟台 | 3.5 | 3.8 | 3.4 | 3.7 | 3.3 | 3.1 |
| 曲阜 | 1.2 | 1.7 | 1.1 | 1.1 | 1.0 | 1.4 |
| 泰安 | 2.4 | — | 1.3 | 1.9 | 15.5 | 1.8 |
| 威海 | 3.0 | 3.9 | 2.6 | 2.6 | 3.0 | 2.9 |
| 日照 | 1.9 | 2.4 | 2.1 | 1.6 | 2.2 | 1.7 |
| 郑州 | 3.4 | 2.3 | 4.8 | 2.8 | 4.3 | 2.7 |
| 开封 | 1.2 | 1.1 | 1.7 | 1.2 | 1.3 | 1.0 |
| 洛阳 | 2.0 | 1.2 | 3.0 | 1.8 | 1.7 | 1.9 |
| 三门峡 | 1.3 | 1.1 | 2.1 | 1.2 | 1.0 | 1.6 |
| 武汉 | 2.8 | 2.8 | 3.2 | 2.9 | 2.5 | 2.5 |
| 十堰 | 1.9 | 1.3 | 3.1 | 1.6 | 2.2 | 1.4 |
| 宜昌 | 1.8 | 1.7 | 1.7 | 1.7 | 2.0 | 1.7 |
| 襄樊 | 3.2 | — | 3.2 | 4.8 | 3.4 | 3.0 |
| 荆州 | 1.2 | 1.0 | 1.9 | 1.0 | 1.0 | 1.3 |
| 湖北游船 | 2.3 | 3.3 | 3.1 | 2.0 | 1.8 | 2.8 |
| 长沙 | 2.9 | 2.8 | 2.7 | 2.8 | 10.9 | 3.1 |
| 湘潭 | 2.5 | 2.1 | 5.0 | 1.7 | 2.4 | 1.9 |
| 衡阳 | 2.4 | 3.1 | 2.3 | 2.3 | 2.9 | 2.5 |
| 岳阳 | 2.8 | 3.3 | 2.6 | 2.6 | 2.6 | — |
| 张家界 | 3.0 | 3.0 | 3.0 | 3.0 | 3.0 | — |
| 广州 | 2.9 | 3.5 | 2.8 | 2.5 | 2.7 | 3.3 |
| 深圳 | 3.3 | 3.0 | 4.1 | 2.7 | 2.8 | 3.3 |
| 珠海 | 1.8 | 1.6 | 1.7 | 1.7 | 1.3 | 2.3 |
| 汕头 | 1.7 | 2.2 | 1.9 | 1.6 | 1.7 | 1.5 |
| 佛山 | 2.5 | 1.7 | 4.6 | 1.7 | 1.7 | 2.3 |
| 江门 | 2.4 | 3.4 | 3.9 | 1.9 | 1.6 | 2.4 |
| 肇庆 | 2.7 | 2.6 | 2.9 | 2.7 | 2.6 | 2.7 |
| 东莞 | 3.7 | 2.7 | 8.1 | 2.3 | 2.0 | 3.5 |
| 中山 | 3.6 | 2.0 | 3.8 | 3.0 | 3.0 | 3.8 |

单位：天/人

| 服务员推销员 | 退休人员 | 家庭妇女 | 军人 | 学生 | 其他 |
|---|---|---|---|---|---|
| 3.0 | 1.8 | 1.4 | — | 1.3 | 1.6 |
| 2.0 | 2.7 | 2.0 | 2.0 | 2.5 | 2.1 |
| — | 1.6 | — | — | 2.0 | 1.7 |
| 1.9 | 1.3 | 1.2 | 2.5 | 2.0 | 1.3 |
| 1.8 | 2.1 | 1.3 | 10.0 | 2.4 | 2.6 |
| | | | | | |
| 1.5 | 1.9 | 2.8 | — | 2.4 | 2.4 |
| 3.5 | 3.7 | 3.5 | — | 3.1 | 4.0 |
| 3.8 | 4.4 | 3.3 | 5.0 | 2.9 | 4.0 |
| — | 1.1 | 1.2 | — | 1.1 | 1.3 |
| 2.2 | 3.1 | 1.6 | — | 2.7 | 1.3 |
| 2.8 | 2.5 | 4.7 | — | 4.0 | 1.3 |
| 3.0 | 2.2 | 2.3 | 2.0 | 2.0 | 1.7 |
| | | | | | |
| 5.0 | 1.8 | 2.3 | — | 6.8 | 2.7 |
| 1.9 | 1.2 | 1.0 | 1.0 | 1.0 | 1.0 |
| 2.8 | 1.7 | 1.8 | 1.0 | 1.7 | 2.0 |
| 1.0 | 1.0 | 1.0 | — | 1.2 | 2.0 |
| | | | | | |
| 2.6 | 2.6 | 2.6 | 5.0 | 2.6 | 2.6 |
| 1.3 | 1.6 | 2.7 | — | 1.0 | 1.0 |
| 2.0 | 1.9 | 2.2 | 2.0 | 1.8 | 1.9 |
| — | 2.0 | 4.0 | — | 2.0 | 2.8 |
| 1.0 | 1.2 | 1.0 | — | 1.0 | 1.2 |
| 2.0 | 1.7 | 1.6 | 2.0 | 2.6 | 1.9 |
| | | | | | |
| 2.2 | 2.5 | 2.0 | — | 2.4 | 2.4 |
| 1.4 | 2.3 | 1.7 | 1.2 | 1.4 | 1.7 |
| 2.3 | 2.3 | 1.4 | 4.0 | 2.0 | 2.0 |
| — | — | — | — | — | — |
| — | — | 3.0 | — | — | 3.0 |
| | | | | | |
| 2.8 | 3.1 | 2.7 | 2.8 | 2.8 | 3.0 |
| 2.4 | 2.8 | 2.6 | 2.3 | 3.7 | 4.1 |
| 1.5 | 1.6 | 1.6 | 1.0 | 1.5 | 1.8 |
| 1.4 | 2.5 | 1.6 | 1.5 | 2.1 | 1.6 |
| 3.8 | 1.8 | 2.1 | — | 1.2 | 1.6 |
| 1.7 | 1.9 | 2.1 | 7.0 | 2.6 | 2.2 |
| 3.1 | 2.8 | 2.7 | 2.6 | 2.0 | — |
| 2.0 | 2.5 | 2.8 | 2.0 | 5.9 | 2.3 |
| 5.8 | 3.6 | 1.9 | — | 1.8 | 5.2 |

| | 平均停留 | 职业 | | | | |
|---|---|---|---|---|---|---|
| | | 政府工作人员 | 专业技术人员 | 职员 | 技工工人 | 商贸人员 |
| 南宁 | 2.4 | 2.7 | 2.5 | 2.0 | 2.0 | 2.3 |
| 桂林 | 2.0 | 2.6 | 1.7 | 2.0 | 1.4 | 2.1 |
| 北海 | 1.8 | 1.5 | 2.4 | 1.8 | 1.3 | 1.9 |
| 贺州 | 1.1 | 1.0 | 1.2 | 1.1 | 1.0 | 1.2 |
| 崇左 | 1.0 | 1.0 | 1.1 | 1.0 | — | 1.0 |
| 海口 | 3.1 | 2.7 | 3.4 | 2.2 | 2.4 | 3.5 |
| 三亚 | 6.1 | 6.0 | 5.5 | 5.3 | 4.5 | 6.3 |
| 重庆 | 3.9 | 4.4 | 3.7 | 3.4 | 5.4 | 3.2 |
| 成都 | 2.3 | 2.2 | 2.7 | 2.1 | 2.1 | 2.5 |
| 绵阳 | 1.8 | 1.0 | 1.8 | 2.0 | 1.6 | 1.8 |
| 乐山 | 2.2 | 2.1 | 2.1 | 2.2 | 2.1 | 2.2 |
| 阿坝州 | 2.0 | 2.4 | 2.0 | 2.0 | 1.9 | 1.9 |
| 贵阳 | 3.1 | 3.1 | 3.2 | 3.2 | 4.2 | 2.9 |
| 安顺 | 2.4 | 3.2 | 2.6 | 1.5 | 1.7 | 2.1 |
| 黔东南 | 1.3 | 1.0 | 1.5 | 1.1 | — | 1.2 |
| 昆明 | 2.8 | 3.0 | 3.1 | 2.6 | 2.1 | 3.3 |
| 景洪 | 3.9 | 5.2 | 4.0 | 2.5 | 2.0 | 6.2 |
| 大理 | 1.4 | — | — | 1.4 | 1.0 | 1.2 |
| 拉萨 | 6.5 | 6.4 | 6.8 | 5.7 | 6.1 | 5.3 |
| 西安 | 2.5 | 3.0 | 2.8 | 2.3 | 2.3 | 2.6 |
| 咸阳 | 2.7 | 2.4 | 2.8 | 2.9 | 2.5 | 2.6 |
| 兰州 | 1.6 | 1.6 | 1.6 | 1.7 | 1.6 | 1.7 |
| 敦煌 | 1.6 | 1.5 | 1.6 | 1.6 | 1.6 | 1.5 |
| 西宁 | 3.6 | 2.8 | 4.2 | 2.3 | 1.5 | 3.8 |
| 黄南 | 2.6 | 2.0 | 2.7 | 2.4 | 1.8 | 3.7 |
| 格尔木 | 3.1 | — | 4.0 | 2.8 | 2.8 | 3.0 |
| 银川 | 1.7 | 1.3 | 1.7 | 1.4 | 1.5 | 2.3 |
| 乌鲁木齐 | 4.3 | 3.7 | 4.1 | 4.6 | 5.0 | 5.3 |
| 吐鲁番 | 4.6 | 4.6 | 4.6 | 4.4 | 4.5 | 4.6 |
| 伊宁 | 4.5 | 3.0 | 4.0 | 4.7 | 4.0 | 3.8 |
| 阿勒泰 | 4.4 | 4.6 | 5.1 | 4.4 | 4.0 | 4.4 |

单位：天/人

| 服务员<br>推销员 | 退休<br>人员 | 家庭<br>妇女 | 军人 | 学生 | 其他 |
|---|---|---|---|---|---|
| 3.3 | 2.9 | 2.7 | — | 3.8 | 1.9 |
| 1.8 | 2.1 | 2.3 | 2.0 | 1.8 | 1.9 |
| 1.0 | 1.9 | 2.3 | — | 1.0 | 1.4 |
| 1.0 | 1.0 | 1.2 | — | 1.3 | 1.0 |
| — | 1.0 | 1.0 | — | — | 1.0 |
| | | | | | |
| 2.5 | 2.9 | 4.0 | 3.5 | 4.4 | 3.7 |
| 7.3 | 6.7 | 8.6 | 10.3 | 5.4 | 5.0 |
| | | | | | |
| 4.6 | 7.1 | 3.1 | 3.5 | 4.0 | 3.7 |
| 2.4 | 2.4 | 2.5 | 1.3 | 1.9 | 2.0 |
| 1.2 | 1.1 | 1.7 | — | 1.1 | 1.8 |
| 2.1 | 2.5 | 2.2 | 2.2 | 2.1 | 2.3 |
| 1.8 | 2.1 | 1.8 | 2.0 | 2.1 | 1.9 |
| | | | | | |
| 4.5 | 2.5 | 2.7 | 4.0 | 3.1 | 3.0 |
| 5.5 | 2.2 | 2.3 | 2.0 | 1.0 | 2.0 |
| — | 1.5 | — | — | 2.0 | 1.0 |
| | | | | | |
| 3.4 | 2.6 | 2.2 | 3.0 | 3.1 | 2.2 |
| 1.6 | 3.0 | 3.6 | 4.0 | 5.0 | 5.5 |
| — | 1.3 | 1.5 | — | 1.3 | 1.5 |
| | | | | | |
| 5.6 | 7.5 | 7.3 | 6.0 | 7.1 | 10.5 |
| | | | | | |
| 2.4 | 2.4 | 2.5 | 3.3 | 2.4 | 2.1 |
| 3.0 | 2.8 | 2.6 | 5.0 | 2.8 | 2.3 |
| | | | | | |
| 1.4 | 1.7 | 1.8 | 1.7 | 1.3 | 1.5 |
| 1.6 | 1.6 | 1.6 | 1.7 | 1.4 | 1.5 |
| | | | | | |
| 2.0 | 1.7 | 2.2 | — | 5.5 | 7.6 |
| 1.0 | 3.0 | 1.7 | 1.0 | 3.1 | 2.3 |
| 2.3 | 3.0 | 3.5 | — | 3.7 | 4.7 |
| | | | | | |
| 1.0 | 2.0 | 1.0 | — | 1.5 | 1.7 |
| | | | | | |
| 3.7 | 4.3 | 4.5 | — | 4.0 | — |
| 4.1 | 5.0 | 4.5 | — | 4.3 | — |
| 5.4 | 3.3 | 4.3 | — | 4.5 | 3.8 |
| 4.2 | 4.5 | 4.6 | 3.0 | 3.6 | 3.0 |

# 2－15　2011年入境过夜游客在各城市平均停留时间
## （按旅游目的分组）

单位：天/人

| | 平均停留 | 旅游目的 | | | | | | | | | |
|---|---|---|---|---|---|---|---|---|---|---|---|
| | | 观光游览 | 休闲度假 | 探亲访友 | 商务 | 会议 | 宗教朝拜 | 文体交流 | 购物 | 医疗保健 | 其他 |
| 北　京 | 3.7 | 3.6 | 4.0 | 4.3 | 3.8 | 2.9 | 10.1 | 3.4 | 5.0 | 7.1 | 2.7 |
| 天　津 | 4.5 | 3.9 | 4.1 | 3.1 | 4.8 | 3.7 | 4.3 | 3.3 | 5.8 | 9.0 | 11.3 |
| 石家庄 | 2.0 | 1.7 | 1.6 | 2.1 | 2.1 | 2.1 | 3.0 | 2.3 | 2.0 | 1.5 | 3.5 |
| 唐　山 | 2.9 | 2.8 | 3.2 | 2.5 | 2.9 | 1.7 | — | 2.6 | — | — | 5.5 |
| 秦皇岛 | 4.4 | 3.4 | 5.5 | 1.0 | 3.7 | 3.3 | — | 5.2 | — | 3.0 | 9.3 |
| 保　定 | 2.6 | 2.5 | 2.6 | 3.0 | 2.6 | 2.4 | 2.0 | 3.2 | 2.0 | — | — |
| 承　德 | 1.8 | 1.7 | 1.8 | 2.0 | 2.0 | 2.5 | 4.0 | — | — | — | — |
| 廊　坊 | 2.3 | 2.4 | 2.0 | 2.0 | 2.4 | 2.3 | — | — | — | — | 1.7 |
| 太　原 | 2.4 | 2.1 | 2.7 | 2.6 | 2.7 | 2.7 | 2.5 | 2.3 | 1.7 | 2.0 | — |
| 大　同 | 2.0 | 2.1 | 2.0 | 3.0 | 2.1 | — | — | — | — | — | — |
| 阳　泉 | 2.1 | 3.3 | — | 2.3 | 2.0 | 1.9 | — | — | — | 5.0 | 1.8 |
| 长　治 | 2.4 | 2.5 | 1.6 | 3.0 | 3.0 | 2.0 | — | 2.6 | — | — | 2.0 |
| 晋　城 | 2.6 | 2.1 | 2.0 | 4.6 | 2.3 | — | — | 1.0 | — | — | 4.0 |
| 朔　州 | 1.5 | 1.0 | — | 2.0 | 1.0 | 1.0 | 1.0 | 2.0 | — | — | — |
| 晋　中 | 1.4 | 1.2 | 1.3 | 2.3 | 1.5 | 1.5 | 1.5 | 1.8 | — | 1.0 | — |
| 运　城 | 1.8 | 1.2 | 2.0 | 3.1 | 1.3 | 2.0 | 2.0 | 2.6 | — | — | 2.0 |
| 忻　州 | 1.7 | 1.8 | 1.8 | — | — | 1.8 | 1.3 | 1.0 | — | 1.0 | — |
| 临　汾 | 1.4 | 1.1 | 1.2 | — | 3.0 | — | 2.0 | 2.8 | — | — | — |
| 吕　梁 | 1.7 | 1.0 | 1.7 | 3.0 | 1.7 | 2.0 | 1.5 | 3.0 | — | — | — |
| 呼和浩特 | 4.0 | 3.5 | 3.7 | 5.3 | 3.8 | 6.1 | — | 3.4 | — | — | 4.0 |
| 满洲里 | 3.1 | 3.4 | 2.5 | 2.0 | 3.0 | 3.3 | — | 2.7 | — | — | 5.5 |
| 二连浩特 | 1.5 | 1.3 | 1.3 | 1.3 | 1.5 | 1.5 | — | 1.5 | 1.6 | 1.0 | 1.0 |
| 包　头 | 3.0 | — | — | — | — | — | — | — | 3.0 | — | — |
| 沈　阳 | 3.1 | 2.9 | 2.9 | 3.4 | 3.3 | 3.6 | 2.2 | 2.4 | 4.0 | 2.0 | 3.0 |
| 大　连 | 3.2 | 3.5 | 3.2 | 3.6 | 3.0 | 2.7 | — | 3.3 | 2.0 | 4.8 | 3.3 |
| 鞍　山 | 5.3 | 4.8 | 2.5 | 5.0 | 2.4 | 3.0 | — | 2.3 | 1.0 | 8.7 | 2.0 |
| 抚　顺 | 3.3 | 2.8 | 2.5 | 3.5 | 3.2 | 2.5 | 9.0 | 3.0 | — | 7.0 | 3.0 |
| 本　溪 | 1.9 | 1.9 | 1.0 | — | — | 2.0 | — | — | — | — | 1.9 |
| 丹　东 | 2.0 | 2.2 | 2.6 | — | 1.6 | — | — | 1.9 | — | — | 1.8 |
| 营　口 | 5.3 | 4.3 | 2.0 | 10.7 | 2.8 | 3.3 | — | 15.0 | — | — | — |
| 葫芦岛 | 2.0 | 2.0 | 2.0 | — | 2.0 | — | — | — | — | — | — |

2－15(续1)　　单位：天/人

| | 平均停留 | 旅游目的 | | | | | | | | | |
|---|---|---|---|---|---|---|---|---|---|---|---|
| | | 观光游览 | 休闲度假 | 探亲访友 | 商务 | 会议 | 宗教朝拜 | 文体交流 | 购物 | 医疗保健 | 其他 |
| 长　春 | 4.1 | 2.6 | 2.8 | 5.8 | 4.3 | 2.8 | — | 4.4 | — | 8.7 | 12.6 |
| 吉　林 | 1.8 | — | — | 2.1 | 1.8 | — | — | 2.0 | — | — | 1.0 |
| 松　原 | 1.1 | 1.1 | 1.1 | 1.5 | 1.1 | 1.0 | 1.0 | 1.0 | — | — | 1.0 |
| 延　吉 | 2.5 | 2.0 | 3.5 | — | 3.0 | 3.0 | — | — | 3.0 | — | — |
| 哈尔滨 | 2.8 | 2.6 | 2.4 | 3.6 | 4.0 | 2.7 | — | 4.1 | 1.9 | 3.3 | 5.0 |
| 齐齐哈尔 | 1.0 | 1.0 | 1.2 | — | — | — | — | — | — | — | — |
| 大　庆 | 2.7 | 2.7 | 2.4 | 3.0 | 3.3 | 2.7 | 1.0 | 1.4 | 2.0 | 3.0 | 2.2 |
| 佳木斯 | 1.9 | 1.6 | 1.3 | 11.0 | 1.0 | — | — | — | 3.0 | — | 1.5 |
| 牡丹江 | 2.1 | 2.2 | 2.1 | 2.0 | 2.5 | 2.3 | — | 2.0 | 2.0 | 1.7 | 2.0 |
| 上　海 | 2.9 | 2.6 | 2.9 | 3.2 | 3.0 | 2.4 | 3.3 | 4.0 | 3.6 | 3.7 | 2.2 |
| 南　京 | 2.2 | 1.8 | 2.2 | 2.1 | 2.6 | 2.4 | 2.5 | 1.5 | 3.0 | — | 2.0 |
| 无　锡 | 1.7 | 1.2 | 1.5 | 2.5 | 1.8 | 1.9 | — | 1.9 | — | 1.0 | 1.9 |
| 苏　州 | 3.0 | 2.0 | 3.8 | 3.3 | 3.1 | 3.5 | 1.7 | 4.7 | — | — | 3.4 |
| 南　通 | 2.1 | 1.9 | 1.8 | 1.8 | 2.4 | 1.9 | — | 2.0 | 4.0 | — | 2.5 |
| 扬　州 | 2.3 | 2.2 | 3.8 | 1.8 | 2.2 | 1.3 | — | 1.5 | 2.0 | — | 2.9 |
| 杭　州 | 2.4 | 2.0 | 2.0 | 2.9 | 2.8 | 2.4 | 1.7 | 3.2 | 2.1 | 1.7 | 2.0 |
| 宁　波 | 2.4 | 2.1 | 2.0 | 3.1 | 2.9 | 2.2 | 3.0 | 1.8 | 1.5 | — | 2.2 |
| 温　州 | 2.4 | 2.2 | 2.9 | 2.5 | 2.4 | 2.4 | 1.5 | 2.3 | — | — | 2.5 |
| 绍　兴 | 2.4 | 2.1 | 2.3 | 2.8 | 2.7 | 2.3 | 1.5 | 2.3 | — | — | 2.5 |
| 金　华 | 2.4 | 1.9 | 2.0 | 2.0 | 2.7 | 1.6 | — | 2.0 | 3.0 | — | 3.0 |
| 合　肥 | 1.5 | 1.3 | 1.3 | 2.0 | 2.0 | 2.0 | — | 1.4 | — | — | 1.5 |
| 芜　湖 | 7.8 | 7.2 | 5.7 | 8.9 | 8.5 | 4.4 | — | 8.8 | — | — | 10.6 |
| 马鞍山 | 2.5 | 3.0 | 1.7 | 3.0 | 2.6 | 2.4 | — | 3.5 | 1.0 | — | 1.0 |
| 铜　陵 | 1.4 | 1.2 | 1.1 | 1.0 | 1.5 | 1.2 | — | 2.2 | — | — | 1.3 |
| 安　庆 | 7.7 | 3.0 | 6.4 | 3.5 | 12.1 | 1.5 | 1.0 | 10.2 | — | — | 9.9 |
| 黄　山 | 2.5 | 2.3 | 2.4 | 4.5 | 3.1 | 4.0 | — | 3.5 | 4.0 | 4.0 | 3.1 |
| 滁　州 | 3.7 | 7.5 | 1.0 | 1.5 | 3.9 | 2.3 | — | 1.3 | — | — | 1.6 |
| 亳　州 | 2.4 | 2.7 | 1.3 | 3.3 | 2.0 | — | — | 2.8 | — | — | 1.6 |
| 池　州 | 1.4 | 1.0 | 2.0 | — | 1.5 | — | 1.2 | — | — | — | — |
| 宣　城 | 2.4 | 1.8 | 2.0 | 3.3 | 3.9 | 1.5 | — | — | — | — | — |
| 福　州 | 2.1 | 2.1 | 2.0 | 2.3 | 2.1 | 1.9 | 2.0 | 2.5 | 2.0 | 4.0 | 1.6 |
| 厦　门 | 3.7 | 2.6 | 3.7 | 2.8 | 3.8 | 3.2 | 1.0 | 4.0 | 2.5 | — | 27.6 |
| 泉　州 | 2.3 | 1.7 | 2.0 | 2.4 | 2.7 | 2.6 | 1.5 | — | 2.0 | — | 1.6 |
| 漳　州 | 2.1 | 1.5 | 1.8 | 2.7 | 2.6 | 1.7 | 2.0 | 4.0 | — | — | 1.0 |
| 武夷山 | 2.2 | 2.2 | 2.3 | 2.0 | — | 2.0 | 2.0 | 2.8 | — | — | — |

2－15(续2)　　单位：天/人

| | 平均停留 | 旅游目的 | | | | | | | | | |
|---|---|---|---|---|---|---|---|---|---|---|---|
| | | 观光游览 | 休闲度假 | 探亲访友 | 商务 | 会议 | 宗教朝拜 | 文体交流 | 购物 | 医疗保健 | 其他 |
| 南昌 | 1.9 | 1.9 | 1.6 | 1.9 | 1.9 | 1.5 | — | 1.0 | — | 3.0 | 2.8 |
| 景德镇 | 2.0 | 2.0 | 2.2 | 2.0 | 1.9 | 1.8 | — | 2.0 | 1.8 | — | 1.9 |
| 九江 | 1.7 | 1.6 | 1.6 | — | 2.0 | — | — | — | — | — | — |
| 鹰潭 | 1.8 | 1.4 | 2.1 | 2.0 | 2.1 | 1.7 | 1.7 | — | 1.0 | 6.0 | 1.3 |
| 赣州 | 2.5 | 1.5 | 2.1 | 3.9 | 2.7 | 1.0 | — | 3.6 | — | — | 5.3 |
| 济南 | 2.6 | 1.8 | 2.1 | 4.8 | 3.4 | 2.1 | 2.0 | 2.0 | — | — | 5.4 |
| 青岛 | 3.6 | 3.6 | 3.6 | 3.4 | 3.6 | 3.5 | — | 4.0 | 3.0 | — | 3.0 |
| 烟台 | 3.5 | 3.5 | 4.2 | 4.1 | 3.2 | 3.0 | — | 2.8 | 2.0 | — | 2.0 |
| 曲阜 | 1.2 | 1.1 | 1.1 | 1.8 | 1.6 | 1.0 | 2.0 | 1.3 | — | — | 1.0 |
| 泰安 | 2.4 | 1.8 | 2.4 | 3.6 | 7.0 | — | — | 1.7 | — | — | 1.0 |
| 威海 | 3.0 | 3.8 | 2.9 | 3.3 | 2.7 | 3.5 | — | 3.7 | 1.5 | — | 2.1 |
| 日照 | 1.9 | 1.5 | 4.0 | 2.3 | 1.9 | 1.9 | — | 2.8 | — | — | 1.8 |
| 郑州 | 3.4 | 2.3 | 4.6 | 3.1 | 4.5 | 2.5 | 2.0 | 8.6 | 3.0 | — | 3.7 |
| 开封 | 1.2 | 1.0 | 1.4 | 1.3 | 1.5 | 1.1 | 1.0 | 1.0 | — | — | — |
| 洛阳 | 2.0 | 1.4 | 1.8 | 3.8 | 3.9 | 5.5 | 2.3 | 1.3 | — | — | — |
| 三门峡 | 1.3 | 1.0 | 1.0 | 2.0 | 1.8 | 1.6 | 1.0 | 2.0 | — | — | 3.0 |
| 武汉 | 2.8 | 2.4 | 2.8 | 3.4 | 2.9 | 2.6 | 2.0 | 3.1 | 2.3 | 3.3 | 3.0 |
| 十堰 | 1.9 | 1.4 | 1.4 | 1.5 | 3.1 | 3.0 | 1.5 | 2.0 | — | — | 1.3 |
| 宜昌 | 1.8 | 1.6 | 1.9 | 1.9 | 1.8 | 2.2 | — | 1.3 | — | 2.0 | 2.0 |
| 襄樊 | 3.2 | 2.7 | — | — | 3.5 | 2.0 | 1.0 | 2.3 | — | — | 4.0 |
| 荆州 | 1.2 | 1.0 | 2.0 | 3.0 | 2.7 | — | — | 2.4 | — | — | — |
| 湖北游船 | 2.3 | 2.1 | 2.2 | 2.3 | 1.9 | 3.0 | — | 3.6 | — | 2.0 | 2.0 |
| 长沙 | 2.9 | 2.1 | 2.8 | 2.7 | 3.5 | 2.5 | — | 2.8 | 2.3 | — | 14.2 |
| 湘潭 | 2.5 | 1.9 | 1.7 | 1.8 | 4.5 | 1.2 | 1.3 | 2.3 | 1.2 | 3.0 | 2.3 |
| 衡阳 | 2.4 | 2.1 | 2.7 | — | 2.6 | 2.0 | 2.1 | 2.8 | — | — | 2.6 |
| 岳阳 | 2.8 | 2.8 | 2.8 | 3.0 | 2.5 | — | — | — | — | — | — |
| 张家界 | 3.0 | 3.0 | 3.0 | — | 3.0 | 3.0 | — | — | — | — | 3.0 |
| 广州 | 2.9 | 2.7 | 2.7 | 2.6 | 3.2 | 2.7 | 2.8 | 2.7 | 4.5 | 2.6 | 3.4 |
| 深圳 | 3.3 | 2.6 | 3.6 | 3.3 | 3.6 | 3.3 | — | 3.6 | 1.9 | 1.8 | 3.0 |
| 珠海 | 1.8 | 1.6 | 1.7 | 2.8 | 2.1 | 2.0 | 2.0 | 2.2 | 1.4 | 1.7 | 1.4 |
| 汕头 | 1.7 | 2.0 | 2.0 | 2.3 | 1.4 | 1.3 | 1.5 | 1.0 | 1.7 | 1.6 | 1.5 |
| 佛山 | 2.5 | 1.7 | 1.7 | 2.4 | 2.9 | 1.7 | 1.0 | 1.8 | 3.8 | 1.0 | 11.2 |
| 江门 | 2.4 | 1.7 | 2.0 | 2.4 | 2.9 | 2.2 | 4.0 | 5.0 | 1.5 | 2.0 | 3.9 |
| 肇庆 | 2.7 | 2.6 | 2.4 | 2.7 | 3.0 | 3.0 | — | — | — | — | — |
| 东莞 | 3.7 | 3.6 | 2.9 | 2.2 | 6.6 | 2.2 | — | 16.0 | 1.8 | — | — |
| 中山 | 3.6 | 3.2 | 5.1 | 2.8 | 3.5 | 4.7 | — | 3.0 | 1.0 | — | 3.8 |

2-15(续3) 单位：天/人

| | 平均停留 | 旅游目的 | | | | | | | | | |
|---|---|---|---|---|---|---|---|---|---|---|---|
| | | 观光游览 | 休闲度假 | 探亲访友 | 商务 | 会议 | 宗教朝拜 | 文体交流 | 购物 | 医疗保健 | 其他 |
| 南宁 | 2.4 | 2.4 | 2.1 | 3.7 | 2.3 | 2.0 | 2.0 | 1.6 | 4.0 | 2.6 | 1.6 |
| 桂林 | 2.0 | 2.0 | 2.2 | 2.2 | 1.5 | 2.3 | 2.0 | 2.3 | — | 1.0 | 1.6 |
| 北海 | 1.8 | 1.4 | 1.6 | 1.9 | 2.6 | 1.9 | — | 1.3 | — | — | 1.0 |
| 贺州 | 1.1 | 1.1 | 1.3 | 1.0 | 1.0 | — | — | — | — | — | — |
| 崇左 | 1.0 | 1.0 | 1.0 | 1.0 | 1.0 | — | — | 1.0 | 1.0 | — | 1.0 |
| 海口 | 3.1 | 2.4 | 2.3 | 3.6 | 3.9 | 5.3 | 5.0 | 10.0 | 2.7 | — | 2.0 |
| 三亚 | 6.1 | 4.6 | 6.9 | 7.2 | 4.2 | 2.3 | 8.0 | 3.3 | 7.0 | 10.9 | 4.3 |
| 重庆 | 3.9 | 4.7 | 4.9 | 3.8 | 2.9 | 2.5 | 2.0 | 3.1 | 5.0 | 5.0 | 3.0 |
| 成都 | 2.3 | 2.2 | 2.4 | 3.0 | 2.4 | 2.3 | 1.0 | 1.3 | 1.6 | 1.5 | 1.9 |
| 绵阳 | 1.8 | 1.2 | 1.5 | 3.1 | 1.9 | 1.9 | 1.0 | 1.4 | — | 6.0 | 1.5 |
| 乐山 | 2.2 | 2.2 | 2.2 | 3.0 | 1.7 | 1.8 | 2.3 | 2.6 | 2.0 | — | 2.2 |
| 阿坝州 | 2.0 | 1.9 | 2.1 | 2.0 | 1.3 | 1.8 | 2.0 | 2.0 | — | 3.0 | — |
| 贵阳 | 3.1 | 3.1 | 3.0 | 4.6 | 2.7 | 3.0 | 3.0 | 2.9 | 10.0 | — | 4.8 |
| 安顺 | 2.4 | 2.4 | 2.1 | 1.9 | 5.3 | 2.0 | — | 2.0 | 4.0 | — | 3.0 |
| 黔东南 | 1.3 | 1.1 | 1.2 | — | 3.0 | — | — | 2.4 | — | — | — |
| 昆明 | 2.8 | 2.5 | 2.7 | 3.2 | 3.2 | 3.7 | 2.3 | 3.3 | 2.0 | 20.0 | 5.7 |
| 景洪 | 3.9 | 3.2 | 4.6 | 7.0 | 4.5 | 2.0 | 2.0 | 2.0 | — | 7.0 | — |
| 大理 | 1.4 | 1.4 | 1.3 | — | — | — | — | — | — | — | — |
| 拉萨 | 6.5 | 6.0 | 6.1 | 4.3 | 6.3 | 4.8 | 8.6 | 6.6 | 7.4 | 8.0 | 5.5 |
| 西安 | 2.5 | 2.2 | 2.4 | 3.1 | 3.6 | 2.7 | 4.5 | 2.6 | 2.0 | 2.5 | 2.8 |
| 咸阳 | 2.7 | 2.5 | 2.3 | 6.7 | 2.9 | 3.3 | 4.0 | — | — | — | 3.0 |
| 兰州 | 1.6 | 1.5 | 1.7 | 2.0 | 1.8 | 1.6 | 1.6 | 1.8 | — | 2.0 | 1.4 |
| 敦煌 | 1.6 | 1.5 | 1.5 | 1.8 | 2.5 | 1.9 | 1.0 | 2.1 | — | — | 1.6 |
| 西宁 | 3.6 | 2.5 | 6.2 | 2.3 | 2.7 | 3.0 | 2.0 | 2.5 | — | — | 3.3 |
| 黄南 | 2.6 | 2.7 | 2.6 | 4.0 | 1.0 | 1.0 | 2.0 | 2.0 | — | — | 1.0 |
| 格尔木 | 3.1 | 3.0 | 2.0 | — | 2.8 | 2.3 | 2.5 | 8.0 | — | — | 2.5 |
| 银川 | 1.7 | 1.5 | 1.5 | 2.0 | 1.4 | 2.7 | — | 2.1 | — | — | 1.5 |
| 乌鲁木齐 | 4.3 | 4.0 | 4.3 | — | 7.0 | — | — | 7.0 | — | — | — |
| 吐鲁番 | 4.6 | 4.6 | 4.5 | 4.7 | 4.5 | — | — | — | 4.0 | — | — |
| 伊宁 | 4.5 | 4.6 | 4.5 | 4.3 | 3.0 | 2.0 | — | — | — | — | 4.0 |
| 阿勒泰 | 4.4 | 4.4 | 4.3 | 4.5 | 4.0 | 7.0 | — | — | — | — | 6.0 |

# 三、入境游客来华(内地)旅游次数

# 3-1 2011年入境游客来华(内地)旅游次数

## (按团体及散客、外国人、港澳台胞分组)

| | | 调查人数 | | 次数构成(%) | | |
|---|---|---|---|---|---|---|
| | | (人) | (%) | 第1次 | 第2~3次 | ≥4次 |
| **全　国** | **总计** | **16 960** | **100** | **29.5** | **26.2** | **44.3** |
| | 团体 | 4 632 | 100 | 51.3 | 26.0 | 22.7 |
| | 散客 | 12 328 | 100 | 21.3 | 26.3 | 52.4 |
| 外国人 | 小计 | 10 728 | 100 | 38.4 | 30.8 | 30.8 |
| | 团体 | 3 804 | 100 | 54.9 | 24.8 | 20.3 |
| | 散客 | 6 924 | 100 | 29.4 | 34.0 | 36.6 |
| 香港同胞 | 小计 | 3 449 | 100 | 10.8 | 15.1 | 74.1 |
| | 团体 | 306 | 100 | 33.3 | 29.1 | 37.6 |
| | 散客 | 3 143 | 100 | 8.6 | 13.8 | 77.6 |
| 澳门同胞 | 小计 | 1 329 | 100 | 12.1 | 18.1 | 69.8 |
| | 团体 | 123 | 100 | 26.0 | 34.1 | 39.8 |
| | 散客 | 1 206 | 100 | 10.7 | 16.5 | 72.8 |
| 台湾同胞 | 小计 | 1 454 | 100 | 24.1 | 26.3 | 49.6 |
| | 团体 | 399 | 100 | 38.8 | 32.3 | 28.8 |
| | 散客 | 1 055 | 100 | 18.5 | 24.1 | 57.4 |

# 3-2 2011年入境游客来华(内地)旅游次数

| | | 过夜游客 | | 次数构成(%) | | |
|---|---|---|---|---|---|---|
| | | (人) | (%) | 第1次 | 第2~3次 | ≥4次 |
| **全　国** | **总计** | **13 092** | **100.0** | **32.5** | **29.1** | **38.4** |
| | 团体 | 4 221 | 100.0 | 50.4 | 27.2 | 22.4 |
| | 散客 | 8 871 | 100.0 | 24.1 | 30.0 | 46.0 |
| 外国人 | 小计 | 9 493 | 100.0 | 37.7 | 30.8 | 31.5 |
| | 团体 | 3 469 | 100.0 | 53.8 | 26.5 | 19.7 |
| | 散客 | 6 024 | 100.0 | 28.4 | 33.3 | 38.2 |
| 香港同胞 | 小计 | 1 648 | 100.0 | 14.9 | 24.5 | 60.6 |
| | 团体 | 296 | 100.0 | 32.8 | 28.7 | 38.5 |
| | 散客 | 1 352 | 100.0 | 11.0 | 23.6 | 65.4 |
| 澳门同胞 | 小计 | 588 | 100.0 | 19.6 | 20.9 | 59.5 |
| | 团体 | 76 | 100.0 | 30.3 | 25.0 | 44.7 |
| | 散客 | 512 | 100.0 | 18.0 | 20.3 | 61.7 |
| 台湾同胞 | 小计 | 1 363 | 100.0 | 23.4 | 25.9 | 50.7 |
| | 团体 | 380 | 100.0 | 36.3 | 33.4 | 30.3 |
| | 散客 | 983 | 100.0 | 18.4 | 23.0 | 58.6 |

（按过夜与不过夜、团体及散客、外国人、港澳台胞分组）

| 一日游游客 | | 次数构成（%） | | |
|---|---|---|---|---|
| （人） | （%） | 第 1 次 | 第 2～3 次 | ≥4 次 |
| **3 868** | **100.0** | **19.3** | **16.5** | **64.2** |
| 411 | 100.0 | 61.1 | 13.4 | 25.5 |
| 3 457 | 100.0 | 14.4 | 16.9 | 68.8 |
| | | | | |
| 1 235 | 100.0 | 44.0 | 30.1 | 25.8 |
| 335 | 100.0 | 65.7 | 7.8 | 26.6 |
| 900 | 100.0 | 36.0 | 38.4 | 25.6 |
| | | | | |
| 1 801 | 100.0 | 7.1 | 6.6 | 86.4 |
| 10 | 100.0 | 50.0 | 40.0 | 10.0 |
| 1 791 | 100.0 | 6.8 | 6.4 | 86.8 |
| | | | | |
| 741 | 100.0 | 6.2 | 15.9 | 77.9 |
| 47 | 100.0 | 19.1 | 48.9 | 31.9 |
| 694 | 100.0 | 5.3 | 13.7 | 81.0 |
| | | | | |
| 91 | 100.0 | 34.1 | 33.0 | 33.0 |
| 19 | 100.0 | 89.5 | 10.5 | 0.0 |
| 72 | 100.0 | 19.4 | 38.9 | 41.7 |

# 3-3 2011年入境游客来华(内地)旅游次数
## (按团体及散客、性别、年龄分组)

| | | 调查人数 | | 次数构成(%) | | |
|---|---|---|---|---|---|---|
| | | (人) | (%) | 第1次 | 第2~3次 | ≥4次 |
| **全　国** | **总计** | **16 960** | **100** | **29.5** | **26.2** | **44.3** |
| | 团体 | 4 632 | 100 | 51.3 | 26.0 | 22.7 |
| | 散客 | 12 328 | 100 | 21.3 | 26.3 | 52.4 |
| 男　性 | 小计 | 9 669 | 100 | 28.5 | 27.0 | 44.5 |
| | 团体 | 2 454 | 100 | 50.0 | 24.0 | 26.1 |
| | 散客 | 7 215 | 100 | 21.2 | 28.1 | 50.7 |
| 女　性 | 小计 | 7 291 | 100 | 30.9 | 25.1 | 44.0 |
| | 团体 | 2 178 | 100 | 52.8 | 28.3 | 18.9 |
| | 散客 | 5 113 | 100 | 21.6 | 23.7 | 54.7 |
| 65岁及以上 | 小计 | 1 038 | 100 | 31.1 | 23.0 | 45.9 |
| | 团体 | 453 | 100 | 47.7 | 25.4 | 26.9 |
| | 散客 | 585 | 100 | 18.3 | 21.2 | 60.5 |
| 45~64岁 | 小计 | 5 546 | 100 | 27.5 | 27.0 | 45.5 |
| | 团体 | 1 630 | 100 | 48.8 | 29.8 | 21.4 |
| | 散客 | 3 916 | 100 | 18.6 | 25.8 | 55.5 |
| 25~44岁 | 小计 | 8 196 | 100 | 27.6 | 26.7 | 45.6 |
| | 团体 | 1 939 | 100 | 49.8 | 23.8 | 26.5 |
| | 散客 | 6 257 | 100 | 20.7 | 27.7 | 51.6 |
| 15~24岁 | 小计 | 2 045 | 100 | 40.9 | 23.8 | 35.3 |
| | 团体 | 552 | 100 | 65.6 | 23.2 | 11.2 |
| | 散客 | 1 493 | 100 | 31.8 | 24.0 | 44.2 |
| 14岁及以下 | 小计 | 135 | 100 | 43.7 | 23.7 | 32.6 |
| | 团体 | 58 | 100 | 65.5 | 25.9 | 8.6 |
| | 散客 | 77 | 100 | 27.3 | 22.1 | 50.6 |

## 3-4 2011年入境游客来华(内地)旅游次数
### (按团体及散客、职业分组)

| | | 调查人数 | | 次数构成(%) | | |
|---|---|---|---|---|---|---|
| | | (人) | (%) | 第1次 | 第2~3次 | ≥4次 |
| **全　　国** | **总计** | **16 960** | **100** | **29.5** | **26.2** | **44.3** |
| | 团体 | 4 632 | 100 | 51.3 | 26.0 | 22.7 |
| | 散客 | 12 328 | 100 | 21.3 | 26.3 | 52.4 |
| 政府工作人员 | 小计 | 739 | 100 | 35.2 | 31.5 | 33.3 |
| | 团体 | 218 | 100 | 52.8 | 33.0 | 14.2 |
| | 散客 | 521 | 100 | 27.8 | 30.9 | 41.3 |
| 专业技术人员 | 小计 | 2 798 | 100 | 27.6 | 24.2 | 48.2 |
| | 团体 | 485 | 100 | 60.8 | 23.5 | 15.7 |
| | 散客 | 2 313 | 100 | 20.6 | 24.3 | 55.1 |
| 职　　员 | 小计 | 2 798 | 100 | 30.9 | 29.4 | 39.7 |
| | 团体 | 778 | 100 | 53.5 | 32.8 | 13.8 |
| | 散客 | 2 020 | 100 | 22.2 | 28.1 | 49.7 |
| 技工/工人 | 小计 | 538 | 100 | 29.4 | 29.0 | 41.6 |
| | 团体 | 112 | 100 | 48.2 | 33.9 | 17.9 |
| | 散客 | 426 | 100 | 24.4 | 27.7 | 47.9 |
| 商贸人员 | 小计 | 3 567 | 100 | 21.0 | 24.2 | 54.8 |
| | 团体 | 885 | 100 | 36.9 | 15.6 | 47.5 |
| | 散客 | 2 682 | 100 | 15.7 | 27.1 | 57.2 |
| 服务员/推销员 | 小计 | 828 | 100 | 27.8 | 22.1 | 50.1 |
| | 团体 | 181 | 100 | 61.9 | 21.5 | 16.6 |
| | 散客 | 647 | 100 | 18.2 | 22.3 | 59.5 |
| 退休人员 | 小计 | 1 176 | 100 | 33.2 | 27.5 | 39.4 |
| | 团体 | 564 | 100 | 49.1 | 29.1 | 21.8 |
| | 散客 | 612 | 100 | 18.5 | 26.0 | 55.6 |
| 家庭妇女 | 小计 | 1 197 | 100 | 31.1 | 29.2 | 39.8 |
| | 团体 | 513 | 100 | 47.6 | 32.0 | 20.5 |
| | 散客 | 684 | 100 | 18.7 | 27.0 | 54.2 |
| 军　　人 | 小计 | 93 | 100 | 29.0 | 21.5 | 49.5 |
| | 团体 | 21 | 100 | 52.4 | 38.1 | 9.5 |
| | 散客 | 72 | 100 | 22.2 | 16.7 | 61.1 |
| 学　　生 | 小计 | 1 694 | 100 | 44.9 | 24.0 | 31.1 |
| | 团体 | 548 | 100 | 65.5 | 23.4 | 11.1 |
| | 散客 | 1 146 | 100 | 35.1 | 24.3 | 40.6 |
| 其　　他 | 小计 | 1 532 | 100 | 27.7 | 26.9 | 45.4 |
| | 团体 | 327 | 100 | 51.1 | 25.7 | 23.2 |
| | 散客 | 1 205 | 100 | 21.4 | 27.2 | 51.4 |

# 3-5 2011年入境游客来华(内地)旅游次数

## (按团体及散客、旅游目的分组)

| | | 调查人数 | | 次数构成(%) | | |
|---|---|---|---|---|---|---|
| | | (人) | (%) | 第1次 | 第2~3次 | ≥4次 |
| **全　　国** | **总计** | **16 960** | **100** | **29.5** | **26.2** | **44.3** |
| | 团体 | 4 632 | 100 | 51.3 | 26.0 | 22.7 |
| | 散客 | 12 328 | 100 | 21.3 | 26.3 | 52.4 |
| 观光游览 | 小计 | 4 743 | 100 | 44.1 | 26.6 | 29.3 |
| | 团体 | 2 603 | 100 | 54.6 | 26.6 | 18.8 |
| | 散客 | 2 140 | 100 | 31.4 | 26.6 | 42.1 |
| 休闲度假 | 小计 | 2 863 | 100 | 32.6 | 29.6 | 37.8 |
| | 团体 | 916 | 100 | 56.3 | 30.6 | 13.1 |
| | 散客 | 1 947 | 100 | 21.5 | 29.1 | 49.4 |
| 探亲访友 | 小计 | 1 525 | 100 | 16.5 | 29.8 | 53.8 |
| | 团体 | 85 | 100 | 41.2 | 40.0 | 18.8 |
| | 散客 | 1 440 | 100 | 15.0 | 29.2 | 55.8 |
| 商　　务 | 小计 | 3 579 | 100 | 19.1 | 26.4 | 54.6 |
| | 团体 | 143 | 100 | 54.5 | 18.2 | 27.3 |
| | 散客 | 3 436 | 100 | 17.6 | 26.7 | 55.7 |
| 会　　议 | 小计 | 958 | 100 | 22.7 | 28.0 | 49.4 |
| | 团体 | 91 | 100 | 40.7 | 38.5 | 20.9 |
| | 散客 | 867 | 100 | 20.8 | 26.9 | 52.4 |
| 宗教朝拜 | 小计 | 82 | 100 | 30.5 | 28.0 | 41.5 |
| | 团体 | 13 | 100 | 69.2 | 15.4 | 15.4 |
| | 散客 | 69 | 100 | 23.2 | 30.4 | 46.4 |
| 文体交流 | 小计 | 713 | 100 | 35.8 | 25.2 | 39.0 |
| | 团体 | 144 | 100 | 52.1 | 28.5 | 19.4 |
| | 散客 | 569 | 100 | 31.6 | 24.4 | 43.9 |
| 购　　物 | 小计 | 1 431 | 100 | 16.1 | 9.5 | 74.4 |
| | 团体 | 514 | 100 | 27.4 | 10.5 | 62.1 |
| | 散客 | 917 | 100 | 9.8 | 8.9 | 81.2 |
| 医疗保健 | 小计 | 92 | 100 | 38.0 | 35.9 | 26.1 |
| | 团体 | 37 | 100 | 45.9 | 45.9 | 8.1 |
| | 散客 | 55 | 100 | 32.7 | 29.1 | 38.2 |
| 其　　他 | 小计 | 974 | 100 | 29.3 | 30.7 | 40.0 |
| | 团体 | 86 | 100 | 54.7 | 26.7 | 18.6 |
| | 散客 | 888 | 100 | 26.8 | 31.1 | 42.1 |

# 3-6 2011年入境游客到各省(区、市)旅游次数

| | 调查人数 | | 次数构成(%) | | |
|---|---|---|---|---|---|
| | (人) | (%) | 第1次 | 第2~3次 | ≥4次 |
| 北　　京 | 1 658 | 100 | 41.0 | 38.2 | 20.8 |
| 天　　津 | 500 | 100 | 53.0 | 29.4 | 17.6 |
| 河　　北 | 800 | 100 | 76.1 | 17.0 | 6.9 |
| 山　　西 | 689 | 100 | 86.4 | 12.9 | 0.7 |
| 内 蒙 古 | 500 | 100 | 32.0 | 17.0 | 51.0 |
| 辽　　宁 | 915 | 100 | 57.9 | 29.1 | 13.0 |
| 吉　　林 | 500 | 100 | 62.2 | 31.4 | 6.4 |
| 黑 龙 江 | 700 | 100 | 47.7 | 31.9 | 20.4 |
| 上　　海 | 1 578 | 100 | 44.9 | 30.4 | 24.7 |
| 江　　苏 | 1 183 | 100 | 54.2 | 32.4 | 13.4 |
| 浙　　江 | 1 000 | 100 | 49.2 | 29.7 | 21.1 |
| 安　　徽 | 1 500 | 100 | 75.9 | 18.7 | 5.4 |
| 福　　建 | 949 | 100 | 46.4 | 34.7 | 19.0 |
| 江　　西 | 577 | 100 | 67.9 | 26.2 | 5.9 |
| 山　　东 | 1 050 | 100 | 56.5 | 34.9 | 8.7 |
| 河　　南 | 824 | 100 | 75.6 | 17.1 | 7.3 |
| 湖　　北 | 1 054 | 100 | 65.9 | 26.2 | 7.9 |
| 湖　　南 | 1 442 | 100 | 85.0 | 12.3 | 2.6 |
| 广　　东 | 5 082 | 100 | 32.7 | 41.2 | 26.1 |
| 广　　西 | 799 | 100 | 73.5 | 19.3 | 7.3 |
| 海　　南 | 900 | 100 | 61.4 | 28.3 | 10.2 |
| 重　　庆 | 600 | 100 | 62.8 | 26.2 | 11.0 |
| 四　　川 | 2 490 | 100 | 73.6 | 14.1 | 12.3 |
| 贵　　州 | 600 | 100 | 62.5 | 28.7 | 8.8 |
| 云　　南 | 836 | 100 | 63.3 | 29.7 | 7.1 |
| 西　　藏 | 200 | 100 | 74.5 | 16.0 | 9.5 |
| 陕　　西 | 1 234 | 100 | 73.6 | 19.3 | 7.1 |
| 甘　　肃 | 700 | 100 | 83.6 | 14.0 | 2.4 |
| 青　　海 | 364 | 100 | 86.5 | 11.0 | 2.5 |
| 宁　　夏 | 150 | 100 | 65.3 | 26.7 | 8.0 |
| 新　　疆 | 600 | 100 | 65.5 | 33.0 | 1.5 |

# 3－7　2011年外国游客到各省(区、市)旅游次数

| | 外国游客 | | 次数构成(%) | | |
|---|---|---|---|---|---|
| | (人) | (%) | 第1次 | 第2～3次 | ≥4次 |
| 北　京 | 1 411 | 85.1 | 41.7 | 37.3 | 21.0 |
| 天　津 | 424 | 84.8 | 50.2 | 30.4 | 19.3 |
| 河　北 | 687 | 85.9 | 75.5 | 17.5 | 7.0 |
| 山　西 | 485 | 70.4 | 88.0 | 11.8 | 0.2 |
| 内蒙古 | 470 | 94.0 | 28.9 | 17.2 | 53.8 |
| 辽　宁 | 725 | 79.2 | 57.0 | 30.1 | 13.0 |
| 吉　林 | 425 | 85.0 | 61.9 | 31.8 | 6.4 |
| 黑龙江 | 556 | 79.4 | 39.6 | 36.9 | 23.6 |
| 上　海 | 1 339 | 84.9 | 46.3 | 29.7 | 24.0 |
| 江　苏 | 813 | 68.7 | 55.8 | 30.4 | 13.8 |
| 浙　江 | 816 | 81.6 | 52.2 | 28.3 | 19.5 |
| 安　徽 | 1 343 | 89.5 | 76.5 | 18.3 | 5.2 |
| 福　建 | 579 | 61.0 | 50.4 | 32.8 | 16.8 |
| 江　西 | 370 | 64.1 | 71.9 | 22.2 | 5.9 |
| 山　东 | 743 | 70.8 | 51.5 | 39.3 | 9.2 |
| 河　南 | 672 | 81.6 | 74.4 | 17.6 | 8.0 |
| 湖　北 | 579 | 54.9 | 63.9 | 27.6 | 8.5 |
| 湖　南 | 1 325 | 91.9 | 86.3 | 11.7 | 2.0 |
| 广　东 | 2 966 | 58.4 | 38.2 | 42.6 | 19.2 |
| 广　西 | 539 | 67.5 | 72.2 | 20.6 | 7.2 |
| 海　南 | 734 | 81.6 | 63.5 | 27.2 | 9.3 |
| 重　庆 | 467 | 77.8 | 66.8 | 23.8 | 9.4 |
| 四　川 | 1 634 | 65.6 | 79.4 | 12.5 | 8.1 |
| 贵　州 | 397 | 66.2 | 61.5 | 30.2 | 8.3 |
| 云　南 | 641 | 76.7 | 65.2 | 27.9 | 6.9 |
| 西　藏 | 161 | 80.5 | 69.6 | 19.3 | 11.2 |
| 陕　西 | 1 066 | 86.4 | 75.5 | 17.7 | 6.8 |
| 甘　肃 | 451 | 64.4 | 85.4 | 12.4 | 2.2 |
| 青　海 | 318 | 87.4 | 86.5 | 11.0 | 2.5 |
| 宁　夏 | 130 | 86.7 | 66.2 | 25.4 | 8.5 |
| 新　疆 | 600 | 100.0 | 65.5 | 33.0 | 1.5 |

# 3-8　2011年香港游客到各省(区、市)旅游次数

| | 香港游客 | | 次数构成(%) | | |
|---|---|---|---|---|---|
| | (人) | (%) | 第1次 | 第2~3次 | ≥4次 |
| 北　　京 | 128 | 7.7 | 28.9 | 47.7 | 23.4 |
| 天　　津 | 29 | 5.8 | 51.7 | 37.9 | 10.3 |
| 河　　北 | 65 | 8.1 | 78.5 | 15.4 | 6.2 |
| 山　　西 | 86 | 12.5 | 81.4 | 16.3 | 2.3 |
| 内 蒙 古 | 12 | 2.4 | 75.0 | 25.0 | 0.0 |
| 辽　　宁 | 90 | 9.8 | 62.2 | 23.3 | 14.4 |
| 吉　　林 | 31 | 6.2 | 67.7 | 25.8 | 6.5 |
| 黑 龙 江 | 55 | 7.9 | 76.4 | 16.4 | 7.3 |
| 上　　海 | 104 | 6.6 | 34.6 | 28.8 | 36.5 |
| 江　　苏 | 123 | 10.4 | 51.2 | 36.6 | 12.2 |
| 浙　　江 | 93 | 9.3 | 34.4 | 35.5 | 30.1 |
| 安　　徽 | 68 | 4.5 | 67.6 | 29.4 | 2.9 |
| 福　　建 | 167 | 17.6 | 41.3 | 35.3 | 23.4 |
| 江　　西 | 111 | 19.2 | 56.8 | 37.8 | 5.4 |
| 山　　东 | 145 | 13.8 | 71.0 | 23.4 | 5.5 |
| 河　　南 | 74 | 9.0 | 77.0 | 18.9 | 4.1 |
| 湖　　北 | 228 | 21.6 | 65.4 | 26.3 | 8.3 |
| 湖　　南 | 47 | 3.3 | 63.8 | 23.4 | 12.8 |
| 广　　东 | 1 112 | 21.9 | 23.2 | 44.3 | 32.5 |
| 广　　西 | 108 | 13.5 | 71.3 | 22.2 | 6.5 |
| 海　　南 | 76 | 8.4 | 52.6 | 34.2 | 13.2 |
| 重　　庆 | 74 | 12.3 | 43.2 | 37.8 | 18.9 |
| 四　　川 | 242 | 9.7 | 72.7 | 19.4 | 7.9 |
| 贵　　州 | 77 | 12.8 | 50.6 | 35.1 | 14.3 |
| 云　　南 | 82 | 9.8 | 56.1 | 34.1 | 9.8 |
| 西　　藏 | 17 | 8.5 | 94.1 | 0.0 | 5.9 |
| 陕　　西 | 71 | 5.8 | 62.0 | 28.2 | 9.9 |
| 甘　　肃 | 71 | 10.1 | 78.9 | 19.7 | 1.4 |
| 青　　海 | 27 | 7.4 | 88.9 | 11.1 | 0.0 |
| 宁　　夏 | 9 | 6.0 | 44.4 | 44.4 | 11.1 |
| 新　　疆 | — | — | — | — | — |

# 3-9 2011年澳门游客到各省(区、市)旅游次数

| | 澳门游客 | | 次数构成(%) | | |
|---|---|---|---|---|---|
| | (人) | (%) | 第1次 | 第2~3次 | ≥4次 |
| 北京 | 35 | 2.1 | 37.1 | 40.0 | 22.9 |
| 天津 | 12 | 2.4 | 83.3 | 16.7 | 0.0 |
| 河北 | 16 | 2.0 | 81.3 | 18.8 | 0.0 |
| 山西 | 47 | 6.8 | 78.7 | 19.1 | 2.1 |
| 内蒙古 | 9 | 1.8 | 88.9 | 0.0 | 11.1 |
| 辽宁 | 28 | 3.1 | 71.4 | 25.0 | 3.6 |
| 吉林 | 12 | 2.4 | 58.3 | 41.7 | 0.0 |
| 黑龙江 | 4 | 0.6 | 25.0 | 50.0 | 25.0 |
| 上海 | 22 | 1.4 | 50.0 | 36.4 | 13.6 |
| 江苏 | 27 | 2.3 | 59.3 | 25.9 | 14.8 |
| 浙江 | 19 | 1.9 | 21.1 | 36.8 | 42.1 |
| 安徽 | 21 | 1.4 | 81.0 | 9.5 | 9.5 |
| 福建 | 31 | 3.3 | 51.6 | 25.8 | 22.6 |
| 江西 | 38 | 6.6 | 52.6 | 34.2 | 13.2 |
| 山东 | 35 | 3.3 | 71.4 | 25.7 | 2.9 |
| 河南 | 24 | 2.9 | 83.3 | 16.7 | 0.0 |
| 湖北 | 67 | 6.4 | 74.6 | 19.4 | 6.0 |
| 湖南 | 19 | 1.3 | 89.5 | 10.5 | 0.0 |
| 广东 | 429 | 8.4 | 20.0 | 35.0 | 45.0 |
| 广西 | 38 | 4.8 | 86.8 | 5.3 | 7.9 |
| 海南 | 28 | 3.1 | 46.4 | 32.1 | 21.4 |
| 重庆 | 14 | 2.3 | 50.0 | 42.9 | 7.1 |
| 四川 | 150 | 6.0 | 89.3 | 9.3 | 1.3 |
| 贵州 | 27 | 4.5 | 70.4 | 22.2 | 7.4 |
| 云南 | 35 | 4.2 | 60.0 | 34.3 | 5.7 |
| 西藏 | 10 | 5.0 | 90.0 | 10.0 | 0.0 |
| 陕西 | 30 | 2.4 | 50.0 | 40.0 | 10.0 |
| 甘肃 | 95 | 13.6 | 77.9 | 16.8 | 5.3 |
| 青海 | 3 | 0.8 | 100.0 | 0.0 | 0.0 |
| 宁夏 | 6 | 4.0 | 66.7 | 33.3 | 0.0 |
| 新疆 | — | — | — | — | — |

# 3-10 2011年台湾游客到各省(区、市)旅游次数

| | 台湾游客 | | 次数构成(%) | | |
|---|---|---|---|---|---|
| | (人) | (%) | 第1次 | 第2~3次 | ≥4次 |
| 北京 | 84 | 5.1 | 50.0 | 36.9 | 13.1 |
| 天津 | 35 | 7.0 | 77.1 | 14.3 | 8.6 |
| 河北 | 32 | 4.0 | 81.3 | 9.4 | 9.4 |
| 山西 | 71 | 10.3 | 85.9 | 12.7 | 1.4 |
| 内蒙古 | 9 | 1.8 | 77.8 | 11.1 | 11.1 |
| 辽宁 | 72 | 7.9 | 56.9 | 27.8 | 15.3 |
| 吉林 | 32 | 6.4 | 62.5 | 28.1 | 9.4 |
| 黑龙江 | 85 | 12.1 | 83.5 | 8.2 | 8.2 |
| 上海 | 113 | 7.2 | 36.3 | 38.9 | 24.8 |
| 江苏 | 220 | 18.6 | 49.1 | 38.2 | 12.7 |
| 浙江 | 72 | 7.2 | 41.7 | 36.1 | 22.2 |
| 安徽 | 68 | 4.5 | 72.1 | 17.6 | 10.3 |
| 福建 | 172 | 18.1 | 36.6 | 41.9 | 21.5 |
| 江西 | 58 | 10.1 | 74.1 | 24.1 | 1.7 |
| 山东 | 127 | 12.1 | 64.6 | 24.4 | 11.0 |
| 河南 | 54 | 6.6 | 85.2 | 9.3 | 5.6 |
| 湖北 | 180 | 17.1 | 70.0 | 23.9 | 6.1 |
| 湖南 | 51 | 3.5 | 70.6 | 19.6 | 9.8 |
| 广东 | 575 | 11.3 | 32.2 | 32.7 | 35.1 |
| 广西 | 114 | 14.3 | 77.2 | 14.9 | 7.9 |
| 海南 | 62 | 6.9 | 54.8 | 32.3 | 12.9 |
| 重庆 | 45 | 7.5 | 57.8 | 26.7 | 15.6 |
| 四川 | 464 | 18.6 | 48.5 | 18.3 | 33.2 |
| 贵州 | 99 | 16.5 | 73.7 | 19.2 | 7.1 |
| 云南 | 78 | 9.3 | 56.4 | 37.2 | 6.4 |
| 西藏 | 12 | 6.0 | 100.0 | 0.0 | 0.0 |
| 陕西 | 67 | 5.4 | 65.7 | 25.4 | 9.0 |
| 甘肃 | 83 | 11.9 | 84.3 | 14.5 | 1.2 |
| 青海 | 16 | 4.4 | 81.3 | 12.5 | 6.3 |
| 宁夏 | 5 | 3.3 | 80.0 | 20.0 | 0.0 |
| 新疆 | — | — | — | — | — |

# 四、入境游客的行程

# 4－1　2011年入境游客游览城市座数所占比重

| | | 口岸调查人数 | | 1座 | 2座 | 3座 |
|---|---|---|---|---|---|---|
| | | （人） | （%） | （%） | （%） | （%） |
| **全　　国** | **总计** | **16 960** | **100** | **60.6** | **17.1** | **11.7** |
| | 团体 | 4 632 | 100 | 42.4 | 19.1 | 20.2 |
| | 散客 | 12 328 | 100 | 67.5 | 16.3 | 8.5 |
| 外国人 | 小计 | 10 728 | 100 | 50.0 | 21.2 | 14.7 |
| | 团体 | 3 804 | 100 | 40.0 | 20.1 | 20.3 |
| | 散客 | 6 924 | 100 | 55.5 | 21.9 | 11.6 |
| 香港同胞 | 小计 | 3 449 | 100 | 83.9 | 7.4 | 5.3 |
| | 团体 | 306 | 100 | 45.1 | 12.7 | 26.8 |
| | 散客 | 3 143 | 100 | 87.7 | 6.9 | 3.2 |
| 澳门同胞 | 小计 | 1 329 | 100 | 86.3 | 8.7 | 3.1 |
| | 团体 | 123 | 100 | 59.3 | 26.0 | 8.9 |
| | 散客 | 1 206 | 100 | 89.1 | 6.9 | 2.5 |
| 台湾同胞 | 小计 | 1 454 | 100 | 60.3 | 16.7 | 12.4 |
| | 团体 | 399 | 100 | 57.9 | 12.3 | 17.3 |
| | 散客 | 1 055 | 100 | 61.2 | 18.4 | 10.5 |

(按外国人、港澳台胞、团体及散客分组)

| 4 座 (%) | 5 座 (%) | 6 座 (%) | 7 座 (%) | 8 座 (%) | 9 座 (%) | 10 座及以上 (%) |
|---|---|---|---|---|---|---|
| **4.5** | **2.7** | **1.1** | **0.5** | **0.7** | **0.3** | **0.8** |
| 8.4 | 4.4 | 2.1 | 0.7 | 1.6 | 0.6 | 0.6 |
| 3.1 | 2.1 | 0.7 | 0.5 | 0.3 | 0.2 | 0.9 |
| | | | | | | |
| 5.8 | 3.4 | 1.5 | 0.7 | 1.0 | 0.4 | 1.1 |
| 8.7 | 4.4 | 2.5 | 0.8 | 1.9 | 0.7 | 0.6 |
| 4.2 | 2.9 | 1.0 | 0.7 | 0.5 | 0.2 | 1.4 |
| | | | | | | |
| 1.6 | 1.2 | 0.2 | 0.1 | 0.1 | 0.0 | 0.3 |
| 8.5 | 6.2 | 0.7 | 0.0 | 0.0 | 0.0 | 0.0 |
| 0.9 | 0.7 | 0.1 | 0.1 | 0.1 | 0.0 | 0.3 |
| | | | | | | |
| 0.8 | 0.6 | 0.2 | 0.2 | 0.0 | 0.0 | 0.1 |
| 2.4 | 1.6 | 0.8 | 0.0 | 0.0 | 0.0 | 0.8 |
| 0.7 | 0.5 | 0.2 | 0.2 | 0.0 | 0.0 | 0.0 |
| | | | | | | |
| 5.6 | 2.7 | 0.9 | 0.3 | 0.1 | 0.1 | 0.8 |
| 7.8 | 3.3 | 0.3 | 0.5 | 0.0 | 0.0 | 0.8 |
| 4.8 | 2.5 | 1.1 | 0.3 | 0.2 | 0.1 | 0.9 |

# 4-2 2011年入境游客游览城市座数所占比重

| | | 口岸调查人数 | | 1座 | 2座 | 3座 |
|---|---|---|---|---|---|---|
| | | (人) | (%) | (%) | (%) | (%) |
| **全　国** | **总计** | **16 960** | **100** | **60.6** | **17.1** | **11.7** |
| | 团体 | 4 632 | 100 | 42.4 | 19.1 | 20.2 |
| | 散客 | 12 328 | 100 | 67.5 | 16.3 | 8.5 |
| 男　性 | 小计 | 9 669 | 100 | 57.1 | 18.9 | 12.4 |
| | 团体 | 2 454 | 100 | 40.1 | 19.4 | 21.7 |
| | 散客 | 7 215 | 100 | 62.9 | 18.7 | 9.3 |
| 女　性 | 小计 | 7 291 | 100 | 65.2 | 14.7 | 10.7 |
| | 团体 | 2 178 | 100 | 44.9 | 18.7 | 18.5 |
| | 散客 | 5 113 | 100 | 73.9 | 12.9 | 7.4 |
| 65岁及以上 | 小计 | 1 038 | 100 | 47.9 | 19.1 | 13.0 |
| | 团体 | 453 | 100 | 22.5 | 23.0 | 19.6 |
| | 散客 | 585 | 100 | 67.5 | 16.1 | 7.9 |
| 45~64岁 | 小计 | 5 546 | 100 | 58.8 | 17.1 | 12.2 |
| | 团体 | 1 630 | 100 | 38.7 | 19.0 | 19.6 |
| | 散客 | 3 916 | 100 | 67.1 | 16.3 | 9.1 |
| 25~44岁 | 小计 | 8 196 | 100 | 64.0 | 16.6 | 11.4 |
| | 团体 | 1 939 | 100 | 49.5 | 17.3 | 21.6 |
| | 散客 | 6 257 | 100 | 68.5 | 16.4 | 8.3 |
| 15~24岁 | 小计 | 2 045 | 100 | 58.5 | 17.6 | 10.8 |
| | 团体 | 552 | 100 | 41.5 | 23.2 | 19.0 |
| | 散客 | 1 493 | 100 | 64.8 | 15.5 | 7.7 |
| 14岁及以下 | 小计 | 135 | 100 | 63.0 | 17.0 | 11.1 |
| | 团体 | 58 | 100 | 69.0 | 12.1 | 8.6 |
| | 散客 | 77 | 100 | 58.4 | 20.8 | 13.0 |

（按性别、年龄、团体及散客分组）

| 4 座 (%) | 5 座 (%) | 6 座 (%) | 7 座 (%) | 8 座 (%) | 9 座 (%) | 10 座及以上 (%) |
|---|---|---|---|---|---|---|
| **4.5** | **2.7** | **1.1** | **0.5** | **0.7** | **0.3** | **0.8** |
| 8.4 | 4.4 | 2.1 | 0.7 | 1.6 | 0.6 | 0.6 |
| 3.1 | 2.1 | 0.7 | 0.5 | 0.3 | 0.2 | 0.9 |
| | | | | | | |
| 4.9 | 2.9 | 1.3 | 0.5 | 0.8 | 0.3 | 1.0 |
| 8.7 | 4.1 | 2.3 | 0.6 | 1.9 | 0.6 | 0.6 |
| 3.6 | 2.5 | 0.9 | 0.5 | 0.4 | 0.2 | 1.2 |
| | | | | | | |
| 4.1 | 2.4 | 0.9 | 0.6 | 0.5 | 0.3 | 0.6 |
| 8.1 | 4.6 | 1.9 | 0.8 | 1.2 | 0.6 | 0.5 |
| 2.4 | 1.5 | 0.4 | 0.5 | 0.2 | 0.1 | 0.7 |
| | | | | | | |
| 6.1 | 3.9 | 3.8 | 0.4 | 3.3 | 1.0 | 1.6 |
| 11.3 | 5.7 | 6.8 | 0.4 | 6.4 | 2.2 | 2.0 |
| 2.1 | 2.6 | 1.4 | 0.3 | 0.9 | 0.0 | 1.4 |
| | | | | | | |
| 5.4 | 2.8 | 1.4 | 0.5 | 0.7 | 0.3 | 0.8 |
| 11.1 | 5.2 | 2.9 | 0.6 | 1.8 | 0.6 | 0.5 |
| 3.0 | 1.9 | 0.8 | 0.4 | 0.3 | 0.1 | 1.0 |
| | | | | | | |
| 3.6 | 2.2 | 0.5 | 0.5 | 0.3 | 0.2 | 0.7 |
| 5.6 | 3.6 | 0.4 | 0.8 | 0.5 | 0.4 | 0.3 |
| 2.9 | 1.8 | 0.5 | 0.4 | 0.2 | 0.2 | 0.8 |
| | | | | | | |
| 5.6 | 3.4 | 1.4 | 0.9 | 0.7 | 0.3 | 0.9 |
| 8.7 | 3.4 | 2.2 | 0.7 | 0.5 | 0.2 | 0.5 |
| 4.5 | 3.3 | 1.1 | 0.9 | 0.7 | 0.3 | 1.1 |
| | | | | | | |
| 3.0 | 3.7 | 0.7 | 0.0 | 0.0 | 0.0 | 1.5 |
| 3.4 | 6.9 | 0.0 | 0.0 | 0.0 | 0.0 | 0.0 |
| 2.6 | 1.3 | 1.3 | 0.0 | 0.0 | 0.0 | 2.6 |

# 4-3 2011年入境游客游览城市座数所占比重

| | | 口岸调查人数 | | 1座 | 2座 | 3座 |
|---|---|---|---|---|---|---|
| | | (人) | (%) | (%) | (%) | (%) |
| **全　国** | **总计** | **16 960** | **100** | **60.6** | **17.1** | **11.7** |
| | 团体 | 4 632 | 100 | 42.4 | 19.1 | 20.2 |
| | 散客 | 12 328 | 100 | 67.5 | 16.3 | 8.5 |
| 政府工作人员 | 小计 | 739 | 100 | 56.8 | 18.9 | 11.1 |
| | 团体 | 218 | 100 | 39.4 | 18.8 | 17.0 |
| | 散客 | 521 | 100 | 64.1 | 19.0 | 8.6 |
| 专业技术人员 | 小计 | 2 798 | 100 | 62.0 | 18.8 | 10.4 |
| | 团体 | 485 | 100 | 36.7 | 24.1 | 22.1 |
| | 散客 | 2 313 | 100 | 67.4 | 17.6 | 7.9 |
| 职　员 | 小计 | 2 798 | 100 | 62.1 | 18.4 | 11.3 |
| | 团体 | 778 | 100 | 45.4 | 19.5 | 19.5 |
| | 散客 | 2 020 | 100 | 68.5 | 18.0 | 8.1 |
| 技工/工人 | 小计 | 538 | 100 | 61.5 | 21.0 | 11.0 |
| | 团体 | 112 | 100 | 39.3 | 24.1 | 22.3 |
| | 散客 | 426 | 100 | 67.4 | 20.2 | 8.0 |
| 商贸人员 | 小计 | 3 567 | 100 | 60.0 | 16.2 | 14.9 |
| | 团体 | 885 | 100 | 50.8 | 12.5 | 25.5 |
| | 散客 | 2 682 | 100 | 63.0 | 17.4 | 11.4 |
| 服务员/推销员 | 小计 | 828 | 100 | 71.1 | 12.9 | 7.9 |
| | 团体 | 181 | 100 | 42.0 | 22.7 | 16.6 |
| | 散客 | 647 | 100 | 79.3 | 10.2 | 5.4 |
| 退休人员 | 小计 | 1 176 | 100 | 49.9 | 17.0 | 13.2 |
| | 团体 | 564 | 100 | 28.0 | 18.4 | 19.5 |
| | 散客 | 612 | 100 | 70.1 | 15.7 | 7.4 |
| 家庭妇女 | 小计 | 1 197 | 100 | 60.5 | 17.0 | 11.7 |
| | 团体 | 513 | 100 | 46.6 | 20.1 | 16.6 |
| | 散客 | 684 | 100 | 70.9 | 14.6 | 8.0 |
| 军　人 | 小计 | 93 | 100 | 72.0 | 10.8 | 9.7 |
| | 团体 | 21 | 100 | 47.6 | 14.3 | 28.6 |
| | 散客 | 72 | 100 | 79.2 | 9.7 | 4.2 |
| 学　生 | 小计 | 1 694 | 100 | 54.8 | 18.6 | 11.8 |
| | 团体 | 548 | 100 | 44.2 | 23.2 | 15.9 |
| | 散客 | 1 146 | 100 | 59.9 | 16.4 | 9.9 |
| 其　他 | 小计 | 1 532 | 100 | 66.6 | 12.1 | 8.8 |
| | 团体 | 327 | 100 | 38.5 | 18.0 | 21.7 |
| | 散客 | 1 205 | 100 | 74.3 | 10.5 | 5.3 |

（按职业、团体及散客分组）

| 4座（%） | 5座（%） | 6座（%） | 7座（%） | 8座（%） | 9座（%） | 10座及以上（%） |
|---|---|---|---|---|---|---|
| **4.5** | **2.7** | **1.1** | **0.5** | **0.7** | **0.3** | **0.8** |
| 8.4 | 4.4 | 2.1 | 0.7 | 1.6 | 0.6 | 0.6 |
| 3.1 | 2.1 | 0.7 | 0.5 | 0.3 | 0.2 | 0.9 |
| 6.1 | 3.4 | 0.9 | 0.8 | 0.9 | 0.5 | 0.4 |
| 11.9 | 6.9 | 2.3 | 1.4 | 0.5 | 0.9 | 0.9 |
| 3.6 | 1.9 | 0.4 | 0.6 | 1.2 | 0.4 | 0.2 |
| 3.7 | 2.3 | 0.8 | 0.6 | 0.3 | 0.1 | 1.0 |
| 8.5 | 3.7 | 2.7 | 0.4 | 1.0 | 0.2 | 0.6 |
| 2.7 | 2.0 | 0.4 | 0.7 | 0.1 | 0.1 | 1.1 |
| 4.3 | 2.0 | 0.7 | 0.5 | 0.1 | 0.1 | 0.5 |
| 9.6 | 3.5 | 1.0 | 0.9 | 0.1 | 0.3 | 0.1 |
| 2.2 | 1.5 | 0.6 | 0.3 | 0.0 | 0.1 | 0.6 |
| 4.1 | 2.0 | 0.2 | 0.0 | 0.0 | 0.0 | 0.2 |
| 9.8 | 4.5 | 0.0 | 0.0 | 0.0 | 0.0 | 0.0 |
| 2.6 | 1.4 | 0.2 | 0.0 | 0.0 | 0.0 | 0.2 |
| 3.9 | 2.4 | 1.1 | 0.1 | 0.3 | 0.1 | 0.9 |
| 5.6 | 2.8 | 1.4 | 0.1 | 0.5 | 0.3 | 0.3 |
| 3.4 | 2.3 | 1.0 | 0.1 | 0.3 | 0.1 | 1.0 |
| 3.7 | 1.8 | 0.7 | 0.6 | 0.4 | 0.2 | 0.6 |
| 9.4 | 3.9 | 1.1 | 2.2 | 1.1 | 0.6 | 0.6 |
| 2.2 | 1.2 | 0.6 | 0.2 | 0.2 | 0.2 | 0.6 |
| 6.8 | 3.9 | 3.1 | 0.3 | 3.7 | 1.1 | 0.9 |
| 11.0 | 6.4 | 5.9 | 0.4 | 7.3 | 2.1 | 1.1 |
| 2.9 | 1.6 | 0.7 | 0.3 | 0.3 | 0.2 | 0.8 |
| 4.9 | 3.4 | 0.9 | 0.2 | 0.7 | 0.1 | 0.7 |
| 7.8 | 5.7 | 1.8 | 0.2 | 1.0 | 0.0 | 0.4 |
| 2.8 | 1.8 | 0.3 | 0.1 | 0.4 | 0.1 | 0.9 |
| 4.3 | 0.0 | 1.1 | 2.2 | 0.0 | 0.0 | 0.0 |
| 4.8 | 0.0 | 0.0 | 4.8 | 0.0 | 0.0 | 0.0 |
| 4.2 | 0.0 | 1.4 | 1.4 | 0.0 | 0.0 | 0.0 |
| 6.6 | 4.1 | 1.2 | 0.8 | 0.8 | 0.3 | 0.9 |
| 8.9 | 4.6 | 1.5 | 0.7 | 0.7 | 0.2 | 0.2 |
| 5.4 | 3.9 | 1.1 | 0.9 | 0.8 | 0.3 | 1.3 |
| 3.7 | 2.7 | 1.3 | 1.2 | 1.2 | 0.6 | 1.7 |
| 5.8 | 4.6 | 2.4 | 2.1 | 2.8 | 1.8 | 2.1 |
| 3.2 | 2.2 | 1.0 | 1.0 | 0.7 | 0.2 | 1.6 |

# 4－4 2011年入境游客游览城市座数所占比重

| | | 口岸调查人数 | | 1座 | 2座 | 3座 |
|---|---|---|---|---|---|---|
| | | （人） | （%） | （%） | （%） | （%） |
| **全　　国** | **总计** | **16 960** | **100** | **60.6** | **17.1** | **11.7** |
| | 团体 | 4 632 | 100 | 42.4 | 19.1 | 20.2 |
| | 散客 | 12 328 | 100 | 67.5 | 16.3 | 8.5 |
| 观光游览 | 小计 | 4 743 | 100 | 49.5 | 18.4 | 15.5 |
| | 团体 | 2 603 | 100 | 38.3 | 19.4 | 19.5 |
| | 散客 | 2 140 | 100 | 63.2 | 17.1 | 10.7 |
| 休闲度假 | 小计 | 2 863 | 100 | 59.7 | 18.1 | 12.0 |
| | 团体 | 916 | 100 | 34.5 | 24.3 | 22.4 |
| | 散客 | 1 947 | 100 | 71.6 | 15.1 | 7.1 |
| 探亲访友 | 小计 | 1 525 | 100 | 68.3 | 16.5 | 8.7 |
| | 团体 | 85 | 100 | 41.2 | 30.6 | 18.8 |
| | 散客 | 1 440 | 100 | 69.9 | 15.6 | 8.1 |
| 商　　务 | 小计 | 3 579 | 100 | 55.6 | 21.8 | 12.0 |
| | 团体 | 143 | 100 | 43.4 | 23.8 | 20.3 |
| | 散客 | 3 436 | 100 | 56.1 | 21.7 | 11.6 |
| 会　　议 | 小计 | 958 | 100 | 76.8 | 13.8 | 5.8 |
| | 团体 | 91 | 100 | 54.9 | 22.0 | 11.0 |
| | 散客 | 867 | 100 | 79.1 | 12.9 | 5.3 |
| 宗教朝拜 | 小计 | 82 | 100 | 54.9 | 29.3 | 11.0 |
| | 团体 | 13 | 100 | 53.8 | 23.1 | 15.4 |
| | 散客 | 69 | 100 | 55.1 | 30.4 | 10.1 |
| 文体交流 | 小计 | 713 | 100 | 65.2 | 16.0 | 7.7 |
| | 团体 | 144 | 100 | 52.1 | 20.8 | 13.2 |
| | 散客 | 569 | 100 | 68.5 | 14.8 | 6.3 |
| 购　　物 | 小计 | 1 431 | 100 | 84.3 | 4.3 | 10.5 |
| | 团体 | 514 | 100 | 69.8 | 3.5 | 25.1 |
| | 散客 | 917 | 100 | 92.5 | 4.8 | 2.3 |
| 医疗保健 | 小计 | 92 | 100 | 56.5 | 31.5 | 7.6 |
| | 团体 | 37 | 100 | 45.9 | 35.1 | 16.2 |
| | 散客 | 55 | 100 | 63.6 | 29.1 | 1.8 |
| 其　　他 | 小计 | 974 | 100 | 70.4 | 11.5 | 6.6 |
| | 团体 | 86 | 100 | 52.3 | 14.0 | 15.1 |
| | 散客 | 888 | 100 | 72.2 | 11.3 | 5.7 |

（按旅游目的、团体及散客分组）

| 4 座 (%) | 5 座 (%) | 6 座 (%) | 7 座 (%) | 8 座 (%) | 9 座 (%) | 10 座及以上 (%) |
|---|---|---|---|---|---|---|
| **4.5** | **2.7** | **1.1** | **0.5** | **0.7** | **0.3** | **0.8** |
| 8.4 | 4.4 | 2.1 | 0.7 | 1.6 | 0.6 | 0.6 |
| 3.1 | 2.1 | 0.7 | 0.5 | 0.3 | 0.2 | 0.9 |
| 6.7 | 3.9 | 1.9 | 1.0 | 1.6 | 0.7 | 0.8 |
| 9.6 | 5.3 | 3.0 | 0.8 | 2.5 | 1.0 | 0.6 |
| 3.2 | 2.2 | 0.7 | 1.1 | 0.6 | 0.3 | 1.0 |
| 5.5 | 2.4 | 0.8 | 0.5 | 0.3 | 0.2 | 0.5 |
| 11.5 | 3.8 | 1.4 | 0.8 | 0.4 | 0.3 | 0.5 |
| 2.7 | 1.8 | 0.5 | 0.4 | 0.2 | 0.1 | 0.5 |
| 3.1 | 2.2 | 0.5 | 0.1 | 0.1 | 0.1 | 0.6 |
| 3.5 | 3.5 | 2.4 | 0.0 | 0.0 | 0.0 | 0.0 |
| 3.1 | 2.1 | 0.4 | 0.1 | 0.1 | 0.1 | 0.6 |
| 4.4 | 2.9 | 1.1 | 0.4 | 0.4 | 0.1 | 1.3 |
| 4.9 | 5.6 | 0.7 | 0.0 | 0.0 | 0.0 | 1.4 |
| 4.4 | 2.8 | 1.1 | 0.4 | 0.4 | 0.1 | 1.3 |
| 1.5 | 1.3 | 0.2 | 0.1 | 0.1 | 0.0 | 0.4 |
| 8.8 | 2.2 | 1.1 | 0.0 | 0.0 | 0.0 | 0.0 |
| 0.7 | 1.2 | 0.1 | 0.1 | 0.1 | 0.0 | 0.5 |
| 3.7 | 0.0 | 0.0 | 0.0 | 0.0 | 0.0 | 1.2 |
| 7.7 | 0.0 | 0.0 | 0.0 | 0.0 | 0.0 | 0.0 |
| 2.9 | 0.0 | 0.0 | 0.0 | 0.0 | 0.0 | 1.4 |
| 3.8 | 3.6 | 1.3 | 0.6 | 0.1 | 0.4 | 1.3 |
| 4.9 | 6.9 | 1.4 | 0.7 | 0.0 | 0.0 | 0.0 |
| 3.5 | 2.8 | 1.2 | 0.5 | 0.2 | 0.5 | 1.6 |
| 0.3 | 0.3 | 0.1 | 0.1 | 0.0 | 0.0 | 0.0 |
| 0.6 | 0.6 | 0.2 | 0.2 | 0.0 | 0.0 | 0.0 |
| 0.2 | 0.1 | 0.1 | 0.0 | 0.0 | 0.0 | 0.0 |
| 2.2 | 1.1 | 0.0 | 0.0 | 1.1 | 0.0 | 0.0 |
| 0.0 | 0.0 | 0.0 | 0.0 | 2.7 | 0.0 | 0.0 |
| 3.6 | 1.8 | 0.0 | 0.0 | 0.0 | 0.0 | 0.0 |
| 4.0 | 2.4 | 1.2 | 0.6 | 0.9 | 0.3 | 2.1 |
| 7.0 | 4.7 | 0.0 | 1.2 | 2.3 | 0.0 | 3.5 |
| 3.7 | 2.1 | 1.4 | 0.6 | 0.8 | 0.3 | 1.9 |

# 五、入境游客的流向

# 5-1 2011年入境游客的流向

| 国别(或地区) | 调查人数 | 出境后将前往的 | | |
| --- | --- | --- | --- | --- |
| | | 中国香港 | 中国澳门 | 中国台湾 |
| **总　计** | **37 230** | **7 667** | **2 584** | **2 547** |
| 中国香港 | 7 656 | 6 569 | 346 | 93 |
| 中国澳门 | 2 287 | 145 | 1 978 | 37 |
| 中国台湾 | 2 743 | 165 | 104 | 2 275 |
| 日　本 | 4 244 | 90 | 16 | 15 |
| 菲律宾 | 371 | 32 | 8 | 12 |
| 泰　国 | 432 | 17 | 5 | 4 |
| 新加坡 | 1 011 | 44 | 24 | 18 |
| 印度尼西亚 | 322 | 19 | 8 | 4 |
| 马来西亚 | 704 | 23 | 10 | 7 |
| 韩　国 | 3 782 | 50 | 13 | 13 |
| 朝　鲜 | 401 | 9 | 0 | 1 |
| 蒙　古 | 412 | 1 | 0 | 0 |
| 印　度 | 389 | 18 | 3 | 0 |
| 越　南 | 534 | 12 | 4 | 4 |
| 缅　甸 | 228 | 4 | 0 | 0 |
| 哈萨克斯坦 | 72 | 1 | 0 | 0 |
| 英　国 | 1 339 | 43 | 10 | 9 |
| 法　国 | 867 | 30 | 3 | 4 |
| 德　国 | 701 | 22 | 1 | 2 |
| 西班牙 | 210 | 10 | 1 | 0 |
| 意大利 | 344 | 11 | 1 | 2 |
| 荷　兰 | 287 | 19 | 1 | 4 |
| 瑞　典 | 249 | 20 | 1 | 0 |
| 俄罗斯 | 2 797 | 13 | 2 | 3 |
| 瑞　士 | 222 | 10 | 2 | 2 |
| 乌克兰 | 128 | 3 | 1 | 1 |
| 美　国 | 1 614 | 110 | 11 | 16 |
| 加拿大 | 538 | 33 | 4 | 2 |
| 澳大利亚 | 471 | 29 | 3 | 2 |
| 新西兰 | 195 | 18 | 2 | 2 |
| 非洲国家 | 146 | 9 | 3 | 2 |
| 中南美洲国家 | 91 | 2 | 0 | 0 |
| 其他国家 | 1 443 | 86 | 19 | 13 |

（按国别或地区分组）

单位：人

| 国家（或地区） | | | | | | | |
|---|---|---|---|---|---|---|---|
| 日本 | 菲律宾 | 泰国 | 新加坡 | 印度尼西亚 | 马来西亚 | 韩国 | 朝鲜 |
| **4 282** | **320** | **450** | **994** | **296** | **733** | **3 779** | **380** |
| 102 | 23 | 20 | 39 | 11 | 14 | 69 | 4 |
| 13 | 6 | 3 | 10 | 1 | 7 | 12 | 0 |
| 39 | 2 | 8 | 10 | 2 | 3 | 16 | 1 |
| 3 886 | 6 | 14 | 10 | 14 | 21 | 39 | 4 |
| 3 | 249 | 17 | 4 | 8 | 7 | 1 | 0 |
| 3 | 8 | 283 | 14 | 11 | 16 | 9 | 0 |
| 15 | 3 | 5 | 814 | 0 | 11 | 11 | 2 |
| 1 | 5 | 15 | 5 | 232 | 12 | 1 | 0 |
| 7 | 5 | 8 | 11 | 3 | 590 | 4 | 0 |
| 85 | 2 | 5 | 17 | 1 | 6 | 3 470 | 8 |
| 4 | 0 | 0 | 0 | 0 | 0 | 4 | 338 |
| 0 | 0 | 0 | 0 | 0 | 0 | 2 | 0 |
| 2 | 0 | 4 | 2 | 0 | 2 | 7 | 1 |
| 2 | 0 | 5 | 1 | 2 | 14 | 3 | 1 |
| 0 | 0 | 3 | 0 | 2 | 6 | 1 | 2 |
| 0 | 0 | 0 | 0 | 1 | 0 | 2 | 0 |
| 10 | 3 | 6 | 10 | 0 | 2 | 11 | 4 |
| 14 | 2 | 9 | 8 | 1 | 2 | 21 | 4 |
| 4 | 0 | 5 | 5 | 0 | 1 | 3 | 2 |
| 1 | 0 | 0 | 0 | 0 | 0 | 6 | 0 |
| 10 | 0 | 3 | 0 | 0 | 0 | 3 | 1 |
| 1 | 0 | 4 | 0 | 0 | 2 | 2 | 0 |
| 2 | 1 | 1 | 0 | 0 | 0 | 2 | 0 |
| 3 | 0 | 2 | 2 | 0 | 0 | 21 | 3 |
| 2 | 0 | 1 | 2 | 2 | 0 | 3 | 1 |
| 1 | 0 | 0 | 0 | 0 | 1 | 1 | 0 |
| 20 | 0 | 8 | 12 | 1 | 3 | 20 | 2 |
| 11 | 0 | 5 | 3 | 1 | 4 | 6 | 0 |
| 13 | 1 | 1 | 1 | 0 | 2 | 4 | 0 |
| 0 | 0 | 1 | 2 | 1 | 0 | 1 | 0 |
| 0 | 1 | 0 | 1 | 0 | 0 | 0 | 0 |
| 0 | 0 | 1 | 2 | 0 | 0 | 2 | 1 |
| 28 | 3 | 13 | 9 | 2 | 7 | 22 | 1 |

5－1(续1)

| 国别(或地区) | 调查人数 | 出境后将前往的 | | | | |
|---|---|---|---|---|---|---|
| | | 蒙古 | 印度 | 越南 | 缅甸 | 哈萨克斯坦 |
| **总计** | **37 230** | **415** | **391** | **530** | **234** | **83** |
| 中国香港 | 7 656 | 2 | 16 | 13 | 4 | 0 |
| 中国澳门 | 2 287 | 0 | 2 | 0 | 2 | 0 |
| 中国台湾 | 2 743 | 1 | 1 | 3 | 6 | 1 |
| 日本 | 4 244 | 2 | 2 | 11 | 3 | 1 |
| 菲律宾 | 371 | 0 | 4 | 2 | 0 | 1 |
| 泰国 | 432 | 0 | 0 | 2 | 5 | 0 |
| 新加坡 | 1 011 | 0 | 14 | 4 | 0 | 0 |
| 印度尼西亚 | 322 | 0 | 1 | 3 | 2 | 2 |
| 马来西亚 | 704 | 0 | 2 | 2 | 1 | 0 |
| 韩国 | 3 782 | 3 | 2 | 6 | 0 | 0 |
| 朝鲜 | 401 | 0 | 0 | 0 | 1 | 1 |
| 蒙古 | 412 | 398 | 0 | 0 | 0 | 1 |
| 印度 | 389 | 0 | 322 | 2 | 1 | 0 |
| 越南 | 534 | 0 | 1 | 458 | 4 | 2 |
| 缅甸 | 228 | 0 | 0 | 1 | 198 | 1 |
| 哈萨克斯坦 | 72 | 0 | 1 | 0 | 0 | 65 |
| 英国 | 1 339 | 1 | 4 | 0 | 1 | 1 |
| 法国 | 867 | 1 | 2 | 2 | 0 | 0 |
| 德国 | 701 | 0 | 1 | 2 | 0 | 0 |
| 西班牙 | 210 | 0 | 0 | 0 | 0 | 0 |
| 意大利 | 344 | 0 | 0 | 1 | 0 | 1 |
| 荷兰 | 287 | 0 | 0 | 1 | 1 | 0 |
| 瑞典 | 249 | 2 | 0 | 0 | 0 | 0 |
| 俄罗斯 | 2 797 | 0 | 1 | 2 | 1 | 1 |
| 瑞士 | 222 | 0 | 1 | 1 | 0 | 1 |
| 乌克兰 | 128 | 0 | 2 | 0 | 0 | 0 |
| 美国 | 1 614 | 1 | 2 | 1 | 1 | 3 |
| 加拿大 | 538 | 0 | 1 | 3 | 0 | 0 |
| 澳大利亚 | 471 | 1 | 0 | 4 | 0 | 0 |
| 新西兰 | 195 | 0 | 0 | 0 | 1 | 0 |
| 非洲国家 | 146 | 0 | 1 | 1 | 0 | 0 |
| 中南美洲国家 | 91 | 0 | 1 | 1 | 0 | 0 |
| 其他国家 | 1 443 | 3 | 7 | 4 | 2 | 1 |

单位：人

| 国家（地区） | | | | | |
| --- | --- | --- | --- | --- | --- |
| 英国 | 法国 | 德国 | 西班牙 | 意大利 | 荷兰 |
| **1 325** | **788** | **679** | **210** | **340** | **273** |
| 36 | 18 | 15 | 5 | 18 | 5 |
| 8 | 7 | 1 | 1 | 4 | 3 |
| 6 | 4 | 7 | 3 | 0 | 4 |
| 5 | 7 | 2 | 1 | 3 | 2 |
| 2 | 0 | 3 | 0 | 1 | 1 |
| 4 | 5 | 3 | 3 | 0 | 1 |
| 6 | 1 | 3 | 0 | 1 | 2 |
| 1 | 1 | 0 | 0 | 0 | 1 |
| 3 | 0 | 1 | 1 | 1 | 1 |
| 6 | 3 | 6 | 0 | 1 | 2 |
| 1 | 0 | 2 | 1 | 1 | 0 |
| 0 | 0 | 0 | 1 | 0 | 0 |
| 4 | 3 | 2 | 1 | 1 | 0 |
| 1 | 2 | 1 | 1 | 1 | 2 |
| 1 | 0 | 0 | 0 | 0 | 0 |
| 0 | 1 | 0 | 0 | 0 | 0 |
| 1 164 | 2 | 4 | 2 | 4 | 1 |
| 16 | 696 | 3 | 0 | 3 | 3 |
| 5 | 8 | 610 | 0 | 1 | 3 |
| 1 | 1 | 0 | 175 | 1 | 0 |
| 6 | 1 | 2 | 0 | 276 | 5 |
| 3 | 0 | 0 | 0 | 3 | 223 |
| 3 | 0 | 2 | 1 | 1 | 1 |
| 3 | 1 | 0 | 4 | 1 | 0 |
| 0 | 3 | 0 | 0 | 1 | 0 |
| 0 | 0 | 0 | 0 | 1 | 0 |
| 14 | 6 | 2 | 4 | 6 | 3 |
| 0 | 1 | 2 | 0 | 0 | 0 |
| 12 | 7 | 1 | 0 | 2 | 2 |
| 0 | 2 | 0 | 0 | 2 | 0 |
| 2 | 0 | 0 | 0 | 0 | 0 |
| 4 | 0 | 1 | 0 | 1 | 2 |
| 8 | 8 | 6 | 6 | 5 | 6 |

5-1(续2)

| 国别(或地区) | 调查人数 | 出境后将前往的 | | | | |
|---|---|---|---|---|---|---|
| | | 瑞　典 | 俄罗斯 | 瑞　士 | 乌克兰 | 美　国 |
| **总　　计** | **37 230** | **219** | **2 768** | **211** | **128** | **1 569** |
| 中国香港 | 7 656 | 1 | 9 | 6 | 3 | 72 |
| 中国澳门 | 2 287 | 1 | 1 | 2 | 0 | 6 |
| 中国台湾 | 2 743 | 0 | 5 | 1 | 1 | 17 |
| 日　　本 | 4 244 | 0 | 2 | 1 | 0 | 30 |
| 菲 律 宾 | 371 | 0 | 0 | 1 | 0 | 3 |
| 泰　　国 | 432 | 0 | 0 | 1 | 0 | 5 |
| 新 加 坡 | 1 011 | 1 | 0 | 0 | 0 | 4 |
| 印度尼西亚 | 322 | 0 | 1 | 0 | 0 | 1 |
| 马来西亚 | 704 | 0 | 0 | 1 | 0 | 5 |
| 韩　　国 | 3 782 | 2 | 4 | 4 | 1 | 16 |
| 朝　　鲜 | 401 | 0 | 1 | 0 | 0 | 2 |
| 蒙　　古 | 412 | 3 | 0 | 1 | 0 | 3 |
| 印　　度 | 389 | 0 | 0 | 1 | 0 | 1 |
| 越　　南 | 534 | 0 | 0 | 0 | 0 | 4 |
| 缅　　甸 | 228 | 0 | 0 | 1 | 0 | 0 |
| 哈萨克斯坦 | 72 | 0 | 1 | 0 | 0 | 0 |
| 英　　国 | 1 339 | 2 | 2 | 2 | 1 | 15 |
| 法　　国 | 867 | 2 | 3 | 3 | 1 | 5 |
| 德　　国 | 701 | 1 | 0 | 1 | 0 | 2 |
| 西 班 牙 | 210 | 1 | 1 | 0 | 0 | 3 |
| 意 大 利 | 344 | 1 | 1 | 0 | 0 | 5 |
| 荷　　兰 | 287 | 1 | 0 | 1 | 0 | 5 |
| 瑞　　典 | 249 | 194 | 0 | 0 | 0 | 6 |
| 俄 罗 斯 | 2 797 | 0 | 2 714 | 0 | 5 | 3 |
| 瑞　　士 | 222 | 0 | 0 | 179 | 1 | 1 |
| 乌 克 兰 | 128 | 0 | 2 | 0 | 109 | 1 |
| 美　　国 | 1 614 | 1 | 6 | 1 | 0 | 1 297 |
| 加 拿 大 | 538 | 2 | 2 | 2 | 0 | 17 |
| 澳大利亚 | 471 | 2 | 2 | 0 | 1 | 4 |
| 新 西 兰 | 195 | 0 | 1 | 2 | 0 | 2 |
| 非洲国家 | 146 | 0 | 0 | 0 | 0 | 1 |
| 中南美洲国家 | 91 | 0 | 0 | 0 | 0 | 3 |
| 其他国家 | 1 443 | 4 | 10 | 0 | 5 | 30 |

单位：人

| 国家（地区） | | | | | |
|---|---|---|---|---|---|
| 加拿大 | 澳大利亚 | 新西兰 | 非洲国家 | 中南美洲国家 | 其他国家 |
| **501** | **407** | **177** | **169** | **86** | **1 695** |
| 10 | 14 | 5 | 1 | 1 | 112 |
| 7 | 4 | 1 | 2 | 1 | 22 |
| 6 | 1 | 0 | 0 | 0 | 51 |
| 6 | 4 | 3 | 3 | 0 | 41 |
| 0 | 2 | 1 | 3 | 0 | 6 |
| 2 | 0 | 1 | 0 | 1 | 29 |
| 2 | 0 | 1 | 1 | 0 | 24 |
| 0 | 0 | 2 | 0 | 0 | 5 |
| 2 | 0 | 1 | 0 | 0 | 15 |
| 2 | 5 | 2 | 1 | 2 | 44 |
| 0 | 0 | 0 | 30 | 5 | 0 |
| 0 | 0 | 1 | 0 | 0 | 1 |
| 1 | 1 | 1 | 0 | 0 | 9 |
| 1 | 0 | 0 | 0 | 0 | 8 |
| 1 | 0 | 0 | 0 | 0 | 7 |
| 0 | 0 | 0 | 0 | 0 | 0 |
| 2 | 3 | 1 | 1 | 1 | 17 |
| 2 | 3 | 0 | 0 | 0 | 24 |
| 2 | 2 | 0 | 1 | 0 | 17 |
| 0 | 0 | 0 | 0 | 1 | 8 |
| 0 | 3 | 1 | 0 | 0 | 10 |
| 2 | 0 | 0 | 0 | 1 | 13 |
| 2 | 0 | 0 | 0 | 0 | 10 |
| 3 | 2 | 0 | 0 | 1 | 6 |
| 2 | 3 | 1 | 0 | 0 | 3 |
| 1 | 0 | 1 | 0 | 0 | 3 |
| 9 | 3 | 3 | 1 | 1 | 46 |
| 421 | 6 | 0 | 1 | 0 | 11 |
| 6 | 345 | 1 | 0 | 1 | 24 |
| 1 | 1 | 148 | 0 | 2 | 6 |
| 0 | 0 | 0 | 123 | 0 | 2 |
| 0 | 0 | 0 | 1 | 66 | 3 |
| 8 | 5 | 2 | 0 | 2 | 1 118 |

# 5－2　2011年入境游客的流向

| | 调查人数 | 将前往的 | | | | | |
|---|---|---|---|---|---|---|---|
| | | 北京 | 天津 | 河北 | 山西 | 内蒙古 | 辽宁 |
| **总计** | **10 896** | **2 520** | **103** | **38** | **220** | **27** | **219** |
| 北京 | 116 | 0 | 2 | 0 | 0 | 2 | 3 |
| 天津 | 135 | 77 | 0 | 8 | 1 | 0 | 4 |
| 河北 | 712 | 576 | 47 | 19 | 0 | 0 | 15 |
| 山西 | 573 | 138 | 8 | 4 | 209 | 16 | 14 |
| 内蒙古 | 166 | 126 | 0 | 0 | 0 | 2 | 2 |
| 辽宁 | 224 | 57 | 6 | 1 | 0 | 1 | 63 |
| 吉林 | 275 | 70 | 6 | 0 | 0 | 1 | 50 |
| 黑龙江 | 155 | 23 | 1 | 0 | 1 | 1 | 16 |
| 上海 | — | — | — | — | — | — | — |
| 江苏 | 810 | 112 | 1 | 0 | 0 | 0 | 0 |
| 浙江 | 535 | 54 | 0 | 0 | 2 | 1 | 0 |
| 安徽 | 499 | 83 | 0 | 0 | 0 | 0 | 5 |
| 福建 | 339 | 40 | 1 | 1 | 0 | 0 | 0 |
| 江西 | 318 | 45 | 4 | 0 | 0 | 0 | 0 |
| 山东 | 516 | 107 | 6 | 0 | 0 | 0 | 18 |
| 河南 | 156 | 12 | 0 | 0 | 0 | 0 | 9 |
| 湖北 | 658 | 100 | 2 | 1 | 1 | 1 | 6 |
| 湖南 | 96 | 19 | 0 | 0 | 0 | 0 | 0 |
| 广东 | — | — | — | — | — | — | — |
| 广西 | 236 | 19 | 0 | 0 | 0 | 0 | 1 |
| 海南 | 144 | 25 | 1 | 0 | 0 | 0 | 0 |
| 重庆 | 268 | 55 | 1 | 0 | 0 | 0 | 1 |
| 四川 | 1 568 | 206 | 1 | 0 | 0 | 0 | 0 |
| 贵州 | 442 | 48 | 7 | 3 | 0 | 0 | 2 |
| 云南 | — | — | — | — | — | — | — |
| 西藏 | — | — | — | — | — | — | — |
| 陕西 | 804 | 308 | 6 | 1 | 5 | 0 | 8 |
| 甘肃 | 684 | 81 | 1 | 0 | 1 | 1 | 2 |
| 青海 | 317 | 32 | 2 | 0 | 0 | 0 | 0 |
| 宁夏 | 150 | 107 | 0 | 0 | 0 | 1 | 0 |
| 新疆 | — | — | — | — | — | — | — |

## (按省〈区、市〉分组)

单位：人

| 省（区、市） | | | | | | | | |
|---|---|---|---|---|---|---|---|---|
| 吉林 | 黑龙江 | 上海 | 江苏 | 浙江 | 安徽 | 福建 | 江西 | 山东 |
| **118** | **128** | **2 110** | **324** | **266** | **184** | **199** | **61** | **295** |
| 1 | 0 | 61 | 6 | 3 | 1 | 6 | 0 | 1 |
| 0 | 1 | 29 | 1 | 0 | 0 | 0 | 0 | 0 |
| 0 | 0 | 38 | 2 | 0 | 0 | 0 | 0 | 1 |
| 1 | 1 | 16 | 14 | 4 | 3 | 1 | 1 | 9 |
| 0 | 0 | 20 | 0 | 1 | 0 | 0 | 0 | 0 |
| 13 | 8 | 37 | 3 | 3 | 0 | 0 | 0 | 5 |
| 88 | 40 | 2 | 0 | 0 | 0 | 2 | 0 | 3 |
| 4 | 73 | 15 | 0 | 1 | 0 | 0 | 0 | 1 |
| — | — | — | — | — | — | — | — | — |
| 0 | 1 | 443 | 174 | 42 | 1 | 3 | 0 | 5 |
| 0 | 1 | 256 | 29 | 110 | 3 | 4 | 0 | 5 |
| 0 | 0 | 94 | 30 | 15 | 171 | 0 | 0 | 26 |
| 0 | 0 | 71 | 3 | 12 | 0 | 153 | 1 | 1 |
| 0 | 1 | 101 | 7 | 11 | 4 | 14 | 52 | 3 |
| 7 | 0 | 96 | 8 | 17 | 0 | 3 | 1 | 222 |
| 0 | 0 | 11 | 10 | 0 | 0 | 0 | 0 | 0 |
| 0 | 2 | 140 | 8 | 14 | 1 | 1 | 2 | 6 |
| 0 | 0 | 28 | 0 | 1 | 0 | 0 | 1 | 0 |
| — | — | — | — | — | — | — | — | — |
| 0 | 0 | 17 | 1 | 1 | 0 | 0 | 0 | 0 |
| 0 | 0 | 7 | 1 | 1 | 0 | 0 | 0 | 0 |
| 0 | 0 | 89 | 2 | 6 | 0 | 0 | 0 | 1 |
| 0 | 0 | 185 | 0 | 1 | 0 | 2 | 0 | 0 |
| 3 | 0 | 56 | 10 | 7 | 0 | 7 | 2 | 1 |
| — | — | — | — | — | — | — | — | — |
| — | — | — | — | — | — | — | — | — |
| 1 | 0 | 232 | 12 | 12 | 0 | 2 | 1 | 5 |
| 0 | 0 | 38 | 2 | 2 | 0 | 0 | 0 | 0 |
| 0 | 0 | 8 | 1 | 1 | 0 | 0 | 0 | 0 |
| 0 | 0 | 20 | 0 | 1 | 0 | 1 | 0 | 0 |
| — | — | — | — | — | — | — | — | — |

5－2(续)

| | 调查人数 | 将前往的 | | | | | | |
|---|---|---|---|---|---|---|---|---|
| | | 河南 | 湖北 | 湖南 | 广东 | 广西 | 海南 | 重庆 |
| **总计** | **10 896** | **217** | **296** | **61** | **647** | **226** | **120** | **92** |
| 北京 | 116 | 6 | 1 | 0 | 8 | 4 | 0 | 1 |
| 天津 | 135 | 0 | 2 | 1 | 9 | 0 | 0 | 0 |
| 河北 | 712 | 4 | 0 | 1 | 6 | 0 | 0 | 1 |
| 山西 | 573 | 28 | 2 | 0 | 25 | 2 | 1 | 1 |
| 内蒙古 | 166 | 0 | 0 | 0 | 13 | 1 | 0 | 0 |
| 辽宁 | 224 | 0 | 2 | 1 | 13 | 1 | 1 | 0 |
| 吉林 | 275 | 0 | 0 | 0 | 8 | 0 | 0 | 0 |
| 黑龙江 | 155 | 0 | 0 | 0 | 0 | 0 | 0 | 0 |
| 上海 | — | — | — | — | — | — | — | — |
| 江苏 | 810 | 0 | 0 | 0 | 13 | 0 | 4 | 0 |
| 浙江 | 535 | 0 | 0 | 3 | 52 | 3 | 3 | 1 |
| 安徽 | 499 | 21 | 6 | 1 | 25 | 14 | 0 | 0 |
| 福建 | 339 | 1 | 0 | 0 | 42 | 2 | 4 | 1 |
| 江西 | 318 | 0 | 3 | 6 | 54 | 0 | 1 | 0 |
| 山东 | 516 | 2 | 1 | 1 | 12 | 0 | 3 | 0 |
| 河南 | 156 | 97 | 0 | 0 | 0 | 0 | 0 | 0 |
| 湖北 | 658 | 1 | 193 | 12 | 79 | 7 | 0 | 44 |
| 湖南 | 96 | 0 | 8 | 18 | 17 | 0 | 0 | 0 |
| 广东 | — | — | — | — | — | — | — | — |
| 广西 | 236 | 0 | 0 | 1 | 104 | 84 | 3 | 0 |
| 海南 | 144 | 0 | 1 | 0 | 18 | 1 | 85 | 0 |
| 重庆 | 268 | 0 | 70 | 1 | 17 | 4 | 0 | 1 |
| 四川 | 1 568 | 1 | 0 | 1 | 21 | 0 | 0 | 17 |
| 贵州 | 442 | 38 | 2 | 12 | 57 | 57 | 8 | 5 |
| 云南 | — | — | — | — | — | — | — | — |
| 西藏 | — | — | — | — | — | — | — | — |
| 陕西 | 804 | 17 | 5 | 2 | 33 | 44 | 7 | 20 |
| 甘肃 | 684 | 0 | 0 | 0 | 12 | 0 | 0 | 0 |
| 青海 | 317 | 1 | 0 | 0 | 9 | 2 | 0 | 0 |
| 宁夏 | 150 | 0 | 0 | 0 | 0 | 0 | 0 | 0 |
| 新疆 | — | — | — | — | — | — | — | — |

单位：人

| 省（区、市） | | | | | | | | |
| --- | --- | --- | --- | --- | --- | --- | --- | --- |
| 四川 | 贵州 | 云南 | 西藏 | 陕西 | 甘肃 | 青海 | 宁夏 | 新疆 |
| **1 212** | **82** | **71** | **129** | **324** | **352** | **91** | **5** | **115** |
| 1 | 0 | 0 | 0 | 7 | 0 | 2 | 0 | 0 |
| 0 | 0 | 0 | 1 | 1 | 0 | 0 | 0 | 0 |
| 1 | 0 | 0 | 0 | 1 | 0 | 0 | 0 | 0 |
| 4 | 1 | 3 | 1 | 49 | 2 | 0 | 1 | 1 |
| 0 | 0 | 0 | 0 | 1 | 0 | 0 | 0 | 0 |
| 5 | 0 | 1 | 0 | 3 | 0 | 0 | 0 | 0 |
| 0 | 0 | 0 | 0 | 5 | 0 | 0 | 0 | 0 |
| 0 | 0 | 0 | 0 | 0 | 0 | 0 | 1 | 1 |
| — | — | — | — | — | — | — | — | — |
| 4 | 0 | 0 | 0 | 4 | 0 | 0 | 0 | 0 |
| 1 | 0 | 2 | 0 | 2 | 1 | 0 | 0 | 1 |
| 0 | 0 | 1 | 0 | 7 | 0 | 0 | 0 | 0 |
| 3 | 0 | 2 | 0 | 1 | 0 | 0 | 0 | 0 |
| 2 | 2 | 5 | 0 | 2 | 0 | 0 | 0 | 1 |
| 1 | 0 | 3 | 0 | 4 | 0 | 0 | 0 | 0 |
| 0 | 0 | 0 | 0 | 17 | 0 | 0 | 0 | 0 |
| 3 | 1 | 5 | 2 | 25 | 1 | 0 | 0 | 0 |
| 2 | 0 | 0 | 0 | 1 | 0 | 0 | 0 | 0 |
| — | — | — | — | — | — | — | — | — |
| 1 | 1 | 3 | 0 | 0 | 0 | 0 | 0 | 0 |
| 0 | 0 | 1 | 0 | 2 | 0 | 0 | 0 | 0 |
| 8 | 1 | 3 | 1 | 7 | 0 | 0 | 0 | 0 |
| 1 089 | 2 | 12 | 0 | 30 | 0 | 0 | 0 | 0 |
| 14 | 71 | 19 | 0 | 13 | 0 | 0 | 0 | 0 |
| — | — | — | — | — | — | — | — | — |
| — | — | — | — | — | — | — | — | — |
| 44 | 3 | 7 | 10 | 2 | 8 | 1 | 3 | 5 |
| 13 | 0 | 1 | 11 | 101 | 305 | 9 | 0 | 104 |
| 14 | 0 | 3 | 103 | 21 | 35 | 79 | 0 | 2 |
| 2 | 0 | 0 | 0 | 18 | 0 | 0 | 0 | 0 |
| — | — | — | — | — | — | — | — | — |

# 六、入境过夜游客对住宿单位的选择

## 6-1 2011年入境过夜游客对住宿单位的选择
### （按外国人、港澳台胞、团体及散客分组）

单位：%

| | | 合计 | 宾馆饭店 | 公寓 | 私人住所 | 车船 | 其他 |
|---|---|---|---|---|---|---|---|
| **全国** | **总计** | **100** | **73.8** | **6.6** | **13.9** | **1.7** | **4.1** |
| | 团体 | 100 | 93.4 | 1.2 | 1.2 | 1.1 | 3.1 |
| | 散客 | 100 | 65.5 | 8.9 | 19.2 | 1.9 | 4.5 |
| 外国人 | 小计 | 100 | 77.5 | 5.6 | 10.8 | 1.9 | 4.2 |
| | 团体 | 100 | 93.3 | 1.4 | 1.1 | 1.2 | 3.1 |
| | 散客 | 100 | 70.0 | 7.7 | 15.3 | 2.3 | 4.7 |
| 香港同胞 | 小计 | 100 | 62.1 | 9.0 | 25.1 | 0.4 | 3.4 |
| | 团体 | 100 | 96.2 | 0.0 | 2.4 | 0.3 | 1.0 |
| | 散客 | 100 | 53.0 | 11.3 | 31.1 | 0.5 | 4.1 |
| 澳门同胞 | 小计 | 100 | 63.0 | 2.8 | 24.5 | 1.0 | 8.8 |
| | 团体 | 100 | 76.4 | 0.5 | 0.5 | 3.1 | 19.6 |
| | 散客 | 100 | 58.4 | 3.6 | 32.8 | 0.2 | 5.0 |
| 台湾同胞 | 小计 | 100 | 59.5 | 12.0 | 24.5 | 1.0 | 2.9 |
| | 团体 | 100 | 97.3 | 0.7 | 0.8 | 0.7 | 0.5 |
| | 散客 | 100 | 50.5 | 14.7 | 30.2 | 1.1 | 3.5 |

## 6-2 2011年入境过夜游客对住宿单位的选择
### (按性别、年龄、团体及散客分组)

单位：%

| | | 合计 | 宾馆饭店 | 公寓 | 私人住所 | 车船 | 其他 |
|---|---|---|---|---|---|---|---|
| **全国** | **总计** | **100** | **73.8** | **6.6** | **13.9** | **1.7** | **4.1** |
| | 团体 | 100 | 93.4 | 1.2 | 1.2 | 1.1 | 3.1 |
| | 散客 | 100 | 65.5 | 8.9 | 19.2 | 1.9 | 4.5 |
| 男性 | 小计 | 100 | 75.0 | 7.6 | 11.9 | 2.2 | 3.3 |
| | 团体 | 100 | 93.1 | 1.8 | 1.3 | 1.3 | 2.5 |
| | 散客 | 100 | 68.9 | 9.5 | 15.4 | 2.6 | 3.6 |
| 女性 | 小计 | 100 | 71.8 | 5.0 | 17.2 | 0.8 | 5.2 |
| | 团体 | 100 | 93.7 | 0.7 | 1.0 | 1.0 | 3.6 |
| | 散客 | 100 | 58.7 | 7.6 | 26.9 | 0.7 | 6.2 |
| 65岁及以上 | 小计 | 100 | 73.8 | 6.6 | 13.9 | 1.7 | 4.1 |
| | 团体 | 100 | 93.4 | 1.2 | 1.2 | 1.1 | 3.1 |
| | 散客 | 100 | 65.5 | 8.9 | 19.2 | 1.9 | 4.5 |
| 45~64岁 | 小计 | 100 | 72.7 | 4.5 | 20.1 | 1.0 | 1.6 |
| | 团体 | 100 | 95.6 | 0.5 | 1.0 | 1.9 | 1.0 |
| | 散客 | 100 | 53.5 | 7.9 | 36.2 | 0.3 | 2.1 |
| 25~44岁 | 小计 | 100 | 77.7 | 7.6 | 11.9 | 1.3 | 1.5 |
| | 团体 | 100 | 96.1 | 0.8 | 1.1 | 1.4 | 0.6 |
| | 散客 | 100 | 68.3 | 11.1 | 17.5 | 1.3 | 1.9 |
| 15~24岁 | 小计 | 100 | 75.1 | 5.9 | 13.7 | 2.2 | 3.1 |
| | 团体 | 100 | 94.9 | 1.9 | 1.6 | 0.3 | 1.4 |
| | 散客 | 100 | 69.0 | 7.1 | 17.4 | 2.8 | 3.6 |
| 14岁及以下 | 小计 | 100 | 63.4 | 6.4 | 15.6 | 1.3 | 13.3 |
| | 团体 | 100 | 82.2 | 1.4 | 0.5 | 1.8 | 14.1 |
| | 散客 | 100 | 55.6 | 8.5 | 21.9 | 1.1 | 12.9 |

# 6-3 2011年入境过夜游客对住宿单位的选择
## （按职业、团体及散客分组）

单位：%

| | | 合计 | 宾馆饭店 | 公寓 | 私人住所 | 车船 | 其他 |
|---|---|---|---|---|---|---|---|
| **全国** | **总计** | **100** | **73.8** | **6.6** | **13.9** | **1.7** | **4.1** |
| | 团体 | 100 | 93.4 | 1.2 | 1.2 | 1.1 | 3.1 |
| | 散客 | 100 | 65.5 | 8.9 | 19.2 | 1.9 | 4.5 |
| 政府工作人员 | 小计 | 100 | 83.9 | 2.7 | 9.9 | 1.0 | 2.6 |
| | 团体 | 100 | 92.5 | 2.2 | 1.9 | 1.4 | 1.9 |
| | 散客 | 100 | 78.5 | 2.9 | 14.9 | 0.7 | 3.1 |
| 专业技术人员 | 小计 | 100 | 79.9 | 5.3 | 11.3 | 0.8 | 2.7 |
| | 团体 | 100 | 94.0 | 3.2 | 1.2 | 0.9 | 0.8 |
| | 散客 | 100 | 76.4 | 5.8 | 13.8 | 0.8 | 3.1 |
| 职员 | 小计 | 100 | 78.3 | 6.9 | 12.7 | 0.3 | 1.8 |
| | 团体 | 100 | 97.7 | 0.0 | 1.0 | 0.3 | 1.0 |
| | 散客 | 100 | 69.7 | 10.0 | 17.8 | 0.3 | 2.2 |
| 技工/工人 | 小计 | 100 | 66.0 | 2.2 | 21.1 | 1.8 | 9.0 |
| | 团体 | 100 | 97.2 | 0.2 | 0.4 | 0.8 | 1.4 |
| | 散客 | 100 | 53.6 | 3.0 | 29.2 | 2.2 | 12.0 |
| 商贸人员 | 小计 | 100 | 78.3 | 9.1 | 10.7 | 0.4 | 1.5 |
| | 团体 | 100 | 94.1 | 2.5 | 1.8 | 0.5 | 1.1 |
| | 散客 | 100 | 74.0 | 10.9 | 13.2 | 0.4 | 1.6 |
| 服务员/推销员 | 小计 | 100 | 78.8 | 3.0 | 14.7 | 1.1 | 2.4 |
| | 团体 | 100 | 96.6 | 0.2 | 0.0 | 2.8 | 0.4 |
| | 散客 | 100 | 71.1 | 4.2 | 21.2 | 0.3 | 3.2 |
| 退休人员 | 小计 | 100 | 72.5 | 3.9 | 21.5 | 1.3 | 0.9 |
| | 团体 | 100 | 95.1 | 0.6 | 1.8 | 2.0 | 0.5 |
| | 散客 | 100 | 47.5 | 7.5 | 43.1 | 0.5 | 1.3 |
| 家庭妇女 | 小计 | 100 | 69.6 | 4.1 | 24.1 | 0.4 | 1.8 |
| | 团体 | 100 | 97.5 | 0.1 | 1.1 | 0.4 | 0.9 |
| | 散客 | 100 | 46.4 | 7.4 | 43.2 | 0.5 | 2.6 |
| 军人 | 小计 | 100 | 62.6 | 26.7 | 7.8 | 0.0 | 2.8 |
| | 团体 | 100 | 75.6 | 0.0 | 15.4 | 0.0 | 9.0 |
| | 散客 | 100 | 57.6 | 36.9 | 4.9 | 0.0 | 0.5 |
| 学生 | 小计 | 100 | 61.3 | 8.4 | 14.4 | 1.1 | 14.7 |
| | 团体 | 100 | 82.4 | 1.0 | 0.6 | 1.4 | 14.6 |
| | 散客 | 100 | 52.0 | 11.7 | 20.5 | 1.0 | 14.7 |
| 其他 | 小计 | 100 | 65.8 | 8.6 | 12.6 | 10.6 | 2.4 |
| | 团体 | 100 | 96.1 | 1.4 | 0.0 | 1.9 | 0.6 |
| | 散客 | 100 | 54.1 | 11.3 | 17.5 | 13.9 | 3.1 |

# 6－4　2011年入境过夜游客对住宿单位的选择

## （按旅游目的、团体及散客分组）

单位：%

| | | 合　计 | 宾馆饭店 | 公　寓 | 私人住所 | 车　船 | 其　他 |
|---|---|---|---|---|---|---|---|
| **全　　国** | **总计** | **100** | **73.8** | **6.6** | **13.9** | **1.7** | **4.1** |
| | 团体 | 100 | 93.4 | 1.2 | 1.2 | 1.1 | 3.1 |
| | 散客 | 100 | 65.5 | 8.9 | 19.2 | 1.9 | 4.5 |
| 观光游览 | 小计 | 100 | 89.9 | 2.1 | 4.5 | 1.2 | 2.3 |
| | 团体 | 100 | 96.1 | 1.1 | 0.6 | 1.2 | 1.0 |
| | 散客 | 100 | 79.6 | 3.6 | 11.1 | 1.2 | 4.4 |
| 休闲度假 | 小计 | 100 | 82.1 | 6.2 | 8.2 | 0.6 | 3.0 |
| | 团体 | 100 | 96.5 | 0.8 | 0.8 | 0.8 | 1.1 |
| | 散客 | 100 | 71.2 | 10.2 | 13.8 | 0.4 | 4.4 |
| 探亲访友 | 小计 | 100 | 37.0 | 6.7 | 53.8 | 0.4 | 2.1 |
| | 团体 | 100 | 82.6 | 2.1 | 11.8 | 1.3 | 2.3 |
| | 散客 | 100 | 34.8 | 6.9 | 55.9 | 0.3 | 2.1 |
| 商　　务 | 小计 | 100 | 75.6 | 10.1 | 11.8 | 0.6 | 1.9 |
| | 团体 | 100 | 86.1 | 7.3 | 5.2 | 0.0 | 1.4 |
| | 散客 | 100 | 75.2 | 10.2 | 12.1 | 0.6 | 1.9 |
| 会　　议 | 小计 | 100 | 86.7 | 4.3 | 6.9 | 0.0 | 2.0 |
| | 团体 | 100 | 93.7 | 1.0 | 0.3 | 0.3 | 4.7 |
| | 散客 | 100 | 85.4 | 4.9 | 8.1 | 0.0 | 1.5 |
| 宗教朝拜 | 小计 | 100 | 50.2 | 1.2 | 47.5 | 0.0 | 1.2 |
| | 团体 | 100 | 80.0 | 0.0 | 20.0 | 0.0 | 0.0 |
| | 散客 | 100 | 44.7 | 1.4 | 52.6 | 0.0 | 1.4 |
| 文体交流 | 小计 | 100 | 58.1 | 9.3 | 12.5 | 1.7 | 18.4 |
| | 团体 | 100 | 78.8 | 0.2 | 0.2 | 3.7 | 17.2 |
| | 散客 | 100 | 51.1 | 12.4 | 16.6 | 1.0 | 18.8 |
| 购　　物 | 小计 | 100 | 84.0 | 2.3 | 11.2 | 0.3 | 2.2 |
| | 团体 | 100 | 99.1 | 0.1 | 0.5 | 0.4 | 0.0 |
| | 散客 | 100 | 63.2 | 5.2 | 26.1 | 0.2 | 5.2 |
| 医疗保健 | 小计 | 100 | 72.2 | 18.6 | 6.3 | 1.7 | 1.2 |
| | 团体 | 100 | 89.5 | 0.0 | 6.9 | 3.6 | 0.0 |
| | 散客 | 100 | 57.7 | 34.4 | 5.8 | 0.0 | 2.1 |
| 其　　他 | 小计 | 100 | 48.6 | 10.6 | 13.0 | 12.5 | 15.2 |
| | 团体 | 100 | 59.1 | 1.0 | 2.9 | 0.1 | 36.9 |
| | 散客 | 100 | 46.9 | 12.2 | 14.7 | 14.5 | 11.8 |

# 七、入境游客抽样调查总人数及构成

## 7-1 2011年入境游客抽样调查总人数及所占比重

| | | 调查总人数 | | 口岸调查人数 | | 其中过夜游客 | |
|---|---|---|---|---|---|---|---|
| | | （人） | （%） | （人） | （%） | （人） | （%） |
| **全 国** | **总计** | **48 934** | **100** | **16 960** | **34.7** | **13 092** | **77.2** |
| | 团体 | 18 337 | 100 | 4 632 | 25.3 | 4 221 | 91.1 |
| | 散客 | 30 597 | 100 | 12 328 | 40.3 | 8 871 | 72.0 |
| 外 国 人 | 小计 | 34 594 | 100 | 10 728 | 31.0 | 9 493 | 88.5 |
| | 团体 | 14 311 | 100 | 3 804 | 26.6 | 3 469 | 91.2 |
| | 散客 | 20 283 | 100 | 6 924 | 34.1 | 6 024 | 87.0 |
| 香港同胞 | 小计 | 7 071 | 100 | 3 449 | 48.8 | 1 648 | 47.8 |
| | 团体 | 1 584 | 100 | 306 | 19.3 | 296 | 96.7 |
| | 散客 | 5 487 | 100 | 3 143 | 57.3 | 1 352 | 43.0 |
| 澳门同胞 | 小计 | 2 660 | 100 | 1 329 | 50.0 | 588 | 44.2 |
| | 团体 | 659 | 100 | 123 | 18.7 | 76 | 61.8 |
| | 散客 | 2 001 | 100 | 1 206 | 60.3 | 512 | 42.5 |
| 台湾同胞 | 小计 | 4 609 | 100 | 1 454 | 31.5 | 1 363 | 93.7 |
| | 团体 | 1 783 | 100 | 399 | 22.4 | 380 | 95.2 |
| | 散客 | 2 826 | 100 | 1 055 | 37.3 | 983 | 93.2 |

(按外国人、港澳台胞、团体及散客分组)

| 一日游游客 | | 饭店调查人数 | | 游船调查人数 | |
|---|---|---|---|---|---|
| (人) | (%) | (人) | (%) | (人) | (%) |
| **3 868** | **22.8** | **31 801** | **65.0** | **173** | **0.4** |
| 411 | 8.9 | 13 580 | 74.1 | 125 | 0.7 |
| 3 457 | 28.0 | 18 221 | 59.6 | 48 | 0.2 |
| | | | | | |
| 1 235 | 11.5 | 23 725 | 68.6 | 141 | 0.4 |
| 335 | 8.8 | 10 398 | 72.7 | 109 | 0.8 |
| 900 | 13.0 | 13 327 | 65.7 | 32 | 0.2 |
| | | | | | |
| 1 801 | 52.2 | 3 607 | 51.0 | 15 | 0.2 |
| 10 | 3.3 | 1 273 | 80.4 | 5 | 0.3 |
| 1 791 | 57.0 | 2 334 | 42.5 | 10 | 0.2 |
| | | | | | |
| 741 | 55.8 | 1 324 | 49.8 | 7 | 0.3 |
| 47 | 38.2 | 533 | 80.9 | 3 | 0.5 |
| 694 | 57.5 | 791 | 39.5 | 4 | 0.2 |
| | | | | | |
| 91 | 6.3 | 3 145 | 68.2 | 10 | 0.2 |
| 19 | 4.8 | 1 376 | 77.2 | 8 | 0.4 |
| 72 | 6.8 | 1 769 | 62.6 | 2 | 0.1 |

# 7-2 2011年入境游客抽样调查总人数及所占比重

| | | 调查总人数 | | 口岸调查人数 | | 过夜游客 | |
|---|---|---|---|---|---|---|---|
| | | (人) | (%) | (人) | (%) | (人) | (%) |
| 北　京 | 小计 | 3 443 | 100 | 1 785 | 51.8 | 1 782 | 99.8 |
| | 团体 | 1 414 | 100 | 738 | 52.2 | 738 | 100.0 |
| | 散客 | 2 029 | 100 | 1 047 | 51.6 | 1 044 | 99.7 |
| 天　津 | 小计 | 1 100 | 100 | 600 | 54.5 | 591 | 98.5 |
| | 团体 | 318 | 100 | 212 | 66.7 | 211 | 99.5 |
| | 散客 | 782 | 100 | 388 | 49.6 | 380 | 97.9 |
| 河　北 | 小计 | 800 | 100 | 0 | 0.0 | 0 | 0.0 |
| | 团体 | 227 | 100 | 0 | 0.0 | 0 | 0.0 |
| | 散客 | 573 | 100 | 0 | 0.0 | 0 | 0.0 |
| 山　西 | 小计 | 689 | 100 | 0 | 0.0 | 0 | 0.0 |
| | 团体 | 411 | 100 | 0 | 0.0 | 0 | 0.0 |
| | 散客 | 278 | 100 | 0 | 0.0 | 0 | 0.0 |
| 内蒙古 | 小计 | 1 101 | 100 | 601 | 54.6 | 399 | 66.4 |
| | 团体 | 606 | 100 | 400 | 66.0 | 200 | 50.0 |
| | 散客 | 495 | 100 | 201 | 40.6 | 199 | 99.0 |
| 辽　宁 | 小计 | 1 972 | 100 | 1 057 | 53.6 | 884 | 83.6 |
| | 团体 | 686 | 100 | 405 | 59.0 | 326 | 80.5 |
| | 散客 | 1 286 | 100 | 652 | 50.7 | 558 | 85.6 |
| 吉　林 | 小计 | 800 | 100 | 300 | 37.5 | 300 | 100.0 |
| | 团体 | 426 | 100 | 221 | 51.9 | 221 | 100.0 |
| | 散客 | 374 | 100 | 79 | 21.1 | 79 | 100.0 |
| 黑龙江 | 小计 | 1 300 | 100 | 600 | 46.2 | 400 | 66.7 |
| | 团体 | 892 | 100 | 368 | 41.3 | 368 | 100.0 |
| | 散客 | 408 | 100 | 232 | 56.9 | 32 | 13.8 |
| 上　海 | 小计 | 3 072 | 100 | 1 494 | 48.6 | 1 480 | 99.1 |
| | 团体 | 479 | 100 | 290 | 60.5 | 290 | 100.0 |
| | 散客 | 2 593 | 100 | 1 204 | 46.4 | 1 190 | 98.8 |

（按省〈区、市〉、团体及散客分组）

| 一日游游客 | | 饭店调查人数 | | 游船调查人数 | |
|---|---|---|---|---|---|
| （人） | （%） | （人） | （%） | （人） | （%） |
| 3 | 0.2 | 1 658 | 48.2 | 0 | 0.0 |
| 0 | 0.0 | 676 | 47.8 | 0 | 0.0 |
| 3 | 0.3 | 982 | 48.4 | 0 | 0.0 |
| | | | | | |
| 9 | 1.5 | 500 | 45.5 | 0 | 0.0 |
| 1 | 0.5 | 106 | 33.3 | 0 | 0.0 |
| 8 | 2.1 | 394 | 50.4 | 0 | 0.0 |
| | | | | | |
| 0 | 0.0 | 800 | 100.0 | 0 | 0.0 |
| 0 | 0.0 | 227 | 100.0 | 0 | 0.0 |
| 0 | 0.0 | 573 | 100.0 | 0 | 0.0 |
| | | | | | |
| 0 | 0.0 | 689 | 100.0 | 0 | 0.0 |
| 0 | 0.0 | 411 | 100.0 | 0 | 0.0 |
| 0 | 0.0 | 278 | 100.0 | 0 | 0.0 |
| | | | | | |
| 202 | 33.6 | 500 | 45.4 | 0 | 0.0 |
| 200 | 50.0 | 206 | 34.0 | 0 | 0.0 |
| 2 | 1.0 | 294 | 59.4 | 0 | 0.0 |
| | | | | | |
| 173 | 16.4 | 915 | 46.4 | 0 | 0.0 |
| 79 | 19.5 | 281 | 41.0 | 0 | 0.0 |
| 94 | 14.4 | 634 | 49.3 | 0 | 0.0 |
| | | | | | |
| 0 | 0.0 | 500 | 62.5 | 0 | 0.0 |
| 0 | 0.0 | 205 | 48.1 | 0 | 0.0 |
| 0 | 0.0 | 295 | 78.9 | 0 | 0.0 |
| | | | | | |
| 200 | 33.3 | 700 | 53.8 | 0 | 0.0 |
| 0 | 0.0 | 524 | 58.7 | 0 | 0.0 |
| 200 | 86.2 | 176 | 43.1 | 0 | 0.0 |
| | | | | | |
| 14 | 0.9 | 1 578 | 51.4 | 0 | 0.0 |
| 0 | 0.0 | 189 | 39.5 | 0 | 0.0 |
| 14 | 1.2 | 1 389 | 53.6 | 0 | 0.0 |

7－2(续1)

| | | 调查总人数 | | 口岸调查人数 | | 过夜游客 | |
|---|---|---|---|---|---|---|---|
| | | (人) | (%) | (人) | (%) | (人) | (%) |
| 江苏 | 小计 | 1 704 | 100 | 521 | 30.6 | 466 | 89.4 |
| | 团体 | 369 | 100 | 67 | 18.2 | 64 | 95.5 |
| | 散客 | 1 335 | 100 | 454 | 34.0 | 402 | 88.5 |
| 浙江 | 小计 | 1 600 | 100 | 600 | 37.5 | 596 | 99.3 |
| | 团体 | 435 | 100 | 135 | 31.0 | 133 | 98.5 |
| | 散客 | 1 165 | 100 | 465 | 39.9 | 463 | 99.6 |
| 安徽 | 小计 | 1 500 | 100 | 0 | 0.0 | 0 | 0.0 |
| | 团体 | 810 | 100 | 0 | 0.0 | 0 | 0.0 |
| | 散客 | 690 | 100 | 0 | 0.0 | 0 | 0.0 |
| 福建 | 小计 | 1 709 | 100 | 760 | 44.5 | 641 | 84.3 |
| | 团体 | 377 | 100 | 127 | 33.7 | 76 | 59.8 |
| | 散客 | 1 332 | 100 | 633 | 47.5 | 565 | 89.3 |
| 江西 | 小计 | 577 | 100 | 0 | 0.0 | 0 | 0.0 |
| | 团体 | 277 | 100 | 0 | 0.0 | 0 | 0.0 |
| | 散客 | 300 | 100 | 0 | 0.0 | 0 | 0.0 |
| 山东 | 小计 | 2 203 | 100 | 1 153 | 52.3 | 1 078 | 93.5 |
| | 团体 | 385 | 100 | 115 | 29.9 | 115 | 100.0 |
| | 散客 | 1 818 | 100 | 1 038 | 57.1 | 963 | 92.8 |
| 河南 | 小计 | 824 | 100 | 0 | 0.0 | 0 | 0.0 |
| | 团体 | 540 | 100 | 0 | 0.0 | 0 | 0.0 |
| | 散客 | 284 | 100 | 0 | 0.0 | 0 | 0.0 |
| 湖北 | 小计 | 1 054 | 100 | 0 | 0.0 | 0 | 0.0 |
| | 团体 | 440 | 100 | 0 | 0.0 | 0 | 0.0 |
| | 散客 | 614 | 100 | 0 | 0.0 | 0 | 0.0 |
| 湖南 | 小计 | 1 442 | 100 | 0 | 0.0 | 0 | 0.0 |
| | 团体 | 1 049 | 100 | 0 | 0.0 | 0 | 0.0 |
| | 散客 | 393 | 100 | 0 | 0.0 | 0 | 0.0 |
| 广东 | 小计 | 10 647 | 100 | 5 565 | 52.3 | 2 845 | 51.1 |
| | 团体 | 1 323 | 100 | 269 | 20.3 | 205 | 76.2 |
| | 散客 | 9 324 | 100 | 5 296 | 56.8 | 2 640 | 49.8 |
| 广西 | 小计 | 1 504 | 100 | 705 | 46.9 | 516 | 73.2 |
| | 团体 | 657 | 100 | 410 | 62.4 | 410 | 100.0 |
| | 散客 | 847 | 100 | 295 | 34.8 | 106 | 35.9 |

| 一日游游客 | | 饭店调查人数 | | 游船调查人数 | |
| --- | --- | --- | --- | --- | --- |
| (人) | (%) | (人) | (%) | (人) | (%) |
| 55 | 10.6 | 1 183 | 69.4 | 0 | 0.0 |
| 3 | 4.5 | 302 | 81.8 | 0 | 0.0 |
| 52 | 11.5 | 881 | 66.0 | 0 | 0.0 |
| 4 | 0.7 | 1 000 | 62.5 | 0 | 0.0 |
| 2 | 1.5 | 300 | 69.0 | 0 | 0.0 |
| 2 | 0.4 | 700 | 60.1 | 0 | 0.0 |
| 0 | 0.0 | 1 500 | 100.0 | 0 | 0.0 |
| 0 | 0.0 | 810 | 100.0 | 0 | 0.0 |
| 0 | 0.0 | 690 | 100.0 | 0 | 0.0 |
| 119 | 15.7 | 949 | 55.5 | 0 | 0.0 |
| 51 | 40.2 | 250 | 66.3 | 0 | 0.0 |
| 68 | 10.7 | 699 | 52.5 | 0 | 0.0 |
| 0 | 0.0 | 577 | 100.0 | 0 | 0.0 |
| 0 | 0.0 | 277 | 100.0 | 0 | 0.0 |
| 0 | 0.0 | 300 | 100.0 | 0 | 0.0 |
| 75 | 6.5 | 1 050 | 47.7 | 0 | 0.0 |
| 0 | 0.0 | 270 | 70.1 | 0 | 0.0 |
| 75 | 7.2 | 780 | 42.9 | 0 | 0.0 |
| 0 | 0.0 | 824 | 100.0 | 0 | 0.0 |
| 0 | 0.0 | 540 | 100.0 | 0 | 0.0 |
| 0 | 0.0 | 284 | 100.0 | 0 | 0.0 |
| 0 | 0.0 | 881 | 83.6 | 173 | 16.4 |
| 0 | 0.0 | 315 | 71.6 | 125 | 28.4 |
| 0 | 0.0 | 566 | 92.2 | 48 | 7.8 |
| 0 | 0.0 | 1 442 | 100.0 | 0 | 0.0 |
| 0 | 0.0 | 1 049 | 100.0 | 0 | 0.0 |
| 0 | 0.0 | 393 | 100.0 | 0 | 0.0 |
| 2 720 | 48.9 | 5 082 | 47.7 | 0 | 0.0 |
| 64 | 23.8 | 1 054 | 79.7 | 0 | 0.0 |
| 2 656 | 50.2 | 4 028 | 43.2 | 0 | 0.0 |
| 189 | 26.8 | 799 | 53.1 | 0 | 0.0 |
| 0 | 0.0 | 247 | 37.6 | 0 | 0.0 |
| 189 | 64.1 | 552 | 65.2 | 0 | 0.0 |

7 -2(续 2)

| | | 调查总人数 | | 口岸调查人数 | | 过夜游客 | |
|---|---|---|---|---|---|---|---|
| | | (人) | (%) | (人) | (%) | (人) | (%) |
| 海　南 | 小计 | 900 | 100 | 0 | 0.0 | 0 | 0.0 |
| | 团体 | 452 | 100 | 0 | 0.0 | 0 | 0.0 |
| | 散客 | 448 | 100 | 0 | 0.0 | 0 | 0.0 |
| 重　庆 | 小计 | 600 | 100 | 0 | 0.0 | 0 | 0.0 |
| | 团体 | 267 | 100 | 0 | 0.0 | 0 | 0.0 |
| | 散客 | 333 | 100 | 0 | 0.0 | 0 | 0.0 |
| 四　川 | 小计 | 2 490 | 100 | 0 | 0.0 | 0 | 0.0 |
| | 团体 | 1 579 | 100 | 0 | 0.0 | 0 | 0.0 |
| | 散客 | 911 | 100 | 0 | 0.0 | 0 | 0.0 |
| 贵　州 | 小计 | 600 | 100 | 0 | 0.0 | 0 | 0.0 |
| | 团体 | 372 | 100 | 0 | 0.0 | 0 | 0.0 |
| | 散客 | 228 | 100 | 0 | 0.0 | 0 | 0.0 |
| 云　南 | 小计 | 1 455 | 100 | 619 | 42.5 | 514 | 83.0 |
| | 团体 | 767 | 100 | 275 | 35.9 | 264 | 96.0 |
| | 散客 | 688 | 100 | 344 | 50.0 | 250 | 72.7 |
| 西　藏 | 小计 | 200 | 100 | 0 | 0.0 | 0 | 0.0 |
| | 团体 | 165 | 100 | 0 | 0.0 | 0 | 0.0 |
| | 散客 | 35 | 100 | 0 | 0.0 | 0 | 0.0 |
| 陕　西 | 小计 | 1 234 | 100 | 0 | 0.0 | 0 | 0.0 |
| | 团体 | 779 | 100 | 0 | 0.0 | 0 | 0.0 |
| | 散客 | 455 | 100 | 0 | 0.0 | 0 | 0.0 |
| 甘　肃 | 小计 | 700 | 100 | 0 | 0.0 | 0 | 0.0 |
| | 团体 | 464 | 100 | 0 | 0.0 | 0 | 0.0 |
| | 散客 | 236 | 100 | 0 | 0.0 | 0 | 0.0 |
| 青　海 | 小计 | 364 | 100 | 0 | 0.0 | 0 | 0.0 |
| | 团体 | 134 | 100 | 0 | 0.0 | 0 | 0.0 |
| | 散客 | 230 | 100 | 0 | 0.0 | 0 | 0.0 |
| 宁　夏 | 小计 | 150 | 100 | 0 | 0.0 | 0 | 0.0 |
| | 团体 | 37 | 100 | 0 | 0.0 | 0 | 0.0 |
| | 散客 | 113 | 100 | 0 | 0.0 | 0 | 0.0 |
| 新　疆 | 小计 | 1 200 | 100 | 600 | 50.0 | 600 | 100.0 |
| | 团体 | 1 200 | 100 | 600 | 50.0 | 600 | 100.0 |
| | 散客 | 0 | 100 | 0 | 0.0 | 0 | 0.0 |

| 一日游游客 | | 饭店调查人数 | | 游船调查人数 | |
|---|---|---|---|---|---|
| （人） | （%） | （人） | （%） | （人） | （%） |
| 0 | 0.0 | 900 | 100.0 | 0 | 0.0 |
| 0 | 0.0 | 452 | 100.0 | 0 | 0.0 |
| 0 | 0.0 | 448 | 100.0 | 0 | 0.0 |
| 0 | 0.0 | 600 | 100.0 | 0 | 0.0 |
| 0 | 0.0 | 267 | 100.0 | 0 | 0.0 |
| 0 | 0.0 | 333 | 100.0 | 0 | 0.0 |
| 0 | 0.0 | 2 490 | 100.0 | 0 | 0.0 |
| 0 | 0.0 | 1 579 | 100.0 | 0 | 0.0 |
| 0 | 0.0 | 911 | 100.0 | 0 | 0.0 |
| 0 | 0.0 | 600 | 100.0 | 0 | 0.0 |
| 0 | 0.0 | 372 | 100.0 | 0 | 0.0 |
| 0 | 0.0 | 228 | 100.0 | 0 | 0.0 |
| 105 | 17.0 | 836 | 57.5 | 0 | 0.0 |
| 11 | 4.0 | 492 | 64.1 | 0 | 0.0 |
| 94 | 27.3 | 344 | 50.0 | 0 | 0.0 |
| 0 | 0.0 | 200 | 100.0 | 0 | 0.0 |
| 0 | 0.0 | 165 | 100.0 | 0 | 0.0 |
| 0 | 0.0 | 35 | 100.0 | 0 | 0.0 |
| 0 | 0.0 | 1 234 | 100.0 | 0 | 0.0 |
| 0 | 0.0 | 779 | 100.0 | 0 | 0.0 |
| 0 | 0.0 | 455 | 100.0 | 0 | 0.0 |
| 0 | 0.0 | 700 | 100.0 | 0 | 0.0 |
| 0 | 0.0 | 464 | 100.0 | 0 | 0.0 |
| 0 | 0.0 | 236 | 100.0 | 0 | 0.0 |
| 0 | 0.0 | 364 | 100.0 | 0 | 0.0 |
| 0 | 0.0 | 134 | 100.0 | 0 | 0.0 |
| 0 | 0.0 | 230 | 100.0 | 0 | 0.0 |
| 0 | 0.0 | 150 | 100.0 | 0 | 0.0 |
| 0 | 0.0 | 37 | 100.0 | 0 | 0.0 |
| 0 | 0.0 | 113 | 100.0 | 0 | 0.0 |
| 0 | 0.0 | 600 | 50.0 | 0 | 0.0 |
| 0 | 0.0 | 600 | 50.0 | 0 | 0.0 |
| 0 | 0.0 | 0 | 0.0 | 0 | 0.0 |

## 7-3 2011年口岸调查入境游客人数及所占比重

| | | 口岸调查人数 | | 男性 | | 女性 | |
|---|---|---|---|---|---|---|---|
| | | (人) | (%) | (人) | (%) | (人) | (%) |
| **全国** | **合计** | **16 960** | **100** | **9 669** | **57.0** | **7 291** | **43.0** |
| | 团体 | 4 632 | 100 | 2 454 | 53.0 | 2 178 | 47.0 |
| | 散客 | 12 328 | 100 | 7 215 | 58.5 | 5 113 | 41.5 |
| 外国人 | 小计 | 10 728 | 100 | 6 667 | 62.1 | 4 061 | 37.9 |
| | 团体 | 3 804 | 100 | 2 060 | 54.2 | 1 744 | 45.8 |
| | 散客 | 6 924 | 100 | 4 607 | 66.5 | 2 317 | 33.5 |
| 香港同胞 | 小计 | 3 449 | 100 | 1 576 | 45.7 | 1 873 | 54.3 |
| | 团体 | 306 | 100 | 138 | 45.1 | 168 | 54.9 |
| | 散客 | 3 143 | 100 | 1 438 | 45.8 | 1 705 | 54.2 |
| 澳门同胞 | 小计 | 1 329 | 100 | 608 | 45.7 | 721 | 54.3 |
| | 团体 | 123 | 100 | 61 | 49.6 | 62 | 50.4 |
| | 散客 | 1 206 | 100 | 547 | 45.4 | 659 | 54.6 |
| 台湾同胞 | 小计 | 1 454 | 100 | 818 | 56.3 | 636 | 43.7 |
| | 团体 | 399 | 100 | 195 | 48.9 | 204 | 51.1 |
| | 散客 | 1 055 | 100 | 623 | 59.1 | 432 | 40.9 |

(按外国人、港澳台胞、团体及散客、性别、年龄分组)

| 14 岁及以下 | | 15 ~ 24 岁 | | 25 ~ 44 岁 | | 45 ~ 64 岁 | | 65 岁及以上 | |
|---|---|---|---|---|---|---|---|---|---|
| (人) | (%) | (人) | (%) | (人) | (%) | (人) | (%) | (人) | (%) |
| **135** | **0. 8** | **2 045** | **12. 1** | **8 196** | **48. 3** | **5 546** | **32. 7** | **1 038** | **6. 1** |
| 58 | 1. 3 | 552 | 11. 9 | 1 939 | 41. 9 | 1 630 | 35. 2 | 453 | 9. 8 |
| 77 | 0. 6 | 1 493 | 12. 1 | 6 257 | 50. 8 | 3 916 | 31. 8 | 585 | 4. 7 |
| | | | | | | | | | |
| 91 | 0. 8 | 1 294 | 12. 1 | 5 231 | 48. 8 | 3 462 | 32. 3 | 650 | 6. 1 |
| 54 | 1. 4 | 452 | 11. 9 | 1 636 | 43. 0 | 1 298 | 34. 1 | 364 | 9. 6 |
| 37 | 0. 5 | 842 | 12. 2 | 3 595 | 51. 9 | 2 164 | 31. 3 | 286 | 4. 1 |
| | | | | | | | | | |
| 16 | 0. 5 | 363 | 10. 5 | 1 847 | 53. 6 | 1 057 | 30. 6 | 166 | 4. 8 |
| | | 40 | 13. 1 | 123 | 40. 2 | 115 | 37. 6 | 28 | 9. 2 |
| 16 | 0. 5 | 323 | 10. 3 | 1 724 | 54. 9 | 942 | 30. 0 | 138 | 4. 4 |
| | | | | | | | | | |
| 15 | 1. 1 | 251 | 18. 9 | 512 | 38. 5 | 445 | 33. 5 | 106 | 8. 0 |
| | | 37 | 30. 1 | 46 | 37. 4 | 33 | 26. 8 | 7 | 5. 7 |
| 15 | 1. 2 | 214 | 17. 7 | 466 | 38. 6 | 412 | 34. 2 | 99 | 8. 2 |
| | | | | | | | | | |
| 13 | 0. 9 | 137 | 9. 4 | 606 | 41. 7 | 582 | 40. 0 | 116 | 8. 0 |
| 4 | 1. 0 | 23 | 5. 8 | 134 | 33. 6 | 184 | 46. 1 | 54 | 13. 5 |
| 9 | 0. 9 | 114 | 10. 8 | 472 | 44. 7 | 398 | 37. 7 | 62 | 5. 9 |

## 7－4 2011年口岸调查入境游客人数及所占比重

| | | 口岸调查人数 | | 政府工作人员 | | 专业技术人员 | | 职员 | | 技工工人 | |
|---|---|---|---|---|---|---|---|---|---|---|---|
| | | （人） | （%） | （人） | （%） | （人） | （%） | （人） | （%） | （人） | （%） |
| **全国** | **总计** | **16 960** | **100** | **739** | **4.4** | **2 798** | **16.5** | **2 798** | **16.5** | **538** | **3.2** |
| | 团体 | 4 632 | 100 | 218 | 4.7 | 485 | 10.5 | 778 | 16.8 | 112 | 2.4 |
| | 散客 | 12 328 | 100 | 521 | 4.2 | 2 313 | 18.8 | 2 020 | 16.4 | 426 | 3.5 |
| 外国人 | 小计 | 10 728 | 100 | 488 | 4.5 | 1 631 | 15.2 | 1 855 | 17.3 | 325 | 3.0 |
| | 团体 | 3 804 | 100 | 172 | 4.5 | 399 | 10.5 | 630 | 16.6 | 91 | 2.4 |
| | 散客 | 6 924 | 100 | 316 | 4.6 | 1 232 | 17.8 | 1 225 | 17.7 | 234 | 3.4 |
| 香港同胞 | 小计 | 3 449 | 100 | 130 | 3.8 | 745 | 21.6 | 555 | 16.1 | 99 | 2.9 |
| | 团体 | 306 | 100 | 14 | 4.6 | 19 | 6.2 | 70 | 22.9 | 13 | 4.2 |
| | 散客 | 3 143 | 100 | 116 | 3.7 | 726 | 23.1 | 485 | 15.4 | 86 | 2.7 |
| 澳门同胞 | 小计 | 1 329 | 100 | 58 | 4.4 | 153 | 11.5 | 170 | 12.8 | 81 | 6.1 |
| | 团体 | 123 | 100 | 11 | 8.9 | 12 | 9.8 | 10 | 8.1 | 6 | 4.9 |
| | 散客 | 1 206 | 100 | 47 | 3.9 | 141 | 11.7 | 160 | 13.3 | 75 | 6.2 |
| 台湾同胞 | 小计 | 1 454 | 100 | 63 | 4.3 | 269 | 18.5 | 218 | 15.0 | 33 | 2.3 |
| | 团体 | 399 | 100 | 21 | 5.3 | 55 | 13.8 | 68 | 17.0 | 2 | 0.5 |
| | 散客 | 1 055 | 100 | 42 | 4.0 | 214 | 20.3 | 150 | 14.2 | 31 | 2.9 |

（按外国人、港澳台胞、团体及散客、职业分组）

| 商贸人员 | | 服务员推销员 | | 退休人员 | | 家庭妇女 | | 军人 | | 学生 | | 其他 | |
|---|---|---|---|---|---|---|---|---|---|---|---|---|---|
| （人） | （%） | （人） | （%） | （人） | （%） | （人） | （%） | （人） | （%） | （人） | （%） | （人） | （%） |
| **3 567** | **21.0** | **828** | **4.9** | **1 176** | **6.9** | **1 197** | **7.1** | **93** | **0.5** | **1 694** | **10.0** | **1 532** | **9.0** |
| 885 | 19.1 | 181 | 3.9 | 564 | 12.2 | 513 | 11.1 | 21 | 0.5 | 548 | 11.8 | 327 | 7.1 |
| 2 682 | 21.8 | 647 | 5.2 | 612 | 5.0 | 684 | 5.5 | 72 | 0.6 | 1 146 | 9.3 | 1 205 | 9.8 |
| 2 422 | 22.6 | 442 | 4.1 | 729 | 6.8 | 721 | 6.7 | 46 | 0.4 | 1 108 | 10.3 | 961 | 9.0 |
| 786 | 20.7 | 144 | 3.8 | 441 | 11.6 | 398 | 10.5 | 17 | 0.4 | 463 | 12.2 | 263 | 6.9 |
| 1 636 | 23.6 | 298 | 4.3 | 288 | 4.2 | 323 | 4.7 | 29 | 0.4 | 645 | 9.3 | 698 | 10.1 |
| 605 | 17.5 | 227 | 6.6 | 207 | 6.0 | 213 | 6.2 | 28 | 0.8 | 241 | 7.0 | 399 | 11.6 |
| 38 | 12.4 | 15 | 4.9 | 42 | 13.7 | 43 | 14.1 | | | 28 | 9.2 | 24 | 7.8 |
| 567 | 18.0 | 212 | 6.7 | 165 | 5.2 | 170 | 5.4 | 28 | 0.9 | 213 | 6.8 | 375 | 11.9 |
| 236 | 17.8 | 77 | 5.8 | 93 | 7.0 | 137 | 10.3 | 10 | 0.8 | 226 | 17.0 | 88 | 6.6 |
| 11 | 8.9 | 5 | 4.1 | 6 | 4.9 | 16 | 13.0 | 1 | 0.8 | 34 | 27.6 | 11 | 8.9 |
| 225 | 18.7 | 72 | 6.0 | 87 | 7.2 | 121 | 10.0 | 9 | 0.7 | 192 | 15.9 | 77 | 6.4 |
| 304 | 20.9 | 82 | 5.6 | 147 | 10.1 | 126 | 8.7 | 9 | 0.6 | 119 | 8.2 | 84 | 5.8 |
| 50 | 12.5 | 17 | 4.3 | 75 | 18.8 | 56 | 14.0 | 3 | 0.8 | 23 | 5.8 | 29 | 7.3 |
| 254 | 24.1 | 65 | 6.2 | 72 | 6.8 | 70 | 6.6 | 6 | 0.6 | 96 | 9.1 | 55 | 5.2 |

# 7－5　2011年口岸调查入境游客人数及所占比重

| | | 口岸调查人数 | | 观光游览 | | 休闲度假 | | 探亲访友 | |
|---|---|---|---|---|---|---|---|---|---|
| | | （人） | （%） | （人） | （%） | （人） | （%） | （人） | （%） |
| **全　国** | **总计** | **16 960** | **100** | **4 743** | **28.0** | **2 863** | **16.9** | **1 525** | **9.0** |
| | 团体 | 4 632 | 100 | 2 603 | 56.2 | 916 | 19.8 | 85 | 1.8 |
| | 散客 | 12 328 | 100 | 2 140 | 17.4 | 1 947 | 15.8 | 1 440 | 11.7 |
| 外 国 人 | 小计 | 10 728 | 100 | 3 241 | 30.2 | 1 738 | 16.2 | 766 | 7.1 |
| | 团体 | 3 804 | 100 | 2 016 | 53.0 | 789 | 20.7 | 67 | 1.8 |
| | 散客 | 6 924 | 100 | 1 225 | 17.7 | 949 | 13.7 | 699 | 10.1 |
| 香港同胞 | 小计 | 3 449 | 100 | 810 | 23.5 | 685 | 19.9 | 419 | 12.1 |
| | 团体 | 306 | 100 | 237 | 77.5 | 44 | 14.4 | 5 | 1.6 |
| | 散客 | 3 143 | 100 | 573 | 18.2 | 641 | 20.4 | 414 | 13.2 |
| 澳门同胞 | 小计 | 1 329 | 100 | 235 | 17.7 | 235 | 17.7 | 169 | 12.7 |
| | 团体 | 123 | 100 | 51 | 41.5 | 21 | 17.1 | 6 | 4.9 |
| | 散客 | 1 206 | 100 | 184 | 15.3 | 214 | 17.7 | 163 | 13.5 |
| 台湾同胞 | 小计 | 1 454 | 100 | 457 | 31.4 | 205 | 14.1 | 171 | 11.8 |
| | 团体 | 399 | 100 | 299 | 74.9 | 62 | 15.5 | 7 | 1.8 |
| | 散客 | 1 055 | 100 | 158 | 15.0 | 143 | 13.6 | 164 | 15.5 |

## （按外国人、港澳台胞、团体及散客、旅游目的分组）

| 商务 | | 会议 | | 宗教朝拜 | | 文化/体育/科技交流 | | 购物 | | 医疗保健 | | 其他 | |
|---|---|---|---|---|---|---|---|---|---|---|---|---|---|
| （人） | （%） | （人） | （%） | （人） | （%） | （人） | （%） | （人） | （%） | （人） | （%） | （人） | （%） |
| **3 579** | **21.1** | **958** | **5.6** | **82** | **0.5** | **713** | **4.2** | **1 431** | **8.4** | **92** | **0.5** | **974** | **5.7** |
| 143 | 3.1 | 91 | 2.0 | 13 | 0.3 | 144 | 3.1 | 514 | 11.1 | 37 | 0.8 | 86 | 1.9 |
| 3 436 | 27.9 | 867 | 7.0 | 69 | 0.6 | 569 | 4.6 | 917 | 7.4 | 55 | 0.4 | 888 | 7.2 |
| 2 612 | 24.3 | 460 | 4.3 | 49 | 0.5 | 392 | 3.7 | 715 | 6.7 | 75 | 0.7 | 680 | 6.3 |
| 122 | 3.2 | 68 | 1.8 | 10 | 0.3 | 115 | 3.0 | 502 | 13.2 | 36 | 0.9 | 79 | 2.1 |
| 2 490 | 36.0 | 392 | 5.7 | 39 | 0.6 | 277 | 4.0 | 213 | 3.1 | 39 | 0.6 | 601 | 8.7 |
| 460 | 13.3 | 253 | 7.3 | 18 | 0.5 | 179 | 5.2 | 420 | 12.2 | 9 | 0.3 | 196 | 5.7 |
| 4 | 1.3 | 8 | 2.6 | | | 3 | 1.0 | 4 | 1.3 | 0 | 0.0 | 1 | 0.3 |
| 456 | 14.5 | 245 | 7.8 | 18 | 0.6 | 176 | 5.6 | 416 | 13.2 | 9 | 0.3 | 195 | 6.2 |
| 164 | 12.3 | 123 | 9.3 | 7 | 0.5 | 91 | 6.8 | 266 | 20.0 | 7 | 0.5 | 32 | 2.4 |
| 3 | 2.4 | 9 | 7.3 | 1 | 0.8 | 24 | 19.5 | 6 | 4.9 | 1 | 0.8 | 1 | 0.8 |
| 161 | 13.3 | 114 | 9.5 | 6 | 0.5 | 67 | 5.6 | 260 | 21.6 | 6 | 0.5 | 31 | 2.6 |
| 343 | 23.6 | 122 | 8.4 | 8 | 0.6 | 51 | 3.5 | 30 | 2.1 | 1 | 0.1 | 66 | 4.5 |
| 14 | 3.5 | 6 | 1.5 | 2 | 0.5 | 2 | 0.5 | 2 | 0.5 | 0 | 0.0 | 5 | 1.3 |
| 329 | 31.2 | 116 | 11.0 | 6 | 0.6 | 49 | 4.6 | 28 | 2.7 | 1 | 0.1 | 61 | 5.8 |

# 7-6 2011年口岸调查外国游客人数

| | 口岸调查人数 | | 男性 | | 女性 | |
|---|---|---|---|---|---|---|
| | (人) | (%) | (人) | (%) | (人) | (%) |
| **外国人** | **10 728** | **100** | **6 667** | **62.1** | **4 061** | **37.9** |
| 日本 | 1 821 | 100 | 1 221 | 67.1 | 600 | 32.9 |
| 菲律宾 | 239 | 100 | 153 | 64.0 | 86 | 36.0 |
| 泰国 | 130 | 100 | 72 | 55.4 | 58 | 44.6 |
| 新加坡 | 372 | 100 | 216 | 58.1 | 156 | 41.9 |
| 印度尼西亚 | 103 | 100 | 80 | 77.7 | 23 | 22.3 |
| 马来西亚 | 342 | 100 | 206 | 60.2 | 136 | 39.8 |
| 韩国 | 1 757 | 100 | 1 058 | 60.2 | 699 | 39.8 |
| 朝鲜 | 85 | 100 | 44 | 51.8 | 41 | 48.2 |
| 蒙古 | 225 | 100 | 102 | 45.3 | 123 | 54.7 |
| 印度 | 201 | 100 | 152 | 75.6 | 49 | 24.4 |
| 越南 | 358 | 100 | 235 | 65.6 | 123 | 34.4 |
| 缅甸 | 135 | 100 | 69 | 51.1 | 66 | 48.9 |
| 哈萨克斯坦 | 13 | 100 | 9 | 69.2 | 4 | 30.8 |
| 英国 | 564 | 100 | 374 | 66.3 | 190 | 33.7 |
| 法国 | 306 | 100 | 172 | 56.2 | 134 | 43.8 |
| 德国 | 263 | 100 | 170 | 64.6 | 93 | 35.4 |
| 西班牙 | 67 | 100 | 38 | 56.7 | 29 | 43.3 |
| 意大利 | 132 | 100 | 88 | 66.7 | 44 | 33.3 |
| 荷兰 | 104 | 100 | 71 | 68.3 | 33 | 31.7 |
| 瑞典 | 114 | 100 | 76 | 66.7 | 38 | 33.3 |
| 俄罗斯 | 1 522 | 100 | 902 | 59.3 | 620 | 40.7 |
| 瑞士 | 88 | 100 | 59 | 67.0 | 29 | 33.0 |
| 乌克兰 | 55 | 100 | 37 | 67.3 | 18 | 32.7 |
| 美国 | 782 | 100 | 455 | 58.2 | 327 | 41.8 |
| 加拿大 | 211 | 100 | 131 | 62.1 | 80 | 37.9 |
| 澳大利亚 | 240 | 100 | 157 | 65.4 | 83 | 34.6 |
| 新西兰 | 75 | 100 | 42 | 56.0 | 33 | 44.0 |
| 非洲国家 | 97 | 100 | 56 | 57.7 | 41 | 42.3 |
| 中南美洲国家 | 45 | 100 | 31 | 68.9 | 14 | 31.1 |
| 其他国家 | 282 | 100 | 191 | 67.7 | 91 | 32.3 |

## 及所占比重(按国别、性别、年龄分组)

| 14岁及以下 | | 15~24岁 | | 25~44岁 | | 45~64岁 | | 65岁及以上 | |
|---|---|---|---|---|---|---|---|---|---|
| (人) | (%) | (人) | (%) | (人) | (%) | (人) | (%) | (人) | (%) |
| **91** | **0.8** | **1 294** | **12.1** | **5 231** | **48.8** | **3 462** | **32.3** | **650** | **6.1** |
| 19 | 1.0 | 109 | 6.0 | 769 | 42.2 | 738 | 40.5 | 186 | 10.2 |
| 2 | 0.8 | 16 | 6.7 | 138 | 57.7 | 68 | 28.5 | 15 | 6.3 |
| 2 | 1.5 | 34 | 26.2 | 62 | 47.7 | 28 | 21.5 | 4 | 3.1 |
| 0 | 0.0 | 41 | 11.0 | 183 | 49.2 | 120 | 32.3 | 28 | 7.5 |
| 1 | 1.0 | 9 | 8.7 | 60 | 58.3 | 31 | 30.1 | 2 | 1.9 |
| 2 | 0.6 | 27 | 7.9 | 160 | 46.8 | 135 | 39.5 | 18 | 5.3 |
| 8 | 0.5 | 276 | 15.7 | 800 | 45.5 | 567 | 32.3 | 106 | 6.0 |
| 0 | 0.0 | 14 | 16.5 | 37 | 43.5 | 31 | 36.5 | 3 | 3.5 |
| 1 | 0.4 | 34 | 15.1 | 117 | 52.0 | 73 | 32.4 | 0 | 0.0 |
| 1 | 0.5 | 25 | 12.4 | 134 | 66.7 | 39 | 19.4 | 2 | 1.0 |
| 0 | 0.0 | 28 | 7.8 | 215 | 60.1 | 110 | 30.7 | 5 | 1.4 |
| 1 | 0.7 | 18 | 13.3 | 82 | 60.7 | 30 | 22.2 | 4 | 3.0 |
| 0 | 0.0 | 0 | 0.0 | 9 | 69.2 | 3 | 23.1 | 1 | 7.7 |
| 2 | 0.4 | 25 | 4.4 | 236 | 41.8 | 250 | 44.3 | 51 | 9.0 |
| 1 | 0.3 | 46 | 15.0 | 169 | 55.2 | 74 | 24.2 | 16 | 5.2 |
| 2 | 0.8 | 24 | 9.1 | 129 | 49.0 | 96 | 36.5 | 12 | 4.6 |
| 1 | 1.5 | 12 | 17.9 | 24 | 35.8 | 27 | 40.3 | 3 | 4.5 |
| 0 | 0.0 | 10 | 7.6 | 92 | 69.7 | 29 | 22.0 | 1 | 0.8 |
| 0 | 0.0 | 13 | 12.5 | 58 | 55.8 | 29 | 27.9 | 4 | 3.8 |
| 1 | 0.9 | 14 | 12.3 | 70 | 61.4 | 26 | 22.8 | 3 | 2.6 |
| 36 | 2.4 | 204 | 13.4 | 861 | 56.6 | 357 | 23.5 | 64 | 4.2 |
| 0 | 0.0 | 13 | 14.8 | 56 | 63.6 | 14 | 15.9 | 5 | 5.7 |
| 1 | 1.8 | 4 | 7.3 | 36 | 65.5 | 11 | 20.0 | 3 | 5.5 |
| 4 | 0.5 | 173 | 22.1 | 280 | 35.8 | 276 | 35.3 | 49 | 6.3 |
| 2 | 0.9 | 42 | 19.9 | 82 | 38.9 | 73 | 34.6 | 12 | 5.7 |
| 0 | 0.0 | 30 | 12.5 | 94 | 39.2 | 98 | 40.8 | 18 | 7.5 |
| 0 | 0.0 | 6 | 8.0 | 33 | 44.0 | 23 | 30.7 | 13 | 17.3 |
| 0 | 0.0 | 8 | 8.2 | 62 | 63.9 | 23 | 23.7 | 4 | 4.1 |
| 1 | 2.2 | 9 | 20.0 | 19 | 42.2 | 12 | 26.7 | 4 | 8.9 |
| 3 | 1.1 | 30 | 10.6 | 164 | 58.2 | 71 | 25.2 | 14 | 5.0 |

# 7－7　2011年口岸调查外国游客人数

| | 口岸调查人数 | | 政　　府<br>工作人员 | | 专　　业<br>技术人员 | | 职　员 | | 技　工<br>工　人 | |
|---|---|---|---|---|---|---|---|---|---|---|
| | (人) | (%) | (人) | (%) | (人) | (%) | (人) | (%) | (人) | (%) |
| **外国人** | **10 728** | **100** | **488** | **4.5** | **1 631** | **15.2** | **1 855** | **17.3** | **325** | **3.0** |
| 日　本 | 1 821 | 100 | 35 | 1.9 | 237 | 13.0 | 590 | 32.4 | 58 | 3.2 |
| 菲律宾 | 239 | 100 | 8 | 3.3 | 30 | 12.6 | 38 | 15.9 | 14 | 5.9 |
| 泰　国 | 130 | 100 | 9 | 6.9 | 12 | 9.2 | 24 | 18.5 | 3 | 2.3 |
| 新加坡 | 372 | 100 | 21 | 5.6 | 69 | 18.5 | 73 | 19.6 | 6 | 1.6 |
| 印度尼西亚 | 103 | 100 | 1 | 1.0 | 9 | 8.7 | 8 | 7.8 | 1 | 1.0 |
| 马来西亚 | 342 | 100 | 20 | 5.8 | 43 | 12.6 | 38 | 11.1 | 5 | 1.5 |
| 韩　国 | 1 757 | 100 | 95 | 5.4 | 237 | 13.5 | 321 | 18.3 | 62 | 3.5 |
| 朝　鲜 | 85 | 100 | 5 | 5.9 | 10 | 11.8 | 10 | 11.8 | 7 | 8.2 |
| 蒙　古 | 225 | 100 | 7 | 3.1 | 16 | 7.1 | 21 | 9.3 | 8 | 3.6 |
| 印　度 | 201 | 100 | 6 | 3.0 | 44 | 21.9 | 15 | 7.5 | 3 | 1.5 |
| 越　南 | 358 | 100 | 42 | 11.7 | 56 | 15.6 | 113 | 31.6 | 21 | 5.9 |
| 缅　甸 | 135 | 100 | 1 | 0.7 | 8 | 5.9 | 7 | 5.2 | 5 | 3.7 |
| 哈萨克斯坦 | 13 | 100 | 2 | 15.4 | 3 | 23.1 | 1 | 7.7 | 1 | 7.7 |
| 英　国 | 564 | 100 | 18 | 3.2 | 133 | 23.6 | 89 | 15.8 | 14 | 2.5 |
| 法　国 | 306 | 100 | 15 | 4.9 | 57 | 18.6 | 45 | 14.7 | 3 | 1.0 |
| 德　国 | 263 | 100 | 13 | 4.9 | 72 | 27.4 | 31 | 11.8 | 11 | 4.2 |
| 西班牙 | 67 | 100 | 5 | 7.5 | 18 | 26.9 | 7 | 10.4 | 0 | 0.0 |
| 意大利 | 132 | 100 | 6 | 4.5 | 30 | 22.7 | 21 | 15.9 | 8 | 6.1 |
| 荷　兰 | 104 | 100 | 7 | 6.7 | 19 | 18.3 | 10 | 9.6 | 2 | 1.9 |
| 瑞　典 | 114 | 100 | 6 | 5.3 | 20 | 17.5 | 14 | 12.3 | 6 | 5.3 |
| 俄罗斯 | 1 522 | 100 | 58 | 3.8 | 153 | 10.1 | 196 | 12.9 | 50 | 3.3 |
| 瑞　士 | 88 | 100 | 4 | 4.5 | 17 | 19.3 | 10 | 11.4 | 1 | 1.1 |
| 乌克兰 | 55 | 100 | 1 | 1.8 | 14 | 25.5 | 5 | 9.1 | 1 | 1.8 |
| 美　国 | 782 | 100 | 47 | 6.0 | 154 | 19.7 | 80 | 10.2 | 20 | 2.6 |
| 加拿大 | 211 | 100 | 12 | 5.7 | 38 | 18.0 | 23 | 10.9 | 4 | 1.9 |
| 澳大利亚 | 240 | 100 | 16 | 6.7 | 45 | 18.8 | 26 | 10.8 | 1 | 0.4 |
| 新西兰 | 75 | 100 | 2 | 2.7 | 12 | 16.0 | 10 | 13.3 | 2 | 2.7 |
| 非洲国家 | 97 | 100 | 8 | 8.2 | 19 | 19.6 | 8 | 8.2 | 3 | 3.1 |
| 中南美洲国家 | 45 | 100 | 4 | 8.9 | 9 | 20.0 | 4 | 8.9 | 0 | 0.0 |
| 其他国家 | 282 | 100 | 14 | 5.0 | 47 | 16.7 | 17 | 6.0 | 5 | 1.8 |

## 及所占比重（按国别、职业分组）

| 商贸人员 | | 服务员推销员 | | 退休人员 | | 家庭妇女 | | 军人 | | 学生 | | 其他 | |
|---|---|---|---|---|---|---|---|---|---|---|---|---|---|
| （人） | （%） | （人） | （%） | （人） | （%） | （人） | （%） | （人） | （%） | （人） | （%） | （人） | （%） |
| **2 422** | **22.6** | **442** | **4.1** | **729** | **6.8** | **721** | **6.7** | **46** | **0.4** | **1 108** | **10.3** | **961** | **9.0** |
| 266 | 14.6 | 65 | 3.6 | 161 | 8.8 | 177 | 9.7 | 8 | 0.4 | 124 | 6.8 | 100 | 5.5 |
| 47 | 19.7 | 16 | 6.7 | 12 | 5.0 | 16 | 6.7 | 0 | 0.0 | 7 | 2.9 | 51 | 21.3 |
| 21 | 16.2 | 7 | 5.4 | 3 | 2.3 | 10 | 7.7 | 0 | 0.0 | 27 | 20.8 | 14 | 10.8 |
| 64 | 17.2 | 21 | 5.6 | 38 | 10.2 | 24 | 6.5 | 2 | 0.5 | 30 | 8.1 | 24 | 6.5 |
| 20 | 19.4 | 2 | 1.9 | 4 | 3.9 | 5 | 4.9 | 1 | 1.0 | 13 | 12.6 | 39 | 37.9 |
| 93 | 27.2 | 12 | 3.5 | 30 | 8.8 | 26 | 7.6 | 1 | 0.3 | 31 | 9.1 | 43 | 12.6 |
| 334 | 19.0 | 47 | 2.7 | 131 | 7.5 | 181 | 10.3 | 1 | 0.1 | 253 | 14.4 | 95 | 5.4 |
| 15 | 17.6 | 3 | 3.5 | 8 | 9.4 | 9 | 10.6 | 0 | 0.0 | 13 | 15.3 | 5 | 5.9 |
| 104 | 46.2 | 16 | 7.1 | 8 | 3.6 | 19 | 8.4 | 0 | 0.0 | 14 | 6.2 | 12 | 5.3 |
| 59 | 29.4 | 16 | 8.0 | 1 | 0.5 | 6 | 3.0 | 1 | 0.5 | 23 | 11.4 | 27 | 13.4 |
| 37 | 10.3 | 8 | 2.2 | 6 | 1.7 | 17 | 4.7 | 0 | 0.0 | 14 | 3.9 | 44 | 12.3 |
| 28 | 20.7 | 7 | 5.2 | 3 | 2.2 | 17 | 12.6 | 0 | 0.0 | 7 | 5.2 | 52 | 38.5 |
| 3 | 23.1 | 2 | 15.4 | 1 | 7.7 | 0 | 0.0 | 0 | 0.0 | 0 | 0.0 | 0 | 0.0 |
| 134 | 23.8 | 32 | 5.7 | 52 | 9.2 | 22 | 3.9 | 1 | 0.2 | 26 | 4.6 | 43 | 7.6 |
| 56 | 18.3 | 17 | 5.6 | 23 | 7.5 | 7 | 2.3 | 1 | 0.3 | 46 | 15.0 | 36 | 11.8 |
| 47 | 17.9 | 12 | 4.6 | 20 | 7.6 | 11 | 4.2 | 1 | 0.4 | 22 | 8.4 | 23 | 8.7 |
| 11 | 16.4 | 4 | 6.0 | 5 | 7.5 | 1 | 1.5 | 0 | 0.0 | 10 | 14.9 | 6 | 9.0 |
| 29 | 22.0 | 9 | 6.8 | 3 | 2.3 | 2 | 1.5 | 3 | 2.3 | 8 | 6.1 | 13 | 9.8 |
| 32 | 30.8 | 8 | 7.7 | 2 | 1.9 | 2 | 1.9 | 0 | 0.0 | 11 | 10.6 | 11 | 10.6 |
| 24 | 21.1 | 9 | 7.9 | 2 | 1.8 | 4 | 3.5 | 0 | 0.0 | 11 | 9.6 | 18 | 15.8 |
| 596 | 39.2 | 47 | 3.1 | 92 | 6.0 | 105 | 6.9 | 13 | 0.9 | 144 | 9.5 | 68 | 4.5 |
| 28 | 31.8 | 3 | 3.4 | 2 | 2.3 | 4 | 4.5 | 0 | 0.0 | 10 | 11.4 | 9 | 10.2 |
| 10 | 18.2 | 6 | 10.9 | 2 | 3.6 | 1 | 1.8 | 0 | 0.0 | 1 | 1.8 | 14 | 25.5 |
| 115 | 14.7 | 29 | 3.7 | 60 | 7.7 | 32 | 4.1 | 6 | 0.8 | 152 | 19.4 | 87 | 11.1 |
| 41 | 19.4 | 13 | 6.2 | 13 | 6.2 | 5 | 2.4 | 2 | 0.9 | 37 | 17.5 | 23 | 10.9 |
| 58 | 24.2 | 13 | 5.4 | 20 | 8.3 | 12 | 5.0 | 1 | 0.4 | 19 | 7.9 | 29 | 12.1 |
| 10 | 13.3 | 1 | 1.3 | 13 | 17.3 | 1 | 1.3 | 2 | 2.7 | 4 | 5.3 | 18 | 24.0 |
| 34 | 35.1 | 3 | 3.1 | 3 | 3.1 | 3 | 3.1 | 0 | 0.0 | 7 | 7.2 | 9 | 9.3 |
| 9 | 20.0 | 3 | 6.7 | 4 | 8.9 | 1 | 2.2 | 0 | 0.0 | 8 | 17.8 | 3 | 6.7 |
| 97 | 34.4 | 11 | 3.9 | 7 | 2.5 | 1 | 0.4 | 2 | 0.7 | 36 | 12.8 | 45 | 16.0 |

# 7－8　2011年口岸调查外国游客人数

| | 口岸调查人数 | | 观光游览 | | 休闲度假 | | 探亲访友 | |
|---|---|---|---|---|---|---|---|---|
| | (人) | (%) | (人) | (%) | (人) | (%) | (人) | (%) |
| **外国人** | **10 728** | **100** | **3 241** | **30.2** | **1 738** | **16.2** | **766** | **7.1** |
| 日　本 | 1 821 | 100 | 591 | 32.5 | 240 | 13.2 | 139 | 7.6 |
| 菲律宾 | 239 | 100 | 58 | 24.3 | 38 | 15.9 | 25 | 10.5 |
| 泰　国 | 130 | 100 | 52 | 40.0 | 22 | 16.9 | 11 | 8.5 |
| 新加坡 | 372 | 100 | 131 | 35.2 | 74 | 19.9 | 53 | 14.2 |
| 印度尼西亚 | 103 | 100 | 25 | 24.3 | 15 | 14.6 | 5 | 4.9 |
| 马来西亚 | 342 | 100 | 146 | 42.7 | 55 | 16.1 | 41 | 12.0 |
| 韩　国 | 1 757 | 100 | 631 | 35.9 | 214 | 12.2 | 141 | 8.0 |
| 朝　鲜 | 85 | 100 | 23 | 27.1 | 13 | 15.3 | 15 | 17.6 |
| 蒙　古 | 225 | 100 | 15 | 6.7 | 6 | 2.7 | 5 | 2.2 |
| 印　度 | 201 | 100 | 44 | 21.9 | 27 | 13.4 | 6 | 3.0 |
| 越　南 | 358 | 100 | 172 | 48.0 | 61 | 17.0 | 13 | 3.6 |
| 缅　甸 | 135 | 100 | 12 | 8.9 | 12 | 8.9 | 15 | 11.1 |
| 哈萨克斯坦 | 13 | 100 | 1 | 7.7 | 3 | 23.1 | 0 | 0.0 |
| 英　国 | 564 | 100 | 178 | 31.6 | 151 | 26.8 | 30 | 5.3 |
| 法　国 | 306 | 100 | 103 | 33.7 | 56 | 18.3 | 18 | 5.9 |
| 德　国 | 263 | 100 | 84 | 31.9 | 44 | 16.7 | 12 | 4.6 |
| 西班牙 | 67 | 100 | 19 | 28.4 | 12 | 17.9 | 8 | 11.9 |
| 意大利 | 132 | 100 | 33 | 25.0 | 19 | 14.4 | 10 | 7.6 |
| 荷　兰 | 104 | 100 | 29 | 27.9 | 18 | 17.3 | 3 | 2.9 |
| 瑞　典 | 114 | 100 | 18 | 15.8 | 24 | 21.1 | 11 | 9.6 |
| 俄罗斯 | 1 522 | 100 | 318 | 20.9 | 357 | 23.5 | 48 | 3.2 |
| 瑞　士 | 88 | 100 | 33 | 37.5 | 12 | 13.6 | 2 | 2.3 |
| 乌克兰 | 55 | 100 | 10 | 18.2 | 17 | 30.9 | 1 | 1.8 |
| 美　国 | 782 | 100 | 259 | 33.1 | 120 | 15.3 | 76 | 9.7 |
| 加拿大 | 211 | 100 | 59 | 28.0 | 32 | 15.2 | 28 | 13.3 |
| 澳大利亚 | 240 | 100 | 69 | 28.8 | 33 | 13.8 | 18 | 7.5 |
| 新西兰 | 75 | 100 | 27 | 36.0 | 24 | 32.0 | 5 | 6.7 |
| 非洲国家 | 97 | 100 | 18 | 18.6 | 8 | 8.2 | 7 | 7.2 |
| 中南美洲国家 | 45 | 100 | 16 | 35.6 | 6 | 13.3 | 3 | 6.7 |
| 其他国家 | 282 | 100 | 67 | 23.8 | 25 | 8.9 | 17 | 6.0 |

# 及所占比重(按国别、旅游目的分组)

| 商务 | | 会议 | | 宗教朝拜 | | 文化/体育/科技交流 | | 购物 | | 医疗保健 | | 其他 | |
|---|---|---|---|---|---|---|---|---|---|---|---|---|---|
| (人) | (%) | (人) | (%) | (人) | (%) | (人) | (%) | (人) | (%) | (人) | (%) | (人) | (%) |
| **2 612** | **24.3** | **460** | **4.3** | **49** | **0.5** | **392** | **3.7** | **715** | **6.7** | **75** | **0.7** | **680** | **6.3** |
| 653 | 35.9 | 63 | 3.5 | 8 | 0.4 | 45 | 2.5 | 28 | 1.5 | 8 | 0.4 | 46 | 2.5 |
| 37 | 15.5 | 6 | 2.5 | 2 | 0.8 | 7 | 2.9 | 14 | 5.9 | 1 | 0.4 | 51 | 21.3 |
| 23 | 17.7 | 8 | 6.2 | 0 | 0.0 | 8 | 6.2 | 0 | 0.0 | 0 | 0.0 | 6 | 4.6 |
| 62 | 16.7 | 21 | 5.6 | 1 | 0.3 | 13 | 3.5 | 6 | 1.6 | 3 | 0.8 | 8 | 2.2 |
| 16 | 15.5 | 1 | 1.0 | 1 | 1.0 | 4 | 3.9 | 2 | 1.9 | 1 | 1.0 | 33 | 32.0 |
| 61 | 17.8 | 11 | 3.2 | 5 | 1.5 | 4 | 1.2 | 2 | 0.6 | 0 | 0.0 | 17 | 5.0 |
| 456 | 26.0 | 76 | 4.3 | 5 | 0.3 | 78 | 4.4 | 12 | 0.7 | 9 | 0.5 | 135 | 7.7 |
| 13 | 15.3 | 7 | 8.2 | 0 | 0.0 | 3 | 3.5 | 4 | 4.7 | 1 | 1.2 | 6 | 7.1 |
| 85 | 37.8 | 9 | 4.0 | 2 | 0.9 | 5 | 2.2 | 73 | 32.4 | 2 | 0.9 | 23 | 10.2 |
| 75 | 37.3 | 12 | 6.0 | 1 | 0.5 | 4 | 2.0 | 1 | 0.5 | 1 | 0.5 | 30 | 14.9 |
| 20 | 5.6 | 11 | 3.1 | 1 | 0.3 | 27 | 7.5 | 17 | 4.7 | 1 | 0.3 | 35 | 9.8 |
| 23 | 17.0 | 3 | 2.2 | 5 | 3.7 | 4 | 3.0 | 26 | 19.3 | 6 | 4.4 | 29 | 21.5 |
| 7 | 53.8 | 1 | 7.7 | 0 | 0.0 | 1 | 7.7 | 0 | 0.0 | 0 | 0.0 | 0 | 0.0 |
| 152 | 27.0 | 22 | 3.9 | 1 | 0.2 | 8 | 1.4 | 3 | 0.5 | 0 | 0.0 | 19 | 3.4 |
| 71 | 23.2 | 19 | 6.2 | 2 | 0.7 | 13 | 4.2 | 4 | 1.3 | 0 | 0.0 | 20 | 6.5 |
| 86 | 32.7 | 15 | 5.7 | 0 | 0.0 | 10 | 3.8 | 0 | 0.0 | 1 | 0.4 | 11 | 4.2 |
| 16 | 23.9 | 7 | 10.4 | 0 | 0.0 | 3 | 4.5 | 1 | 1.5 | 0 | 0.0 | 1 | 1.5 |
| 42 | 31.8 | 12 | 9.1 | 0 | 0.0 | 5 | 3.8 | 1 | 0.8 | 0 | 0.0 | 10 | 7.6 |
| 34 | 32.7 | 7 | 6.7 | 1 | 1.0 | 5 | 4.8 | 1 | 1.0 | 1 | 1.0 | 5 | 4.8 |
| 36 | 31.6 | 3 | 2.6 | 2 | 1.8 | 5 | 4.4 | 3 | 2.6 | 2 | 1.8 | 10 | 8.8 |
| 124 | 8.1 | 40 | 2.6 | 6 | 0.4 | 65 | 4.3 | 495 | 32.5 | 23 | 1.5 | 46 | 3.0 |
| 26 | 29.5 | 4 | 4.5 | 1 | 1.1 | 1 | 1.1 | 4 | 4.5 | 0 | 0.0 | 5 | 5.7 |
| 11 | 20.0 | 2 | 3.6 | 0 | 0.0 | 0 | 0.0 | 1 | 1.8 | 2 | 3.6 | 11 | 20.0 |
| 185 | 23.7 | 45 | 5.8 | 3 | 0.4 | 33 | 4.2 | 8 | 1.0 | 6 | 0.8 | 47 | 6.0 |
| 52 | 24.6 | 16 | 7.6 | 0 | 0.0 | 10 | 4.7 | 1 | 0.5 | 0 | 0.0 | 13 | 6.2 |
| 68 | 28.3 | 16 | 6.7 | 0 | 0.0 | 6 | 2.5 | 3 | 1.3 | 4 | 1.7 | 23 | 9.6 |
| 12 | 16.0 | 4 | 5.3 | 1 | 1.3 | 1 | 1.3 | 0 | 0.0 | 0 | 0.0 | 1 | 1.3 |
| 43 | 44.3 | 2 | 2.1 | 0 | 0.0 | 9 | 9.3 | 0 | 0.0 | 1 | 1.0 | 9 | 9.3 |
| 13 | 28.9 | 1 | 2.2 | 0 | 0.0 | 2 | 4.4 | 1 | 2.2 | 0 | 0.0 | 3 | 6.7 |
| 110 | 39.0 | 16 | 5.7 | 1 | 0.4 | 13 | 4.6 | 4 | 1.4 | 2 | 0.7 | 27 | 9.6 |

# 7－9 2011年饭店调查入境游客人数及所占比重

| | | 饭店及游船调查人数 | | 外国人 | |
|---|---|---|---|---|---|
| | | (人) | (%) | (人) | (%) |
| 北　京 | 小计 | 1 658 | 100 | 1 411 | 85.1 |
| | 团体 | 676 | 100 | 591 | 87.4 |
| | 散客 | 982 | 100 | 820 | 83.5 |
| 天　津 | 小计 | 500 | 100 | 424 | 84.8 |
| | 团体 | 106 | 100 | 87 | 82.1 |
| | 散客 | 394 | 100 | 337 | 85.5 |
| 河　北 | 小计 | 800 | 100 | 687 | 85.9 |
| | 团体 | 227 | 100 | 188 | 82.8 |
| | 散客 | 573 | 100 | 499 | 87.1 |
| 山　西 | 小计 | 689 | 100 | 485 | 70.4 |
| | 团体 | 411 | 100 | 290 | 70.6 |
| | 散客 | 278 | 100 | 195 | 70.1 |
| 内蒙古 | 小计 | 500 | 100 | 470 | 94.0 |
| | 团体 | 206 | 100 | 200 | 97.1 |
| | 散客 | 294 | 100 | 270 | 91.8 |
| 辽　宁 | 小计 | 915 | 100 | 725 | 79.2 |
| | 团体 | 281 | 100 | 215 | 76.5 |
| | 散客 | 634 | 100 | 510 | 80.4 |
| 吉　林 | 小计 | 500 | 100 | 425 | 85.0 |
| | 团体 | 205 | 100 | 172 | 83.9 |
| | 散客 | 295 | 100 | 253 | 85.8 |
| 黑龙江 | 小计 | 700 | 100 | 556 | 79.4 |
| | 团体 | 524 | 100 | 405 | 77.3 |
| | 散客 | 176 | 100 | 151 | 85.8 |
| 上　海 | 小计 | 1 578 | 100 | 1 339 | 84.9 |
| | 团体 | 189 | 100 | 169 | 89.4 |
| | 散客 | 1 389 | 100 | 1 170 | 84.2 |
| 江　苏 | 小计 | 1 183 | 100 | 813 | 68.7 |
| | 团体 | 302 | 100 | 188 | 62.3 |
| | 散客 | 881 | 100 | 625 | 70.9 |

（按省〈区、市〉、团体及散客、外国人、港澳台胞分组）

| 香港同胞 | | 澳门同胞 | | 台湾同胞 | |
|---|---|---|---|---|---|
| （人） | （%） | （人） | （%） | （人） | （%） |
| 128 | 7.7 | 35 | 2.1 | 84 | 5.1 |
| 36 | 5.3 | 11 | 1.6 | 38 | 5.6 |
| 92 | 9.4 | 24 | 2.4 | 46 | 4.7 |
| 29 | 5.8 | 12 | 2.4 | 35 | 7.0 |
| 3 | 2.8 | 2 | 1.9 | 14 | 13.2 |
| 26 | 6.6 | 10 | 2.5 | 21 | 5.3 |
| 65 | 8.1 | 16 | 2.0 | 32 | 4.0 |
| 24 | 10.6 | 5 | 2.2 | 10 | 4.4 |
| 41 | 7.2 | 11 | 1.9 | 22 | 3.8 |
| 86 | 12.5 | 47 | 6.8 | 71 | 10.3 |
| 46 | 11.2 | 27 | 6.6 | 48 | 11.7 |
| 40 | 14.4 | 20 | 7.2 | 23 | 8.3 |
| 12 | 2.4 | 9 | 1.8 | 9 | 1.8 |
| 2 | 1.0 | 1 | 0.5 | 3 | 1.5 |
| 10 | 3.4 | 8 | 2.7 | 6 | 2.0 |
| 90 | 9.8 | 28 | 3.1 | 72 | 7.9 |
| 31 | 11.0 | 10 | 3.6 | 25 | 8.9 |
| 59 | 9.3 | 18 | 2.8 | 47 | 7.4 |
| 31 | 6.2 | 12 | 2.4 | 32 | 6.4 |
| 14 | 6.8 | 4 | 2.0 | 15 | 7.3 |
| 17 | 5.8 | 8 | 2.7 | 17 | 5.8 |
| 55 | 7.9 | 4 | 0.6 | 85 | 12.1 |
| 43 | 8.2 | 2 | 0.4 | 74 | 14.1 |
| 12 | 6.8 | 2 | 1.1 | 11 | 6.3 |
| 104 | 6.6 | 22 | 1.4 | 113 | 7.2 |
| 5 | 2.6 | 2 | 1.1 | 13 | 6.9 |
| 99 | 7.1 | 20 | 1.4 | 100 | 7.2 |
| 123 | 10.4 | 27 | 2.3 | 220 | 18.6 |
| 35 | 11.6 | 8 | 2.6 | 71 | 23.5 |
| 88 | 10.0 | 19 | 2.2 | 149 | 16.9 |

7－9(续1)

| | | 饭店及游船调查人数 | | 外国人 | |
|---|---|---|---|---|---|
| | | (人) | (%) | (人) | (%) |
| 浙江 | 小计 | 1 000 | 100 | 816 | 81.6 |
| | 团体 | 300 | 100 | 241 | 80.3 |
| | 散客 | 700 | 100 | 575 | 82.1 |
| 安徽 | 小计 | 1 500 | 100 | 1 343 | 89.5 |
| | 团体 | 810 | 100 | 739 | 91.2 |
| | 散客 | 690 | 100 | 604 | 87.5 |
| 福建 | 小计 | 949 | 100 | 579 | 61.0 |
| | 团体 | 250 | 100 | 139 | 55.6 |
| | 散客 | 699 | 100 | 440 | 62.9 |
| 江西 | 小计 | 577 | 100 | 370 | 64.1 |
| | 团体 | 277 | 100 | 167 | 60.3 |
| | 散客 | 300 | 100 | 203 | 67.7 |
| 山东 | 小计 | 1 050 | 100 | 743 | 70.8 |
| | 团体 | 270 | 100 | 154 | 57.0 |
| | 散客 | 780 | 100 | 589 | 75.5 |
| 河南 | 小计 | 824 | 100 | 672 | 81.6 |
| | 团体 | 540 | 100 | 451 | 83.5 |
| | 散客 | 284 | 100 | 221 | 77.8 |
| 湖北 | 小计 | 1 054 | 100 | 579 | 54.9 |
| | 团体 | 440 | 100 | 225 | 51.1 |
| | 散客 | 614 | 100 | 354 | 57.7 |
| 湖南 | 小计 | 1 442 | 100 | 1 325 | 91.9 |
| | 团体 | 1 049 | 100 | 988 | 94.2 |
| | 散客 | 393 | 100 | 337 | 85.8 |
| 广东 | 小计 | 5 082 | 100 | 2 966 | 58.4 |
| | 团体 | 1 054 | 100 | 576 | 54.6 |
| | 散客 | 4 028 | 100 | 2 390 | 59.3 |
| 广西 | 小计 | 799 | 100 | 539 | 67.5 |
| | 团体 | 247 | 100 | 183 | 74.1 |
| | 散客 | 552 | 100 | 356 | 64.5 |
| 海南 | 小计 | 900 | 100 | 734 | 81.6 |
| | 团体 | 452 | 100 | 360 | 79.6 |
| | 散客 | 448 | 100 | 374 | 83.5 |

| 香港同胞 | | 澳门同胞 | | 台湾同胞 | |
|---|---|---|---|---|---|
| （人） | （%） | （人） | （%） | （人） | （%） |
| 93 | 9.3 | 19 | 1.9 | 72 | 7.2 |
| 27 | 9.0 | 7 | 2.3 | 25 | 8.3 |
| 66 | 9.4 | 12 | 1.7 | 47 | 6.7 |
| | | | | | |
| 68 | 4.5 | 21 | 1.4 | 68 | 4.5 |
| 29 | 3.6 | 10 | 1.2 | 32 | 4.0 |
| 39 | 5.7 | 11 | 1.6 | 36 | 5.2 |
| | | | | | |
| 167 | 17.6 | 31 | 3.3 | 172 | 18.1 |
| 39 | 15.6 | 13 | 5.2 | 59 | 23.6 |
| 128 | 18.3 | 18 | 2.6 | 113 | 16.2 |
| | | | | | |
| 111 | 19.2 | 38 | 6.6 | 58 | 10.1 |
| 59 | 21.3 | 15 | 5.4 | 36 | 13.0 |
| 52 | 17.3 | 23 | 7.7 | 22 | 7.3 |
| | | | | | |
| 145 | 13.8 | 35 | 3.3 | 127 | 12.1 |
| 65 | 24.1 | 10 | 3.7 | 41 | 15.2 |
| 80 | 10.3 | 25 | 3.2 | 86 | 11.0 |
| | | | | | |
| 74 | 9.0 | 24 | 2.9 | 54 | 6.6 |
| 35 | 6.5 | 18 | 3.3 | 36 | 6.7 |
| 39 | 13.7 | 6 | 2.1 | 18 | 6.3 |
| | | | | | |
| 228 | 21.6 | 67 | 6.4 | 180 | 17.1 |
| 92 | 20.9 | 35 | 8.0 | 88 | 20.0 |
| 136 | 22.1 | 32 | 5.2 | 92 | 15.0 |
| | | | | | |
| 47 | 3.3 | 19 | 1.3 | 51 | 3.5 |
| 21 | 2.0 | 10 | 1.0 | 30 | 2.9 |
| 26 | 6.6 | 9 | 2.3 | 21 | 5.3 |
| | | | | | |
| 1 112 | 21.9 | 429 | 8.4 | 575 | 11.3 |
| 228 | 21.6 | 70 | 6.6 | 180 | 17.1 |
| 884 | 21.9 | 359 | 8.9 | 395 | 9.8 |
| | | | | | |
| 108 | 13.5 | 38 | 4.8 | 114 | 14.3 |
| 27 | 10.9 | 8 | 3.2 | 29 | 11.7 |
| 81 | 14.7 | 30 | 5.4 | 85 | 15.4 |
| | | | | | |
| 76 | 8.4 | 28 | 3.1 | 62 | 6.9 |
| 34 | 7.5 | 21 | 4.6 | 37 | 8.2 |
| 42 | 9.4 | 7 | 1.6 | 25 | 5.6 |

7－9(续2)

| | | 饭店及游船调查人数 | | 外国人 | |
|---|---|---|---|---|---|
| | | (人) | (%) | (人) | (%) |
| 重庆 | 小计 | 600 | 100 | 467 | 77.8 |
| | 团体 | 267 | 100 | 214 | 80.1 |
| | 散客 | 333 | 100 | 253 | 76.0 |
| 四川 | 小计 | 2 490 | 100 | 1 634 | 65.6 |
| | 团体 | 1 579 | 100 | 1 086 | 68.8 |
| | 散客 | 911 | 100 | 548 | 60.2 |
| 贵州 | 小计 | 600 | 100 | 397 | 66.2 |
| | 团体 | 372 | 100 | 235 | 63.2 |
| | 散客 | 228 | 100 | 162 | 71.1 |
| 云南 | 小计 | 836 | 100 | 641 | 76.7 |
| | 团体 | 492 | 100 | 380 | 77.2 |
| | 散客 | 344 | 100 | 261 | 75.9 |
| 西藏 | 小计 | 200 | 100 | 161 | 80.5 |
| | 团体 | 165 | 100 | 135 | 81.8 |
| | 散客 | 35 | 100 | 26 | 74.3 |
| 陕西 | 小计 | 1 234 | 100 | 1 066 | 86.4 |
| | 团体 | 779 | 100 | 695 | 89.2 |
| | 散客 | 455 | 100 | 371 | 81.5 |
| 甘肃 | 小计 | 700 | 100 | 451 | 64.4 |
| | 团体 | 464 | 100 | 287 | 61.9 |
| | 散客 | 236 | 100 | 164 | 69.5 |
| 青海 | 小计 | 364 | 100 | 318 | 87.4 |
| | 团体 | 134 | 100 | 113 | 84.3 |
| | 散客 | 230 | 100 | 205 | 89.1 |
| 宁夏 | 小计 | 150 | 100 | 130 | 86.7 |
| | 团体 | 37 | 100 | 34 | 91.9 |
| | 散客 | 113 | 100 | 96 | 85.0 |
| 新疆 | 小计 | 600 | 100 | 600 | 100.0 |
| | 团体 | 600 | 100 | 600 | 100.0 |
| | 散客 | — | — | — | — |

| 香港同胞 | | 澳门同胞 | | 台湾同胞 | |
|---|---|---|---|---|---|
| （人） | （%） | （人） | （%） | （人） | （%） |
| 74 | 12.3 | 14 | 2.3 | 45 | 7.5 |
| 27 | 10.1 | 7 | 2.6 | 19 | 7.1 |
| 47 | 14.1 | 7 | 2.1 | 26 | 7.8 |
| 242 | 9.7 | 150 | 6.0 | 464 | 18.6 |
| 159 | 10.1 | 116 | 7.3 | 218 | 13.8 |
| 83 | 9.1 | 34 | 3.7 | 246 | 27.0 |
| 77 | 12.8 | 27 | 4.5 | 99 | 16.5 |
| 47 | 12.6 | 13 | 3.5 | 77 | 20.7 |
| 30 | 13.2 | 14 | 6.1 | 22 | 9.6 |
| 82 | 9.8 | 35 | 4.2 | 78 | 9.3 |
| 36 | 7.3 | 20 | 4.1 | 56 | 11.4 |
| 46 | 13.4 | 15 | 4.4 | 22 | 6.4 |
| 17 | 8.5 | 10 | 5.0 | 12 | 6.0 |
| 11 | 6.7 | 9 | 5.5 | 10 | 6.1 |
| 6 | 17.1 | 1 | 2.9 | 2 | 5.7 |
| 71 | 5.8 | 30 | 2.4 | 67 | 5.4 |
| 36 | 4.6 | 15 | 1.9 | 33 | 4.2 |
| 35 | 7.7 | 15 | 3.3 | 34 | 7.5 |
| 71 | 10.1 | 95 | 13.6 | 83 | 11.9 |
| 52 | 11.2 | 67 | 14.4 | 58 | 12.5 |
| 19 | 8.1 | 28 | 11.9 | 25 | 10.6 |
| 27 | 7.4 | 3 | 0.8 | 16 | 4.4 |
| 15 | 11.2 | 0 | 0.0 | 6 | 4.5 |
| 12 | 5.2 | 3 | 1.3 | 10 | 4.3 |
| 9 | 6.0 | 6 | 4.0 | 5 | 3.3 |
| 0 | 0.0 | 0 | 0.0 | 3 | 8.1 |
| 9 | 8.0 | 6 | 5.3 | 2 | 1.8 |
| 0 | 0.0 | 0 | 0.0 | 0 | 0.0 |
| 0 | 0.0 | 0 | 0.0 | 0 | 0.0 |
| — | — | — | — | — | — |

## 7-10 2011年饭店调查入境游客人数及所占比重

| | | 饭店及游船调查人数 | | 男性 | | 女性 | |
|---|---|---|---|---|---|---|---|
| | | (人) | (%) | (人) | (%) | (人) | (%) |
| 北京 | 小计 | 1 658 | 100 | 872 | 52.6 | 786 | 47.4 |
| | 团体 | 676 | 100 | 281 | 41.6 | 395 | 58.4 |
| | 散客 | 982 | 100 | 591 | 60.2 | 391 | 39.8 |
| 天津 | 小计 | 500 | 100 | 285 | 57.0 | 215 | 43.0 |
| | 团体 | 106 | 100 | 52 | 49.1 | 54 | 50.9 |
| | 散客 | 394 | 100 | 233 | 59.1 | 161 | 40.9 |
| 河北 | 小计 | 800 | 100 | 502 | 62.8 | 298 | 37.3 |
| | 团体 | 227 | 100 | 109 | 48.0 | 118 | 52.0 |
| | 散客 | 573 | 100 | 393 | 68.6 | 180 | 31.4 |
| 山西 | 小计 | 689 | 100 | 430 | 62.4 | 259 | 37.6 |
| | 团体 | 411 | 100 | 252 | 61.3 | 159 | 38.7 |
| | 散客 | 278 | 100 | 178 | 64.0 | 100 | 36.0 |
| 内蒙古 | 小计 | 500 | 100 | 317 | 63.4 | 183 | 36.6 |
| | 团体 | 206 | 100 | 147 | 71.4 | 59 | 28.6 |
| | 散客 | 294 | 100 | 170 | 57.8 | 124 | 42.2 |
| 辽宁 | 小计 | 915 | 100 | 494 | 54.0 | 421 | 46.0 |
| | 团体 | 281 | 100 | 119 | 42.3 | 162 | 57.7 |
| | 散客 | 634 | 100 | 375 | 59.1 | 259 | 40.9 |
| 吉林 | 小计 | 500 | 100 | 303 | 60.6 | 197 | 39.4 |
| | 团体 | 205 | 100 | 118 | 57.6 | 87 | 42.4 |
| | 散客 | 295 | 100 | 185 | 62.7 | 110 | 37.3 |
| 黑龙江 | 小计 | 700 | 100 | 316 | 45.1 | 384 | 54.9 |
| | 团体 | 524 | 100 | 212 | 40.5 | 312 | 59.5 |
| | 散客 | 176 | 100 | 104 | 59.1 | 72 | 40.9 |
| 上海 | 小计 | 1 578 | 100 | 1 099 | 69.6 | 479 | 30.4 |
| | 团体 | 189 | 100 | 105 | 55.6 | 84 | 44.4 |
| | 散客 | 1 389 | 100 | 994 | 71.6 | 395 | 28.4 |
| 江苏 | 小计 | 1 183 | 100 | 734 | 62.0 | 449 | 38.0 |
| | 团体 | 302 | 100 | 137 | 45.4 | 165 | 54.6 |
| | 散客 | 881 | 100 | 597 | 67.8 | 284 | 32.2 |

（按省〈区、市〉、性别、年龄、团体及散客分组）

| 14岁及以下 | | 15～24岁 | | 25～44岁 | | 45～64岁 | | 65岁及以上 | |
|---|---|---|---|---|---|---|---|---|---|
| （人） | （%） | （人） | （%） | （人） | （%） | （人） | （%） | （人） | （%） |
| 7 | 0.4 | 155 | 9.3 | 810 | 48.9 | 562 | 33.9 | 124 | 7.5 |
| 6 | 0.9 | 76 | 11.2 | 276 | 40.8 | 249 | 36.8 | 69 | 10.2 |
| 1 | 0.1 | 79 | 8.0 | 534 | 54.4 | 313 | 31.9 | 55 | 5.6 |
| | | | | | | | | | |
| 2 | 0.4 | 38 | 7.6 | 291 | 58.2 | 140 | 28.0 | 29 | 5.8 |
| 0 | 0.0 | 9 | 8.5 | 56 | 52.8 | 31 | 29.2 | 10 | 9.4 |
| 2 | 0.5 | 29 | 7.4 | 235 | 59.6 | 109 | 27.7 | 19 | 4.8 |
| | | | | | | | | | |
| 2 | 0.3 | 40 | 5.0 | 373 | 46.6 | 357 | 44.6 | 28 | 3.5 |
| 0 | 0.0 | 20 | 8.8 | 100 | 44.1 | 94 | 41.4 | 13 | 5.7 |
| 2 | 0.3 | 20 | 3.5 | 273 | 47.6 | 263 | 45.9 | 15 | 2.6 |
| | | | | | | | | | |
| 3 | 0.4 | 53 | 7.7 | 299 | 43.4 | 268 | 38.9 | 66 | 9.6 |
| 2 | 0.5 | 35 | 8.5 | 164 | 39.9 | 157 | 38.2 | 53 | 12.9 |
| 1 | 0.4 | 18 | 6.5 | 135 | 48.6 | 111 | 39.9 | 13 | 4.7 |
| | | | | | | | | | |
| 0 | 0.0 | 37 | 7.4 | 341 | 68.2 | 102 | 20.4 | 20 | 4.0 |
| 0 | 0.0 | 2 | 1.0 | 188 | 91.3 | 10 | 4.9 | 6 | 2.9 |
| 0 | 0.0 | 35 | 11.9 | 153 | 52.0 | 92 | 31.3 | 14 | 4.8 |
| | | | | | | | | | |
| 8 | 0.9 | 75 | 8.2 | 449 | 49.1 | 310 | 33.9 | 73 | 8.0 |
| 5 | 1.8 | 33 | 11.7 | 113 | 40.2 | 89 | 31.7 | 41 | 14.6 |
| 3 | 0.5 | 42 | 6.6 | 336 | 53.0 | 221 | 34.9 | 32 | 5.0 |
| | | | | | | | | | |
| 2 | 0.4 | 70 | 14.0 | 221 | 44.2 | 157 | 31.4 | 50 | 10.0 |
| 1 | 0.5 | 36 | 17.6 | 72 | 35.1 | 63 | 30.7 | 33 | 16.1 |
| 1 | 0.3 | 34 | 11.5 | 149 | 50.5 | 94 | 31.9 | 17 | 5.8 |
| | | | | | | | | | |
| 16 | 2.3 | 97 | 13.9 | 275 | 39.3 | 251 | 35.9 | 61 | 8.7 |
| 16 | 3.1 | 76 | 14.5 | 196 | 37.4 | 186 | 35.5 | 50 | 9.5 |
| 0 | 0.0 | 21 | 11.9 | 79 | 44.9 | 65 | 36.9 | 11 | 6.3 |
| | | | | | | | | | |
| 6 | 0.4 | 94 | 6.0 | 816 | 51.7 | 584 | 37.0 | 78 | 4.9 |
| 0 | 0.0 | 21 | 11.1 | 88 | 46.6 | 60 | 31.7 | 20 | 10.6 |
| 6 | 0.4 | 73 | 5.3 | 728 | 52.4 | 524 | 37.7 | 58 | 4.2 |
| | | | | | | | | | |
| 1 | 0.1 | 83 | 7.0 | 617 | 52.2 | 422 | 35.7 | 60 | 5.1 |
| 0 | 0.0 | 29 | 9.6 | 132 | 43.7 | 110 | 36.4 | 31 | 10.3 |
| 1 | 0.1 | 54 | 6.1 | 485 | 55.1 | 312 | 35.4 | 29 | 3.3 |

7－10(续1)

| | | 饭店及游船调查人数 | | 男性 | | 女性 | |
|---|---|---|---|---|---|---|---|
| | | (人) | (%) | (人) | (%) | (人) | (%) |
| 浙江 | 小计 | 1 000 | 100 | 582 | 58.2 | 418 | 41.8 |
| | 团体 | 300 | 100 | 137 | 45.7 | 163 | 54.3 |
| | 散客 | 700 | 100 | 445 | 63.6 | 255 | 36.4 |
| 安徽 | 小计 | 1 500 | 100 | 922 | 61.5 | 578 | 38.5 |
| | 团体 | 810 | 100 | 430 | 53.1 | 380 | 46.9 |
| | 散客 | 690 | 100 | 492 | 71.3 | 198 | 28.7 |
| 福建 | 小计 | 949 | 100 | 604 | 63.6 | 345 | 36.4 |
| | 团体 | 250 | 100 | 129 | 51.6 | 121 | 48.4 |
| | 散客 | 699 | 100 | 475 | 68.0 | 224 | 32.0 |
| 江西 | 小计 | 577 | 100 | 315 | 54.6 | 262 | 45.4 |
| | 团体 | 277 | 100 | 132 | 47.7 | 145 | 52.3 |
| | 散客 | 300 | 100 | 183 | 61.0 | 117 | 39.0 |
| 山东 | 小计 | 1 050 | 100 | 709 | 67.5 | 341 | 32.5 |
| | 团体 | 270 | 100 | 138 | 51.1 | 132 | 48.9 |
| | 散客 | 780 | 100 | 571 | 73.2 | 209 | 26.8 |
| 河南 | 小计 | 824 | 100 | 566 | 68.7 | 258 | 31.3 |
| | 团体 | 540 | 100 | 364 | 67.4 | 176 | 32.6 |
| | 散客 | 284 | 100 | 202 | 71.1 | 82 | 28.9 |
| 湖北 | 小计 | 1 054 | 100 | 627 | 59.5 | 427 | 40.5 |
| | 团体 | 440 | 100 | 211 | 48.0 | 229 | 52.0 |
| | 散客 | 614 | 100 | 416 | 67.8 | 198 | 32.2 |
| 湖南 | 小计 | 1 442 | 100 | 724 | 50.2 | 718 | 49.8 |
| | 团体 | 1 049 | 100 | 502 | 47.9 | 547 | 52.1 |
| | 散客 | 393 | 100 | 222 | 56.5 | 171 | 43.5 |
| 广东 | 小计 | 5 082 | 100 | 3 112 | 61.2 | 1 970 | 38.8 |
| | 团体 | 1 054 | 100 | 515 | 48.9 | 539 | 51.1 |
| | 散客 | 4 028 | 100 | 2 597 | 64.5 | 1 431 | 35.5 |
| 广西 | 小计 | 799 | 100 | 470 | 58.8 | 329 | 41.2 |
| | 团体 | 247 | 100 | 124 | 50.2 | 123 | 49.8 |
| | 散客 | 552 | 100 | 346 | 62.7 | 206 | 37.3 |
| 海南 | 小计 | 900 | 100 | 452 | 50.2 | 448 | 49.8 |
| | 团体 | 452 | 100 | 216 | 47.8 | 236 | 52.2 |
| | 散客 | 448 | 100 | 236 | 52.7 | 212 | 47.3 |

| 14岁及以下 | | 15~24岁 | | 25~44岁 | | 45~64岁 | | 65岁及以上 | |
|---|---|---|---|---|---|---|---|---|---|
| (人) | (%) | (人) | (%) | (人) | (%) | (人) | (%) | (人) | (%) |
| 7 | 0.7 | 91 | 9.1 | 471 | 47.1 | 374 | 37.4 | 57 | 5.7 |
| 3 | 1.0 | 31 | 10.3 | 111 | 37.0 | 122 | 40.7 | 33 | 11.0 |
| 4 | 0.6 | 60 | 8.6 | 360 | 51.4 | 252 | 36.0 | 24 | 3.4 |
| 4 | 0.3 | 58 | 3.9 | 629 | 41.9 | 632 | 42.1 | 177 | 11.8 |
| 0 | 0.0 | 27 | 3.3 | 298 | 36.8 | 346 | 42.7 | 139 | 17.2 |
| 4 | 0.6 | 31 | 4.5 | 331 | 48.0 | 286 | 41.4 | 38 | 5.5 |
| 1 | 0.1 | 65 | 6.8 | 446 | 47.0 | 350 | 36.9 | 87 | 9.2 |
| 0 | 0.0 | 15 | 6.0 | 85 | 34.0 | 102 | 40.8 | 48 | 19.2 |
| 1 | 0.1 | 50 | 7.2 | 361 | 51.6 | 248 | 35.5 | 39 | 5.6 |
| 1 | 0.2 | 48 | 8.3 | 279 | 48.4 | 207 | 35.9 | 42 | 7.3 |
| 1 | 0.4 | 26 | 9.4 | 120 | 43.3 | 106 | 38.3 | 24 | 8.7 |
| 0 | 0.0 | 22 | 7.3 | 159 | 53.0 | 101 | 33.7 | 18 | 6.0 |
| 11 | 1.0 | 88 | 8.4 | 518 | 49.3 | 355 | 33.8 | 78 | 7.4 |
| 9 | 3.3 | 38 | 14.1 | 114 | 42.2 | 71 | 26.3 | 38 | 14.1 |
| 2 | 0.3 | 50 | 6.4 | 404 | 51.8 | 284 | 36.4 | 40 | 5.1 |
| 7 | 0.8 | 64 | 7.8 | 400 | 48.5 | 267 | 32.4 | 86 | 10.4 |
| 6 | 1.1 | 45 | 8.3 | 255 | 47.2 | 161 | 29.8 | 73 | 13.5 |
| 1 | 0.4 | 19 | 6.7 | 145 | 51.1 | 106 | 37.3 | 13 | 4.6 |
| 6 | 0.6 | 59 | 5.6 | 464 | 44.0 | 406 | 38.5 | 119 | 11.3 |
| 4 | 0.9 | 26 | 5.9 | 124 | 28.2 | 189 | 43.0 | 97 | 22.0 |
| 2 | 0.3 | 33 | 5.4 | 340 | 55.4 | 217 | 35.3 | 22 | 3.6 |
| 8 | 0.6 | 95 | 6.6 | 873 | 60.5 | 435 | 30.2 | 31 | 2.1 |
| 6 | 0.6 | 66 | 6.3 | 649 | 61.9 | 307 | 29.3 | 21 | 2.0 |
| 2 | 0.5 | 29 | 7.4 | 224 | 57.0 | 128 | 32.6 | 10 | 2.5 |
| 15 | 0.3 | 445 | 8.8 | 2 396 | 47.1 | 1 940 | 38.2 | 286 | 5.6 |
| 6 | 0.6 | 120 | 11.4 | 415 | 39.4 | 438 | 41.6 | 75 | 7.1 |
| 9 | 0.2 | 325 | 8.1 | 1 981 | 49.2 | 1 502 | 37.3 | 211 | 5.2 |
| 0 | 0.0 | 50 | 6.3 | 389 | 48.7 | 289 | 36.2 | 71 | 8.9 |
| 0 | 0.0 | 19 | 7.7 | 115 | 46.6 | 70 | 28.3 | 43 | 17.4 |
| 0 | 0.0 | 31 | 5.6 | 274 | 49.6 | 219 | 39.7 | 28 | 5.1 |
| 9 | 1.0 | 71 | 7.9 | 407 | 45.2 | 346 | 38.4 | 67 | 7.4 |
| 1 | 0.2 | 47 | 10.4 | 162 | 35.8 | 197 | 43.6 | 45 | 10.0 |
| 8 | 1.8 | 24 | 5.4 | 245 | 54.7 | 149 | 33.3 | 22 | 4.9 |

7－10（续2）

| | | 饭店及游船调查人数（人） | （%） | 男性（人） | （%） | 女性（人） | （%） |
|---|---|---|---|---|---|---|---|
| 重庆 | 小计 | 600 | 100 | 360 | 60.0 | 240 | 40.0 |
| | 团体 | 267 | 100 | 135 | 50.6 | 132 | 49.4 |
| | 散客 | 333 | 100 | 225 | 67.6 | 108 | 32.4 |
| 四川 | 小计 | 2 490 | 100 | 1 479 | 59.4 | 1 011 | 40.6 |
| | 团体 | 1 579 | 100 | 785 | 49.7 | 794 | 50.3 |
| | 散客 | 911 | 100 | 694 | 76.2 | 217 | 23.8 |
| 贵州 | 小计 | 600 | 100 | 378 | 63.0 | 222 | 37.0 |
| | 团体 | 372 | 100 | 221 | 59.4 | 151 | 40.6 |
| | 散客 | 228 | 100 | 157 | 68.9 | 71 | 31.1 |
| 云南 | 小计 | 836 | 100 | 445 | 53.2 | 391 | 46.8 |
| | 团体 | 492 | 100 | 262 | 53.3 | 230 | 46.7 |
| | 散客 | 344 | 100 | 183 | 53.2 | 161 | 46.8 |
| 西藏 | 小计 | 200 | 100 | 114 | 57.0 | 86 | 43.0 |
| | 团体 | 165 | 100 | 91 | 55.2 | 74 | 44.8 |
| | 散客 | 35 | 100 | 23 | 65.7 | 12 | 34.3 |
| 陕西 | 小计 | 1 234 | 100 | 674 | 54.6 | 560 | 45.4 |
| | 团体 | 779 | 100 | 398 | 51.1 | 381 | 48.9 |
| | 散客 | 455 | 100 | 276 | 60.7 | 179 | 39.3 |
| 甘肃 | 小计 | 700 | 100 | 365 | 52.1 | 335 | 47.9 |
| | 团体 | 464 | 100 | 234 | 50.4 | 230 | 49.6 |
| | 散客 | 236 | 100 | 131 | 55.5 | 105 | 44.5 |
| 青海 | 小计 | 364 | 100 | 210 | 57.7 | 154 | 42.3 |
| | 团体 | 134 | 100 | 65 | 48.5 | 69 | 51.5 |
| | 散客 | 230 | 100 | 145 | 63.0 | 85 | 37.0 |
| 宁夏 | 小计 | 150 | 100 | 104 | 69.3 | 46 | 30.7 |
| | 团体 | 37 | 100 | 25 | 67.6 | 12 | 32.4 |
| | 散客 | 113 | 100 | 79 | 69.9 | 34 | 30.1 |
| 新疆 | 小计 | 600 | 100 | 308 | 51.3 | 292 | 48.7 |
| | 团体 | 600 | 100 | 308 | 51.3 | 292 | 48.7 |
| | 散客 | — | — | — | — | — | — |

| 14 岁及以下 | | 15 ~ 24 岁 | | 25 ~ 44 岁 | | 45 ~ 64 岁 | | 65 岁及以上 | |
|---|---|---|---|---|---|---|---|---|---|
| (人) | (%) | (人) | (%) | (人) | (%) | (人) | (%) | (人) | (%) |
| 1 | 0. 2 | 86 | 14. 3 | 287 | 47. 8 | 175 | 29. 2 | 51 | 8. 5 |
| 1 | 0. 4 | 47 | 17. 6 | 109 | 40. 8 | 75 | 28. 1 | 35 | 13. 1 |
| 0 | 0. 0 | 39 | 11. 7 | 178 | 53. 5 | 100 | 30. 0 | 16 | 4. 8 |
| | | | | | | | | | |
| 11 | 0. 4 | 380 | 15. 3 | 1 200 | 48. 2 | 731 | 29. 4 | 168 | 6. 7 |
| 11 | 0. 7 | 301 | 19. 1 | 657 | 41. 6 | 462 | 29. 3 | 148 | 9. 4 |
| 0 | 0. 0 | 79 | 8. 7 | 543 | 59. 6 | 269 | 29. 5 | 20 | 2. 2 |
| | | | | | | | | | |
| 1 | 0. 2 | 50 | 8. 3 | 271 | 45. 2 | 238 | 39. 7 | 40 | 6. 7 |
| 0 | 0. 0 | 33 | 8. 9 | 153 | 41. 1 | 157 | 42. 2 | 29 | 7. 8 |
| 1 | 0. 4 | 17 | 7. 5 | 118 | 51. 8 | 81 | 35. 5 | 11 | 4. 8 |
| | | | | | | | | | |
| 3 | 0. 4 | 105 | 12. 6 | 386 | 46. 2 | 290 | 34. 7 | 52 | 6. 2 |
| 2 | 0. 4 | 53 | 10. 8 | 200 | 40. 7 | 198 | 40. 2 | 39 | 7. 9 |
| 1 | 0. 3 | 52 | 15. 1 | 186 | 54. 1 | 92 | 26. 7 | 13 | 3. 8 |
| | | | | | | | | | |
| 6 | 3. 0 | 19 | 9. 5 | 60 | 30. 0 | 86 | 43. 0 | 29 | 14. 5 |
| 5 | 3. 0 | 13 | 7. 9 | 47 | 28. 5 | 75 | 45. 5 | 25 | 15. 2 |
| 1 | 2. 9 | 6 | 17. 1 | 13 | 37. 1 | 11 | 31. 4 | 4 | 11. 4 |
| | | | | | | | | | |
| 3 | 0. 2 | 109 | 8. 8 | 464 | 37. 6 | 503 | 40. 8 | 155 | 12. 6 |
| 2 | 0. 3 | 71 | 9. 1 | 252 | 32. 3 | 336 | 43. 1 | 118 | 15. 1 |
| 1 | 0. 2 | 38 | 8. 4 | 212 | 46. 6 | 167 | 36. 7 | 37 | 8. 1 |
| | | | | | | | | | |
| 6 | 0. 9 | 64 | 9. 1 | 294 | 42. 0 | 242 | 34. 6 | 94 | 13. 4 |
| 6 | 1. 3 | 41 | 8. 8 | 179 | 38. 6 | 171 | 36. 9 | 67 | 14. 4 |
| 0 | 0. 0 | 23 | 9. 7 | 115 | 48. 7 | 71 | 30. 1 | 27 | 11. 4 |
| | | | | | | | | | |
| 5 | 1. 4 | 18 | 4. 9 | 201 | 55. 2 | 110 | 30. 2 | 30 | 8. 2 |
| 4 | 3. 0 | 4 | 3. 0 | 58 | 43. 3 | 51 | 38. 1 | 17 | 12. 7 |
| 1 | 0. 4 | 14 | 6. 1 | 143 | 62. 2 | 59 | 25. 7 | 13 | 5. 7 |
| | | | | | | | | | |
| 3 | 2. 0 | 1 | 0. 7 | 66 | 44. 0 | 78 | 52. 0 | 2 | 1. 3 |
| 2 | 5. 4 | 1 | 2. 7 | 16 | 43. 2 | 17 | 45. 9 | 1 | 2. 7 |
| 1 | 0. 9 | 0 | 0. 0 | 50 | 44. 2 | 61 | 54. 0 | 1 | 0. 9 |
| | | | | | | | | | |
| 0 | 0. 0 | 52 | 8. 7 | 387 | 64. 5 | 142 | 23. 7 | 19 | 3. 2 |
| 0 | 0. 0 | 52 | 8. 7 | 387 | 64. 5 | 142 | 23. 7 | 19 | 3. 2 |
| — | — | — | — | — | — | — | — | — | — |

## 7－11 2011年饭店调查入境游客人数及所占比重

| | | 饭店及游船调查人数 | | 政府工作人员 | | 专业技术人员 | | 职员 | | 技工工人 | |
|---|---|---|---|---|---|---|---|---|---|---|---|
| | | (人) | (%) | (人) | (%) | (人) | (%) | (人) | (%) | (人) | (%) |
| 北京 | 小计 | 1 658 | 100 | 109 | 6.6 | 229 | 13.8 | 357 | 21.5 | 36 | 2.2 |
| | 团体 | 676 | 100 | 34 | 5.0 | 57 | 8.4 | 136 | 20.1 | 13 | 1.9 |
| | 散客 | 982 | 100 | 75 | 7.6 | 172 | 17.5 | 221 | 22.5 | 23 | 2.3 |
| 天津 | 小计 | 500 | 100 | 17 | 3.4 | 92 | 18.4 | 192 | 38.4 | 40 | 8.0 |
| | 团体 | 106 | 100 | 5 | 4.7 | 5 | 4.7 | 37 | 34.9 | 8 | 7.5 |
| | 散客 | 394 | 100 | 12 | 3.0 | 87 | 22.1 | 155 | 39.3 | 32 | 8.1 |
| 河北 | 小计 | 800 | 100 | 50 | 6.3 | 232 | 29.0 | 156 | 19.5 | 57 | 7.1 |
| | 团体 | 227 | 100 | 18 | 7.9 | 50 | 22.0 | 52 | 22.9 | 15 | 6.6 |
| | 散客 | 573 | 100 | 32 | 5.6 | 182 | 31.8 | 104 | 18.2 | 42 | 7.3 |
| 山西 | 小计 | 689 | 100 | 69 | 10.0 | 130 | 18.9 | 119 | 17.3 | 61 | 8.9 |
| | 团体 | 411 | 100 | 47 | 11.4 | 59 | 14.4 | 82 | 20.0 | 44 | 10.7 |
| | 散客 | 278 | 100 | 22 | 7.9 | 71 | 25.5 | 37 | 13.3 | 17 | 6.1 |
| 内蒙古 | 小计 | 500 | 100 | 18 | 3.6 | 53 | 10.6 | 36 | 7.2 | 8 | 1.6 |
| | 团体 | 206 | 100 | 2 | 1.0 | 4 | 1.9 | 7 | 3.4 | 0 | 0.0 |
| | 散客 | 294 | 100 | 16 | 5.4 | 49 | 16.7 | 29 | 9.9 | 8 | 2.7 |
| 辽宁 | 小计 | 915 | 100 | 57 | 6.2 | 143 | 15.6 | 192 | 21.0 | 31 | 3.4 |
| | 团体 | 281 | 100 | 13 | 4.6 | 33 | 11.7 | 58 | 20.6 | 16 | 5.7 |
| | 散客 | 634 | 100 | 44 | 6.9 | 110 | 17.4 | 134 | 21.1 | 15 | 2.4 |
| 吉林 | 小计 | 500 | 100 | 22 | 4.4 | 51 | 10.2 | 146 | 29.2 | 11 | 2.2 |
| | 团体 | 205 | 100 | 13 | 6.3 | 21 | 10.2 | 53 | 25.9 | 3 | 1.5 |
| | 散客 | 295 | 100 | 9 | 3.1 | 30 | 10.2 | 93 | 31.5 | 8 | 2.7 |
| 黑龙江 | 小计 | 700 | 100 | 44 | 6.3 | 74 | 10.6 | 83 | 11.9 | 51 | 7.3 |
| | 团体 | 524 | 100 | 32 | 6.1 | 46 | 8.8 | 60 | 11.5 | 46 | 8.8 |
| | 散客 | 176 | 100 | 12 | 6.8 | 28 | 15.9 | 23 | 13.1 | 5 | 2.8 |
| 上海 | 小计 | 1 578 | 100 | 34 | 2.2 | 225 | 14.3 | 588 | 37.3 | 47 | 3.0 |
| | 团体 | 189 | 100 | 5 | 2.6 | 19 | 10.1 | 61 | 32.3 | 5 | 2.6 |
| | 散客 | 1 389 | 100 | 29 | 2.1 | 206 | 14.8 | 527 | 37.9 | 42 | 3.0 |
| 江苏 | 小计 | 1 183 | 100 | 42 | 3.6 | 235 | 19.9 | 310 | 26.2 | 35 | 3.0 |
| | 团体 | 302 | 100 | 21 | 7.0 | 31 | 10.3 | 72 | 23.8 | 10 | 3.3 |
| | 散客 | 881 | 100 | 21 | 2.4 | 204 | 23.2 | 238 | 27.0 | 25 | 2.8 |

（按省〈区、市〉、职业、团体及散客分组）

| 商贸人员 | | 服务员推销员 | | 退休人员 | | 家庭妇女 | | 军人 | | 学生 | | 其他 | |
|---|---|---|---|---|---|---|---|---|---|---|---|---|---|
| （人） | （%） | （人） | （%） | （人） | （%） | （人） | （%） | （人） | （%） | （人） | （%） | （人） | （%） |
| 424 | 25.6 | 46 | 2.8 | 115 | 6.9 | 125 | 7.5 | 9 | 0.5 | 121 | 7.3 | 87 | 5.2 |
| 132 | 19.5 | 20 | 3.0 | 82 | 12.1 | 84 | 12.4 | 2 | 0.3 | 78 | 11.5 | 38 | 5.6 |
| 292 | 29.7 | 26 | 2.6 | 33 | 3.4 | 41 | 4.2 | 7 | 0.7 | 43 | 4.4 | 49 | 5.0 |
| 59 | 11.8 | 14 | 2.8 | 24 | 4.8 | 15 | 3.0 | 5 | 1.0 | 25 | 5.0 | 17 | 3.4 |
| 18 | 17.0 | 5 | 4.7 | 10 | 9.4 | 5 | 4.7 | 3 | 2.8 | 7 | 6.6 | 3 | 2.8 |
| 41 | 10.4 | 9 | 2.3 | 14 | 3.6 | 10 | 2.5 | 2 | 0.5 | 18 | 4.6 | 14 | 3.6 |
| 161 | 20.1 | 30 | 3.8 | 29 | 3.6 | 23 | 2.9 | 2 | 0.3 | 38 | 4.8 | 22 | 2.8 |
| 27 | 11.9 | 9 | 4.0 | 19 | 8.4 | 7 | 3.1 | 1 | 0.4 | 16 | 7.0 | 13 | 5.7 |
| 134 | 23.4 | 21 | 3.7 | 10 | 1.7 | 16 | 2.8 | 1 | 0.2 | 22 | 3.8 | 9 | 1.6 |
| 121 | 17.6 | 29 | 4.2 | 63 | 9.1 | 23 | 3.3 | 11 | 1.6 | 32 | 4.6 | 31 | 4.5 |
| 57 | 13.9 | 18 | 4.4 | 50 | 12.2 | 14 | 3.4 | 9 | 2.2 | 18 | 4.4 | 13 | 3.2 |
| 64 | 23.0 | 11 | 4.0 | 13 | 4.7 | 9 | 3.2 | 2 | 0.7 | 14 | 5.0 | 18 | 6.5 |
| 277 | 55.4 | 24 | 4.8 | 12 | 2.4 | 24 | 4.8 | 1 | 0.2 | 23 | 4.6 | 24 | 4.8 |
| 176 | 85.4 | 2 | 1.0 | 6 | 2.9 | 2 | 1.0 | 0 | 0.0 | 2 | 1.0 | 5 | 2.4 |
| 101 | 34.4 | 22 | 7.5 | 6 | 2.0 | 22 | 7.5 | 1 | 0.3 | 21 | 7.1 | 19 | 6.5 |
| 214 | 23.4 | 22 | 2.4 | 71 | 7.8 | 36 | 3.9 | 2 | 0.2 | 69 | 7.5 | 78 | 8.5 |
| 35 | 12.5 | 11 | 3.9 | 43 | 15.3 | 16 | 5.7 | 0 | 0.0 | 34 | 12.1 | 22 | 7.8 |
| 179 | 28.2 | 11 | 1.7 | 28 | 4.4 | 20 | 3.2 | 2 | 0.3 | 35 | 5.5 | 56 | 8.8 |
| 102 | 20.4 | 7 | 1.4 | 49 | 9.8 | 36 | 7.2 | 0 | 0.0 | 57 | 11.4 | 19 | 3.8 |
| 18 | 8.8 | 6 | 2.9 | 31 | 15.1 | 20 | 9.8 | 0 | 0.0 | 28 | 13.7 | 12 | 5.9 |
| 84 | 28.5 | 1 | 0.3 | 18 | 6.1 | 16 | 5.4 | 0 | 0.0 | 29 | 9.8 | 7 | 2.4 |
| 77 | 11.0 | 39 | 5.6 | 107 | 15.3 | 66 | 9.4 | 8 | 1.1 | 84 | 12.0 | 67 | 9.6 |
| 47 | 9.0 | 34 | 6.5 | 89 | 17.0 | 57 | 10.9 | 3 | 0.6 | 66 | 12.6 | 44 | 8.4 |
| 30 | 17.0 | 5 | 2.8 | 18 | 10.2 | 9 | 5.1 | 5 | 2.8 | 18 | 10.2 | 23 | 13.1 |
| 344 | 21.8 | 52 | 3.3 | 76 | 4.8 | 79 | 5.0 | 5 | 0.3 | 65 | 4.1 | 63 | 4.0 |
| 13 | 6.9 | 8 | 4.2 | 21 | 11.1 | 25 | 13.2 | 1 | 0.5 | 22 | 11.6 | 9 | 4.8 |
| 331 | 23.8 | 44 | 3.2 | 55 | 4.0 | 54 | 3.9 | 4 | 0.3 | 43 | 3.1 | 54 | 3.9 |
| 244 | 20.6 | 25 | 2.1 | 86 | 7.3 | 73 | 6.2 | 2 | 0.2 | 42 | 3.6 | 89 | 7.5 |
| 33 | 10.9 | 10 | 3.3 | 40 | 13.2 | 41 | 13.6 | 1 | 0.3 | 16 | 5.3 | 27 | 8.9 |
| 211 | 24.0 | 15 | 1.7 | 46 | 5.2 | 32 | 3.6 | 1 | 0.1 | 26 | 3.0 | 62 | 7.0 |

7－11(续1)

| | | | 饭店及游船调查人数 | | 政府工作人员 | | 专业技术人员 | | 职员 | | 技工工人 | |
|---|---|---|---|---|---|---|---|---|---|---|---|---|
| | | | (人) | (%) | (人) | (%) | (人) | (%) | (人) | (%) | (人) | (%) |
| 浙 | 江 | 小计 | 1 000 | 100 | 28 | 2.8 | 148 | 14.8 | 183 | 18.3 | 26 | 2.6 |
| | | 团体 | 300 | 100 | 8 | 2.7 | 35 | 11.7 | 69 | 23.0 | 7 | 2.3 |
| | | 散客 | 700 | 100 | 20 | 2.9 | 113 | 16.1 | 114 | 16.3 | 19 | 2.7 |
| 安 | 徽 | 小计 | 1 500 | 100 | 56 | 3.7 | 332 | 22.1 | 237 | 15.8 | 100 | 6.7 |
| | | 团体 | 810 | 100 | 26 | 3.2 | 156 | 19.3 | 113 | 14.0 | 50 | 6.2 |
| | | 散客 | 690 | 100 | 30 | 4.3 | 176 | 25.5 | 124 | 18.0 | 50 | 7.2 |
| 福 | 建 | 小计 | 949 | 100 | 27 | 2.8 | 102 | 10.7 | 214 | 22.6 | 28 | 3.0 |
| | | 团体 | 250 | 100 | 5 | 2.0 | 18 | 7.2 | 50 | 20.0 | 9 | 3.6 |
| | | 散客 | 699 | 100 | 22 | 3.1 | 84 | 12.0 | 164 | 23.5 | 19 | 2.7 |
| 江 | 西 | 小计 | 577 | 100 | 32 | 5.5 | 124 | 21.5 | 89 | 15.4 | 14 | 2.4 |
| | | 团体 | 277 | 100 | 13 | 4.7 | 66 | 23.8 | 42 | 15.2 | 9 | 3.2 |
| | | 散客 | 300 | 100 | 19 | 6.3 | 58 | 19.3 | 47 | 15.7 | 5 | 1.7 |
| 山 | 东 | 小计 | 1 050 | 100 | 72 | 6.9 | 278 | 26.5 | 170 | 16.2 | 37 | 3.5 |
| | | 团体 | 270 | 100 | 16 | 5.9 | 29 | 10.7 | 61 | 22.6 | 8 | 3.0 |
| | | 散客 | 780 | 100 | 56 | 7.2 | 249 | 31.9 | 109 | 14.0 | 29 | 3.7 |
| 河 | 南 | 小计 | 824 | 100 | 98 | 11.9 | 121 | 14.7 | 139 | 16.9 | 68 | 8.3 |
| | | 团体 | 540 | 100 | 69 | 12.8 | 61 | 11.3 | 116 | 21.5 | 48 | 8.9 |
| | | 散客 | 284 | 100 | 29 | 10.2 | 60 | 21.1 | 23 | 8.1 | 20 | 7.0 |
| 湖 | 北 | 小计 | 1 054 | 100 | 55 | 5.2 | 188 | 17.8 | 173 | 16.4 | 49 | 4.6 |
| | | 团体 | 440 | 100 | 16 | 3.6 | 47 | 10.7 | 60 | 13.6 | 9 | 2.0 |
| | | 散客 | 614 | 100 | 39 | 6.4 | 141 | 23.0 | 113 | 18.4 | 40 | 6.5 |
| 湖 | 南 | 小计 | 1 442 | 100 | 132 | 9.2 | 195 | 13.5 | 175 | 12.1 | 143 | 9.9 |
| | | 团体 | 1049 | 100 | 104 | 9.9 | 105 | 10.0 | 111 | 10.6 | 91 | 8.7 |
| | | 散客 | 393 | 100 | 28 | 7.1 | 90 | 22.9 | 64 | 16.3 | 52 | 13.2 |
| 广 | 东 | 小计 | 5 082 | 100 | 243 | 4.8 | 831 | 16.4 | 1 020 | 20.1 | 248 | 4.9 |
| | | 团体 | 1 054 | 100 | 90 | 8.5 | 126 | 12.0 | 260 | 24.7 | 90 | 8.5 |
| | | 散客 | 4 028 | 100 | 153 | 3.8 | 705 | 17.5 | 760 | 18.9 | 158 | 3.9 |
| 广 | 西 | 小计 | 799 | 100 | 44 | 5.5 | 69 | 8.6 | 160 | 20.0 | 17 | 2.1 |
| | | 团体 | 247 | 100 | 11 | 4.5 | 14 | 5.7 | 53 | 21.5 | 4 | 1.6 |
| | | 散客 | 552 | 100 | 33 | 6.0 | 55 | 10.0 | 107 | 19.4 | 13 | 2.4 |
| 海 | 南 | 小计 | 900 | 100 | 63 | 7.0 | 122 | 13.6 | 190 | 21.1 | 33 | 3.7 |
| | | 团体 | 452 | 100 | 44 | 9.7 | 52 | 11.5 | 96 | 21.2 | 13 | 2.9 |
| | | 散客 | 448 | 100 | 19 | 4.2 | 70 | 15.6 | 94 | 21.0 | 20 | 4.5 |

| 商贸人员 | | 服务员推销员 | | 退休人员 | | 家庭妇女 | | 军人 | | 学生 | | 其他 | |
|---|---|---|---|---|---|---|---|---|---|---|---|---|---|
| (人) | (%) | (人) | (%) | (人) | (%) | (人) | (%) | (人) | (%) | (人) | (%) | (人) | (%) |
| 355 | 35.5 | 37 | 3.7 | 69 | 6.9 | 59 | 5.9 | 5 | 0.5 | 43 | 4.3 | 47 | 4.7 |
| 51 | 17.0 | 15 | 5.0 | 52 | 17.3 | 36 | 12.0 | 1 | 0.3 | 19 | 6.3 | 7 | 2.3 |
| 304 | 43.4 | 22 | 3.1 | 17 | 2.4 | 23 | 3.3 | 4 | 0.6 | 24 | 3.4 | 40 | 5.7 |
| 304 | 20.3 | 38 | 2.5 | 162 | 10.8 | 90 | 6.0 | 3 | 0.2 | 34 | 2.3 | 144 | 9.6 |
| 124 | 15.3 | 30 | 3.7 | 147 | 18.1 | 72 | 8.9 | 1 | 0.1 | 9 | 1.1 | 82 | 10.1 |
| 180 | 26.1 | 8 | 1.2 | 15 | 2.2 | 18 | 2.6 | 2 | 0.3 | 25 | 3.6 | 62 | 9.0 |
| 277 | 29.2 | 23 | 2.4 | 96 | 10.1 | 53 | 5.6 | 3 | 0.3 | 30 | 3.2 | 96 | 10.1 |
| 36 | 14.4 | 5 | 2.0 | 57 | 22.8 | 30 | 12.0 | 1 | 0.4 | 8 | 3.2 | 31 | 12.4 |
| 241 | 34.5 | 18 | 2.6 | 39 | 5.6 | 23 | 3.3 | 2 | 0.3 | 22 | 3.1 | 65 | 9.3 |
| 123 | 21.3 | 36 | 6.2 | 53 | 9.2 | 35 | 6.1 | 4 | 0.7 | 18 | 3.1 | 49 | 8.5 |
| 31 | 11.2 | 17 | 6.1 | 35 | 12.6 | 25 | 9.0 | 2 | 0.7 | 12 | 4.3 | 25 | 9.0 |
| 92 | 30.7 | 19 | 6.3 | 18 | 6.0 | 10 | 3.3 | 2 | 0.7 | 6 | 2.0 | 24 | 8.0 |
| 196 | 18.7 | 27 | 2.6 | 91 | 8.7 | 60 | 5.7 | 2 | 0.2 | 66 | 6.3 | 51 | 4.9 |
| 27 | 10.0 | 13 | 4.8 | 47 | 17.4 | 22 | 8.1 | 0 | 0.0 | 34 | 12.6 | 13 | 4.8 |
| 169 | 21.7 | 14 | 1.8 | 44 | 5.6 | 38 | 4.9 | 2 | 0.3 | 32 | 4.1 | 38 | 4.9 |
| 133 | 16.1 | 25 | 3.0 | 77 | 9.3 | 41 | 5.0 | 3 | 0.4 | 52 | 6.3 | 67 | 8.1 |
| 64 | 11.9 | 13 | 2.4 | 55 | 10.2 | 28 | 5.2 | 3 | 0.6 | 38 | 7.0 | 45 | 8.3 |
| 69 | 24.3 | 12 | 4.2 | 22 | 7.7 | 13 | 4.6 | 0 | 0.0 | 14 | 4.9 | 22 | 7.7 |
| 171 | 16.2 | 25 | 2.4 | 146 | 13.9 | 59 | 5.6 | 3 | 0.3 | 53 | 5.0 | 132 | 12.5 |
| 51 | 11.6 | 12 | 2.7 | 118 | 26.8 | 39 | 8.9 | 2 | 0.5 | 31 | 7.0 | 55 | 12.5 |
| 120 | 19.5 | 13 | 2.1 | 28 | 4.6 | 20 | 3.3 | 1 | 0.2 | 22 | 3.6 | 77 | 12.5 |
| 175 | 12.1 | 25 | 1.7 | 55 | 3.8 | 57 | 4.0 | 6 | 0.4 | 26 | 1.8 | 453 | 31.4 |
| 70 | 6.7 | 16 | 1.5 | 43 | 4.1 | 45 | 4.3 | 5 | 0.5 | 21 | 2.0 | 438 | 41.8 |
| 105 | 26.7 | 9 | 2.3 | 12 | 3.1 | 12 | 3.1 | 1 | 0.3 | 5 | 1.3 | 15 | 3.8 |
| 1 386 | 27.3 | 238 | 4.7 | 248 | 4.9 | 304 | 6.0 | 47 | 0.9 | 200 | 3.9 | 317 | 6.2 |
| 128 | 12.1 | 60 | 5.7 | 80 | 7.6 | 80 | 7.6 | 7 | 0.7 | 65 | 6.2 | 68 | 6.5 |
| 1 258 | 31.2 | 178 | 4.4 | 168 | 4.2 | 224 | 5.6 | 40 | 1.0 | 135 | 3.4 | 249 | 6.2 |
| 161 | 20.2 | 24 | 3.0 | 99 | 12.4 | 66 | 8.3 | 6 | 0.8 | 29 | 3.6 | 124 | 15.5 |
| 30 | 12.1 | 11 | 4.5 | 51 | 20.6 | 24 | 9.7 | 1 | 0.4 | 15 | 6.1 | 33 | 13.4 |
| 131 | 23.7 | 13 | 2.4 | 48 | 8.7 | 42 | 7.6 | 5 | 0.9 | 14 | 2.5 | 91 | 16.5 |
| 208 | 23.1 | 29 | 3.2 | 64 | 7.1 | 74 | 8.2 | 14 | 1.6 | 48 | 5.3 | 55 | 6.1 |
| 82 | 18.1 | 17 | 3.8 | 42 | 9.3 | 38 | 8.4 | 10 | 2.2 | 29 | 6.4 | 29 | 6.4 |
| 126 | 28.1 | 12 | 2.7 | 22 | 4.9 | 36 | 8.0 | 4 | 0.9 | 19 | 4.2 | 26 | 5.8 |

7－11(续2)

| | | 饭店及游船调查人数 | | 政府工作人员 | | 专业技术人员 | | 职员 | | 技工工人 | |
|---|---|---|---|---|---|---|---|---|---|---|---|
| | | (人) | (%) | (人) | (%) | (人) | (%) | (人) | (%) | (人) | (%) |
| 重庆 | 小计 | 600 | 100 | 41 | 6.8 | 91 | 15.2 | 105 | 17.5 | 21 | 3.5 |
| | 团体 | 267 | 100 | 12 | 4.5 | 34 | 12.7 | 47 | 17.6 | 13 | 4.9 |
| | 散客 | 333 | 100 | 29 | 8.7 | 57 | 17.1 | 58 | 17.4 | 8 | 2.4 |
| 四川 | 小计 | 2 490 | 100 | 168 | 6.7 | 527 | 21.2 | 589 | 23.7 | 95 | 3.8 |
| | 团体 | 1 579 | 100 | 123 | 7.8 | 243 | 15.4 | 438 | 27.7 | 84 | 5.3 |
| | 散客 | 911 | 100 | 45 | 4.9 | 284 | 31.2 | 151 | 16.6 | 11 | 1.2 |
| 贵州 | 小计 | 600 | 100 | 58 | 9.7 | 82 | 13.7 | 189 | 31.5 | 14 | 2.3 |
| | 团体 | 372 | 100 | 42 | 11.3 | 46 | 12.4 | 118 | 31.7 | 8 | 2.2 |
| | 散客 | 228 | 100 | 16 | 7.0 | 36 | 15.8 | 71 | 31.1 | 6 | 2.6 |
| 云南 | 小计 | 836 | 100 | 51 | 6.1 | 85 | 10.2 | 181 | 21.7 | 17 | 2.0 |
| | 团体 | 492 | 100 | 27 | 5.5 | 39 | 7.9 | 124 | 25.2 | 11 | 2.2 |
| | 散客 | 344 | 100 | 24 | 7.0 | 46 | 13.4 | 57 | 16.6 | 6 | 1.7 |
| 西藏 | 小计 | 200 | 100 | 18 | 9.0 | 26 | 13.0 | 19 | 9.5 | 14 | 7.0 |
| | 团体 | 165 | 100 | 13 | 7.9 | 25 | 15.2 | 18 | 10.9 | 12 | 7.3 |
| | 散客 | 35 | 100 | 5 | 14.3 | 1 | 2.9 | 1 | 2.9 | 2 | 5.7 |
| 陕西 | 小计 | 1 234 | 100 | 85 | 6.9 | 210 | 17.0 | 218 | 17.7 | 37 | 3.0 |
| | 团体 | 779 | 100 | 55 | 7.1 | 125 | 16.0 | 123 | 15.8 | 27 | 3.5 |
| | 散客 | 455 | 100 | 30 | 6.6 | 85 | 18.7 | 95 | 20.9 | 10 | 2.2 |
| 甘肃 | 小计 | 700 | 100 | 69 | 9.9 | 101 | 14.4 | 110 | 15.7 | 33 | 4.7 |
| | 团体 | 464 | 100 | 51 | 11.0 | 60 | 12.9 | 72 | 15.5 | 25 | 5.4 |
| | 散客 | 236 | 100 | 18 | 7.6 | 41 | 17.4 | 38 | 16.1 | 8 | 3.4 |
| 青海 | 小计 | 364 | 100 | 15 | 4.1 | 45 | 12.4 | 89 | 24.5 | 17 | 4.7 |
| | 团体 | 134 | 100 | 4 | 3.0 | 14 | 10.4 | 33 | 24.6 | 8 | 6.0 |
| | 散客 | 230 | 100 | 11 | 4.8 | 31 | 13.5 | 56 | 24.3 | 9 | 3.9 |
| 宁夏 | 小计 | 150 | 100 | 14 | 9.3 | 27 | 18.0 | 28 | 18.7 | 13 | 8.7 |
| | 团体 | 37 | 100 | 3 | 8.1 | 2 | 5.4 | 4 | 10.8 | 4 | 10.8 |
| | 散客 | 113 | 100 | 11 | 9.7 | 25 | 22.1 | 24 | 21.2 | 9 | 8.0 |
| 新疆 | 小计 | 600 | 100 | 39 | 6.5 | 124 | 20.7 | 117 | 19.5 | 21 | 3.5 |
| | 团体 | 600 | 100 | 39 | 6.5 | 124 | 20.7 | 117 | 19.5 | 21 | 3.5 |
| | 散客 | — | — | — | — | — | — | — | — | — | — |

| 商贸人员 | | 服务员推销员 | | 退休人员 | | 家庭妇女 | | 军人 | | 学生 | | 其他 | |
|---|---|---|---|---|---|---|---|---|---|---|---|---|---|
| (人) | (%) | (人) | (%) | (人) | (%) | (人) | (%) | (人) | (%) | (人) | (%) | (人) | (%) |
| 145 | 24.2 | 27 | 4.5 | 41 | 6.8 | 28 | 4.7 | 2 | 0.3 | 31 | 5.2 | 68 | 11.3 |
| 40 | 15.0 | 14 | 5.2 | 33 | 12.4 | 17 | 6.4 | 2 | 0.7 | 18 | 6.7 | 37 | 13.9 |
| 105 | 31.5 | 13 | 3.9 | 8 | 2.4 | 11 | 3.3 | 0 | 0.0 | 13 | 3.9 | 31 | 9.3 |
| 393 | 15.8 | 72 | 2.9 | 173 | 6.9 | 125 | 5.0 | 11 | 0.4 | 119 | 4.8 | 218 | 8.8 |
| 147 | 9.3 | 58 | 3.7 | 154 | 9.8 | 105 | 6.6 | 8 | 0.5 | 66 | 4.2 | 153 | 9.7 |
| 246 | 27.0 | 14 | 1.5 | 19 | 2.1 | 20 | 2.2 | 3 | 0.3 | 53 | 5.8 | 65 | 7.1 |
| 113 | 18.8 | 15 | 2.5 | 48 | 8.0 | 22 | 3.7 | 4 | 0.7 | 29 | 4.8 | 26 | 4.3 |
| 59 | 15.9 | 12 | 3.2 | 39 | 10.5 | 17 | 4.6 | 2 | 0.5 | 13 | 3.5 | 16 | 4.3 |
| 54 | 23.7 | 3 | 1.3 | 9 | 3.9 | 5 | 2.2 | 2 | 0.9 | 16 | 7.0 | 10 | 4.4 |
| 135 | 16.1 | 31 | 3.7 | 108 | 12.9 | 91 | 10.9 | 9 | 1.1 | 75 | 9.0 | 53 | 6.3 |
| 53 | 10.8 | 17 | 3.5 | 86 | 17.5 | 62 | 12.6 | 2 | 0.4 | 41 | 8.3 | 30 | 6.1 |
| 82 | 23.8 | 14 | 4.1 | 22 | 6.4 | 29 | 8.4 | 7 | 2.0 | 34 | 9.9 | 23 | 6.7 |
| 40 | 20.0 | 29 | 14.5 | 24 | 12.0 | 3 | 1.5 | 2 | 1.0 | 13 | 6.5 | 12 | 6.0 |
| 34 | 20.6 | 25 | 15.2 | 24 | 14.5 | 1 | 0.6 | 1 | 0.6 | 7 | 4.2 | 5 | 3.0 |
| 6 | 17.1 | 4 | 11.4 | 0 | 0.0 | 2 | 5.7 | 1 | 2.9 | 6 | 17.1 | 7 | 20.0 |
| 143 | 11.6 | 40 | 3.2 | 208 | 16.9 | 87 | 7.1 | 7 | 0.6 | 85 | 6.9 | 114 | 9.2 |
| 45 | 5.8 | 32 | 4.1 | 165 | 21.2 | 67 | 8.6 | 3 | 0.4 | 61 | 7.8 | 76 | 9.8 |
| 98 | 21.5 | 8 | 1.8 | 43 | 9.5 | 20 | 4.4 | 4 | 0.9 | 24 | 5.3 | 38 | 8.4 |
| 91 | 13.0 | 36 | 5.1 | 87 | 12.4 | 62 | 8.9 | 6 | 0.9 | 51 | 7.3 | 54 | 7.7 |
| 60 | 12.9 | 24 | 5.2 | 57 | 12.3 | 50 | 10.8 | 3 | 0.6 | 34 | 7.3 | 28 | 6.0 |
| 31 | 13.1 | 12 | 5.1 | 30 | 12.7 | 12 | 5.1 | 3 | 1.3 | 17 | 7.2 | 26 | 11.0 |
| 67 | 18.4 | 7 | 1.9 | 38 | 10.4 | 17 | 4.7 | 1 | 0.3 | 28 | 7.7 | 40 | 11.0 |
| 19 | 14.2 | 2 | 1.5 | 21 | 15.7 | 9 | 6.7 | 1 | 0.7 | 4 | 3.0 | 19 | 14.2 |
| 48 | 20.9 | 5 | 2.2 | 17 | 7.4 | 8 | 3.5 | 0 | 0.0 | 24 | 10.4 | 21 | 9.1 |
| 26 | 17.3 | 2 | 1.3 | 10 | 6.7 | 6 | 4.0 | 0 | 0.0 | 2 | 1.3 | 22 | 14.7 |
| 4 | 10.8 | 0 | 0.0 | 6 | 16.2 | 5 | 13.5 | 0 | 0.0 | 1 | 2.7 | 8 | 21.6 |
| 22 | 19.5 | 2 | 1.8 | 4 | 3.5 | 1 | 0.9 | 0 | 0.0 | 1 | 0.9 | 14 | 12.4 |
| 52 | 8.7 | 29 | 4.8 | 42 | 7.0 | 26 | 4.3 | 1 | 0.2 | 142 | 23.7 | 7 | 1.2 |
| 52 | 8.7 | 29 | 4.8 | 42 | 7.0 | 26 | 4.3 | 1 | 0.2 | 142 | 23.7 | 7 | 1.2 |
| — | — | — | — | — | — | — | — | — | — | — | — | — | — |

## 7-12 2011年饭店调查入境游客人数及所占比重

| | | 饭店及游船调查人数 | | 观光游览 | | 休闲度假 | | 探亲访友 | |
|---|---|---|---|---|---|---|---|---|---|
| | | (人) | (%) | (人) | (%) | (人) | (%) | (人) | (%) |
| 北京 | 小计 | 1 658 | 100 | 436 | 26.3 | 303 | 18.3 | 88 | 5.3 |
| | 团体 | 676 | 100 | 314 | 46.4 | 165 | 24.4 | 31 | 4.6 |
| | 散客 | 982 | 100 | 122 | 12.4 | 138 | 14.1 | 57 | 5.8 |
| 天津 | 小计 | 500 | 100 | 35 | 7.0 | 79 | 15.8 | 44 | 8.8 |
| | 团体 | 106 | 100 | 14 | 13.2 | 23 | 21.7 | 9 | 8.5 |
| | 散客 | 394 | 100 | 21 | 5.3 | 56 | 14.2 | 35 | 8.9 |
| 河北 | 小计 | 800 | 100 | 240 | 30.0 | 173 | 21.6 | 27 | 3.4 |
| | 团体 | 227 | 100 | 90 | 39.6 | 84 | 37.0 | 6 | 2.6 |
| | 散客 | 573 | 100 | 150 | 26.2 | 89 | 15.5 | 21 | 3.7 |
| 山西 | 小计 | 689 | 100 | 268 | 38.9 | 153 | 22.2 | 37 | 5.4 |
| | 团体 | 411 | 100 | 220 | 53.5 | 104 | 25.3 | 7 | 1.7 |
| | 散客 | 278 | 100 | 48 | 17.3 | 49 | 17.6 | 30 | 10.8 |
| 内蒙古 | 小计 | 500 | 100 | 74 | 14.8 | 30 | 6.0 | 16 | 3.2 |
| | 团体 | 206 | 100 | 24 | 11.7 | 6 | 2.9 | 0 | 0.0 |
| | 散客 | 294 | 100 | 50 | 17.0 | 24 | 8.2 | 16 | 5.4 |
| 辽宁 | 小计 | 915 | 100 | 227 | 24.8 | 160 | 17.5 | 60 | 6.6 |
| | 团体 | 281 | 100 | 136 | 48.4 | 69 | 24.6 | 11 | 3.9 |
| | 散客 | 634 | 100 | 91 | 14.4 | 91 | 14.4 | 49 | 7.7 |
| 吉林 | 小计 | 500 | 100 | 168 | 33.6 | 56 | 11.2 | 57 | 11.4 |
| | 团体 | 205 | 100 | 139 | 67.8 | 38 | 18.5 | 0 | 0.0 |
| | 散客 | 295 | 100 | 29 | 9.8 | 18 | 6.1 | 57 | 19.3 |
| 黑龙江 | 小计 | 700 | 100 | 234 | 33.4 | 207 | 29.6 | 19 | 2.7 |
| | 团体 | 524 | 100 | 218 | 41.6 | 171 | 32.6 | 3 | 0.6 |
| | 散客 | 176 | 100 | 16 | 9.1 | 36 | 20.5 | 16 | 9.1 |
| 上海 | 小计 | 1 578 | 100 | 280 | 17.7 | 261 | 16.5 | 80 | 5.1 |
| | 团体 | 189 | 100 | 102 | 54.0 | 45 | 23.8 | 6 | 3.2 |
| | 散客 | 1 389 | 100 | 178 | 12.8 | 216 | 15.6 | 74 | 5.3 |
| 江苏 | 小计 | 1 183 | 100 | 326 | 27.6 | 164 | 13.9 | 55 | 4.6 |
| | 团体 | 302 | 100 | 173 | 57.3 | 71 | 23.5 | 10 | 3.3 |
| | 散客 | 881 | 100 | 153 | 17.4 | 93 | 10.6 | 45 | 5.1 |

（按省〈区、市〉、旅游目的、团体及散客分组）

| 商务 | | 会议 | | 宗教朝拜 | | 文化/体育/科技交流 | | 购物 | | 医疗保健 | | 其他 | |
|---|---|---|---|---|---|---|---|---|---|---|---|---|---|
| （人） | （%） | （人） | （%） | （人） | （%） | （人） | （%） | （人） | （%） | （人） | （%） | （人） | （%） |
| 418 | 25.2 | 247 | 14.9 | 9 | 0.5 | 62 | 3.7 | 46 | 2.8 | 19 | 1.1 | 30 | 1.8 |
| 79 | 11.7 | 27 | 4.0 | 3 | 0.4 | 18 | 2.7 | 23 | 3.4 | 4 | 0.6 | 12 | 1.8 |
| 339 | 34.5 | 220 | 22.4 | 6 | 0.6 | 44 | 4.5 | 23 | 2.3 | 15 | 1.5 | 18 | 1.8 |
| 217 | 43.4 | 75 | 15.0 | 8 | 1.6 | 27 | 5.4 | 4 | 0.8 | 2 | 0.4 | 9 | 1.8 |
| 31 | 29.2 | 12 | 11.3 | 4 | 3.8 | 7 | 6.6 | 4 | 3.8 | 2 | 1.9 | 0 | 0.0 |
| 186 | 47.2 | 63 | 16.0 | 4 | 1.0 | 20 | 5.1 | 0 | 0.0 | 0 | 0.0 | 9 | 2.3 |
| 231 | 28.9 | 71 | 8.9 | 5 | 0.6 | 31 | 3.9 | 4 | 0.5 | 4 | 0.5 | 14 | 1.8 |
| 24 | 10.6 | 7 | 3.1 | 2 | 0.9 | 7 | 3.1 | 2 | 0.9 | 1 | 0.4 | 4 | 1.8 |
| 207 | 36.1 | 64 | 11.2 | 3 | 0.5 | 24 | 4.2 | 2 | 0.3 | 3 | 0.5 | 10 | 1.7 |
| 82 | 11.9 | 52 | 7.5 | 30 | 4.4 | 38 | 5.5 | 3 | 0.4 | 5 | 0.7 | 21 | 3.0 |
| 21 | 5.1 | 17 | 4.1 | 14 | 3.4 | 15 | 3.6 | 2 | 0.5 | 4 | 1.0 | 7 | 1.7 |
| 61 | 21.9 | 35 | 12.6 | 16 | 5.8 | 23 | 8.3 | 1 | 0.4 | 1 | 0.4 | 14 | 5.0 |
| 89 | 17.8 | 29 | 5.8 | 0 | 0.0 | 31 | 6.2 | 213 | 42.6 | 1 | 0.2 | 17 | 3.4 |
| 1 | 0.5 | 2 | 1.0 | 0 | 0.0 | 1 | 0.5 | 170 | 82.5 | 0 | 0.0 | 2 | 1.0 |
| 88 | 29.9 | 27 | 9.2 | 0 | 0.0 | 30 | 10.2 | 43 | 14.6 | 1 | 0.3 | 15 | 5.1 |
| 229 | 25.0 | 108 | 11.8 | 6 | 0.7 | 43 | 4.7 | 3 | 0.3 | 26 | 2.8 | 53 | 5.8 |
| 14 | 5.0 | 8 | 2.8 | 2 | 0.7 | 6 | 2.1 | 1 | 0.4 | 21 | 7.5 | 13 | 4.6 |
| 215 | 33.9 | 100 | 15.8 | 4 | 0.6 | 37 | 5.8 | 2 | 0.3 | 5 | 0.8 | 40 | 6.3 |
| 143 | 28.6 | 12 | 2.4 | 2 | 0.4 | 38 | 7.6 | 1 | 0.2 | 7 | 1.4 | 16 | 3.2 |
| 7 | 3.4 | 7 | 3.4 | 0 | 0.0 | 11 | 5.4 | 1 | 0.5 | 0 | 0.0 | 2 | 1.0 |
| 136 | 46.1 | 5 | 1.7 | 2 | 0.7 | 27 | 9.2 | 0 | 0.0 | 7 | 2.4 | 14 | 4.7 |
| 60 | 8.6 | 33 | 4.7 | 2 | 0.3 | 16 | 2.3 | 97 | 13.9 | 15 | 2.1 | 17 | 2.4 |
| 18 | 3.4 | 5 | 1.0 | 0 | 0.0 | 3 | 0.6 | 89 | 17.0 | 10 | 1.9 | 7 | 1.3 |
| 42 | 23.9 | 28 | 15.9 | 2 | 1.1 | 13 | 7.4 | 8 | 4.5 | 5 | 2.8 | 10 | 5.7 |
| 688 | 43.6 | 178 | 11.3 | 4 | 0.3 | 29 | 1.8 | 17 | 1.1 | 6 | 0.4 | 35 | 2.2 |
| 22 | 11.6 | 7 | 3.7 | 1 | 0.5 | 3 | 1.6 | 2 | 1.1 | 0 | 0.0 | 1 | 0.5 |
| 666 | 47.9 | 171 | 12.3 | 3 | 0.2 | 26 | 1.9 | 15 | 1.1 | 6 | 0.4 | 34 | 2.4 |
| 436 | 36.9 | 81 | 6.8 | 7 | 0.6 | 39 | 3.3 | 3 | 0.3 | 1 | 0.1 | 71 | 6.0 |
| 12 | 4.0 | 4 | 1.3 | 2 | 0.7 | 7 | 2.3 | 1 | 0.3 | 1 | 0.3 | 21 | 7.0 |
| 424 | 48.1 | 77 | 8.7 | 5 | 0.6 | 32 | 3.6 | 2 | 0.2 | 0 | 0.0 | 50 | 5.7 |

7－12（续1）

| | | 饭店及游船调查人数 | | 观光游览 | | 休闲度假 | | 探亲访友 | |
|---|---|---|---|---|---|---|---|---|---|
| | | （人） | （%） | （人） | （%） | （人） | （%） | （人） | （%） |
| 浙江 | 小计 | 1 000 | 100 | 285 | 28.5 | 130 | 13.0 | 48 | 4.8 |
| | 团体 | 300 | 100 | 180 | 60.0 | 59 | 19.7 | 9 | 3.0 |
| | 散客 | 700 | 100 | 105 | 15.0 | 71 | 10.1 | 39 | 5.6 |
| 安徽 | 小计 | 1 500 | 100 | 538 | 35.9 | 288 | 19.2 | 60 | 4.0 |
| | 团体 | 810 | 100 | 478 | 59.0 | 224 | 27.7 | 4 | 0.5 |
| | 散客 | 690 | 100 | 60 | 8.7 | 64 | 9.3 | 56 | 8.1 |
| 福建 | 小计 | 949 | 100 | 262 | 27.6 | 140 | 14.8 | 108 | 11.4 |
| | 团体 | 250 | 100 | 169 | 67.6 | 50 | 20.0 | 9 | 3.6 |
| | 散客 | 699 | 100 | 93 | 13.3 | 90 | 12.9 | 99 | 14.2 |
| 江西 | 小计 | 577 | 100 | 222 | 38.5 | 121 | 21.0 | 31 | 5.4 |
| | 团体 | 277 | 100 | 162 | 58.5 | 80 | 28.9 | 5 | 1.8 |
| | 散客 | 300 | 100 | 60 | 20.0 | 41 | 13.7 | 26 | 8.7 |
| 山东 | 小计 | 1 050 | 100 | 372 | 35.4 | 217 | 20.7 | 57 | 5.4 |
| | 团体 | 270 | 100 | 167 | 61.9 | 72 | 26.7 | 10 | 3.7 |
| | 散客 | 780 | 100 | 205 | 26.3 | 145 | 18.6 | 47 | 6.0 |
| 河南 | 小计 | 824 | 100 | 346 | 42.0 | 157 | 19.1 | 41 | 5.0 |
| | 团体 | 540 | 100 | 312 | 57.8 | 87 | 16.1 | 22 | 4.1 |
| | 散客 | 284 | 100 | 34 | 12.0 | 70 | 24.6 | 19 | 6.7 |
| 湖北 | 小计 | 1 054 | 100 | 411 | 39.0 | 157 | 14.9 | 72 | 6.8 |
| | 团体 | 440 | 100 | 297 | 67.5 | 78 | 17.7 | 18 | 4.1 |
| | 散客 | 614 | 100 | 114 | 18.6 | 79 | 12.9 | 54 | 8.8 |
| 湖南 | 小计 | 1 442 | 100 | 717 | 49.7 | 341 | 23.6 | 41 | 2.8 |
| | 团体 | 1 049 | 100 | 653 | 62.2 | 261 | 24.9 | 22 | 2.1 |
| | 散客 | 393 | 100 | 64 | 16.3 | 80 | 20.4 | 19 | 4.8 |
| 广东 | 小计 | 5 082 | 100 | 1 178 | 23.2 | 951 | 18.7 | 438 | 8.6 |
| | 团体 | 1 054 | 100 | 605 | 57.4 | 243 | 23.1 | 40 | 3.8 |
| | 散客 | 4 028 | 100 | 573 | 14.2 | 708 | 17.6 | 398 | 9.9 |
| 广西 | 小计 | 799 | 100 | 428 | 53.6 | 130 | 16.3 | 54 | 6.8 |
| | 团体 | 247 | 100 | 172 | 69.6 | 47 | 19.0 | 6 | 2.4 |
| | 散客 | 552 | 100 | 256 | 46.4 | 83 | 15.0 | 48 | 8.7 |
| 海南 | 小计 | 900 | 100 | 276 | 30.7 | 324 | 36.0 | 63 | 7.0 |
| | 团体 | 452 | 100 | 158 | 35.0 | 172 | 38.1 | 20 | 4.4 |
| | 散客 | 448 | 100 | 118 | 26.3 | 152 | 33.9 | 43 | 9.6 |

| 商务 | | 会议 | | 宗教朝拜 | | 文化/体育/科技交流 | | 购物 | | 医疗保健 | | 其他 | |
|---|---|---|---|---|---|---|---|---|---|---|---|---|---|
| (人) | (%) | (人) | (%) | (人) | (%) | (人) | (%) | (人) | (%) | (人) | (%) | (人) | (%) |
| 402 | 40.2 | 66 | 6.6 | 9 | 0.9 | 31 | 3.1 | 10 | 1.0 | 3 | 0.3 | 16 | 1.6 |
| 22 | 7.3 | 9 | 3.0 | 6 | 2.0 | 6 | 2.0 | 5 | 1.7 | 2 | 0.7 | 2 | 0.7 |
| 380 | 54.3 | 57 | 8.1 | 3 | 0.4 | 25 | 3.6 | 5 | 0.7 | 1 | 0.1 | 14 | 2.0 |
| 390 | 26.0 | 64 | 4.3 | 32 | 2.1 | 64 | 4.3 | 2 | 0.1 | 2 | 0.1 | 60 | 4.0 |
| 53 | 6.5 | 8 | 1.0 | 32 | 4.0 | 7 | 0.9 | 1 | 0.1 | 0 | 0.0 | 3 | 0.4 |
| 337 | 48.8 | 56 | 8.1 | 0 | 0.0 | 57 | 8.3 | 1 | 0.1 | 2 | 0.3 | 57 | 8.3 |
| 315 | 33.2 | 60 | 6.3 | 6 | 0.6 | 20 | 2.1 | 5 | 0.5 | 2 | 0.2 | 31 | 3.3 |
| 12 | 4.8 | 3 | 1.2 | 3 | 1.2 | 1 | 0.4 | 0 | 0.0 | 0 | 0.0 | 3 | 1.2 |
| 303 | 43.3 | 57 | 8.2 | 3 | 0.4 | 19 | 2.7 | 5 | 0.7 | 2 | 0.3 | 28 | 4.0 |
| 114 | 19.8 | 24 | 4.2 | 5 | 0.9 | 16 | 2.8 | 9 | 1.6 | 3 | 0.5 | 32 | 5.5 |
| 9 | 3.2 | 3 | 1.1 | 4 | 1.4 | 4 | 1.4 | 3 | 1.1 | 1 | 0.4 | 6 | 2.2 |
| 105 | 35.0 | 21 | 7.0 | 1 | 0.3 | 12 | 4.0 | 6 | 2.0 | 2 | 0.7 | 26 | 8.7 |
| 281 | 26.8 | 51 | 4.9 | 2 | 0.2 | 39 | 3.7 | 8 | 0.8 | 0 | 0.0 | 23 | 2.2 |
| 8 | 3.0 | 3 | 1.1 | 0 | 0.0 | 5 | 1.9 | 3 | 1.1 | 0 | 0.0 | 2 | 0.7 |
| 273 | 35.0 | 48 | 6.2 | 2 | 0.3 | 34 | 4.4 | 5 | 0.6 | 0 | 0.0 | 21 | 2.7 |
| 162 | 19.7 | 55 | 6.7 | 12 | 1.5 | 30 | 3.6 | 1 | 0.1 | 0 | 0.0 | 20 | 2.4 |
| 57 | 10.6 | 28 | 5.2 | 11 | 2.0 | 15 | 2.8 | 0 | 0.0 | 0 | 0.0 | 8 | 1.5 |
| 105 | 37.0 | 27 | 9.5 | 1 | 0.4 | 15 | 5.3 | 1 | 0.4 | 0 | 0.0 | 12 | 4.2 |
| 222 | 21.1 | 64 | 6.1 | 7 | 0.7 | 52 | 4.9 | 3 | 0.3 | 5 | 0.5 | 61 | 5.8 |
| 15 | 3.4 | 6 | 1.4 | 4 | 0.9 | 9 | 2.0 | 2 | 0.5 | 2 | 0.5 | 9 | 2.0 |
| 207 | 33.7 | 58 | 9.4 | 3 | 0.5 | 43 | 7.0 | 1 | 0.2 | 3 | 0.5 | 52 | 8.5 |
| 182 | 12.6 | 53 | 3.7 | 24 | 1.7 | 40 | 2.8 | 9 | 0.6 | 1 | 0.1 | 34 | 2.4 |
| 41 | 3.9 | 22 | 2.1 | 22 | 2.1 | 4 | 0.4 | 5 | 0.5 | 1 | 0.1 | 18 | 1.7 |
| 141 | 35.9 | 31 | 7.9 | 2 | 0.5 | 36 | 9.2 | 4 | 1.0 | 0 | 0.0 | 16 | 4.1 |
| 1 555 | 30.6 | 485 | 9.5 | 49 | 1.0 | 136 | 2.7 | 86 | 1.7 | 62 | 1.2 | 142 | 2.8 |
| 69 | 6.5 | 26 | 2.5 | 4 | 0.4 | 24 | 2.3 | 12 | 1.1 | 8 | 0.8 | 23 | 2.2 |
| 1 486 | 36.9 | 459 | 11.4 | 45 | 1.1 | 112 | 2.8 | 74 | 1.8 | 54 | 1.3 | 119 | 3.0 |
| 95 | 11.9 | 36 | 4.5 | 4 | 0.5 | 14 | 1.8 | 5 | 0.6 | 6 | 0.8 | 27 | 3.4 |
| 4 | 1.6 | 7 | 2.8 | 0 | 0.0 | 1 | 0.4 | 0 | 0.0 | 3 | 1.2 | 7 | 2.8 |
| 91 | 16.5 | 29 | 5.3 | 4 | 0.7 | 13 | 2.4 | 5 | 0.9 | 3 | 0.5 | 20 | 3.6 |
| 100 | 11.1 | 38 | 4.2 | 3 | 0.3 | 18 | 2.0 | 5 | 0.6 | 46 | 5.1 | 27 | 3.0 |
| 27 | 6.0 | 16 | 3.5 | 1 | 0.2 | 6 | 1.3 | 3 | 0.7 | 40 | 8.8 | 9 | 2.0 |
| 73 | 16.3 | 22 | 4.9 | 2 | 0.4 | 12 | 2.7 | 2 | 0.4 | 6 | 1.3 | 18 | 4.0 |

7－12（续2）

| | | 饭店及游船调查人数 | | 观光游览 | | 休闲度假 | | 探亲访友 | |
|---|---|---|---|---|---|---|---|---|---|
| | | （人） | （%） | （人） | （%） | （人） | （%） | （人） | （%） |
| 重庆 | 小计 | 600 | 100 | 205 | 34.2 | 96 | 16.0 | 37 | 6.2 |
| | 团体 | 267 | 100 | 162 | 60.7 | 61 | 22.8 | 10 | 3.7 |
| | 散客 | 333 | 100 | 43 | 12.9 | 35 | 10.5 | 27 | 8.1 |
| 四川 | 小计 | 2 490 | 100 | 1 308 | 52.5 | 337 | 13.5 | 57 | 2.3 |
| | 团体 | 1 579 | 100 | 1 106 | 70.0 | 241 | 15.3 | 25 | 1.6 |
| | 散客 | 911 | 100 | 202 | 22.2 | 96 | 10.5 | 32 | 3.5 |
| 贵州 | 小计 | 600 | 100 | 240 | 40.0 | 184 | 30.7 | 30 | 5.0 |
| | 团体 | 372 | 100 | 176 | 47.3 | 148 | 39.8 | 14 | 3.8 |
| | 散客 | 228 | 100 | 64 | 28.1 | 36 | 15.8 | 16 | 7.0 |
| 云南 | 小计 | 836 | 100 | 431 | 51.6 | 213 | 25.5 | 35 | 4.2 |
| | 团体 | 492 | 100 | 297 | 60.4 | 137 | 27.8 | 12 | 2.4 |
| | 散客 | 344 | 100 | 134 | 39.0 | 76 | 22.1 | 23 | 6.7 |
| 西藏 | 小计 | 200 | 100 | 75 | 37.5 | 32 | 16.0 | 8 | 4.0 |
| | 团体 | 165 | 100 | 64 | 38.8 | 27 | 16.4 | 8 | 4.8 |
| | 散客 | 35 | 100 | 11 | 31.4 | 5 | 14.3 | 0 | 0.0 |
| 陕西 | 小计 | 1 234 | 100 | 656 | 53.2 | 331 | 26.8 | 41 | 3.3 |
| | 团体 | 779 | 100 | 510 | 65.5 | 228 | 29.3 | 7 | 0.9 |
| | 散客 | 455 | 100 | 146 | 32.1 | 103 | 22.6 | 34 | 7.5 |
| 甘肃 | 小计 | 700 | 100 | 394 | 56.3 | 149 | 21.3 | 29 | 4.1 |
| | 团体 | 464 | 100 | 288 | 62.1 | 96 | 20.7 | 13 | 2.8 |
| | 散客 | 236 | 100 | 106 | 44.9 | 53 | 22.5 | 16 | 6.8 |
| 青海 | 小计 | 364 | 100 | 227 | 62.4 | 67 | 18.4 | 5 | 1.4 |
| | 团体 | 134 | 100 | 93 | 69.4 | 30 | 22.4 | 0 | 0.0 |
| | 散客 | 230 | 100 | 134 | 58.3 | 37 | 16.1 | 5 | 2.2 |
| 宁夏 | 小计 | 150 | 100 | 35 | 23.3 | 6 | 4.0 | 5 | 3.3 |
| | 团体 | 37 | 100 | 23 | 62.2 | 2 | 5.4 | 2 | 5.4 |
| | 散客 | 113 | 100 | 12 | 10.6 | 4 | 3.5 | 3 | 2.7 |
| 新疆 | 小计 | 600 | 100 | 211 | 35.2 | 352 | 58.7 | 18 | 3.0 |
| | 团体 | 600 | 100 | 211 | 35.2 | 352 | 58.7 | 18 | 3.0 |
| | 散客 | — | — | — | — | — | — | — | — |

| 商务 | | 会议 | | 宗教朝拜 | | 文化/体育/科技交流 | | 购物 | | 医疗保健 | | 其他 | |
|---|---|---|---|---|---|---|---|---|---|---|---|---|---|
| (人) | (%) | (人) | (%) | (人) | (%) | (人) | (%) | (人) | (%) | (人) | (%) | (人) | (%) |
| 165 | 27.5 | 54 | 9.0 | 3 | 0.5 | 21 | 3.5 | 2 | 0.3 | 3 | 0.5 | 14 | 2.3 |
| 16 | 6.0 | 3 | 1.1 | 2 | 0.7 | 6 | 2.2 | 0 | 0.0 | 3 | 1.1 | 4 | 1.5 |
| 149 | 44.7 | 51 | 15.3 | 1 | 0.3 | 15 | 4.5 | 2 | 0.6 | 0 | 0.0 | 10 | 3.0 |
| 405 | 16.3 | 206 | 8.3 | 37 | 1.5 | 26 | 1.0 | 8 | 0.3 | 5 | 0.2 | 101 | 4.1 |
| 67 | 4.2 | 27 | 1.7 | 32 | 2.0 | 15 | 0.9 | 6 | 0.4 | 0 | 0.0 | 60 | 3.8 |
| 338 | 37.1 | 179 | 19.6 | 5 | 0.5 | 11 | 1.2 | 2 | 0.2 | 5 | 0.5 | 41 | 4.5 |
| 84 | 14.0 | 21 | 3.5 | 2 | 0.3 | 23 | 3.8 | 2 | 0.3 | 0 | 0.0 | 14 | 2.3 |
| 14 | 3.8 | 7 | 1.9 | 2 | 0.5 | 5 | 1.3 | 1 | 0.3 | 0 | 0.0 | 5 | 1.3 |
| 70 | 30.7 | 14 | 6.1 | 0 | 0.0 | 18 | 7.9 | 1 | 0.4 | 0 | 0.0 | 9 | 3.9 |
| 82 | 9.8 | 33 | 3.9 | 7 | 0.8 | 19 | 2.3 | 2 | 0.2 | 2 | 0.2 | 12 | 1.4 |
| 23 | 4.7 | 9 | 1.8 | 4 | 0.8 | 6 | 1.2 | 2 | 0.4 | 1 | 0.2 | 1 | 0.2 |
| 59 | 17.2 | 24 | 7.0 | 3 | 0.9 | 13 | 3.8 | 0 | 0.0 | 1 | 0.3 | 11 | 3.2 |
| 15 | 7.5 | 6 | 3.0 | 34 | 17.0 | 15 | 7.5 | 5 | 2.5 | 4 | 2.0 | 6 | 3.0 |
| 11 | 6.7 | 5 | 3.0 | 27 | 16.4 | 10 | 6.1 | 4 | 2.4 | 3 | 1.8 | 6 | 3.6 |
| 4 | 11.4 | 1 | 2.9 | 7 | 20.0 | 5 | 14.3 | 1 | 2.9 | 1 | 2.9 | 0 | 0.0 |
| 115 | 9.3 | 41 | 3.3 | 5 | 0.4 | 22 | 1.8 | 1 | 0.1 | 3 | 0.2 | 19 | 1.5 |
| 14 | 1.8 | 6 | 0.8 | 2 | 0.3 | 6 | 0.8 | 1 | 0.1 | 2 | 0.3 | 3 | 0.4 |
| 101 | 22.2 | 35 | 7.7 | 3 | 0.7 | 16 | 3.5 | 0 | 0.0 | 1 | 0.2 | 16 | 3.5 |
| 29 | 4.1 | 27 | 3.9 | 15 | 2.1 | 27 | 3.9 | 0 | 0.0 | 4 | 0.6 | 26 | 3.7 |
| 7 | 1.5 | 16 | 3.4 | 11 | 2.4 | 16 | 3.4 | 0 | 0.0 | 2 | 0.4 | 15 | 3.2 |
| 22 | 9.3 | 11 | 4.7 | 4 | 1.7 | 11 | 4.7 | 0 | 0.0 | 2 | 0.8 | 11 | 4.7 |
| 25 | 6.9 | 8 | 2.2 | 15 | 4.1 | 10 | 2.7 | 0 | 0.0 | 0 | 0.0 | 7 | 1.9 |
| 4 | 3.0 | 2 | 1.5 | 4 | 3.0 | 1 | 0.7 | 0 | 0.0 | 0 | 0.0 | 0 | 0.0 |
| 21 | 9.1 | 6 | 2.6 | 11 | 4.8 | 9 | 3.9 | 0 | 0.0 | 0 | 0.0 | 7 | 3.0 |
| 58 | 38.7 | 22 | 14.7 | 0 | 0.0 | 9 | 6.0 | 0 | 0.0 | 0 | 0.0 | 15 | 10.0 |
| 5 | 13.5 | 1 | 2.7 | 0 | 0.0 | 2 | 5.4 | 0 | 0.0 | 0 | 0.0 | 2 | 5.4 |
| 53 | 46.9 | 21 | 18.6 | 0 | 0.0 | 7 | 6.2 | 0 | 0.0 | 0 | 0.0 | 13 | 11.5 |
| 7 | 1.2 | 2 | 0.3 | 0 | 0.0 | 1 | 0.2 | 2 | 0.3 | 0 | 0.0 | 7 | 1.2 |
| 7 | 1.2 | 2 | 0.3 | 0 | 0.0 | 1 | 0.2 | 2 | 0.3 | 0 | 0.0 | 7 | 1.2 |
| — | — | — | — | — | — | — | — | — | — | — | — | — | — |

# 7-13 2011年饭店调查外国游客

| | 饭店及游船调查人数 | 日本 | 菲律宾 | 泰国 | 新加坡 | 印度尼西亚 | 马来西亚 |
|---|---|---|---|---|---|---|---|
| 北京 | 1 411 | 326 | 12 | 17 | 66 | 10 | 24 |
| 天津 | 424 | 83 | 5 | 2 | 22 | 4 | 9 |
| 河北 | 687 | 130 | 4 | 16 | 25 | 5 | 11 |
| 山西 | 485 | 74 | 4 | 6 | 21 | 2 | 13 |
| 内蒙古 | 470 | 21 | 1 | 2 | 6 | 0 | 2 |
| 辽宁 | 725 | 180 | 8 | 13 | 27 | 5 | 15 |
| 吉林 | 425 | 57 | 3 | 12 | 18 | 2 | 4 |
| 黑龙江 | 556 | 21 | 2 | 3 | 9 | 0 | 3 |
| 上海 | 1 339 | 369 | 7 | 23 | 57 | 20 | 29 |
| 江苏 | 813 | 216 | 2 | 11 | 56 | 10 | 29 |
| 浙江 | 816 | 161 | 15 | 11 | 33 | 4 | 16 |
| 安徽 | 1 343 | 307 | 5 | 8 | 57 | 5 | 26 |
| 福建 | 579 | 126 | 30 | 13 | 72 | 9 | 35 |
| 江西 | 370 | 64 | 6 | 9 | 29 | 2 | 9 |
| 山东 | 743 | 125 | 4 | 5 | 37 | 6 | 10 |
| 河南 | 672 | 108 | 6 | 6 | 9 | 6 | 19 |
| 湖北 | 579 | 177 | 1 | 7 | 23 | 6 | 16 |
| 湖南 | 1 325 | 193 | 3 | 5 | 23 | 3 | 7 |
| 广东 | 2 966 | 419 | 51 | 100 | 229 | 143 | 254 |
| 广西 | 539 | 58 | 3 | 14 | 26 | 8 | 43 |
| 海南 | 734 | 90 | 11 | 7 | 43 | 5 | 6 |
| 重庆 | 467 | 65 | 2 | 8 | 26 | 2 | 6 |
| 四川 | 1 634 | 393 | 30 | 43 | 104 | 63 | 72 |
| 贵州 | 397 | 52 | 5 | 5 | 31 | 2 | 10 |
| 云南 | 641 | 61 | 5 | 55 | 51 | 7 | 28 |
| 西藏 | 161 | 6 | 8 | 6 | 7 | 5 | 5 |
| 陕西 | 1 066 | 224 | 4 | 9 | 45 | 5 | 18 |
| 甘肃 | 451 | 71 | 7 | 5 | 25 | 6 | 19 |
| 青海 | 318 | 51 | 2 | 5 | 12 | 0 | 7 |
| 宁夏 | 130 | 71 | 0 | 2 | 1 | 0 | 9 |
| 新疆 | 600 | 83 | 0 | 0 | 0 | 0 | 0 |

## 人数（按省〈区、市〉、国别分组）

单位：人

| 韩国 | 朝鲜 | 蒙古 | 印度 | 越南 | 缅甸 | 哈萨克斯坦 | 英国 | 法国 |
|---|---|---|---|---|---|---|---|---|
| 83 | 8 | 14 | 20 | 1 | 5 | 17 | 78 | 99 |
| 98 | 4 | 3 | 18 | 4 | 2 | 4 | 17 | 18 |
| 99 | 6 | 3 | 14 | 3 | 2 | 1 | 52 | 52 |
| 52 | 10 | 5 | 6 | 2 | 3 | 1 | 33 | 44 |
| 18 | 1 | 142 | 0 | 2 | 0 | 1 | 13 | 12 |
| 134 | 28 | 2 | 4 | 1 | 2 | 1 | 23 | 29 |
| 121 | 5 | 0 | 2 | 1 | 0 | 4 | 4 | 8 |
| 10 | 1 | 1 | 1 | 0 | 1 | 1 | 9 | 8 |
| 148 | 2 | 2 | 45 | 10 | 0 | 1 | 75 | 62 |
| 127 | 1 | 2 | 12 | 0 | 0 | 0 | 38 | 38 |
| 93 | 8 | 6 | 6 | 6 | 3 | 8 | 44 | 75 |
| 283 | 0 | 3 | 16 | 3 | 0 | 0 | 130 | 95 |
| 41 | 0 | 0 | 11 | 3 | 2 | 0 | 15 | 34 |
| 53 | 1 | 1 | 4 | 9 | 2 | 0 | 17 | 16 |
| 152 | 3 | 4 | 6 | 5 | 1 | 4 | 51 | 40 |
| 88 | 3 | 2 | 6 | 12 | 47 | 26 | 19 | 33 |
| 72 | 3 | 0 | 5 | 1 | 0 | 1 | 31 | 41 |
| 430 | 6 | 1 | 0 | 2 | 1 | 0 | 236 | 214 |
| 175 | 16 | 15 | 98 | 36 | 15 | 11 | 98 | 117 |
| 50 | 1 | 0 | 3 | 67 | 1 | 0 | 30 | 32 |
| 101 | 13 | 10 | 3 | 6 | 5 | 6 | 6 | 37 |
| 81 | 0 | 1 | 7 | 3 | 0 | 0 | 28 | 34 |
| 259 | 12 | 1 | 26 | 14 | 7 | 7 | 85 | 45 |
| 36 | 4 | 4 | 6 | 0 | 0 | 0 | 37 | 37 |
| 58 | 1 | 1 | 11 | 11 | 10 | 0 | 34 | 55 |
| 6 | 7 | 8 | 12 | 2 | 4 | 1 | 4 | 4 |
| 60 | 3 | 1 | 30 | 2 | 1 | 0 | 70 | 48 |
| 77 | 2 | 3 | 3 | 3 | 2 | 2 | 23 | 32 |
| 11 | 0 | 2 | 1 | 0 | 0 | 1 | 25 | 28 |
| 3 | 0 | 0 | 0 | 0 | 0 | 0 | 8 | 5 |
| 77 | 0 | 0 | 0 | 0 | 0 | 0 | 262 | 0 |

7－13(续1)

| | 饭店及游船调查人数 | 德　国 | 西班牙 | 意大利 | 荷　兰 | 瑞　典 | 俄罗斯 |
|---|---|---|---|---|---|---|---|
| 北　　京 | 1 411 | 89 | 31 | 29 | 41 | 35 | 85 |
| 天　　津 | 424 | 18 | 5 | 14 | 9 | 4 | 2 |
| 河　　北 | 687 | 25 | 6 | 18 | 17 | 9 | 64 |
| 山　　西 | 485 | 27 | 8 | 14 | 20 | 10 | 31 |
| 内 蒙 古 | 470 | 6 | 1 | 5 | 3 | 2 | 177 |
| 辽　　宁 | 725 | 24 | 8 | 20 | 11 | 7 | 47 |
| 吉　　林 | 425 | 31 | 0 | 3 | 2 | 6 | 66 |
| 黑 龙 江 | 556 | 4 | 5 | 0 | 1 | 1 | 422 |
| 上　　海 | 1 339 | 81 | 18 | 23 | 21 | 11 | 21 |
| 江　　苏 | 813 | 40 | 6 | 22 | 10 | 9 | 22 |
| 浙　　江 | 816 | 39 | 16 | 21 | 31 | 10 | 31 |
| 安　　徽 | 1 343 | 63 | 7 | 21 | 17 | 10 | 87 |
| 福　　建 | 579 | 20 | 5 | 8 | 7 | 6 | 14 |
| 江　　西 | 370 | 20 | 2 | 4 | 7 | 6 | 13 |
| 山　　东 | 743 | 35 | 14 | 17 | 15 | 14 | 31 |
| 河　　南 | 672 | 15 | 40 | 33 | 38 | 15 | 32 |
| 湖　　北 | 579 | 31 | 2 | 6 | 14 | 5 | 19 |
| 湖　　南 | 1 325 | 13 | 3 | 13 | 4 | 5 | 3 |
| 广　　东 | 2 966 | 113 | 37 | 76 | 56 | 48 | 63 |
| 广　　西 | 539 | 17 | 16 | 5 | 5 | 8 | 15 |
| 海　　南 | 734 | 45 | 1 | 8 | 3 | 11 | 227 |
| 重　　庆 | 467 | 13 | 5 | 10 | 15 | 9 | 15 |
| 四　　川 | 1 634 | 44 | 8 | 37 | 35 | 17 | 18 |
| 贵　　州 | 397 | 25 | 6 | 15 | 13 | 10 | 6 |
| 云　　南 | 641 | 31 | 9 | 14 | 18 | 19 | 5 |
| 西　　藏 | 161 | 11 | 1 | 7 | 4 | 5 | 3 |
| 陕　　西 | 1 066 | 67 | 28 | 17 | 25 | 18 | 9 |
| 甘　　肃 | 451 | 18 | 7 | 6 | 9 | 6 | 2 |
| 青　　海 | 318 | 24 | 5 | 11 | 9 | 9 | 6 |
| 宁　　夏 | 130 | 2 | 0 | 4 | 1 | 0 | 2 |
| 新　　疆 | 600 | 0 | 0 | 0 | 0 | 0 | 178 |

| 瑞　士 | 乌克兰 | 美　国 | 加拿大 | 澳大利亚 | 新西兰 | 非洲国家 | 中南美洲国家 | 其他国家 |
|---|---|---|---|---|---|---|---|---|
| 19 | 21 | 120 | 60 | 44 | 23 | 10 | 2 | 22 |
| 5 | 4 | 35 | 18 | 6 | 8 | 1 | 0 | 2 |
| 10 | 5 | 59 | 12 | 16 | 4 | 3 | 5 | 11 |
| 12 | 4 | 32 | 16 | 16 | 10 | 7 | 1 | 1 |
| 3 | 0 | 27 | 11 | 5 | 2 | 2 | 0 | 5 |
| 6 | 4 | 43 | 25 | 19 | 12 | 1 | 3 | 23 |
| 2 | 7 | 16 | 18 | 5 | 2 | 7 | 1 | 18 |
| 8 | 1 | 30 | 8 | 0 | 3 | 2 | 0 | 1 |
| 13 | 2 | 150 | 35 | 50 | 10 | 10 | 7 | 37 |
| 6 | 1 | 97 | 21 | 21 | 5 | 1 | 1 | 9 |
| 8 | 11 | 65 | 15 | 17 | 4 | 8 | 3 | 48 |
| 8 | 2 | 93 | 30 | 27 | 7 | 10 | 3 | 20 |
| 4 | 5 | 53 | 18 | 18 | 7 | 5 | 0 | 18 |
| 4 | 1 | 35 | 17 | 12 | 6 | 8 | 2 | 11 |
| 15 | 7 | 47 | 42 | 18 | 17 | 6 | 0 | 12 |
| 15 | 8 | 43 | 4 | 16 | 3 | 5 | 1 | 14 |
| 6 | 3 | 46 | 34 | 13 | 4 | 3 | 3 | 6 |
| 5 | 1 | 118 | 16 | 7 | 3 | 5 | 2 | 3 |
| 54 | 23 | 314 | 123 | 85 | 34 | 33 | 42 | 88 |
| 4 | 6 | 53 | 23 | 24 | 6 | 1 | 1 | 19 |
| 3 | 12 | 27 | 16 | 3 | 11 | 12 | 0 | 6 |
| 8 | 0 | 48 | 47 | 10 | 4 | 2 | 0 | 18 |
| 22 | 12 | 114 | 36 | 48 | 20 | 3 | 12 | 47 |
| 5 | 1 | 40 | 18 | 16 | 12 | 1 | 0 | 0 |
| 9 | 2 | 55 | 13 | 35 | 10 | 5 | 2 | 26 |
| 4 | 4 | 17 | 1 | 4 | 5 | 2 | 4 | 4 |
| 17 | 4 | 172 | 59 | 54 | 26 | 11 | 4 | 35 |
| 7 | 3 | 59 | 15 | 21 | 8 | 4 | 1 | 5 |
| 11 | 3 | 41 | 20 | 14 | 6 | 2 | 0 | 12 |
| 0 | 0 | 10 | 2 | 3 | 0 | 0 | 0 | 7 |
| 0 | 0 | 0 | 0 | 0 | 0 | 0 | 0 | 0 |

# 7-14 2011年饭店调查入境游客人数及所占比重

## (按城市、外国人、港澳台胞分组)

| | 饭店及游船调查人数 | | 外国人 | | 香港同胞 | | 澳门同胞 | | 台湾同胞 | |
|---|---|---|---|---|---|---|---|---|---|---|
| | (人) | (%) | (人) | (%) | (人) | (%) | (人) | (%) | (人) | (%) |
| 北京 | 1 658 | 100 | 1 411 | 85.1 | 128 | 7.7 | 35 | 2.1 | 84 | 5.1 |
| 天津 | 500 | 100 | 424 | 84.8 | 29 | 5.8 | 12 | 2.4 | 35 | 7.0 |
| 石家庄 | 200 | 100 | 172 | 86.0 | 21 | 10.5 | 2 | 1.0 | 5 | 2.5 |
| 唐山 | 100 | 100 | 89 | 89.0 | 4 | 4.0 | 3 | 3.0 | 4 | 4.0 |
| 秦皇岛 | 200 | 100 | 179 | 89.5 | 11 | 5.5 | 3 | 1.5 | 7 | 3.5 |
| 保定 | 100 | 100 | 78 | 78.0 | 15 | 15.0 | 3 | 3.0 | 4 | 4.0 |
| 承德 | 100 | 100 | 77 | 77.0 | 10 | 10.0 | 4 | 4.0 | 9 | 9.0 |
| 廊坊 | 100 | 100 | 92 | 92.0 | 4 | 4.0 | 1 | 1.0 | 3 | 3.0 |
| 太原 | 90 | 100 | 40 | 44.4 | 20 | 22.2 | 15 | 16.7 | 15 | 16.7 |
| 大同 | 110 | 100 | 110 | 100.0 | 0 | 0.0 | 0 | 0.0 | 0 | 0.0 |
| 阳泉 | 50 | 100 | 47 | 94.0 | 1 | 2.0 | 1 | 2.0 | 1 | 2.0 |
| 长治 | 40 | 100 | 30 | 75.0 | 4 | 10.0 | 2 | 5.0 | 4 | 10.0 |
| 晋城 | 30 | 100 | 24 | 80.0 | 1 | 3.3 | 2 | 6.7 | 3 | 10.0 |
| 朔州 | 30 | 100 | 19 | 63.3 | 4 | 13.3 | 3 | 10.0 | 4 | 13.3 |
| 晋中 | 110 | 100 | 62 | 56.4 | 25 | 22.7 | 10 | 9.1 | 13 | 11.8 |
| 运城 | 70 | 100 | 26 | 37.1 | 16 | 22.9 | 10 | 14.3 | 18 | 25.7 |
| 忻州 | 80 | 100 | 66 | 82.5 | 5 | 6.3 | 4 | 5.0 | 5 | 6.3 |
| 临汾 | 49 | 100 | 35 | 71.4 | 7 | 14.3 | 0 | 0.0 | 7 | 14.3 |
| 吕梁 | 30 | 100 | 26 | 86.7 | 3 | 10.0 | 0 | 0.0 | 1 | 3.3 |
| 呼和浩特 | 100 | 100 | 86 | 86.0 | 6 | 6.0 | 2 | 2.0 | 6 | 6.0 |
| 满洲里 | 100 | 100 | 84 | 84.0 | 6 | 6.0 | 7 | 7.0 | 3 | 3.0 |
| 二连浩特 | 130 | 100 | 130 | 100.0 | 0 | 0.0 | 0 | 0.0 | 0 | 0.0 |
| 包头 | 170 | 100 | 170 | 100.0 | 0 | 0.0 | 0 | 0.0 | 0 | 0.0 |
| 沈阳 | 460 | 100 | 368 | 80.0 | 41 | 8.9 | 12 | 2.6 | 39 | 8.5 |
| 大连 | 212 | 100 | 160 | 75.5 | 32 | 15.1 | 7 | 3.3 | 13 | 6.1 |
| 鞍山 | 45 | 100 | 45 | 100.0 | 0 | 0.0 | 0 | 0.0 | 0 | 0.0 |
| 抚顺 | 40 | 100 | 36 | 90.0 | 2 | 5.0 | 0 | 0.0 | 2 | 5.0 |
| 本溪 | 43 | 100 | 18 | 41.9 | 11 | 25.6 | 4 | 9.3 | 10 | 23.3 |
| 丹东 | 45 | 100 | 45 | 100.0 | 0 | 0.0 | 0 | 0.0 | 0 | 0.0 |
| 营口 | 20 | 100 | 20 | 100.0 | 0 | 0.0 | 0 | 0.0 | 0 | 0.0 |
| 葫芦岛 | 50 | 100 | 33 | 66.0 | 4 | 8.0 | 5 | 10.0 | 8 | 16.0 |

7－14(续1)

| | 饭店及游船调查人数 | | 外国人 | | 香港同胞 | | 澳门同胞 | | 台湾同胞 | |
|---|---|---|---|---|---|---|---|---|---|---|
| | (人) | (%) | (人) | (%) | (人) | (%) | (人) | (%) | (人) | (%) |
| 长　　春 | 200 | 100 | 155 | 77.5 | 21 | 10.5 | 4 | 2.0 | 20 | 10.0 |
| 吉　　林 | 100 | 100 | 88 | 88.0 | 5 | 5.0 | 3 | 3.0 | 4 | 4.0 |
| 松　　原 | 100 | 100 | 86 | 86.0 | 5 | 5.0 | 4 | 4.0 | 5 | 5.0 |
| 延　　吉 | 100 | 100 | 96 | 96.0 | 0 | 0.0 | 1 | 1.0 | 3 | 3.0 |
| 哈 尔 滨 | 200 | 100 | 174 | 87.0 | 10 | 5.0 | 2 | 1.0 | 14 | 7.0 |
| 齐齐哈尔 | 100 | 100 | 0 | 0.0 | 37 | 37.0 | 0 | 0.0 | 63 | 63.0 |
| 大　　庆 | 100 | 100 | 82 | 82.0 | 8 | 8.0 | 2 | 2.0 | 8 | 8.0 |
| 佳 木 斯 | 100 | 100 | 100 | 100.0 | 0 | 0.0 | 0 | 0.0 | 0 | 0.0 |
| 牡 丹 江 | 200 | 100 | 200 | 100.0 | 0 | 0.0 | 0 | 0.0 | 0 | 0.0 |
| 上　　海 | 1 578 | 100 | 1 339 | 84.9 | 104 | 6.6 | 22 | 1.4 | 113 | 7.2 |
| 南　　京 | 336 | 100 | 268 | 79.8 | 21 | 6.3 | 4 | 1.2 | 43 | 12.8 |
| 无　　锡 | 212 | 100 | 111 | 52.4 | 35 | 16.5 | 4 | 1.9 | 62 | 29.2 |
| 苏　　州 | 383 | 100 | 270 | 70.5 | 36 | 9.4 | 9 | 2.3 | 68 | 17.8 |
| 南　　通 | 110 | 100 | 74 | 67.3 | 8 | 7.3 | 4 | 3.6 | 24 | 21.8 |
| 扬　　州 | 142 | 100 | 90 | 63.4 | 23 | 16.2 | 6 | 4.2 | 23 | 16.2 |
| 杭　　州 | 500 | 100 | 413 | 82.6 | 42 | 8.4 | 7 | 1.4 | 38 | 7.6 |
| 宁　　波 | 200 | 100 | 138 | 69.0 | 34 | 17.0 | 7 | 3.5 | 21 | 10.5 |
| 温　　州 | 100 | 100 | 78 | 78.0 | 8 | 8.0 | 4 | 4.0 | 10 | 10.0 |
| 绍　　兴 | 100 | 100 | 95 | 95.0 | 3 | 3.0 | 1 | 1.0 | 1 | 1.0 |
| 金　　华 | 100 | 100 | 92 | 92.0 | 6 | 6.0 | 0 | 0.0 | 2 | 2.0 |
| 合　　肥 | 250 | 100 | 250 | 100.0 | 0 | 0.0 | 0 | 0.0 | 0 | 0.0 |
| 芜　　湖 | 190 | 100 | 169 | 88.9 | 8 | 4.2 | 5 | 2.6 | 8 | 4.2 |
| 马 鞍 山 | 80 | 100 | 76 | 95.0 | 1 | 1.3 | 1 | 1.3 | 2 | 2.5 |
| 铜　　陵 | 90 | 100 | 82 | 91.1 | 3 | 3.3 | 1 | 1.1 | 4 | 4.4 |
| 安　　庆 | 140 | 100 | 125 | 89.3 | 9 | 6.4 | 0 | 0.0 | 6 | 4.3 |
| 黄　　山 | 320 | 100 | 256 | 80.0 | 26 | 8.1 | 8 | 2.5 | 30 | 9.4 |
| 滁　　州 | 80 | 100 | 67 | 83.8 | 6 | 7.5 | 0 | 0.0 | 7 | 8.8 |
| 亳　　州 | 80 | 100 | 60 | 75.0 | 9 | 11.3 | 4 | 5.0 | 7 | 8.8 |
| 池　　州 | 190 | 100 | 190 | 100.0 | 0 | 0.0 | 0 | 0.0 | 0 | 0.0 |
| 宣　　城 | 80 | 100 | 68 | 85.0 | 6 | 7.5 | 2 | 2.5 | 4 | 5.0 |
| 福　　州 | 251 | 100 | 148 | 59.0 | 47 | 18.7 | 10 | 4.0 | 46 | 18.3 |
| 厦　　门 | 346 | 100 | 254 | 73.4 | 45 | 13.0 | 9 | 2.6 | 38 | 11.0 |
| 泉　　州 | 152 | 100 | 71 | 46.7 | 41 | 27.0 | 7 | 4.6 | 33 | 21.7 |
| 漳　　州 | 100 | 100 | 61 | 61.0 | 15 | 15.0 | 3 | 3.0 | 21 | 21.0 |
| 武 夷 山 | 100 | 100 | 45 | 45.0 | 19 | 19.0 | 2 | 2.0 | 34 | 34.0 |

7－14(续2)

| | 饭店及游船调查人数 | | 外国人 | | 香港同胞 | | 澳门同胞 | | 台湾同胞 | |
|---|---|---|---|---|---|---|---|---|---|---|
| | (人) | (%) | (人) | (%) | (人) | (%) | (人) | (%) | (人) | (%) |
| 南昌 | 120 | 100 | 80 | 66.7 | 23 | 19.2 | 6 | 5.0 | 11 | 9.2 |
| 景德镇 | 107 | 100 | 70 | 65.4 | 13 | 12.1 | 14 | 13.1 | 10 | 9.3 |
| 九江 | 120 | 100 | 93 | 77.5 | 12 | 10.0 | 4 | 3.3 | 11 | 9.2 |
| 鹰潭 | 110 | 100 | 73 | 66.4 | 19 | 17.3 | 6 | 5.5 | 12 | 10.9 |
| 赣州 | 120 | 100 | 54 | 45.0 | 44 | 36.7 | 8 | 6.7 | 14 | 11.7 |
| 济南 | 149 | 100 | 79 | 53.0 | 49 | 32.9 | 5 | 3.4 | 16 | 10.7 |
| 青岛 | 299 | 100 | 251 | 83.9 | 24 | 8.0 | 0 | 0.0 | 24 | 8.0 |
| 烟台 | 150 | 100 | 91 | 60.7 | 26 | 17.3 | 3 | 2.0 | 30 | 20.0 |
| 曲阜 | 120 | 100 | 65 | 54.2 | 21 | 17.5 | 10 | 8.3 | 24 | 20.0 |
| 泰安 | 112 | 100 | 93 | 83.0 | 7 | 6.3 | 2 | 1.8 | 10 | 8.9 |
| 威海 | 120 | 100 | 109 | 90.8 | 3 | 2.5 | 0 | 0.0 | 8 | 6.7 |
| 日照 | 100 | 100 | 55 | 55.0 | 15 | 15.0 | 15 | 15.0 | 15 | 15.0 |
| 郑州 | 250 | 100 | 217 | 86.8 | 13 | 5.2 | 10 | 4.0 | 10 | 4.0 |
| 开封 | 156 | 100 | 136 | 87.2 | 13 | 8.3 | 1 | 0.6 | 6 | 3.8 |
| 洛阳 | 268 | 100 | 241 | 89.9 | 11 | 4.1 | 3 | 1.1 | 13 | 4.9 |
| 三门峡 | 150 | 100 | 78 | 52.0 | 37 | 24.7 | 10 | 6.7 | 25 | 16.7 |
| 武汉 | 435 | 100 | 217 | 49.9 | 106 | 24.4 | 20 | 4.6 | 92 | 21.1 |
| 十堰 | 99 | 100 | 40 | 40.4 | 28 | 28.3 | 11 | 11.1 | 20 | 20.2 |
| 宜昌 | 141 | 100 | 64 | 45.4 | 41 | 29.1 | 7 | 5.0 | 29 | 20.6 |
| 襄樊 | 104 | 100 | 78 | 75.0 | 9 | 8.7 | 9 | 8.7 | 8 | 7.7 |
| 荆州 | 102 | 100 | 39 | 38.2 | 29 | 28.4 | 13 | 12.7 | 21 | 20.6 |
| 湖北游船 | 173 | 100 | 141 | 81.5 | 15 | 8.7 | 7 | 4.0 | 10 | 5.8 |
| 长沙 | 324 | 100 | 265 | 81.8 | 26 | 8.0 | 6 | 1.9 | 27 | 8.3 |
| 湘潭 | 211 | 100 | 153 | 72.5 | 21 | 10.0 | 13 | 6.2 | 24 | 11.4 |
| 衡阳 | 180 | 100 | 180 | 100.0 | 0 | 0.0 | 0 | 0.0 | 0 | 0.0 |
| 岳阳 | 230 | 100 | 230 | 100.0 | 0 | 0.0 | 0 | 0.0 | 0 | 0.0 |
| 张家界 | 497 | 100 | 497 | 100.0 | 0 | 0.0 | 0 | 0.0 | 0 | 0.0 |
| 广州 | 1 419 | 100 | 970 | 68.4 | 248 | 17.5 | 93 | 6.6 | 108 | 7.6 |
| 深圳 | 1 431 | 100 | 1 117 | 78.1 | 166 | 11.6 | 42 | 2.9 | 106 | 7.4 |
| 珠海 | 792 | 100 | 170 | 21.5 | 221 | 27.9 | 149 | 18.8 | 252 | 31.8 |
| 汕头 | 320 | 100 | 256 | 80.0 | 38 | 11.9 | 16 | 5.0 | 10 | 3.1 |
| 佛山 | 230 | 100 | 119 | 51.7 | 66 | 28.7 | 29 | 12.6 | 16 | 7.0 |
| 江门 | 300 | 100 | 145 | 48.3 | 84 | 28.0 | 47 | 15.7 | 24 | 8.0 |
| 肇庆 | 200 | 100 | 19 | 9.5 | 150 | 75.0 | 17 | 8.5 | 14 | 7.0 |
| 东莞 | 147 | 100 | 31 | 21.1 | 86 | 58.5 | 15 | 10.2 | 15 | 10.2 |
| 中山 | 243 | 100 | 139 | 57.2 | 53 | 21.8 | 21 | 8.6 | 30 | 12.3 |

7－14(续3)

| | 饭店及游船调查人数 | | 外国人 | | 香港同胞 | | 澳门同胞 | | 台湾同胞 | |
|---|---|---|---|---|---|---|---|---|---|---|
| | (人) | (%) | (人) | (%) | (人) | (%) | (人) | (%) | (人) | (%) |
| 南　宁 | 200 | 100 | 150 | 75.0 | 14 | 7.0 | 6 | 3.0 | 30 | 15.0 |
| 桂　林 | 300 | 100 | 235 | 78.3 | 31 | 10.3 | 6 | 2.0 | 28 | 9.3 |
| 北　海 | 100 | 100 | 69 | 69.0 | 20 | 20.0 | 3 | 3.0 | 8 | 8.0 |
| 贺　州 | 99 | 100 | 35 | 35.4 | 30 | 30.3 | 14 | 14.1 | 20 | 20.2 |
| 崇　左 | 100 | 100 | 50 | 50.0 | 13 | 13.0 | 9 | 9.0 | 28 | 28.0 |
| 海　口 | 300 | 100 | 243 | 81.0 | 28 | 9.3 | 11 | 3.7 | 18 | 6.0 |
| 三　亚 | 600 | 100 | 491 | 81.8 | 48 | 8.0 | 17 | 2.8 | 44 | 7.3 |
| 重　庆 | 600 | 100 | 467 | 77.8 | 74 | 12.3 | 14 | 2.3 | 45 | 7.5 |
| 成　都 | 680 | 100 | 520 | 76.5 | 72 | 10.6 | 35 | 5.1 | 53 | 7.8 |
| 绵　阳 | 610 | 100 | 295 | 48.4 | 51 | 8.4 | 13 | 2.1 | 251 | 41.1 |
| 乐　山 | 700 | 100 | 432 | 61.7 | 91 | 13.0 | 95 | 13.6 | 82 | 11.7 |
| 阿坝州 | 500 | 100 | 387 | 77.4 | 28 | 5.6 | 7 | 1.4 | 78 | 15.6 |
| 贵　阳 | 400 | 100 | 279 | 69.8 | 43 | 10.8 | 20 | 5.0 | 58 | 14.5 |
| 安　顺 | 100 | 100 | 29 | 29.0 | 28 | 28.0 | 7 | 7.0 | 36 | 36.0 |
| 黔东南 | 100 | 100 | 89 | 89.0 | 6 | 6.0 | 0 | 0.0 | 5 | 5.0 |
| 昆　明 | 722 | 100 | 547 | 75.8 | 75 | 10.4 | 31 | 4.3 | 69 | 9.6 |
| 景　洪 | 59 | 100 | 49 | 83.1 | 4 | 6.8 | 1 | 1.7 | 5 | 8.5 |
| 大　理 | 55 | 100 | 45 | 81.8 | 3 | 5.5 | 3 | 5.5 | 4 | 7.3 |
| 拉　萨 | 200 | 100 | 161 | 80.5 | 17 | 8.5 | 10 | 5.0 | 12 | 6.0 |
| 西　安 | 1 110 | 100 | 961 | 86.6 | 68 | 6.1 | 24 | 2.2 | 57 | 5.1 |
| 咸　阳 | 124 | 100 | 105 | 84.7 | 3 | 2.4 | 6 | 4.8 | 10 | 8.1 |
| 兰　州 | 300 | 100 | 175 | 58.3 | 38 | 12.7 | 48 | 16.0 | 39 | 13.0 |
| 敦　煌 | 400 | 100 | 276 | 69.0 | 33 | 8.3 | 47 | 11.8 | 44 | 11.0 |
| 西　宁 | 154 | 100 | 125 | 81.2 | 21 | 13.6 | 1 | 0.6 | 7 | 4.5 |
| 黄　南 | 100 | 100 | 98 | 98.0 | 1 | 1.0 | 0 | 0.0 | 1 | 1.0 |
| 格尔木 | 110 | 100 | 95 | 86.4 | 5 | 4.5 | 2 | 1.8 | 8 | 7.3 |
| 银　川 | 150 | 100 | 130 | 86.7 | 9 | 6.0 | 6 | 4.0 | 5 | 3.3 |
| 乌鲁木齐 | 102 | 100 | 102 | 100.0 | 0 | 0.0 | 0 | 0.0 | 0 | 0.0 |
| 吐鲁番 | 100 | 100 | 100 | 100.0 | 0 | 0.0 | 0 | 0.0 | 0 | 0.0 |
| 伊　宁 | 197 | 100 | 197 | 100.0 | 0 | 0.0 | 0 | 0.0 | 0 | 0.0 |
| 阿勒泰 | 201 | 100 | 201 | 100.0 | 0 | 0.0 | 0 | 0.0 | 0 | 0.0 |

# 下　　篇

## 国内旅游抽样调查资料

# 第一部分

# 综 合 分 析 报 告

# 2011年中国国内旅游抽样调查综合分析报告

由国家旅游局政策法规司与国家统计局社情民意调查中心合作，在我国大陆地区开展的国内旅游抽样调查结果表明，2011年我国国内旅游市场继续保持快速增长。据测算，全年国内旅游人数突破26亿人次，国内旅游收入达1.93万亿元。

——国内旅游总人数为26.41亿人次，按可比口径，比上年增长13.2%；

——国内旅游总收入为19305.39亿元，按可比口径，增长23.6%；

——国内游客人均花费731.0元/人次，按可比口径，增长9.2%。

2011年中国国内旅游抽样调查综合情况如下：

## 一、2011年中国国内旅游抽样调查对象和调查方法

2011年中国居民国内旅游抽样调查的调查对象是我国大陆城乡居民中，不以谋求职业、获取报酬为目的，离开惯常环境10公里以外，停留时间超过6小时、但不超过12个月，从事参观游览、度假休闲、探亲访友、健康疗养、考察、会议等活动，以及从事经济、科技、文化、教育、体育、宗教等活动的人。

鉴于城镇居民和农村居民出游行为及消费习惯差异明显，故将调查总体分为城镇居民和农村居民两个调查子总体，调查频率为季度调查，调查问卷重点关注出游次数、出游目的、出游花费和构成等内容，调查采取计算机辅助电话访谈（CATI）采集数据。根据调查结果，测算得出城镇居民国内旅游总体情况、农村居民国内旅游总体情况，汇总合成全国国内旅游总体情况。

## 二、2011年国内旅游总体情况

### （一）城镇居民

2011年，我国城镇居民国内旅游出游人数16.87亿人次，出游人次率（以下简称为出游率）253.5%，出游花费14808.61亿元，游客每次出游人均花费（以下简称人均花费）877.8元/人次。

各季度城镇居民国内旅游情况：

一季度全国城镇居民旅游人数4.09亿人次，出游率61.5%，旅游总花费3539.65亿元，游客人均花费865.4元/人次。

二季度全国城镇居民旅游人数3.97亿人次，出游率59.6%，旅游总花费3229.75亿元，游客人均花费813.5元/人次。

三季度全国城镇居民旅游人数4.34亿人次，出游率65.2%，旅游总花费4114.56亿元，游客人均花费948.1元/人次。

四季度全国城镇居民旅游人数4.47亿人次，出游率67.2%，旅游总花费3924.65亿元，游客人均花费878.0元/人次。

**（二）农村居民**

2011年，我国农村居民国内旅游出游人数9.54亿人次，出游率141.5%，出游花费4496.78亿元，游客人均花费471.4元/人次。

各季度农村居民国内旅游情况：

一季度全国农村居民旅游人数3.51亿人次，出游率52.1%，旅游总花费1722.62亿元，游客人均花费490.8元/人次。

二季度全国农村居民旅游人数1.95亿人次，出游率28.9%，旅游总花费890.55亿元，游客人均花费456.7元/人次。

三季度全国农村居民旅游人数1.92亿人次，出游率28.5%，旅游总花费840.37亿元，游客人均花费437.7元/人次。

四季度全国农村居民旅游人数2.16亿人次，出游率32.0%，旅游总花费1043.24亿元，游客人均花费483.0元/人次。

## 三、2011年国内旅游抽样调查基本结果

### （一）城镇居民

#### 1. 出游人数构成

在被调查城镇居民中，出游人数为21985人次。其中一日游游客占44.3%，过夜游游客占55.7%。

按性别分，男性占55.7%，女性占44.3%。

按年龄分，25～34岁出游人次数最多，占出游总人次的32.6%，14岁及以下占4.6%，15～24岁占14.5%，35～44岁占20.9%，45～64岁占21.1%，65岁及以上占6.3%。

按受教育程度分，大学本科、大专出游人次数最多，占出游总人次的58.5%，研究生及以上占6.7%，高中（中专/职高/技校）占21.5%，初中及以下占13.3%。

按旅游目的分，观光游览占29.5%，度假休闲娱乐占23.7%，商务出差占15.2%，探亲访友占28.9%，健康疗养占1.3%，其他旅游目的占1.3%。

按旅游方式分，旅行社组织占6.6%，非旅行社组织的93.4%。

**2. 游客每次出游人均花费情况**

城镇游客每次出游人均花费1140.2元。其中，一日游人均花费371.2元，过夜游人均花费1751.0元。

按性别分，男性游客人均花费1213.7元，女性游客人均花费1047.9元。

按年龄分，25～34岁的游客人均花费最高，达1311.5元，35～44岁的人均花费1288.7元，45～64岁的人均花费1115.1元，15～24岁的人均花费908.7元，65岁及以上的人均花费706.1元，14岁及以下的人均花费684.3元。

按受教育程度分，研究生及以上的游客人均花费1700.5元，大学本科、大专的人均花费1283.7元，高中（中专/职高/技校）的人均花费866.8元，初中及以下的人均花费668.1元。出游人均花费与受教育程度呈高度正相关。

按旅游目的分，商务出差的游客人均花费最高，达2039.0元，观光游览的人均花费1212.6元，度假休闲娱乐的人均花费893.3元，探亲访友的人均花费845.5元，健康疗养的人均花费635.5元，其他旅游目的的人均花费565.5元。

按旅游方式分组，旅行社组织的游客人均花费2116.8元，非旅行社组织的人均花费1070.9元。

**3. 散客每次出游人均花费构成**

城镇居民散客的花费构成情况是：交通费占总花费的33.7%，住宿费占14.5%，餐饮费占22.2%，购物费占20.4%，景区游览费占5.3%，其他费用占3.9%。

其中，过夜游散客花费构成情况是：交通费占总花费的34.8%，住宿费占17.1%，餐饮费占20.6%，购物费占18.8%，景区游览费占5.0%，其他费用占3.6%。

一日游散客花费构成情况是：交通费占总花费的27.3%，餐饮费占31.2%，购物费占29.0%，景区游览费占7.0%，其他费用占5.5%。

**（二）农村居民**

**1. 出游人数构成**

在被调查农村居民中，出游人数为12616人次。其中，一日游游客占50.5%，过夜游游客占49.5%。

按性别分，男性占62.1%，女性占37.9%。

按年龄分，25～34岁出游人次数最多，占出游总人次的28.2%，14岁及以下占5.2%，15～24岁占20.0%，35～44岁占22.4%，45～64岁占20.9%，

65 岁及以上占 3.3%。

按受教育程度分，大专、大学本科及以上占 21.6%，高中（中专/职高/技校）占 31.2%，初中占 33.4%，小学及以下占 13.8%。

按旅游目的分，观光游览占 18.5%，度假休闲娱乐占 15.6%，商务出差占 15.6%，探亲访友占 42.4%，健康疗养占 2.7%，其他旅游目的 5.3%。

按旅游方式分，旅行社组织的占 3.4%，非旅行社组织的占 96.6%。

**2. 游客每次出游人均花费情况**

农村游客每次出游人均花费 608.3 元。其中，一日游人均花费 253.1 元，过夜游人均花费 971.2 元。

按性别分，男性游客人均花费 669.7 元，女性游客人均花费 507.6 元。

按年龄分，25~34 岁的游客人均花费最高，达 678.3 元，15~24 岁的人均花费 651.2 元，35~44 岁的人均花费 600.2 元，45~64 岁的人均花费 556.6 元，65 岁及以上的人均花费 469.4 元，14 岁及以下的人均花费 392.7 元。

按受教育程度分，大专、大学本科及以上的游客人均花费 945.9 元，高中（中专/职高/技校）的人均花费 640.8 元，初中的人均花费 442.1 元，小学及以下的人均花费 407.1 元。

按旅游目的分，商务出差的游客人均花费最高，达 901.7 元，观光游览的人均花费 832.8 元，度假休闲娱乐的人均花费 574.6 元，探亲访友的人均花费 452.8 元，健康疗养的人均花费 462.9 元，其他旅游目的的人均花费 377.4 元。

按旅游方式分，旅行社组织的游客人均花费 1440.1 元，非旅行社组织的人均花费 579.4 元。

**3. 散客每次出游人均花费构成**

农村居民散客的花费构成情况是：交通费占总花费的 28.4%，住宿费占 10.7%，餐饮费占 22.4%，购物费占 28.8%，景区游览费占 4.9%，其他费用占 4.8%。

其中，过夜游散客的花费构成情况是：交通费占总花费的 29.0%，住宿费占 13.6%，餐饮费占 21.8%，购物费占 25.6%，景区游览费占 4.9%，其他费用占 4.9%。

一日游散客的花费构成情况是：交通费占总花费的 25.9%，餐饮费占 24.7%，购物费占 40.4%，景区游览费占 4.9%，其他费用占 4.2%。

# 第二部分

# 2011 年国内旅游基本情况

# 2　2011 年国内旅游基本情况

| | 总人次数（亿人次） | 出游率*（%） | 总花费（亿元） | 人均每次花费（元/人次） |
|---|---|---|---|---|
| **全国总计** | **26.41** | **197.1** | **19 305.39** | **731.0** |
| **城镇居民合计** | **16.87** | **253.5** | **14 808.61** | **877.8** |
| 一季度 | 4.09 | 61.5 | 3 539.65 | 865.4 |
| 二季度 | 3.97 | 59.6 | 3 229.75 | 813.5 |
| 三季度 | 4.34 | 65.2 | 4 114.56 | 948.1 |
| 四季度 | 4.47 | 67.2 | 3 924.65 | 878.0 |
| **农村居民合计** | **9.54** | **141.5** | **4 496.78** | **471.4** |
| 一季度 | 3.51 | 52.1 | 1 722.62 | 490.8 |
| 二季度 | 1.95 | 28.9 | 890.55 | 456.7 |
| 三季度 | 1.92 | 28.5 | 840.37 | 437.7 |
| 四季度 | 2.16 | 32.0 | 1 043.24 | 483.0 |

* 出游率指城镇居民或农村居民出游人次数占其总人口数的比重。

# 第三部分

# 2011 年城镇居民国内旅游抽样调查数据

# 一、2011 年城镇居民国内游客人次数调查构成

## 3-1-1　城镇居民国内游客人次数构成

| | 城镇居民国内游客人次数（人次） | 城镇居民国内游客人次数构成（%） |
|---|---|---|
| **调查总计** | **21 985** | **100.0** |
| 按性别分 | | |
| 男　性 | 12 241 | 55.7 |
| 女　性 | 9 744 | 44.3 |
| 按年龄分 | | |
| 14 岁及以下 | 1 001 | 4.6 |
| 15～24 岁 | 3 195 | 14.5 |
| 25～34 岁 | 7 172 | 32.6 |
| 35～44 岁 | 4 601 | 20.9 |
| 45～64 岁 | 4 635 | 21.1 |
| 65 岁及以上 | 1 381 | 6.3 |
| 按受教育程度分 | | |
| 初中及以下 | 2 919 | 13.3 |
| 高中（中专/职高/技校） | 4 731 | 21.5 |
| 大学本科、大专 | 12 860 | 58.5 |
| 研究生及以上 | 1 475 | 6.7 |

# 3－1－2　城镇居民国内游客人次数构成（按停留时间分）

单位：%

| | 人次数构成 | 一日游 | 过夜游 |
|---|---|---|---|
| **调查总平均** | **100.0** | **44.3** | **55.7** |
| 按性别分 | | | |
| 男　性 | 100.0 | 42.5 | 57.5 |
| 女　性 | 100.0 | 46.4 | 53.6 |
| 按年龄分 | | | |
| 14 岁及以下 | 100.0 | 52.5 | 47.5 |
| 15～24 岁 | 100.0 | 42.8 | 57.2 |
| 25～34 岁 | 100.0 | 40.2 | 59.8 |
| 35～44 岁 | 100.0 | 41.6 | 58.4 |
| 45～64 岁 | 100.0 | 48.1 | 51.9 |
| 65 岁及以上 | 100.0 | 58.7 | 41.3 |
| 按受教育程度分 | | | |
| 初中及以下 | 100.0 | 53.2 | 46.8 |
| 高中（中专/职高/技校） | 100.0 | 51.3 | 48.7 |
| 大学本科、大专 | 100.0 | 41.0 | 59.0 |
| 研究生及以上 | 100.0 | 32.7 | 67.3 |

## 3-1-3 城镇居民国内游客人次数构成(按旅游方式分)

单位：%

| | 人次数构成 | 旅行社组织 | 非旅行社组织 |
|---|---|---|---|
| **调查总平均** | **100.0** | **6.6** | **93.4** |
| 按性别分 | | | |
| 男　性 | 100.0 | 5.6 | 94.4 |
| 女　性 | 100.0 | 7.9 | 92.1 |
| 按年龄分 | | | |
| 14 岁及以下 | 100.0 | 6.8 | 93.2 |
| 15～24 岁 | 100.0 | 4.9 | 95.1 |
| 25～34 岁 | 100.0 | 5.4 | 94.6 |
| 35～44 岁 | 100.0 | 7.2 | 92.8 |
| 45～64 岁 | 100.0 | 7.9 | 92.1 |
| 65 岁及以上 | 100.0 | 11.2 | 88.8 |
| 按受教育程度分 | | | |
| 初中及以下 | 100.0 | 7.0 | 93.0 |
| 高中(中专/职高/技校) | 100.0 | 6.5 | 93.5 |
| 大学本科、大专 | 100.0 | 6.7 | 93.3 |
| 研究生及以上 | 100.0 | 5.9 | 94.1 |

## 3-1-4 城镇居民国内游客人次数构成(按旅游目的分)

单位：%

| | 人次数构成 | 观光游览 | 度假休闲娱乐 | 商务出差 | 探亲访友 | 健康疗养 | 其他 |
|---|---|---|---|---|---|---|---|
| **调查总平均** | **100.0** | **29.5** | **23.7** | **15.2** | **28.9** | **1.3** | **1.3** |
| 按性别分 | | | | | | | |
| 男　性 | 100.0 | 28.0 | 22.0 | 20.7 | 26.7 | 1.2 | 1.4 |
| 女　性 | 100.0 | 31.3 | 25.9 | 8.4 | 31.8 | 1.5 | 1.2 |
| 按年龄分 | | | | | | | |
| 14 岁及以下 | 100.0 | 39.7 | 32.0 | 1.3 | 25.3 | 0.8 | 1.0 |
| 15～24 岁 | 100.0 | 29.9 | 23.8 | 10.9 | 33.4 | 0.7 | 1.3 |
| 25～34 岁 | 100.0 | 25.8 | 22.5 | 19.7 | 30.2 | 0.8 | 1.0 |
| 35～44 岁 | 100.0 | 29.4 | 23.7 | 19.4 | 25.0 | 1.2 | 1.3 |
| 45～64 岁 | 100.0 | 29.1 | 24.4 | 13.8 | 29.2 | 1.8 | 1.7 |
| 65 岁及以上 | 100.0 | 41.4 | 21.8 | 3.1 | 26.9 | 5.0 | 1.8 |
| 按受教育程度分 | | | | | | | |
| 初中及以下 | 100.0 | 32.4 | 22.2 | 8.9 | 33.0 | 1.7 | 1.8 |
| 高中(中专/职高/技校) | 100.0 | 30.9 | 23.4 | 11.6 | 31.1 | 2.0 | 1.0 |
| 大学本科、大专 | 100.0 | 28.9 | 24.3 | 17.1 | 27.4 | 1.1 | 1.3 |
| 研究生及以上 | 100.0 | 24.1 | 22.4 | 23.5 | 27.7 | 0.7 | 1.6 |

# 3－1－5　城镇居民国内游客人次数构成
## （按停留时间、旅游方式、旅游目的分）

单位：%

| | 人次数构成 | 一日游 | 过夜游 |
|---|---|---|---|
| **旅行社组织** | **100.0** | **24.3** | **75.7** |
| 观光游览 | 100.0 | 21.5 | 78.5 |
| 度假/休闲/娱乐 | 100.0 | 32.1 | 67.9 |
| 商务/出差 | 100.0 | 20.5 | 79.5 |
| 探亲访友 | 100.0 | 45.2 | 54.8 |
| 健康疗养 | 100.0 | 33.3 | 66.7 |
| 其　他 | 100.0 | 0.0 | 100.0 |
| **非旅行社组织** | **100.0** | **45.7** | **54.3** |
| 观光游览 | 100.0 | 51.2 | 48.8 |
| 度假/休闲/娱乐 | 100.0 | 58.8 | 41.2 |
| 商务/出差 | 100.0 | 28.3 | 71.7 |
| 探亲访友 | 100.0 | 38.2 | 61.8 |
| 健康疗养 | 100.0 | 67.7 | 32.3 |
| 其　他 | 100.0 | 57.9 | 42.1 |

# 二、2011年城镇居民国内游客人均每次花费

## 3-2-1 城镇居民国内游客人均每次花费

单位：元/人次

| | 城镇居民国内游客人均每次花费 |
|---|---|
| **调查总平均** | **1 140.2** |
| 按性别分 | |
| 男　性 | 1 213.7 |
| 女　性 | 1 047.9 |
| 按年龄分 | |
| 14岁及以下 | 684.3 |
| 15~24岁 | 908.7 |
| 25~34岁 | 1 311.5 |
| 35~44岁 | 1 288.7 |
| 45~64岁 | 1 115.1 |
| 65岁及以上 | 706.1 |
| 按受教育程度分 | |
| 初中及以下 | 668.1 |
| 高中(中专/职高/技校) | 866.8 |
| 大学本科、大专 | 1 283.7 |
| 研究生及以上 | 1 700.5 |

## 3-2-2 城镇居民国内游客人均每次花费(按停留时间分)

单位：元/人次

| | 人均每次花费 | 一日游 | 过夜游 |
|---|---|---|---|
| **调查总平均** | **1 140.2** | **371.2** | **1 751.0** |
| 按性别分 | | | |
| 男　性 | 1 213.7 | 388.7 | 1 824.2 |
| 女　性 | 1 047.9 | 351.1 | 1 652.4 |
| 按年龄分 | | | |
| 14 岁及以下 | 684.3 | 292.2 | 1 118.4 |
| 15～24 岁 | 908.7 | 363.6 | 1 317.4 |
| 25～34 岁 | 1 311.5 | 423.8 | 1 908.6 |
| 35～44 岁 | 1 288.7 | 378.5 | 1 937.1 |
| 45～64 岁 | 1 115.1 | 384.2 | 1 791.7 |
| 65 岁及以上 | 706.1 | 195.1 | 1 433.2 |
| 按受教育程度分 | | | |
| 初中及以下 | 668.1 | 236.2 | 1 159.8 |
| 高中(中专/职高/技校) | 866.8 | 400.7 | 1 358.2 |
| 大学本科、大专 | 1 283.7 | 397.9 | 1 898.2 |
| 研究生及以上 | 1 700.5 | 366.1 | 2 350.2 |

## 3-2-3 城镇居民国内游客人均每次花费(按旅游方式分)

单位：元/人次

| | 人均每次花费 | 旅行社组织 | 非旅行社组织 |
|---|---|---|---|
| **调查总平均** | **1 140.2** | **2 116.8** | **1 070.9** |
| 按性别分 | | | |
| 男　性 | 1 213.7 | 2 252.1 | 1 151.8 |
| 女　性 | 1 047.9 | 1 995.5 | 966.7 |
| 按年龄分 | | | |
| 14 岁及以下 | 684.3 | 1 441.0 | 629.1 |
| 15～24 岁 | 908.7 | 1 287.9 | 889.4 |
| 25～34 岁 | 1 311.5 | 2 161.2 | 1 263.5 |
| 35～44 岁 | 1 288.7 | 2 706.5 | 1 178.1 |
| 45～64 岁 | 1 115.1 | 2 168.6 | 1 025.3 |
| 65 岁及以上 | 706.1 | 1 741.1 | 576.2 |
| 按受教育程度分 | | | |
| 初中及以下 | 668.1 | 1 381.4 | 614.8 |
| 高中(中专/职高/技校) | 866.8 | 1 983.4 | 789.6 |
| 大学本科、大专 | 1 283.7 | 2 278.3 | 1 212.2 |
| 研究生及以上 | 1 700.5 | 2 701.4 | 1 637.7 |

## 3-2-4 城镇居民国内游客人均每次花费(按旅游目的分)

单位：元/人次

| | 人均每次花费 | 观光游览 | 度假休闲娱乐 | 商务出差 | 探亲访友 | 健康疗养 | 其他 |
|---|---|---|---|---|---|---|---|
| **调查总平均** | **1 140.2** | **1 212.6** | **893.3** | **2 039.0** | **845.5** | **635.5** | **565.5** |
| 按性别分 | | | | | | | |
| 男　性 | 1 213.7 | 1 210.3 | 906.6 | 2 090.5 | 856.8 | 623.8 | 476.0 |
| 女　性 | 1 047.9 | 1 215.1 | 879.0 | 1 879.2 | 833.5 | 647.4 | 702.6 |
| 按年龄分 | | | | | | | |
| 14 岁及以下 | 684.3 | 881.4 | 603.8 | 1 595.4 | 452.5 | 100.0 | 580.4 |
| 15～24 岁 | 908.7 | 1 054.9 | 772.8 | 1 259.9 | 795.5 | 456.4 | 240.5 |
| 25～34 岁 | 1 311.5 | 1 370.1 | 1 126.2 | 2 038.5 | 964.9 | 509.2 | 780.7 |
| 35～44 岁 | 1 288.7 | 1 384.0 | 959.7 | 2 147.8 | 877.8 | 624.4 | 810.6 |
| 45～64 岁 | 1 115.1 | 1 204.7 | 766.0 | 2 319.4 | 820.8 | 539.3 | 473.9 |
| 65 岁及以上 | 706.1 | 809.3 | 494.7 | 2 061.0 | 548.7 | 983.9 | 129.6 |
| 按受教育程度分 | | | | | | | |
| 初中及以下 | 668.1 | 841.6 | 575.9 | 916.6 | 511.0 | 551.1 | 450.4 |
| 高中(中专/职高/技校) | 866.8 | 978.8 | 669.9 | 1 315.3 | 766.5 | 601.8 | 486.7 |
| 大学本科、大专 | 1 283.7 | 1 397.3 | 987.0 | 2 218.1 | 902.4 | 631.8 | 612.5 |
| 研究生及以上 | 1 700.5 | 1 231.7 | 1 379.1 | 2 887.7 | 1 427.9 | 1 357.3 | 655.6 |

# 3-2-5 城镇居民国内游客人均每次花费
## （按停留时间、旅游方式、旅游目的分）

单位：元/人次

| | 人均每次花费 | 一日游 | 过夜游 |
|---|---|---|---|
| **旅行社组织** | **2 116.8** | **803.5** | **2 539.5** |
| 观光游览 | 2 241.1 | 745.6 | 2 650.7 |
| 度假/休闲/娱乐 | 1 648.1 | 742.5 | 2 075.6 |
| 商务/出差 | 2 925.1 | 1 308.7 | 3 342.2 |
| 探亲访友 | 2 018.6 | 1 504.5 | 2 443.3 |
| 健康疗养 | 445.7 | 104.3 | 616.4 |
| 其他 | 700.0 | — | 700.0 |
| **非旅行社组织** | **1 070.9** | **354.8** | **1 673.0** |
| 观光游览 | 1 024.7 | 309.8 | 1 773.6 |
| 度假/休闲/娱乐 | 844.7 | 353.1 | 1 547.2 |
| 商务/出差 | 2 017.9 | 577.1 | 2 585.9 |
| 探亲访友 | 837.7 | 316.1 | 1 160.4 |
| 健康疗养 | 643.6 | 428.1 | 1 095.9 |
| 其他 | 560.3 | 386.2 | 799.3 |

# 三、2011 年城镇居民国内散客人均每次各项花费及构成

## 3－3－1　城镇居民国内散客人均每次各项花费及构成

单位：元/人次

| | 人均每次花费 | 交通费 | 住宿费 | 餐饮费 | 购物费 | 景区游览费 | 其他 |
|---|---|---|---|---|---|---|---|
| **调查总平均** | **1 070.9** | **360.5** | **155.6** | **237.6** | **218.2** | **57.1** | **41.9** |
| 按性别分 | | | | | | | |
| 男　性 | 1 151.8 | 402.9 | 180.7 | 268.1 | 200.2 | 54.1 | 45.7 |
| 女　性 | 966.7 | 305.9 | 123.1 | 198.3 | 241.3 | 61.1 | 37.0 |
| 按年龄分 | | | | | | | |
| 14 岁及以下 | 629.1 | 181.2 | 77.7 | 164.4 | 123.6 | 70.7 | 11.6 |
| 15 ~24 岁 | 889.4 | 275.5 | 116.8 | 195.5 | 197.3 | 61.9 | 42.5 |
| 25 ~34 岁 | 1 263.5 | 412.6 | 182.1 | 275.3 | 288.1 | 58.1 | 47.2 |
| 35 ~44 岁 | 1 178.1 | 421.8 | 182.6 | 249.7 | 207.8 | 61.5 | 54.7 |
| 45 ~64 岁 | 1 025.3 | 358.6 | 151.4 | 239.8 | 190.0 | 51.8 | 33.8 |
| 65 岁及以上 | 576.2 | 212.4 | 84.2 | 139.1 | 89.7 | 33.2 | 17.5 |
| 按受教育程度分 | | | | | | | |
| 初中及以下 | 614.8 | 203.8 | 69.8 | 143.6 | 131.1 | 41.7 | 24.9 |
| 高中(中专/职高/技校) | 789.6 | 245.4 | 88.9 | 200.9 | 175.5 | 47.1 | 31.7 |
| 大学本科、大专 | 1 212.2 | 407.5 | 182.8 | 263.3 | 247.6 | 64.3 | 46.7 |
| 研究生及以上 | 1 637.7 | 627.5 | 300.0 | 316.1 | 270.5 | 58.0 | 65.7 |

# 3-3-2 城镇居民国内散客人均每次各项花费构成

单位：%

| | 人均每次花费 | 交通费 | 住宿费 | 餐饮费 | 购物费 | 景区游览费 | 其他 |
|---|---|---|---|---|---|---|---|
| **调查总平均** | **100.0** | **33.7** | **14.5** | **22.2** | **20.4** | **5.3** | **3.9** |
| 按性别分 | | | | | | | |
| 男　性 | 100.0 | 35.0 | 15.7 | 23.3 | 17.4 | 4.7 | 4.0 |
| 女　性 | 100.0 | 31.6 | 12.7 | 20.5 | 25.0 | 6.3 | 3.8 |
| 按年龄分 | | | | | | | |
| 14 岁及以下 | 100.0 | 28.8 | 12.3 | 26.1 | 19.6 | 11.2 | 1.8 |
| 15～24 岁 | 100.0 | 31.0 | 13.1 | 22.0 | 22.2 | 7.0 | 4.8 |
| 25～34 岁 | 100.0 | 32.7 | 14.4 | 21.8 | 22.8 | 4.6 | 3.7 |
| 35～44 岁 | 100.0 | 35.8 | 15.5 | 21.2 | 17.6 | 5.2 | 4.6 |
| 45～64 岁 | 100.0 | 35.0 | 14.8 | 23.4 | 18.5 | 5.1 | 3.3 |
| 65 岁及以上 | 100.0 | 36.9 | 14.6 | 24.1 | 15.6 | 5.8 | 3.0 |
| 按受教育程度分 | | | | | | | |
| 初中及以下 | 100.0 | 33.2 | 11.3 | 23.4 | 21.3 | 6.8 | 4.0 |
| 高中(中专/职高/技校) | 100.0 | 31.1 | 11.3 | 25.4 | 22.2 | 6.0 | 4.0 |
| 大学本科、大专 | 100.0 | 33.6 | 15.1 | 21.7 | 20.4 | 5.3 | 3.9 |
| 研究生及以上 | 100.0 | 38.3 | 18.3 | 19.3 | 16.5 | 3.5 | 4.0 |

## 3－3－3　城镇居民国内散客人均每次各项花费

### （按旅游目的分）

单位：元/人次

| | 人均每次花费 | 交通费 | 住宿费 | 餐饮费 | 购物费 | 景区游览费 | 其他 |
|---|---|---|---|---|---|---|---|
| **调查总平均** | **1 070.9** | **360.5** | **155.6** | **237.6** | **218.2** | **57.1** | **41.9** |
| 观光游览 | 1 024.7 | 318.4 | 155.5 | 231.4 | 182.5 | 106.8 | 30.1 |
| 度假/休闲/娱乐 | 844.7 | 235.1 | 116.2 | 207.4 | 196.5 | 58.8 | 30.7 |
| 商务/出差 | 2 017.9 | 811.4 | 451.9 | 427.3 | 212.4 | 44.1 | 70.8 |
| 探亲访友 | 837.7 | 276.8 | 40.0 | 177.5 | 274.7 | 22.6 | 46.1 |
| 健康疗养 | 643.6 | 180.5 | 88.3 | 114.8 | 158.9 | 34.3 | 66.8 |
| 其　他 | 560.3 | 179.4 | 58.5 | 151.0 | 149.1 | 12.0 | 10.3 |

## 3－3－4　城镇居民国内散客人均每次各项花费构成

### （按旅游目的分）

单位：%

| | 人均每次花费 | 交通费 | 住宿费 | 餐饮费 | 购物费 | 景区游览费 | 其他 |
|---|---|---|---|---|---|---|---|
| **调查总平均** | **100.0** | **33.7** | **14.5** | **22.2** | **20.4** | **5.3** | **3.9** |
| 观光游览 | 100.0 | 31.1 | 15.2 | 22.6 | 17.8 | 10.4 | 2.9 |
| 度假/休闲/娱乐 | 100.0 | 27.8 | 13.8 | 24.5 | 23.3 | 7.0 | 3.6 |
| 商务/出差 | 100.0 | 40.2 | 22.4 | 21.2 | 10.5 | 2.2 | 3.5 |
| 探亲访友 | 100.0 | 33.0 | 4.8 | 21.2 | 32.8 | 2.7 | 5.5 |
| 健康疗养 | 100.0 | 28.0 | 13.7 | 17.8 | 24.7 | 5.3 | 10.4 |
| 其他 | 100.0 | 32.0 | 10.4 | 27.0 | 26.6 | 2.1 | 1.8 |

# 3－3－5　城镇居民国内过夜游散客人均每次各项花费

单位：元/人次

| | 人均每次花费 | 交通费 | 住宿费 | 餐饮费 | 购物费 | 景区游览费 | 其他 |
|---|---|---|---|---|---|---|---|
| **调查总平均** | **1 673.0** | **582.1** | **286.4** | **344.2** | **315.0** | **84.5** | **60.8** |
| 按性别分 | | | | | | | |
| 男　性 | 1 755.5 | 631.3 | 321.0 | 376.1 | 281.4 | 79.0 | 66.7 |
| 女　性 | 1 557.5 | 513.2 | 237.9 | 299.5 | 362.1 | 92.2 | 52.5 |
| 按年龄分 | | | | | | | |
| 14 岁及以下 | 1 045.5 | 316.3 | 169.7 | 241.4 | 194.1 | 110.0 | 13.8 |
| 15～24 岁 | 1 307.5 | 415.4 | 207.6 | 266.8 | 275.5 | 80.4 | 61.8 |
| 25～34 岁 | 1 861.3 | 622.5 | 308.8 | 385.1 | 398.5 | 82.4 | 64.0 |
| 35～44 岁 | 1 801.9 | 662.4 | 322.5 | 355.5 | 288.5 | 92.5 | 80.5 |
| 45～64 岁 | 1 690.2 | 624.7 | 303.2 | 354.7 | 278.1 | 82.4 | 47.1 |
| 65 岁及以上 | 1 219.4 | 478.3 | 224.6 | 264.4 | 157.6 | 61.1 | 33.5 |
| 按受教育程度分 | | | | | | | |
| 初中及以下 | 1 083.5 | 367.3 | 153.4 | 237.3 | 221.3 | 64.3 | 39.8 |
| 高中(中专/职高/技校) | 1 244.1 | 412.1 | 189.5 | 278.1 | 240.5 | 75.9 | 48.0 |
| 大学本科、大专 | 1 823.6 | 630.2 | 317.0 | 373.0 | 347.1 | 91.7 | 64.6 |
| 研究生及以上 | 2 302.3 | 893.3 | 454.0 | 420.9 | 367.9 | 76.4 | 89.8 |

## 3-3-6 城镇居民国内过夜游散客人均每次各项花费构成

单位：%

| | 人均每次花费 | 交通费 | 住宿费 | 餐饮费 | 购物费 | 景区游览费 | 其他 |
|---|---|---|---|---|---|---|---|
| **调查总平均** | **100. 0** | **34. 8** | **17. 1** | **20. 6** | **18. 8** | **5. 0** | **3. 6** |
| 按性别分 | | | | | | | |
| 男　性 | 100. 0 | 36. 0 | 18. 3 | 21. 4 | 16. 0 | 4. 5 | 3. 8 |
| 女　性 | 100. 0 | 33. 0 | 15. 3 | 19. 2 | 23. 2 | 5. 9 | 3. 4 |
| 按年龄分 | | | | | | | |
| 14 岁及以下 | 100. 0 | 30. 3 | 16. 2 | 23. 1 | 18. 6 | 10. 5 | 1. 3 |
| 15 ~ 24 岁 | 100. 0 | 31. 8 | 15. 9 | 20. 4 | 21. 1 | 6. 2 | 4. 7 |
| 25 ~ 34 岁 | 100. 0 | 33. 4 | 16. 6 | 20. 7 | 21. 4 | 4. 4 | 3. 4 |
| 35 ~ 44 岁 | 100. 0 | 36. 8 | 17. 9 | 19. 7 | 16. 0 | 5. 1 | 4. 5 |
| 45 ~ 64 岁 | 100. 0 | 37. 0 | 17. 9 | 21. 0 | 16. 5 | 4. 9 | 2. 8 |
| 65 岁及以上 | 100. 0 | 39. 2 | 18. 4 | 21. 7 | 12. 9 | 5. 0 | 2. 8 |
| 按受教育程度分 | | | | | | | |
| 初中及以下 | 100. 0 | 33. 9 | 14. 2 | 21. 9 | 20. 4 | 5. 9 | 3. 7 |
| 高中(中专/职高/技校) | 100. 0 | 33. 1 | 15. 2 | 22. 4 | 19. 3 | 6. 1 | 3. 9 |
| 大学本科、大专 | 100. 0 | 34. 6 | 17. 4 | 20. 5 | 19. 0 | 5. 0 | 3. 5 |
| 研究生及以上 | 100. 0 | 38. 8 | 19. 7 | 18. 3 | 16. 0 | 3. 3 | 3. 9 |

## 3-3-7 城镇居民国内过夜游散客人均每次各项花费
### （按旅游目的分）

单位：元/人次

| | 人均每次花费 | 交通费 | 住宿费 | 餐饮费 | 购物费 | 景区游览费 | 其他 |
|---|---|---|---|---|---|---|---|
| **调查总平均** | **1 673.0** | **582.1** | **286.4** | **344.2** | **315.0** | **84.5** | **60.8** |
| 观光游览 | 1 773.6 | 566.5 | 318.5 | 365.8 | 309.4 | 171.3 | 42.1 |
| 度假/休闲/娱乐 | 1 547.2 | 470.2 | 282.3 | 334.9 | 305.7 | 102.0 | 52.2 |
| 商务/出差 | 2 585.9 | 1 036.2 | 630.1 | 523.0 | 249.5 | 59.0 | 88.1 |
| 探亲访友 | 1 160.4 | 393.0 | 64.7 | 233.6 | 373.1 | 33.4 | 62.6 |
| 健康疗养 | 1 095.9 | 386.7 | 273.6 | 179.7 | 99.8 | 71.5 | 84.6 |
| 其他 | 799.3 | 229.8 | 138.7 | 249.5 | 148.1 | 22.6 | 10.6 |

## 3-3-8 城镇居民国内过夜散客人均每次各项花费构成
### （按旅游目的分）

单位：%

| | 人均每次花费 | 交通费 | 住宿费 | 餐饮费 | 购物费 | 景区游览费 | 其他 |
|---|---|---|---|---|---|---|---|
| **调查总平均** | **100.0** | **34.8** | **17.1** | **20.6** | **18.8** | **5.0** | **3.6** |
| 观光游览 | 100.0 | 31.9 | 18.0 | 20.6 | 17.4 | 9.7 | 2.4 |
| 度假/休闲/娱乐 | 100.0 | 30.4 | 18.2 | 21.6 | 19.8 | 6.6 | 3.4 |
| 商务/出差 | 100.0 | 40.1 | 24.4 | 20.2 | 9.6 | 2.3 | 3.4 |
| 探亲访友 | 100.0 | 33.9 | 5.6 | 20.1 | 32.2 | 2.9 | 5.4 |
| 健康疗养 | 100.0 | 35.3 | 25.0 | 16.4 | 9.1 | 6.5 | 7.7 |
| 其他 | 100.0 | 28.8 | 17.4 | 31.2 | 18.5 | 2.8 | 1.3 |

# 3-3-9 城镇居民国内一日游散客人均每次各项花费

单位：元/人次

| | 人均每次花费 | 交通费 | 餐饮费 | 购物费 | 景区游览费 | 其他 |
|---|---|---|---|---|---|---|
| **调查总平均** | **354.8** | **96.9** | **110.8** | **103.1** | **24.7** | **19.4** |
| 按性别分 | | | | | | |
| 男　性 | 373.6 | 108.6 | 128.9 | 95.6 | 22.0 | 18.6 |
| 女　性 | 333.0 | 83.4 | 89.7 | 111.8 | 27.8 | 20.3 |
| 按年龄分 | | | | | | |
| 14岁及以下 | 277.7 | 67.2 | 99.4 | 64.0 | 37.5 | 9.7 |
| 15~24岁 | 351.9 | 95.6 | 103.7 | 96.7 | 38.1 | 17.7 |
| 25~34岁 | 403.7 | 110.8 | 117.5 | 129.2 | 23.2 | 23.0 |
| 35~44岁 | 363.6 | 107.6 | 111.7 | 102.3 | 20.9 | 21.1 |
| 45~64岁 | 362.7 | 93.3 | 125.3 | 102.3 | 21.3 | 20.5 |
| 65岁及以上 | 190.4 | 53.0 | 64.0 | 49.0 | 16.4 | 8.0 |
| 按受教育程度分 | | | | | | |
| 初中及以下 | 224.0 | 67.4 | 65.4 | 55.9 | 22.8 | 12.4 |
| 高中(中专/职高/技校) | 387.5 | 98.0 | 132.7 | 118.0 | 21.6 | 17.2 |
| 大学本科、大专 | 378.9 | 103.8 | 113.8 | 112.0 | 26.9 | 22.4 |
| 研究生及以上 | 343.9 | 110.1 | 112.0 | 80.8 | 22.1 | 18.9 |

# 3-3-10 城镇居民国内一日游散客人均每次各项花费构成

单位：%

| | 人均每次花费 | 交通费 | 餐饮费 | 购物费 | 景区游览费 | 其他 |
|---|---|---|---|---|---|---|
| **调查总平均** | **100.0** | **27.3** | **31.2** | **29.0** | **7.0** | **5.5** |
| 按性别分 | | | | | | |
| 男　性 | 100.0 | 29.1 | 34.5 | 25.6 | 5.9 | 5.0 |
| 女　性 | 100.0 | 25.0 | 26.9 | 33.6 | 8.3 | 6.1 |
| 按年龄分 | | | | | | |
| 14岁及以下 | 100.0 | 24.2 | 35.8 | 23.1 | 13.5 | 3.5 |
| 15 - 24岁 | 100.0 | 27.2 | 29.5 | 27.5 | 10.8 | 5.0 |
| 25 - 34岁 | 100.0 | 27.4 | 29.1 | 32.0 | 5.8 | 5.7 |
| 35 - 44岁 | 100.0 | 29.6 | 30.7 | 28.1 | 5.8 | 5.8 |
| 45 - 64岁 | 100.0 | 25.7 | 34.5 | 28.2 | 5.9 | 5.7 |
| 65岁及以上 | 100.0 | 27.8 | 33.6 | 25.8 | 8.6 | 4.2 |
| 按受教育程度分 | | | | | | |
| 初中及以下 | 100.0 | 30.1 | 29.2 | 25.0 | 10.2 | 5.5 |
| 高中(中专/职高/技校) | 100.0 | 25.3 | 34.2 | 30.4 | 5.6 | 4.4 |
| 大学本科、大专 | 100.0 | 27.4 | 30.0 | 29.6 | 7.1 | 5.9 |
| 研究生及以上 | 100.0 | 32.0 | 32.6 | 23.5 | 6.4 | 5.5 |

## 3-3-11　城镇居民国内一日游散客人均每次各项花费（按旅游目的分）

单位：元/人次

| | 人均每次花费 | 交通费 | 餐饮费 | 购物费 | 景区游览费 | 其他 |
|---|---|---|---|---|---|---|
| **调查总平均** | **354.8** | **96.9** | **110.8** | **103.1** | **24.7** | **19.4** |
| 观光游览 | 309.8 | 81.6 | 103.1 | 61.2 | 45.1 | 18.7 |
| 度假/休闲/娱乐 | 353.1 | 70.5 | 118.1 | 120.1 | 28.7 | 15.7 |
| 商务/出差 | 577.1 | 241.4 | 184.6 | 118.2 | 6.2 | 26.7 |
| 探亲访友 | 316.1 | 89.0 | 86.9 | 115.7 | 5.2 | 19.2 |
| 健康疗养 | 428.1 | 82.2 | 83.9 | 187.0 | 16.6 | 58.3 |
| 其他 | 386.2 | 142.6 | 79.4 | 149.9 | 4.3 | 10.0 |

## 3-3-12　城镇居民国内一日游散客人均每次各项花费构成（按旅游目的分）

单位：%

| | 人均每次花费 | 交通费 | 餐饮费 | 购物费 | 景区游览费 | 其他 |
|---|---|---|---|---|---|---|
| **调查总平均** | **100.0** | **27.3** | **31.2** | **29.0** | **7.0** | **5.5** |
| 观光游览 | 100.0 | 26.3 | 33.3 | 19.8 | 14.6 | 6.0 |
| 度假/休闲/娱乐 | 100.0 | 20.0 | 33.5 | 34.0 | 8.1 | 4.5 |
| 商务/出差 | 100.0 | 41.8 | 32.0 | 20.5 | 1.1 | 4.6 |
| 探亲访友 | 100.0 | 28.1 | 27.5 | 36.6 | 1.7 | 6.1 |
| 健康疗养 | 100.0 | 19.2 | 19.6 | 43.7 | 3.9 | 13.6 |
| 其他 | 100.0 | 36.9 | 20.5 | 38.8 | 1.1 | 2.6 |

# 第四部分

# 2011 年农村居民国内旅游抽样调查数据

# 一、2011 年农村居民国内游客人次数调查构成

## 4－1－1　农村居民国内游客人次数构成

| | 农村居民国内游客人次数（人次） | 农村居民国内游客人次数构成（%） |
|---|---|---|
| **调查总计** | **12 616** | **100.0** |
| 按性别分 | | |
| 男　性 | 7 833 | 62.1 |
| 女　性 | 4 783 | 37.9 |
| 按年龄分 | | |
| 14 岁及以下 | 650 | 5.2 |
| 15～24 岁 | 2 520 | 20.0 |
| 25～34 岁 | 3 561 | 28.2 |
| 35～44 岁 | 2 827 | 22.4 |
| 45～64 岁 | 2 638 | 20.9 |
| 65 岁及以上 | 420 | 3.3 |
| 按受教育程度分 | | |
| 小学及以下 | 1 740 | 13.8 |
| 初中 | 4 209 | 33.4 |
| 高中（中专/职高/技校） | 3 938 | 31.2 |
| 大专、大学本科及以上 | 2 729 | 21.6 |

## 4－1－2　农村居民国内游客人次数构成（按停留时间分）

单位：%

| | 人次数构成 | 一日游 | 过夜游 |
|---|---|---|---|
| **调查总平均** | **100.0** | **50.5** | **49.5** |
| 按性别分 | | | |
| 男　性 | 100.0 | 49.6 | 50.4 |
| 女　性 | 100.0 | 52.1 | 47.9 |
| 按年龄分 | | | |
| 14 岁及以下 | 100.0 | 48.6 | 51.4 |
| 15～24 岁 | 100.0 | 43.3 | 56.7 |
| 25～34 岁 | 100.0 | 49.8 | 50.2 |
| 35～44 岁 | 100.0 | 52.7 | 47.3 |
| 45～64 岁 | 100.0 | 56.0 | 44.0 |
| 65 岁及以上 | 100.0 | 54.3 | 45.7 |
| 按受教育程度分 | | | |
| 小学及以下 | 100.0 | 56.8 | 43.2 |
| 初中 | 100.0 | 55.7 | 44.3 |
| 高中（中专/职高/技校） | 100.0 | 50.5 | 49.5 |
| 大专、大学本科及以上 | 100.0 | 38.6 | 61.4 |

## 4-1-3 农村居民国内游客人次数构成（按旅游方式分）

单位：%

| | 人均每次花费 | 旅行社组织 | 非旅行社组织 |
|---|---|---|---|
| **调查总平均** | **100.0** | **3.4** | **96.6** |
| 按性别分 | | | |
| 男　性 | 100.0 | 3.2 | 96.8 |
| 女　性 | 100.0 | 3.6 | 96.4 |
| 按年龄分 | | | |
| 14 岁及以下 | 100.0 | 4.5 | 95.5 |
| 15～24 岁 | 100.0 | 2.7 | 97.3 |
| 25～34 岁 | 100.0 | 2.5 | 97.5 |
| 35～44 岁 | 100.0 | 3.4 | 96.6 |
| 45～64 岁 | 100.0 | 3.6 | 96.4 |
| 65 岁及以上 | 100.0 | 11.2 | 88.8 |
| 按受教育程度分 | | | |
| 小学及以下 | 100.0 | 3.8 | 96.2 |
| 初中 | 100.0 | 2.6 | 97.4 |
| 高中（中专/职高/技校） | 100.0 | 2.9 | 97.1 |
| 大专、大学本科及以上 | 100.0 | 4.8 | 95.2 |

## 4-1-4 农村居民国内游客人次数构成(按旅游目的分)

单位：%

| | 人次数构成 | 观光游览 | 度假休闲娱乐 | 商务出差 | 探亲访友 | 健康疗养 | 其他 |
|---|---|---|---|---|---|---|---|
| **调查总平均** | **100.0** | **18.5** | **15.6** | **15.6** | **42.4** | **2.7** | **5.3** |
| 按性别分 | | | | | | | |
| 男　性 | 100.0 | 18.9 | 13.7 | 20.4 | 39.2 | 2.5 | 5.4 |
| 女　性 | 100.0 | 17.7 | 18.7 | 7.8 | 47.6 | 3.0 | 5.2 |
| 按年龄分 | | | | | | | |
| 14岁及以下 | 100.0 | 26.9 | 22.8 | 5.1 | 42.2 | 1.4 | 1.7 |
| 15~24岁 | 100.0 | 20.7 | 21.5 | 11.8 | 38.8 | 2.8 | 4.4 |
| 25~34岁 | 100.0 | 17.7 | 17.0 | 18.4 | 38.2 | 2.9 | 5.7 |
| 35~44岁 | 100.0 | 17.7 | 11.6 | 19.8 | 43.2 | 2.1 | 5.5 |
| 45~64岁 | 100.0 | 14.9 | 11.1 | 15.5 | 49.2 | 2.9 | 6.4 |
| 65岁及以上 | 100.0 | 26.0 | 12.6 | 2.6 | 49.8 | 4.3 | 4.8 |
| 按受教育程度分 | | | | | | | |
| 小学及以下 | 100.0 | 16.5 | 16.6 | 7.4 | 50.3 | 3.3 | 6.0 |
| 初中 | 100.0 | 16.7 | 14.8 | 13.6 | 45.0 | 2.5 | 7.4 |
| 高中(中专/职高/技校) | 100.0 | 19.0 | 16.1 | 16.2 | 41.0 | 3.3 | 4.3 |
| 大专、大学本科及以上 | 100.0 | 21.6 | 15.5 | 23.0 | 35.1 | 1.8 | 3.0 |

# 4-1-5　农村居民国内游客人次数构成
## （按停留时间、旅游方式、旅游目的分）

单位：%

| | 人次数构成 | 一日游 | 过夜游 |
|---|---|---|---|
| **旅行社组织** | **100.0** | **30.7** | **69.3** |
| 观光游览 | 100.0 | 28.7 | 71.3 |
| 度假/休闲/娱乐 | 100.0 | 28.9 | 71.1 |
| 商务/出差 | 100.0 | 15.4 | 84.6 |
| 探亲访友 | 100.0 | 52.4 | 47.6 |
| 健康疗养 | 100.0 | 56.3 | 43.8 |
| 其　他 | 100.0 | 0.0 | 100.0 |
| **非旅行社组织** | **100.0** | **51.2** | **48.8** |
| 观光游览 | 100.0 | 51.3 | 48.7 |
| 度假/休闲/娱乐 | 100.0 | 60.4 | 39.6 |
| 商务/出差 | 100.0 | 41.8 | 58.2 |
| 探亲访友 | 100.0 | 47.0 | 53.0 |
| 健康疗养 | 100.0 | 62.5 | 37.5 |
| 其　他 | 100.0 | 80.3 | 19.7 |

# 二、2011 年农村居民国内游客人均每次花费

## 4-2-1　农村居民国内游客人均每次花费

单位：元/人次

| | 农村居民国内游客人均每次花费 |
|---|---|
| **调查总平均** | **608.3** |
| | |
| 按性别分 | |
| 男　性 | 669.7 |
| 女　性 | 507.6 |
| | |
| 按年龄分 | |
| 14 岁及以下 | 392.7 |
| 15～24 岁 | 651.2 |
| 25～34 岁 | 678.3 |
| 35～44 岁 | 600.2 |
| 45～64 岁 | 556.6 |
| 65 岁及以上 | 469.4 |
| | |
| 按受教育程度分 | |
| 小学及以下 | 407.1 |
| 初中 | 442.1 |
| 高中(中专/职高/技校) | 640.8 |
| 大专、大学本科及以上 | 945.9 |

## 4-2-2 农村居民国内游客人均每次花费(按停留时间分)

单位：元/人次

| | 人均每次花费 | 一日游 | 过夜游 |
|---|---|---|---|
| **调查总平均** | **608.3** | **253.1** | **971.2** |
| 按性别分 | | | |
| 男　性 | 669.7 | 277.9 | 1055.1 |
| 女　性 | 507.6 | 214.5 | 826.5 |
| 按年龄分 | | | |
| 14岁及以下 | 392.7 | 217.6 | 558.4 |
| 15~24岁 | 651.2 | 282.2 | 932.9 |
| 25~34岁 | 678.3 | 276.4 | 1 077.2 |
| 35~44岁 | 600.2 | 223.5 | 1 019.4 |
| 45~64岁 | 556.6 | 253.5 | 942.8 |
| 65岁及以上 | 469.4 | 172.4 | 822.1 |
| 按受教育程度分 | | | |
| 小学及以下 | 407.1 | 220.2 | 653.3 |
| 初中 | 442.1 | 210.2 | 734.0 |
| 高中(中专/职高/技校) | 640.8 | 278.6 | 1 009.6 |
| 大专、大学本科及以上 | 945.9 | 331.1 | 1 332.8 |

# 4-2-3 农村居民国内游客人均每次花费(按旅游方式分)

单位：元/人次

| | 人均每次花费 | 旅行社组织 | 非旅行社组织 |
|---|---|---|---|
| **调查总平均** | **608.3** | **1 440.1** | **579.4** |
| 按性别分 | | | |
| 男　性 | 669.7 | 1 507.5 | 641.7 |
| 女　性 | 507.6 | 1 339.7 | 476.9 |
| 按年龄分 | | | |
| 14岁及以下 | 392.7 | 526.7 | 386.5 |
| 15~24岁 | 651.2 | 1 126.3 | 638.0 |
| 25~34岁 | 678.3 | 1 515.0 | 657.1 |
| 35~44岁 | 600.2 | 1 466.2 | 570.0 |
| 45~64岁 | 556.6 | 1 871.6 | 506.9 |
| 65岁及以上 | 469.4 | 1 383.0 | 354.3 |
| 按受教育程度分 | | | |
| 小学及以下 | 407.1 | 648.8 | 397.6 |
| 初中 | 442.1 | 1 071.9 | 425.3 |
| 高中(中专/职高/技校) | 640.8 | 1 743.4 | 607.3 |
| 大专、大学本科及以上 | 945.9 | 1 873.2 | 898.8 |

## 4-2-4 农村居民国内游客人均每次花费(按旅游目的分)

单位：元/人次

| | 人均每次花费 | 观光游览 | 度假休闲娱乐 | 商务出差 | 探亲访友 | 健康疗养 | 其他 |
|---|---|---|---|---|---|---|---|
| **调查总平均** | **608.3** | **832.8** | **574.6** | **901.7** | **452.8** | **462.9** | **377.4** |
| 按性别分 | | | | | | | |
| 男　性 | 669.7 | 885.5 | 656.8 | 946.7 | 486.6 | 355.9 | 372.6 |
| 女　性 | 507.6 | 740.8 | 476.3 | 708.5 | 407.3 | 606.1 | 385.5 |
| 按年龄分 | | | | | | | |
| 14岁及以下 | 392.7 | 386.8 | 415.0 | 953.3 | 334.0 | 121.6 | 190.1 |
| 15~24岁 | 651.2 | 778.5 | 581.4 | 886.4 | 589.2 | 539.5 | 377.8 |
| 25~34岁 | 678.3 | 888.6 | 604.1 | 987.4 | 504.3 | 488.7 | 511.6 |
| 35~44岁 | 600.2 | 895.2 | 604.1 | 856.2 | 407.3 | 390.0 | 315.2 |
| 45~64岁 | 556.6 | 912.9 | 571.9 | 843.6 | 390.7 | 515.4 | 303.4 |
| 65岁及以上 | 469.4 | 911.1 | 447.7 | 533.9 | 286.8 | 203.7 | 231.7 |
| 按受教育程度分 | | | | | | | |
| 小学及以下 | 407.1 | 482.5 | 375.1 | 565.7 | 393.4 | 405.6 | 211.0 |
| 初中 | 442.1 | 677.7 | 412.2 | 680.6 | 326.1 | 266.5 | 293.0 |
| 高中(中专/职高/技校) | 640.8 | 760.0 | 574.7 | 915.3 | 518.7 | 547.1 | 563.4 |
| 大专、大学本科及以上 | 945.9 | 1281.4 | 948.3 | 1159.0 | 646.7 | 728.6 | 523.1 |

# 4-2-5 农村居民国内游客人均每次花费

## （按停留时间、旅游方式、旅游目的分）

单位：元/人次

| | 人均每次花费 | 一日游 | 过夜游 |
|---|---|---|---|
| **旅行社组织** | **1 440.1** | **638.2** | **1 795.8** |
| 观光游览 | 1 525.4 | 458.1 | 1 956.0 |
| 度假/休闲/娱乐 | 1 523.2 | 1 249.7 | 1 634.4 |
| 商务/出差 | 1 846.1 | 1 287.5 | 1 947.7 |
| 探亲访友 | 814.3 | 421.8 | 1 246.0 |
| 健康疗养 | 966.2 | 669.6 | 1 347.6 |
| 其　他 | 920.8 | — | 920.8 |
| **非旅行社组织** | **579.4** | **245.1** | **930.5** |
| 观光游览 | 750.6 | 300.4 | 1 225.7 |
| 度假/休闲/娱乐 | 532.9 | 245.6 | 972.0 |
| 商务/出差 | 889.1 | 357.4 | 1 271.5 |
| 探亲访友 | 450.0 | 183.6 | 686.5 |
| 健康疗养 | 438.0 | 238.6 | 770.8 |
| 其　他 | 370.0 | 252.0 | 851.0 |

# 三、2011 年农村居民国内散客人均每次各项花费及构成

## 4－3－1 农村居民国内散客人均每次各项花费

单位：元/人次

| | 人均每次花费 | 交通费 | 住宿费 | 餐饮费 | 购物费 | 景区游览费 | 其他 |
|---|---|---|---|---|---|---|---|
| **调查总平均** | **579.4** | **164.3** | **61.9** | **130.0** | **167.0** | **28.6** | **27.6** |
| 按性别分 | | | | | | | |
| 男　性 | 641.7 | 186.5 | 78.6 | 150.2 | 164.3 | 31.8 | 30.3 |
| 女　性 | 476.9 | 127.8 | 34.6 | 96.8 | 171.5 | 23.2 | 23.0 |
| 按年龄分 | | | | | | | |
| 14 岁及以下 | 386.5 | 127.9 | 30.0 | 98.2 | 93.3 | 24.7 | 12.5 |
| 15～24 岁 | 638.0 | 165.4 | 70.1 | 138.6 | 192.7 | 32.9 | 38.3 |
| 25～34 岁 | 657.1 | 178.3 | 74.8 | 152.2 | 186.0 | 33.2 | 32.5 |
| 35～44 岁 | 570.0 | 169.0 | 64.3 | 124.7 | 164.6 | 25.7 | 21.8 |
| 45～64 岁 | 506.9 | 153.2 | 47.5 | 116.2 | 146.2 | 22.3 | 21.6 |
| 65 岁及以上 | 354.3 | 128.4 | 23.3 | 53.5 | 103.3 | 26.9 | 18.9 |
| 按受教育程度分 | | | | | | | |
| 小学及以下 | 397.6 | 122.0 | 29.0 | 87.6 | 123.6 | 15.1 | 20.2 |
| 初中 | 425.3 | 126.6 | 37.5 | 92.1 | 132.3 | 16.6 | 20.2 |
| 高中（中专/职高/技校） | 607.3 | 169.0 | 66.1 | 139.7 | 175.2 | 31.0 | 26.4 |
| 大专、大学本科及以上 | 898.8 | 244.2 | 115.7 | 203.0 | 237.7 | 52.6 | 45.6 |

## 4-3-2 农村居民国内散客人均每次各项花费构成

单位：%

| | 人均每次花费 | 交通费 | 住宿费 | 餐饮费 | 购物费 | 景区游览费 | 其他 |
|---|---|---|---|---|---|---|---|
| **调查总平均** | **100.0** | **28.4** | **10.7** | **22.4** | **28.8** | **4.9** | **4.8** |
| 按性别分 | | | | | | | |
| 男　性 | 100.0 | 29.1 | 12.2 | 23.4 | 25.6 | 5.0 | 4.7 |
| 女　性 | 100.0 | 26.8 | 7.3 | 20.3 | 36.0 | 4.9 | 4.8 |
| 按年龄分 | | | | | | | |
| 14岁及以下 | 100.0 | 33.1 | 7.8 | 25.4 | 24.1 | 6.4 | 3.2 |
| 15~24岁 | 100.0 | 25.9 | 11.0 | 21.7 | 30.2 | 5.2 | 6.0 |
| 25~34岁 | 100.0 | 27.1 | 11.4 | 23.2 | 28.3 | 5.1 | 4.9 |
| 35~44岁 | 100.0 | 29.6 | 11.3 | 21.9 | 28.9 | 4.5 | 3.8 |
| 45~64岁 | 100.0 | 30.2 | 9.4 | 22.9 | 28.8 | 4.4 | 4.3 |
| 65岁及以上 | 100.0 | 36.2 | 6.6 | 15.1 | 29.1 | 7.6 | 5.3 |
| 按受教育程度分 | | | | | | | |
| 小学及以下 | 100.0 | 30.7 | 7.3 | 22.0 | 31.1 | 3.8 | 5.1 |
| 初中 | 100.0 | 29.8 | 8.8 | 21.7 | 31.1 | 3.9 | 4.8 |
| 高中(中专/职高/技校) | 100.0 | 27.8 | 10.9 | 23.0 | 28.9 | 5.1 | 4.3 |
| 大专、大学本科及以上 | 100.0 | 27.2 | 12.9 | 22.6 | 26.4 | 5.9 | 5.1 |

## 4-3-3 农村居民国内散客人均每次各项花费

（按旅游目的分）

单位：元/人次

| | 人均每次花费 | 交通费 | 住宿费 | 餐饮费 | 购物费 | 景区游览费 | 其他 |
|---|---|---|---|---|---|---|---|
| **调查总平均** | **579.4** | **164.3** | **61.9** | **130.0** | **167.0** | **28.6** | **27.6** |
| 观光游览 | 750.6 | 211.8 | 88.8 | 175.3 | 173.8 | 75.0 | 25.8 |
| 度假/休闲/娱乐 | 532.9 | 117.6 | 58.9 | 137.3 | 154.3 | 34.0 | 30.8 |
| 商务/出差 | 889.1 | 285.4 | 139.2 | 193.2 | 210.0 | 22.1 | 39.2 |
| 探亲访友 | 450.0 | 135.2 | 30.1 | 95.2 | 149.6 | 15.6 | 24.3 |
| 健康疗养 | 438.0 | 97.9 | 48.7 | 110.2 | 129.8 | 6.2 | 45.2 |
| 其他 | 370.0 | 58.0 | 20.8 | 70.0 | 213.2 | 0.7 | 7.3 |

## 4-3-4 农村居民国内散客人均每次各项花费构成

（按旅游目的分）

单位：%

| | 人均每次花费 | 交通费 | 住宿费 | 餐饮费 | 购物费 | 景区游览费 | 其他 |
|---|---|---|---|---|---|---|---|
| **调查总平均** | **100.0** | **28.4** | **10.7** | **22.4** | **28.8** | **4.9** | **4.8** |
| 观光游览 | 100.0 | 28.2 | 11.8 | 23.4 | 23.2 | 10.0 | 3.4 |
| 度假/休闲/娱乐 | 100.0 | 22.1 | 11.1 | 25.8 | 29.0 | 6.4 | 5.8 |
| 商务/出差 | 100.0 | 32.1 | 15.7 | 21.7 | 23.6 | 2.5 | 4.4 |
| 探亲访友 | 100.0 | 30.0 | 6.7 | 21.2 | 33.3 | 3.5 | 5.4 |
| 健康疗养 | 100.0 | 22.4 | 11.1 | 25.2 | 29.6 | 1.4 | 10.3 |
| 其他 | 100.0 | 15.7 | 5.6 | 18.9 | 57.6 | 0.2 | 2.0 |

# 4-3-5 农村居民国内过夜游散客人均每次各项花费

单位：元/人次

| | 人均每次花费 | 交通费 | 住宿费 | 餐饮费 | 购物费 | 景区游览费 | 其他 |
|---|---|---|---|---|---|---|---|
| **调查总平均** | **930.5** | **270.1** | **127.0** | **203.1** | **238.5** | **46.1** | **45.8** |
| 按性别分 | | | | | | | |
| 男　性 | 1 015.1 | 300.7 | 157.3 | 231.7 | 224.8 | 50.8 | 49.9 |
| 女　性 | 782.3 | 216.6 | 73.8 | 152.9 | 262.6 | 37.8 | 38.5 |
| 按年龄分 | | | | | | | |
| 14 岁及以下 | 554.5 | 199.5 | 59.3 | 133.5 | 114.6 | 26.5 | 21.1 |
| 15 ~24 岁 | 920.6 | 239.2 | 123.8 | 195.4 | 261.3 | 44.0 | 56.9 |
| 25 ~34 岁 | 1 046.3 | 289.4 | 150.5 | 230.8 | 265.7 | 53.1 | 56.7 |
| 35 ~44 岁 | 973.0 | 297.9 | 139.0 | 204.9 | 248.4 | 47.6 | 35.3 |
| 45 ~64 岁 | 868.0 | 273.1 | 110.8 | 205.0 | 202.9 | 40.7 | 35.4 |
| 65 岁及以上 | 612.3 | 231.5 | 51.8 | 87.1 | 158.5 | 49.9 | 33.5 |
| 按受教育程度分 | | | | | | | |
| 小学及以下 | 645.7 | 206.9 | 68.7 | 138.7 | 178.6 | 24.4 | 28.4 |
| 初中 | 703.0 | 220.5 | 85.7 | 151.3 | 181.1 | 26.0 | 38.4 |
| 高中(中专/职高/技校) | 961.9 | 270.2 | 134.2 | 215.5 | 251.1 | 49.8 | 41.1 |
| 大专、大学本科及以上 | 1 282.3 | 355.5 | 192.0 | 276.5 | 316.2 | 74.3 | 67.7 |

## 4-3-6 农村居民国内过夜游散客人均每次各项花费构成

单位：%

| | 人均每次花费 | 交通费 | 住宿费 | 餐饮费 | 购物费 | 景区游览费 | 其他 |
|---|---|---|---|---|---|---|---|
| **调查总平均** | **100.0** | **29.0** | **13.6** | **21.8** | **25.6** | **4.9** | **4.9** |
| 按性别分 | | | | | | | |
| 男　性 | 100.0 | 29.6 | 15.5 | 22.8 | 22.1 | 5.0 | 4.9 |
| 女　性 | 100.0 | 27.7 | 9.4 | 19.5 | 33.6 | 4.8 | 4.9 |
| 按年龄分 | | | | | | | |
| 14 岁及以下 | 100.0 | 36.0 | 10.7 | 24.1 | 20.7 | 4.8 | 3.8 |
| 15 ~24 岁 | 100.0 | 26.0 | 13.5 | 21.2 | 28.4 | 4.8 | 6.2 |
| 25 ~34 岁 | 100.0 | 27.7 | 14.4 | 22.1 | 25.4 | 5.1 | 5.4 |
| 35 ~44 岁 | 100.0 | 30.6 | 14.3 | 21.1 | 25.5 | 4.9 | 3.6 |
| 45 ~64 岁 | 100.0 | 31.5 | 12.8 | 23.6 | 23.4 | 4.7 | 4.1 |
| 65 岁及以上 | 100.0 | 37.8 | 8.5 | 14.2 | 25.9 | 8.2 | 5.5 |
| 按受教育程度分 | | | | | | | |
| 小学及以下 | 100.0 | 32.0 | 10.6 | 21.5 | 27.7 | 3.8 | 4.4 |
| 初中 | 100.0 | 31.4 | 12.2 | 21.5 | 25.8 | 3.7 | 5.5 |
| 高中(中专/职高/技校) | 100.0 | 28.1 | 13.9 | 22.4 | 26.1 | 5.2 | 4.3 |
| 大专、大学本科及以上 | 100.0 | 27.7 | 15.0 | 21.6 | 24.7 | 5.8 | 5.3 |

## 4-3-7 农村居民国内过夜游散客人均每次各项花费
### （按旅游目的分）

单位：元/人次

| | 人均每次花费 | 交通费 | 住宿费 | 餐饮费 | 购物费 | 景区游览费 | 其他 |
|---|---|---|---|---|---|---|---|
| **调查总平均** | **930.5** | **270.1** | **127.0** | **203.1** | **238.5** | **46.1** | **45.8** |
| 观光游览 | 1 225.7 | 354.3 | 182.6 | 266.1 | 262.6 | 115.8 | 44.3 |
| 度假/休闲/娱乐 | 972.0 | 228.3 | 149.0 | 233.4 | 229.0 | 64.8 | 67.4 |
| 商务/出差 | 1 271.5 | 411.3 | 239.4 | 265.2 | 263.0 | 33.6 | 59.0 |
| 探亲访友 | 686.5 | 204.2 | 56.7 | 147.4 | 217.8 | 24.2 | 36.2 |
| 健康疗养 | 770.8 | 167.2 | 130.0 | 178.8 | 224.4 | 15.3 | 55.1 |
| 其他 | 851.0 | 148.3 | 105.8 | 223.2 | 354.1 | 2.6 | 17.0 |

## 4-3-8 农村居民国内过夜散客人均每次各项花费构成
### （按旅游目的分）

单位：%

| | 人均每次花费 | 交通费 | 住宿费 | 餐饮费 | 购物费 | 景区游览费 | 其他 |
|---|---|---|---|---|---|---|---|
| **调查总平均** | **100.0** | **29.0** | **13.6** | **21.8** | **25.6** | **4.9** | **4.9** |
| 观光游览 | 100.0 | 28.9 | 14.9 | 21.7 | 21.4 | 9.5 | 3.6 |
| 度假/休闲/娱乐 | 100.0 | 23.5 | 15.3 | 24.0 | 23.6 | 6.7 | 6.9 |
| 商务/出差 | 100.0 | 32.4 | 18.8 | 20.9 | 20.7 | 2.6 | 4.6 |
| 探亲访友 | 100.0 | 29.7 | 8.3 | 21.5 | 31.7 | 3.5 | 5.3 |
| 健康疗养 | 100.0 | 21.7 | 16.9 | 23.2 | 29.1 | 2.0 | 7.1 |
| 其他 | 100.0 | 17.4 | 12.4 | 26.2 | 41.6 | 0.3 | 2.0 |

# 4-3-9 农村居民国内一日游散客人均每次各项花费

单位：元/人次

| | 人均每次花费 | 交通费 | 餐饮费 | 购物费 | 景区游览费 | 其他 |
|---|---|---|---|---|---|---|
| **调查总平均** | **245.1** | **63.6** | **60.4** | **98.9** | **11.9** | **10.2** |
| 按性别分 | | | | | | |
| 男　性 | 269.1 | 72.6 | 68.9 | 103.9 | 13.0 | 10.8 |
| 女　性 | 207.8 | 49.5 | 47.4 | 91.3 | 10.3 | 9.4 |
| 按年龄分 | | | | | | |
| 14 岁及以下 | 214.6 | 54.6 | 62.0 | 71.5 | 22.8 | 3.7 |
| 15~24 岁 | 270.1 | 69.4 | 64.7 | 103.4 | 18.5 | 14.1 |
| 25~34 岁 | 272.5 | 68.6 | 74.6 | 107.3 | 13.5 | 8.5 |
| 35~44 岁 | 223.6 | 58.2 | 55.7 | 92.5 | 6.9 | 10.3 |
| 45~64 岁 | 236.3 | 63.3 | 49.6 | 103.7 | 8.4 | 11.3 |
| 65 岁及以上 | 142.9 | 43.9 | 26.0 | 58.0 | 8.1 | 6.9 |
| 按受教育程度分 | | | | | | |
| 小学及以下 | 216.2 | 60.0 | 50.2 | 83.4 | 8.4 | 14.2 |
| 初中 | 209.5 | 53.7 | 46.1 | 94.4 | 9.2 | 6.1 |
| 高中(中专/职高/技校) | 263.3 | 70.8 | 66.1 | 101.6 | 12.7 | 12.1 |
| 大专、大学本科及以上 | 317.2 | 75.4 | 91.4 | 118.5 | 19.8 | 12.1 |

## 4-3-10 农村居民国内一日游散客人均每次各项花费构成

单位：%

| | 人均每次花费 | 交通费 | 餐饮费 | 购物费 | 景区游览费 | 其他 |
|---|---|---|---|---|---|---|
| **调查总平均** | **100.0** | **25.9** | **24.7** | **40.4** | **4.9** | **4.2** |
| 按性别分 | | | | | | |
| 男　性 | 100.0 | 27.0 | 25.6 | 38.6 | 4.8 | 4.0 |
| 女　性 | 100.0 | 23.8 | 22.8 | 43.9 | 5.0 | 4.5 |
| 按年龄分 | | | | | | |
| 14岁及以下 | 100.0 | 25.5 | 28.9 | 33.3 | 10.6 | 1.7 |
| 15~24岁 | 100.0 | 25.7 | 24.0 | 38.3 | 6.8 | 5.2 |
| 25~34岁 | 100.0 | 25.2 | 27.4 | 39.4 | 5.0 | 3.1 |
| 35~44岁 | 100.0 | 26.0 | 24.9 | 41.4 | 3.1 | 4.6 |
| 45~64岁 | 100.0 | 26.8 | 21.0 | 43.9 | 3.6 | 4.8 |
| 65岁及以上 | 100.0 | 30.7 | 18.2 | 40.6 | 5.6 | 4.8 |
| 按受教育程度分 | | | | | | |
| 小学及以下 | 100.0 | 27.7 | 23.2 | 38.6 | 3.9 | 6.6 |
| 初中 | 100.0 | 25.6 | 22.0 | 45.0 | 4.4 | 2.9 |
| 高中(中专/职高/技校) | 100.0 | 26.9 | 25.1 | 38.6 | 4.8 | 4.6 |
| 大专、大学本科及以上 | 100.0 | 23.8 | 28.8 | 37.4 | 6.2 | 3.8 |

## 4-3-11　农村居民国内一日游散客人均每次各项花费（按旅游目的分）

单位：元/人次

| | 人均每次花费 | 交通费 | 餐饮费 | 购物费 | 景区游览费 | 其他 |
|---|---|---|---|---|---|---|
| **调查总平均** | **245.1** | **63.6** | **60.4** | **98.9** | **11.9** | **10.2** |
| 观光游览 | 300.4 | 76.8 | 89.3 | 89.7 | 36.3 | 8.4 |
| 度假/休闲/娱乐 | 245.6 | 45.2 | 74.4 | 105.4 | 13.8 | 6.8 |
| 商务/出差 | 357.4 | 110.3 | 93.0 | 136.3 | 6.2 | 11.6 |
| 探亲访友 | 183.6 | 57.5 | 36.4 | 72.9 | 5.9 | 10.9 |
| 健康疗养 | 238.6 | 56.4 | 69.1 | 73.1 | 0.8 | 39.3 |
| 其他 | 252.0 | 35.8 | 32.4 | 178.7 | 0.2 | 4.9 |

## 4-3-12　农村居民国内一日游散客人均每次各项花费构成（按旅游目的分）

单位：元/人次

| | 人均每次花费 | 交通费 | 餐饮费 | 购物费 | 景区游览费 | 其他 |
|---|---|---|---|---|---|---|
| **调查总平均** | **100.0** | **25.9** | **24.7** | **40.4** | **4.9** | **4.2** |
| 观光游览 | 100.0 | 25.6 | 29.7 | 29.9 | 12.1 | 2.8 |
| 度假/休闲/娱乐 | 100.0 | 18.4 | 30.3 | 42.9 | 5.6 | 2.8 |
| 商务/出差 | 100.0 | 30.9 | 26.0 | 38.1 | 1.7 | 3.2 |
| 探亲访友 | 100.0 | 31.3 | 19.8 | 39.7 | 3.2 | 5.9 |
| 健康疗养 | 100.0 | 23.6 | 29.0 | 30.6 | 0.3 | 16.4 |
| 其他 | 100.0 | 14.2 | 12.9 | 70.9 | 0.1 | 1.9 |

**责任编辑：** 王　军
**责任印制：** 冯冬青

**图书在版编目（CIP）数据**

旅游抽样调查资料. 2012 / 国家旅游局政策法规司编. --北京：中国旅游出版社，2012. 10
ISBN 978－7－5032－4538－1

Ⅰ. ①旅…　Ⅱ. ①国…　Ⅲ. ①旅游业－抽样调查－统计资料－中国－2012　Ⅳ. ①F592－66

中国版本图书馆 CIP 数据核字（2012）第 231637 号

**书　名：** 旅游抽样调查资料 2012

**编　者：** 国家旅游局政策法规司
**出版发行：** 中国旅游出版社
（北京建国门内大街甲 9 号　邮编：100005）
http：//www. cttp. net. cn　E-mail：cttp@ cnta. gov. cn
发行部电话：010－85166503
**排　版：** 北京中文天地文化艺术有限公司
**经　销：** 全国各地新华书店
**印　刷：** 北京工商事务印刷有限公司
**版　次：** 2012 年 10 月第 1 版　2012 年 10 月第 1 次印刷
**开　本：** 787 毫米×1092 毫米　1/16
**印　张：** 21
**字　数：** 600 千
**定　价：** 120. 00 元
**I S B N** 978－7－5032－4538－1